윤회와 반윤회

KB191493

정세근 지음

윤회와 반윤회

TRANSMIGRATION
ANTI-TRANSMIGRATION

불교는 왜 인도에서 사라졌는가?

씨
아이
알

어머니, 부처님가운데토막께

Un zeste de félicité
아주 작은 기쁨
Un tempérament qui fait rire
웃게 만드는 기질
Parce que tout peut bien arriver,
모든 일은 일어날 수 있으니까
Le temps nous dit c'est plus facile Si on met:
시간은 우리에게 말하지, 이러면 더 쉬울 거라고:
Un zeste de citron dans l'eau
물속에 약간의 레몬을 넣고
Changer de goût, sans changer l'hydre
제 맛은 바꾸지 않고 입맛만 바꾸고
La vie est belle pimentée, corsée
삶은 아주 매콤하고 진하지
La vie qui pique
삶은 콕콕 찌르기도 해
Qui pousse comme un champ de blé
밀밭처럼 쑥쑥 솟아오르지
VENI, VEDI, VICI
'왔노라, 보았노라, 이겼노라'
C'est de la chance aussi
운이 좋은 것이기도 해
Tout petit à petit
아주 조금씩
L'oiseau qui fait son nid, douillet
포근한 둥지를 만드는 새
VENI, VEDI, VICI
'왔노라, 보았노라, 이겼노라'
Ma bonne étoile luit, je n'ai Pas de MEA CULPA
내 행운의 별이 빛나네, 나는 '내 탓이요' 따위는 없어
J'suis bien là et j'aime ça
난 편안해, 난 그게 좋아

ALLIXÉE, *VENI, VEDI, VICI*

(Le latin je l'aime en chemise;
The Latin I love on T-shirt;
내가 사랑하는 티셔츠 위 라틴어)

개정판을 내면서

1.

자기의 글이 마음에 들 때도 있지만 들지 않을 때도 있다. 문제는 내가 '이것도 글이냐?'고 한탄하는 것은 오히려 남이 좋아하고, 나름 잘 썼다고 자부하는 것은 남이 싫어하는 데 있다. 시대와의 불화인지.

내 글은 학회지에 내면 3인의 심사위원 가운데 한 사람이 '게재불가'를 판정하는 경우가 종종 있다. 나머지 두 사람 덕에 실리는 것을 보아 내 글을 좋아하는 사람도 많지만, 싫어하는 사람도 꽤 있다는 말이다. 이것도 시대와의 불화다.

이 책 『윤회와 반윤회』도 제목부터 논쟁거리다. '윤회가 빠지면 불교가 되냐?' 부터 '윤회를 버리고 연기로 가자는 불교인의 필독서'까지 상반하는 평가가 상존한다. 시대와의 불화인지, 불교와의 불화인지 모르겠다.

내 주장을 재야의 고수들이 반박할 때 내가 자주 쓰는 표현이 있다. "불교는 천개, 만 개의 불교가 있고 저는 그 가운데 하나의 불교를 말할 뿐입니다." 그러다 보니 이 책에도 나오지만 '경쟁하는 붓다들'competing Buddhas이라는 표현은 가능하다. 붓다끼리 경쟁하다가 오늘날의 불교가 되었다는 것이다.

아울러 불교가 태생부터 두 갈래 길이었다는 주장도 있다. 무아와 자아도 그랬고, 연기와 윤회도 그랬다는 것이다. 그러면 불교가 받아들이지 못할 것이 없다. 무아라면서도 무자성이 아닌 자성을 말할 수 있고, 윤회를 벗어나자면서도 윤회에 매달릴 수 있다. 모두 양립 가능한 이론이 되고 만다.

그런데 분명한 것은 신이 아니었던 붓다가 신이 되면서 인도에서는 망하고 말았다는 점이다. 그것을 머니어 윌리엄스는 불교의 자연사라고 표현한다. 나는 이 표현을 보고 한참 웃었다. 여러 신 가운데 하나가 된 붓다는 그 많은 신 가운데 하나로 흡수되고 말았다. 라다크리슈난의 지적처럼 대승불교에 와서는 불교가 『바가바드기타』의 아류가 된 것이다. 소승불교에서는 신이 없었지만(이 책에도 나오지만 인도에는 차르바카 학파처럼 신이 없는 종파도 있었다), 대승불교에 와서는 부처가 신이 된다. 부처를 신격화하면서 그는 3억 3천의 신 가운데 기껏해야 그런대로 눈에 띄는 신 가운데 하나가 되고 만다. 인도에서 불교 소멸의 까닭이 바로 여기에 있었다.

우리말에서는 대승불교가 지나치게 좋게 쓰인다. 역사적으로는 신격화된 불교가 대승불교인데도 말이다. 여래(장)는 절대자와 다른 말이 아니다. 나는 신격화된 불교를 탓하려고 이 책을 썼지만, 여기서 실컷 대승불교를 까고 나니 그것도 불교 가운데 하나이겠거니라며 속은 넓어졌다. 그럼에도 초기 불교의 모습을 잊어서는 안 된다는 것이 내 주장이다. 이 글에서도 자주 나오지만 '청년 싯다르타의 깨달음'으로 돌아가자는 것이 내 주장이다.

초판이 나온 지 십수 년이 지났는데도 이 책은 그럭저럭 내 마음에 든다.

2.

이 글은 무아와 연기에 충실하다. 윤회와 자아를 말하면 힌두교와 크게 다를 바 없다. 더욱이 우리가 잘 모르는 자이나교와는 더욱 같아진다.

불교학자가 비슷한 시절의 주변 종교인 자이나교를 너무 모른다. 자이나교는 불교와 성지를 공유하며 불살생, 업, 열반을 밀고 108 염주를 돌린다. 오히려 자이나교가 불교보다 조금 이르다. 이 책의 제3장에서 나는 자이나교와 불교의 비슷한 점을 바르트, 야코비, 푸생의 의견으로 소개하면서, 아울러 아래의 세 가지 측면에서 불교와 자이나교가 확연히 갈라진다고 주장했다.

첫째, 영혼의 불멸이다. 자이나교는 영혼의 불멸을 믿지만 불교는 그렇지 않다. 만일 불교도 영혼의 불멸을 믿었다고 하는 순간, 나와는 다른 불교를 말하고 있음을 깨달아야 한다. 종교로서의 불교는 영혼의 불멸을 말하지만, 무아를 말하는 불교가 영혼의 불멸을 말할 수는 없다. 물론 불교가 중국으로 넘어가면서 '신神 불멸론'이라 불리는 영혼의 불멸설이 업보와 윤회를 설명하는 도구로 사용되지만, 그것은 이미 신격화된 대승불교다. 당시에도 반발이 컸다.

둘째, 실체의 유무다. 자이나교는 원자론에 충실하지만 불교는 실체론에 반대한다. 자이나교의 원자론은 다원론적이지 않고 일원적이기에 데모크리토스적이지 않고 라이프니츠적이고, 그 원자(단자)는 물질적이기 때문에 라이프니츠적이지 않고 레우키포스적이다. 그런데 불교는 그런 물질과 더불어 감각, 지각, 구성, 의식(5온)에 관심이 많다. 자이나교는 업을 만드는 외부 물질에 관심이 많지만, 불교는 물질의 항상성을 믿지 않기 때문에 감관 작용에 더 관심을 갖는다. 한마디로 실체보다는 마음을 강조하는 것이 불교다.

셋째, 업에 대한 도덕적 이해다. 자이나교와 불교는 모두 신을 믿지 않는 윤리적 종교다. 그런데 자이나교는 자연법칙처럼 윤회를 받아들이지만, 불교는 그런 윤회조차 받아들이지 않는다. 영혼도 없고 실체도 없는데 무슨 윤회냐며 업의 인과율로 연기만을 내세운다. 윤회의 주체가 없는데 윤회할 수 없다. 그러나 업은 쌓이고, 쌓인 업은 씻어야 함을 연기는 말해준다. 자이나교는 여전히 힌두교가 말하는 윤회의 신화에서 벗어나지 못했지만, 불교는 우리의 삶에 어떤 신비한 굴레도 씌우지 않고 온전히 윤리적으로 인과관계를 설명한다.

윤회에서 신을 빼놓고 업조차 물질화시킨 자이나교다. 그런데 불교가 윤회를 받아들인다면 불교는 자이나교와 너무도 같아진다. 자이나교가 신화적 힌두교를 윤리화하는 데 공헌한다면, 불교는 그 윤리적 종교를 더욱 철저히 독립시킨다. 그런데 거기에 윤회를 말하는 순간, 불교는 자이나교와 다를 바 없게 된다.

만일 연기만으로도 불교가 다 설명될 수 있다면 그래야 한다. 만일 연기만으로 설명될 수 있는데도 윤회를 덧붙인다면 쓸데없는 짓이다. 손등에 난 사마귀 같은 췌언贅言이다. 종교로서 윤회를 말하고자 한다면 어쩔 수 없지만, 그렇다면 불교는 전생은 말하지 않더라도 사후세계를 말하는 많은 종교와 마찬가지가 되고 만다.

그래서 나는 불교에서 윤회를 버리라고 말하는 것이다. 오캄이 말하듯, 불필요한 가정은 잘라버리자는 것이다.

3.

나도 불교계에 묻자.

하나, 연기가 있는데 군이 윤회를 말하는 까닭이 무엇인가? 육도윤회라는 말이 있다고 해서 그것이 불교의 본령이라는 판단은 어디서 나오는가?

둘, 윤회를 벗어나자면서 '벗어날 윤회가 본디부터 없었다'는 생각을 받아들이지 않는 까닭은 무엇인가? 청정심(보리심)을 열심히 만들자는 주장에 '닦을 마음이 어디 있냐?'고 말한 육조대사의 말씀을 이럴 때 빌려오면 왜 안 되는가?

셋, 큰 수레라는 말에 취해 대승불교를 무조건 좋은 것처럼 생각하는 까닭은 무엇인가? 대승은 소승의 거대한 발전일 수도 있지만 소승의 왜곡과 굴절이라는 생각은 왜 안 하는가?

넷, 요즘은 소승이라는 말을 대승에서 낮춰 부르는 말로 여겨 테라바다 불교라고 부르는데, 초기 불교로 되돌아가 볼 생각은 없는가? 선종禪宗이야말로 너무도 많은 불교로부터 벗어나 오직 하나의 가르침을 주기 위한 시도가 아니었을까?

다섯, 평등을 강조하는 불교가 윤회를 말할 때 기이한 불평등을 가르치고 있음을 부정할 수 있는가? 나의 이 질곡은 내가 알지도 못하는 전생 때문이라는데, 그렇게 나는 전생 때문에 노예 노릇을 해야 하는가?

여섯, 인도에서 '불교 천년'의 붕괴를 어떻게 설명할 것인가? 신이 되어 신 속에 파묻혀버린 붓다를 구제할 생각은 없는가?

일곱, 불교는 분명 바라문에 항거해서 나온 종교인데 과연 브라만교의 무엇과 대결했는가? 윤회를 말하고 자아를 말하면 힌두교와 무엇이 다른가?

여덟, 힌두교의 '큰 나'Atman와 '작은 나'atman의 구별처럼 불교에서도 '참 나'眞我를 강조하다 보면 자성自性을 말하게 되는데, 그렇다면 무아는 어디로 가야 하나? 불성을 자성으로 보지 않고, 무자성으로 볼 수는 없는가?

아홉, 여래의 아름다움은 이루 다 말할 수 없을 정도인데, 이미 그는 사람 꼴을 한 신이 된 것이 아닌가? 여래장如來藏이 불성을 말하기도 하지만, 거기에는 아름다운 신성과 그렇지 못한 인성의 간극이 엿보이는 것은 아닌가?

열, 인도철학이 불교철학은 아닐뿐더러 인도철학사에서 불교는 분명히 이단인데, 왜 자꾸 인도철학으로 불교를 해석하는가? 인도의 수많은 학파와 불교의 차이점은 무엇인가?

인도에 갈 때 비행기 안 옆자리 스님이 나한테 인도 사람이 냄새가 나니 자리를 바꿔 달란다. '스님의 말씀인데 그래야지.' 그러면서도 나도 분수 넘게 한마디 했다. "부처님도 이런 냄새가 났을 텐데요." 추상적인 사람을 사랑하긴 쉬워도 구체적인 사람을 받아들이기는 어렵다. 추상적인 노동자, 농민, 도시빈민에게서는 냄새가 안 나지만 구체적인 그들에게서는 땀 냄새가 나기 때문이다. 부처도 신격이 되면서 냄새를 버렸지만 보리수 밑에서 고행하던 청년에게는 온갖 짠 내가 났을 것이다. 내가 보고, 듣고, 만지고, 그리고 냄새 맡고 싶은 붓다는 바로 그 젊은이이자 그의 깨달음이다.

나는 묻고 싶었다. 인도는 어찌하여 오늘날까지도 신분제 사회인지, 그 불평등의 기제는 무엇인지, 종교가 원인이라면 종교의 어떤 것 때문인지를. 나는 이런 질문의 연장선에서 인도에서 불교가 사라진 까닭을 불교계와 함께 직시하고 싶었다. 그래서 개정판의 부제를 '그대는 힌두교도인가, 불교도인가?'에서 '불교는 왜 인도에서 사라졌는가?'로 바꾸었다. 책을 보면 알게 되겠지만, '윤회와 반윤회'는 '간디와 암베드카르의 대립'이며 말미에 정리한 '무아와 윤회의 논쟁'이다.

4.

차라리 어느 방장 스님의 말씀처럼 내 책을 보고는 "맞는 말인데, 윤회가 빠지면 불교는 뭐 먹고사냐?"라고 하시면 그 솔직한 경지에 할 말이 없다. 표현은 거칠어도 신학자의 기독교가 있고 할머니의 기독교가 있듯이, 스님의 불교가 있고 신도의 불교가 있어야 한다.

가끔은 뜻밖의 호평에 놀란다. 인문학 서적이 4쇄를 찍고도 절판이 되었으니 웬일인가 싶다. 그래서 스스로 읽어보아도 밤을 새고 새벽에 동이 틀 때 잠이 든 그 시절이 보람있게 느껴진다. 버릴 수 없는 끈질긴 문제의식 때문이었을 것이다. 윤회라는 관념이 가져다준 인도의 계급 사회에 대한 처절한 항거 때문이었을 것이다. 그렇게 날이 밝을녘, 나는 21세기에도 남아 있는 불평등의 도구에 분노하고 있었다. 나는 이를 철학자의 '문제현실'이라고 부른다.

도비 가트(천민의 빨래 굴)에서 나는 양잿물 냄새 속에서 소박한 진리를 보고 싶었다. 아직도 이렇게 살아야만 하는, 수만 수천의 직업jāti이라는 허울 아래 거기서 빠져나올 수 없는 신분varṇa: cast에 대한 고민을 드러내고 싶었다. 내가 만난 젊은 이는 거기서 벗어나 천주교 학교를 다녔지만 결국 다시 돌아오고 말았다. 그것이 바로 종족에게 주어진 윤회의 질곡이었다. 그래서 그런지 나한테 나쁜 소리만 하던 서양철학 전공자도 "그 책은 잘 썼던데, 그렇게만 쓰면 동양철학도 이해가 가겠어"라고 떠들더라.

내가 좋아하는 초기 불교 전문가인 각묵 스님은 두꺼운 번역 뒤에 '어느 학자'
라면서 '경전에 윤회가 나오는데 뭔 소리냐'는 투로 나를 지적했다. 맞다. 사람은
언어를 함부로 버리지 못한다. 어떤 언어에 익숙한 사람은 그 속의 관념과 비유에
젖어 있을 수밖에 없다. 그렇다고 해서 그것이 반드시 '그 관념과 비유'를 주장하
는 것은 아닐 터이다. 내가 '밥 먹자'고 할 때 그 '밥'이 국수나 빵이 될 수 있는 것
처럼, 윤회는 그 당시의 '밥'이었을 것이다. 나는 국수나 빵보다는 밥이 좋기에 밥
을 말했는데, 면을 좋아하는 사람이 주도권을 잡고 스테이크와 스파게티를 먹으
러 가자면 갈 수밖에 없다. 사준다는데 그냥 따라가자, 우리말의 '밥(먹자)'은 쌀밥
이면서도 식사 전체를 가리키니.

2쇄를 찍고는 방학 내내 지루하게 색인 작업을 한 기억이 떠오른다. 복잡한 개
념을 찾아보기 쉽게 하려는 것이었다. 찾아보기만으로도 그 개념이 어떻게 쓰이
는가를 보여주고 싶었다. 그것이 색인판인데, 이제 판형이 완전히 바뀌어 개정판
으로 나오게 되었다.

개정판에는 『불교평론』(87)에 실린 「『노자』, 불교와 가장 깊고 가까운 사이」
라는 글이 「불교와 노자」라는 제목으로 추가되었다. 불교가 중국에 들어온 과정
을 노자를 중심으로 묘사한 글이다. 중국인들이 어떻게 불교를 받아들였는지, 노
자의 무와 불교의 무아가 어떻게 상통하는지 적었다. 어차피 우리 불교는 중국불
교의 영향을 받는다. 게다가 불교가 인도에서는 죽어버렸어도 중국에서는 살아남
았다. 이런 우여곡절에는 이른바 격의 불교라고 불리는 '번역 불교'가 담은 중국
전통의 도가와 유가 사상, 나아가 이를 활용해서 불교를 새롭고 멋지게 설명하는
걸출한 학자들이 있었다. '해석학적 지평'과 같은 자기의 한계에 머물기만 하는
것이 아니라 불교가 가야 할 길을 과감히 제시하는 '해석학적 수직'이 있었다. 우
리는 수평선에만 머물지 않는다. 하늘에 떠 있는 별을 바라보며 길을 찾는다.

개정판이 나오기까지는 이 책의 내용에 여러 질문을 가지고 청주까지 놀러 온 과학철학 전공의 자연학자 최종덕 교수님의 추천이 있었다. 서점에서 이 책이 보여 '다른 정세근'인 줄 알았는데 사진이 같아서 사서 읽어보니 재밌더라는 말씀이었다. 이에 책이 다 팔려 새로운 출판사를 찾고 있다고 했더니, 척박한 인문학 출판계에서 엄청난 희생을 마다하지 않는 씨아이알 출판사의 김성배 대표를 성큼 자랑하는 것 아닌가.

나도 최근에 불교 전문서를 많이 찍어내는 씨아이알을 알고 있었고, 도대체 그 이름은 무엇의 약자냐고 물었더니, 놀랍게도 한글이란다. 씨가 아이가 되고, 아이가 커서 알을 낳는 것이란다. 씨, 아이, 알이 생기는 데 빠질 수 없는 것이 인연생기因緣生起, 곧 연기다. 이렇게 여러 사람의 인연이 맺어져 이 책이 되었다. 그래서 싯다르타의 연기설은 참으로 위대하다.

얼마 전 만해 한용운의 서대문 형무소 사진을 보고 그 살아 있는 눈빛에 놀랐다. 출력해서 연구실 곳곳에 붙여 놓았다. 머리까지 깎고 있으니 영락없는 깡패, 생각의 깡패, 뜻을 품은 깡패다.

2022. 4. 19.
눈빛만해를 기리며
눈곱만해 삼감

색인판을 내면서

책을 내고 과분한 평가와 관심 그리고 서한을 받았다. 나에게 집필 동기를 마련해준 경주 기림사 호진 스님은 자신의 번역책과 더불어 붓다의 마지막 말씀과 장소가 담긴 인도 엽서를, 영천 은해사 승가대원장 지안 스님은 공감되는 부분이 많은 양서라고 편지를 보내주셨다. 지리산 실상사에서 귀농학교를 운영하며 실천불교에 앞장서는 도법 스님도 좋은 문제의식이라고 말씀해주셨다. 더불어 서울대 명예교수인 소광희 교수는 아래와 같은 편지를 보내주셨다.

> 나는 『철학과현실』사에 보낸 철학에세이에 '종교와 기복의 문제'에서 그것을 언급했습니다. "불교에서 말하는 윤회사상은 힌두교에서 온 것인데 불교는 그것을 적극적으로 거절하지 않고 선교 내지 교화의 방편으로 이용하고 있다. 경전 자체로만 보면 불교만큼 기복성이 없는 종교는 없다"고 적어 보냈습니다. 이것은 이해의 공감, 사태 자체에 대한 이해의 일치인 것입니다. 그리고 그것은 진실이기 때문에 그렇게 이해되고 그렇게 해석되는 것이겠지요. 정교수님의 정진을 기원합니다. 새 해에 복 많이 받으시고요. 2012.1.29.

며칠 전에는 〈공동선〉이라는 잡지에서 내 책을 본 발행인 김형태 변호사가 제안하여, 대담과 더불어 '윤회는 희망인가, 미망인가'라는 특집이 나오기도 했다.

그런데 워싱턴주립대의 마이어 교수는 내가 보내준 서문번역을 읽고는, '나는 정토종을 제외하고는 불교가 일종의 유신론이라고 믿은 적도, 가르친 적도, 논증한 적도 없다'고 편지를 보내왔다. '내가 불교를 유신론이라고 생각하거나 유신론을 위한 서양인의 편견을 보여주었다고 믿게 했다면 유감'이지만 자신의 희생 expense으로 논지가 이루어질 수 있었다면 기쁘다는 것이다. 이에 대해 나는 다음과 같은 답신을 보냈다.

교수님의 견해를 오해한 것에 진심으로 사과드립니다. 교수님의 종교적 관용성이 나로 하여금 교수님이 붓다를 포함해서 신을 믿고 있다고 생각하게끔 한 것 같습니다. 교수님은 윌리엄 제임스처럼 '믿음의 권리'를 강조했고, 또한 나는 교수님이 불교에 대한 무신론적 견해를 비판한 것을 기억합니다. 교수님이 자이나교, 차르바카 학파, 그리고 앞 미망사 학파(이신론으로 보이기도 하지만)와 마찬가지로 불교의 무신론적 태도를 어떻게 설명하시는지 알려주십시오.

나는 세 종류의 신이 없는 인도의 종교를 논했습니다. 때로 그들은 무신론적이지 않고 반신론反神論적입니다 - 한자어에서 '무'無: a는 '실재하지 않음'을 뜻하고, '반'反: anti은 '거부'를 뜻합니다.

첫째, 그것은 힌두의 많은 신에 대항합니다. 둘째, 그것은 사람을 믿습니다. 셋째, 그것은 이 세계가 그 자신의 질서로 움직이지 신에 의해 움직이고 있지 않다고 말합니다. 그래서 나는 무신론적 종교가 인도에서 가능하다(152-7쪽)고 생각했습니다. 내 책에서 나는 업業: Karma보다는 법法: Dharma을 강조했습니다. 이 경우, 카르마는 힌두적인 윤회를 함축하고, 다르마는 불교적으로 윤회를 넘어서거나 반대함을 뜻합니다. 힌두교는 아직 카스트 제도 아래 차별을 허용하는 반면, 불교는 힌두교를 평등주의로 재구성했습니다. 나는 불교가 자이나교와 시크교와 마찬가지로 그들의 교설에서 카스트를 부정하는 인도의 종교개혁 가운데 하나라고 생각합니다. 교수님이 알다시피, 그들은 철저하게 평등주의자입니다. 나는 붓다의 연기이론이 힌두교의 윤회를 대신하여 모든 일이 생겨나고 사라지는 것을 설명할 수 있다고 믿습니다.

대부분 아시아의 불교도들도 학자나 선승을 제외하고는 붓다를 신으로 믿고 있습니다. 왜냐하면 아시아의 불교는 여래, 보살(관세음보살, 문수보살, 보현보살, 대세지보살), 미륵과 관련된 신성으로 구성된 대승불교에 바탕하고 있기 때문입니다(229-37쪽).

교수님의 인도철학에 대한 가르침에 진정 감사드립니다. 교수님이 없었다면 내 책은 마무리될 수 없었습니다. 교수님에 대한 오독을 고칠 기회가 있길 바랍니다. 이 책은 교수님의 위대한 철학적 희생의 확장your philosophical expanse of great expense 위에서 세워졌다는 것을 다시 한 번 깨닫습니다.

색인을 붙인 것은 찾아보기 쉽게 하기 위해서이다. 작업을 하면서 얻은 것 가운데 하나는 인도인들은 물질로서의 개물dravya과 형이상학적인 본체bhāva를 나름 엄격하게 분리해서 쓰고 있음을 간접적으로 증명할 수 있었다는 것이다.

그래서 색인에서 실체를 둘로 나누어 '실체/개체/존재물/이것저것dravya'과 '실체/본체/본질/자성svabhāva'으로 적어놓았다. 개물은 '개체/사물/육체/실체/것dravya'과 '실유實有: dravya-sat'로도 올랐고, 본체는 '자성自性: svabhāva'(무자성無自性: niḥsvabhāva)과 '중유中有/중음中陰: antarā-bhāva'으로도 올랐다. 가장 극명한 것은 자이나교의 예이긴 하지만 업을 '육체적인 업dravyakarma'과 '정신적인 업bhāvakarma'으로 나눈 경우이다.

물론 문제는 남아 있다. 이 말bhava조차 장음bhāva과 단음bhava으로 나뉘는데, 장음은 본체를 가리키는 뜻(유有, 성성, 법法, 체體)에 가깝고, 단음은 개체를 가리키는 뜻(유有, 재유在有, 생생, 생자生者)에 가깝기 때문이다(『梵和大辭典』, 鈴木學術財

團 編, 東京: 講談社, 1986). 이를테면, 중음은 죽은 다음 다시 태어나기 전의 상태를 말하는 것으로 49재의 이론적 근거가 되거나 티벳『사자死者의 서』의 중심개념이 되는데, 이것을 장음antarā-bhāva으로 적으면 그것을 비교적 추상적인 것으로 여기는 반면, 단음antara-bhava으로 적으면 다소 구체적인 것으로 여기고 있다고 보인다. 위의 스즈키 사전은 단음으로 표기하였으나, 나는 이 책의 논지인 반실체론을 강조하고 개물dravya과 명확히 구별하기 위하여 옥스퍼드 사전의 장음표기를 따른다(Damien Keown, *Dictionary of Buddhism*, Oxford: Oxford university press, 2003).

알다시피 불교의 핵심은 실체 없음, 자성보다는 무자성, 곧 무아에 있다. 색인의 마지막 용어처럼 연기법 속에서 '흐르는 나'이다.

(2013. 1. 18. 수정증보 1쇄)

* 부기: 호진 스님은『무아 · 윤회 문제의 연구』(서울: 불광출판사, 2015)를 재출판하면서 책과 더불어 감사의 서신을 보내왔다. 「다시 쓰는 머리말」에서 이 책『윤회와 반윤회』를 두 번이나 거론하면서, "불교학계에서가 아니라 철학계에서 왜 이 문제가 '가장 열띤 주제'가 되었는가"라고 묻고 있다. 그리고 합천 해인사 성법 스님을 비롯하여 알지 못하는 곳(인터넷)에서 이 책을 호평해준 많은 분들께 고마운 마음을 올린다.

(2016. 1. 29. 수정증보 2쇄)

지은이의 말

유학 시절『육조단경』六祖壇經을 읽은 적이 있었다. 어쩌면 법정의 수필집『무소유』와 번역서『숫파니파아타』이후에 읽은 본격적인 불교서적이었던 것 같다. 대학원 수업시간에 그것을 읽고 써오라는 것이었는데, 나는 예전의 버릇처럼 도서관에서 참고자료를 30권을 빌려 책상 왼쪽에 쌓아놓고 보고서를 작성하고 있었다. 그러나 어느 순간 '내가 뭐하고 있는 거지?' 하는 회의가 밀려들었다.『단경』의 중심사상도 그렇거니와 나는 달을 보라는데 손가락만 보고 있었다. 주인이 손님에 밀려 주가 뭔지도 모르고 있는 꼴이었다. 주객관계의 도착倒錯이었다.

모든 책을 치우고『단경』을 읽기 시작했다. 꼬박 1주일이 걸렸던 것으로 기억난다. 그리고는 썼다. 해석상의 문제점과 결론의 다양성을 지적하는 내용 외에는 여타의 인용은 없었다. 남이 아닌 나의 글을 썼다. 그때의 판단과 경험은 정말 나에게 큰 도움이 되었다. 적어도『단경』하나는 알고 있었다. 30권 책의 내용 모두『단경』을 말하고 있었지만, 그것은 손가락일 뿐, 달은 결코 아니었다. 역시 손가락은 열이요, 달은 하나였다.

'달과의 바로 사랑'은 적절하고 유효했다. 교수는 정말 민망할 정도로 매번 칭찬을 했다. 연초에 놀러가도 그랬고, 새로운 사람과 만나는 자리에서도 그랬다. 그러나 나의 천박한 인격은 아무리 내가 존경하는 선생이지만 그분의 기억이 착오가 아닐까 싶었다. 잘 받은 점수는 그렇다 치고, 한 번이면 족하지 매번 듣는 과찬이 오히려 그 사안의 진실성을 회의하게 만들었다. 그러다 아마도 3, 4년 지난 후였을 것이다. 새해 인사차 갔다가 선생이 다시 그 이야기를 꺼냈을 때, 나는 그

보고서를 기억하냐고 반문했다. 말이 나오기 무섭게, 선생은 자신의 방으로 들어가서 바로 내가 제출한 그 짧은 글을 찾아와 보여주었다. 그때의 당황스러움이란!

나는 그 후 글에 대한 강박증이 생겼다. 내가 쓴 글이건, 남이 쓴 글이건, 사람은 글로 만난다는 생각을 지울 수 없게 되었다. 내가 학생을 기억할 때도, 그가 낸 글로 기억하는 것도 나의 경험과 무관하지 않다.

이 글도 마찬가지이다. 이 글은 불교에 대해 내가 고민하던 것, 풀지 못하던 것을 정리한 것이다. 나름대로는 하나의 입장이 섰기 때문에 감히 글을 쓰게 된 것이다. 엉켜 있던 실마리가 한 줄기로 확연하게 보이면서 과연 나의 이해가 올바른지 물어보고 싶었다.

불교 전공자가 보면 우습기 짝이 없겠지만, '숲은 나무를 벗어나야 보인다'는 진리를 전하고 싶었다. 상세하고 치밀한 논의는 전문적인 불교학자들에게 넘길 일이지만, 문제를 제기하는 것조차 불교학자들이 반대하리라고 생각되지 않았다. 무릎 꿇고 여쭤보고 싶은 이야기를 이 글에 담았다. 전문가들의 여지없는 질정은 이 엉성한 논의를 심화시킬 것이다.

『단경』이 보여주는 무지한 육조 혜능慧能의 이야기는 나도 불교를 말할 수 있겠다는 자신감을 북돋아주었다. 나는 무식하지만 그래도 의미만큼은 전할 수 있다는 것을 선종의 옹달샘인『단경』을 통해 알 수 있었다. 적어도 선종이 나가고자 하는 방향이 '깨달음의 길'이라면, 그리고 그것을 위한 어떤 것도 방편에 불과하다면, 나의 만용도 용서되지 않을까 자위했다. 적어도 내가 하나의 주장을 펴고 있음이 분명하다면 말이다. 또, 적어도 그 주장이 하나의 문제가 될 수 있다면 말이다.

길은 멀지만 길벗은 있는 법. 길벗이 누군가? 도반道伴이 아니더냐. 기다린다. 같이 길을 갈 사람을 기다린다. 고타마 싯다르타의 깨달음에 충실하고, 나아가 그 충실함에 바탕을 둔 불교의 이론 정립을 위해 가르침을 줄 벗을 진심으로 기다린다. 이 글은 변별성에 초점을 맞추느라 한쪽에 치우쳐져 편집偏執의 폐가 심하지만, 장차 현명한 사람에 의한 자명할 뿐만 아니라 변별되는cleara et distincta 불교 이론의 수립은 한국불교학의 위상을 한층 드높일 것으로 믿는다.

　제목은 얼떨결에 정했지만 그것은 '윤회와 연기' 또는 '윤회 대 연기'라는 내용으로, 크게는 '한국의 불교 이해에 대한 비판적 반성'을 담고 싶었다. 반윤회라는 의미를 넓게 받아주면 좋겠다. 여기서 반윤회란 윤회를 인정하지 않는 모든 이론을 가리킨다. '유아有我윤회'와 '무아無我윤회'라는 개념으로 내가 있는 윤회와 내가 없는 윤회를 구분하지만, 윤회라는 말을 하는 순간 내가 어느덧 생겨남을 직시해야 한다. 좀 더 솔직해질 필요가 있다. 공연히 궁색하게 무아와 윤회를 양립 가능한 것으로 설명할 필요는 없다. 오히려 그것을 대립시킴으로써 문제를 적나라하게 드러내는 것이 낫다.

　서양인들이 결정론과 자유의지론의 양립 가능성을 놓고 얼마나 오랫동안 토론을 하였는가를 상기하자. 철학자들마다 입장도 다양했다. 현대에 들어서면서 가장 각광을 받은 이론은 '대리인'agency 이론이었다. 사람은 신의 대리인으로 인생을 살지만, 대리인이 게으름을 피우든 돈을 떼먹든 아니면 일을 잘하든 그것은 인간의 문제라는 것이다.

　윤회와 무아 이론의 대립은 2000년대 들어서면서 우리 철학계의 가장 열띤 토론 주제였던 것 같다. 양립 가능성과 불가능성을 놓고 철학자들은 깊은 이야기를 나누었다. 우선적으로 논리적인 정합성을 따지는 데 철학자들은 몰두했고, 이어 현실에 어떻게 적용될 수 있는지를 물었다. 이 글의 핵심 부분이 그들의 쟁점을 다루는 것이다.

　처음부터 읽는다면 바랄 것이 없겠지만, 윤회와 무아에 대한 주요 논쟁점은 제6장으로 이 글의 발단이 여기에서 시작된 것이니만큼 그것부터 읽는 것도 좋을 것 같다. 먼저 문제를 알고 그 풀이의 과정을 접하는 것이니 말이다.

이 글은 많은 경우 나의 주장을 쉽게 풀어쓰는 방식을 취했다. 그러나 인도철학과 관련된 강한 비판이 들어가는 제2장은, 먼저 원전에서 시작하여, 역사적으로 체계화하고, 문제를 철학적으로 정리하는 방식을 취했다. 원전자료는 라다크리슈난Radhakrishnan에, 역사적 고증은 바샴Basham에, 철학적 개념 정의는 모한티Mohanty에 빚지고 있다. 개략적 설명은, 우리나라에도 2001년에 번역본이 나온 해밀턴Hamilton의 문고판 책이 많은 도움을 주었다. 인도철학은 산스크리트어나 팔리어에서 우리말로 직접 옮긴 것이 가장 쉽겠지만, 같은 인구印歐 어족에 속하는 영어로 쓴 것이 더 잘 통한다는 생각도 하게 되었다. 한문 원전만 남아 있는 경우도 있지만, 중국어로 옮기고 우리말로 옮기다보면 한 번 더 개념이 번역된다. 게다가 오늘날 우리가 쓰고 있는 관념들이 서양어에 의해 정의되는 경우가 많아 중역重譯에, 중중역重重譯의 수고를 만들기도 한다. 나도 이런 언어적 중첩에서 많이 허덕였다. 전문가들의 꾸지람을 바란다.

이 글을 쓰는 동안, 빚진 사람들이 많다. 먼저 워싱턴주립대Washington State University 철학과의 동료들이다. 학과장 셰어 교수Dr. David Shier는 나에게 창 달린 연구실과 사무용품 일체를 전혀 불편 없이 사용하도록 배려해주었다. 덕분에 도시락 까먹는 재미가 쏠쏠했다. 학문적인 토론을 이끌어줄 뿐만 아니라 인도철학을 너무도 쉽고도 깔끔하게 가르쳐준 마이어 교수Dr. Michael W. Myers는 나의 주제에도 깊은 관심을 가져주었다. 그와 나의 가장 큰 차이점은 불교를 무신론으로 이해하는 것, 다시 말해, 선종 중심의 불교 이해 방식을 그는 접수할 수 없었던 점이다. 그에게 불교는 여전히 유신론으로서의 종교였고, 종교 다원론적 입장에서 신은 어떠한 형태로라도 있었다. 어쩌면 서구인의 불교 이해가 동양인의 불교 이해

－티벳불교는 아니더라도 동아시아와 주로 관련된, 특히 후반부에 와서 한중일에서 벌어지는 선학의 열풍과 관련된 불교 이해와는 다름을 명확하게 보여준 좋은 사례였다.

그 둘은 철학과 강좌도 배려해줘, 나는 '동서개념비교'를 30항의 주제로 강의할 수 있었다. 가르치면서 배우는 좋은 기회였다. 종강날 대학원 학생 제이슨Jason Fishel이 내가 구해준 누룩으로 담가온 동동주를 잊을 수 없다. 막걸리를 커피 필터로 거르면 하룻밤 동안 한 잔의 분량도 안 나온다는 것을 알게 해주었다. 그 밖에도 여러 친구들(Dr. Joe Keim Campbell, Dr. Dan Holbrook, Dr. Harry Silverstein, Dr. Aaron Bunch, Dr. Royce Grubic, Dr. Mary Bloodsworth-Lugo, Dr. Robert Snyder, Dr. William Hamlin, Dr. David Wang, Mr. Rob Cassleman, and Mrs. DeeDee Torgeson)은 좋은 강의와 강연 그리고 잦은 만남을 통해 많은 도움을 주었다.

또한 이 글의 반향이 어떨지 몰라 정말 걱정스럽지만, 마지막으로 진정 감사함을 전하고 싶은 두 사람이 있다. 한 분은 매번의 주제에 대해 성심성의껏 토론해준 미국의 불교학자 박진영 교수이고, 다른 한 분은 나에게 늘 비판조의 문제 제기를 통해 심지어 실의에도 빠지게 해준 한국의 불교학자 최기표 교수이다. 한 분은 화엄을, 다른 한 분은 천태를 전공한다. 나는 선학의 입장에 있으니, 잘하면 화엄종과 천태종과 선종의 삼종三宗의 총화가 가능하는지도 모른다. 두 교수는 나에게 정말 좋은 길벗이다. 그러나 이 글에서의 관념의 왜곡이나 주장의 편협함은 전적으로 나의 무모함과 서투름에서 비롯한다.

십 대 때는 최현배 선생이 자기 책이 '간장 종지 덮는 데' 쓰였으면 한다는 말을 잘 이해하지 못했다. 쉰을 바라보고서야 이제는 이해가 간다. 내 책이 '컵라면 덮는 데'라도 쓰였으면 좋겠다.

아직도 두려움이 앞선다. 강호제현의 가차 없는 질정만이 박약한 나의 무지몽

매를 깨우리라. 불초로서 대가의 가르침을 머리 숙여 청한다. 집필의 동기를 마련해준, 윤호진, 정승석, 김진, 한자경 교수, 그리고 추천사를 써주신 성태용 교수께 깊은 사의를 표하면서, 선지식들의 많은 관심을 바란다.

開新人於淸州興德寺區

(2008. 8. 31. 초판)

서장

불평등에 대하여

무엇이 청년 고타마 싯다르타의 깨달음이었을까? 불교는 천 가지, 만 가지의 불교
가 있다. 그만큼 역사를 통해 여러 갈래로 발전하거나 변형된 것이 불교다. 여기서
우리는 물어야 한다. 젊은 싯다르타는 당시 인도의 계급제도를 어떻게 바라보았을까?
붓다는 분명 사성(四姓: 브라만, 크샤트리아, 바이샤, 수드라) 제도를 부정한다. 불교도이면서 카스
트를 인정한다면 불교도일 수 없다. 그래서 불교는 평등의 종교가 되며, 따라서 온
갖 짐승과 벌레조차 자비로 보듬으라고 가르친다.

불교의 아킬레스건

이 서장은 길어질 것 같다. 나의 마음을 싣고 이야기하자니 중언부언, 횡설수설할까 두렵다. 그래도 서장을 통해 이 글이 말하고자 하는 것은 딱하나임을 밝히고 싶다. 그 한 관점에 대해서 나는 여러분의 동의를 구하고자 하는 것이다. 그 관점은 실로 단순하고 담백하다.

이 글의 주장이 대체로는 당황스럽고 곤혹스럽겠지만, 오랫동안 숙고해본 도반道伴은 선지자先知者의 입장에서 그런 것도 문제였냐고 오히려 심하게 나무랄지도 모른다. 나는 그런 나무람을 듣고자 이 글을 쓴다. 그것은 그만큼 사람들 마음속에 깊게 자리 잡았으면서도 아킬레스건처럼 치명적일 수 있는 관점이다. 그것을 통해 불교 전반에 대해 반성을 해보고 앞으로 나아갈 길을 제대로 모색해보자는 것이다.

그러나 이 문제는 심각하게 고민해보아야 한다. 이 문제를 얼렁뚱땅 넘어가는 순간, 우리는 크나큰 함정에 빠지게 될지도 모른다. 철학이란 모호하고 애매한 관점에 기대어 사람 잡는 노릇에 큰 소리로 아니라고 하는 일이다.

불교 이해의 보수와 진보

그동안 두 입장의 불교 전문가들을 만났다. 불교에 대해서 나보다 훨씬 많이 연구하고 숙고했던 분들이었다. 그분들에게 늘 나의 관점에 대해 물었다. 아전인수이겠지만, 불교의 이해도 보수와 진보적인 태도로 나뉘고 있었다. 그런데 진보는 보수를 부정하면서 '불교, 새로워지자'는 것이라기보다는 '고타마 싯다르타의 깨우침으로 돌아가 보자'는 것이었다.

이렇게 본다면 전통이라는 용어는 함부로 쓸 것이 아니다. 전통불교가 과거의 찬란하고 위대했던 역사적 계기를 가리키는지, 오늘날까지 내려와 착실하게 쌓인 현재를 가리키는지 분명히 해야 할 필요가 있다. 만약 과거의 역사적 계기를 중심으로 전통을 본다면 불교의 기준점은 당시로 돌아가 볼 필요가 있고, 만약 점진적으로 쌓여 만들어진 오늘날을 중심으로 전통을 본다면 불교의 기준점은 현재에 머물러 있게 된다. 따라서 일반적인 인식과는 다르게, 현재를 강조하는 사람들이 오히려 보수적이고, 과거를 강조하는 사람들이 오히려 진보적이게 된다. 그것은 일반 정치에서도 마찬가지라서 현재를 강조하는 사람들이 기득권층으로 자신의 재산이나 권리를 유지 보수하려 하고, 과거를 강조하는 사람들이 오히려 기득권에 반발하여 권리와 재산의 재편성이나 재분배를 요구한다. 현재를 말하는 사람이 신식이고 진보적일 것 같고, 과거를 말하는 사람이 구식이고 보수적일 것 같은 상식은 정치사, 특히 동양 정치사에서 맞지 않는다. 이때 과거는 또 하나의 미래이다.

　　동양의 개혁운동, 이른바 '변법'變法은 늘 과거에 그 원형을 두었다. 과거의 완전한 이상은 현실에서 시간이 흐름에 따라 점차 어긋났고, 따라서 과거에로의 복귀는 곧 개혁이 되었다. 한의 유흠劉歆의 개혁이 그러했고, 송의 왕안석王安石의 개혁이 그러했다. 서양이라고 해서 크게 다르지 않다. 유토피아가 미래에 있으리라는 보장은 없다. 에덴동산과 같은 낙원은 과거에 있었고 낙원을 잃은 오늘이 바로 실낙원失樂園의 비극을 보여준다. 논쟁이 있을 수 있겠지만, 내가 공부해본 결론으로는, 민주주의는 고대 그리스 어떤 시기의 정치 경험의 부활을 통해 현실에 새롭게 적용한 것이지 서구의 역사와 더불어 점차 발전해온 제도가 아니다.

　　이런 관점에서 본다면, 개혁운동은 과거지향적이며 민주운동은 복고주의라는 도식도 불가능하지 않다. 표현이 오늘날의 용법과 상반되어 이상하다면, 개혁운동이나 민주운동은 과거의 이상적인 이념이나 제도의 부활, 곧 요즘 말로는 리메이크remake를 통해 현실의 모순과 부조리를 개선 또는 전복하는 것이라고 말할 수도 있겠다. 따라서 서구의 민주주의도 차근차근 발전해온 것이 아니라 희랍의 정치제도를 어느 시점에서 도입하여 적용시킨 것이라는 주장은 타당성을 얻는다. 자고 이래로 혁명이나 개혁은 '아름다운 과거로 돌아가는 일'이다.

싯다르타의 깨달음

고타마 싯다르타의 시공으로 돌아가 보자. 과연 무엇이 고타마 싯다르타의 깨달음이었을까? 우리식으로 석가 또는 석존이라고 부르자. 우리는 이 자리에서 그의 깨달음을 설명하고 나열하려는 것이 아니다. 오히려 그 깨달음 이후에 제시되는 현실적인 주장에 관심을 갖는다. 그는 왜 사성계급의 타파를 외쳤을까? 왜 인류의 평등을 말했을까?

불교에서 말하는 사성四姓계급은 인도의 카스트 제도를 말한다. 브라만, 크샤트리야, 바이샤, 수드라를 일컬어 4계급이라고 한다. 카스트는 석존 시절에도 매우 엄격했다. 석가釋迦는 샤카Śākya라는 성으로 크샤트리야 계급에 해당한다. 석가가 계급타파를 부르짖은 것도 자신이 브라만이 될 수 없기 때문에 그렇게 주장할 수밖에 없었다는 해석이 나올 정도로 당시에도 카스트는 엄격했다. 종종 브라만과 크샤트리야는 반목하는 것으로 묘사되기도 한다.

석가는 깨달음 이후 카스트를 부정했다. 카스트의 부정이 곧 깨달은 내용의 전부는 아니다. 그러나 깨달음으로 카스트는 부정됐다. 그렇다면 그것은 하나의 논리적 과정이었다. 우리는 이 점에 초점을 맞추어 볼 필요가 있다. 카스트 부정의 논리를 지지해주는 이론을 찾아보고 그 의미를 드러내야 한다. 동시에 그 논리에 반하는 이론은 없는지 찾아보고, 불교 – 정확히는 석가의 입장에서 그에 대한 반박을 할 수 있어야 한다.

만일 불교도이면서 카스트를 인정한다면 그것은 명확하게 잘못된 일일 것이다. 불교는 카스트를 부정했고 그 부정의 내면에는 확고한 논리적 밑받침이 있었다. 따라서 불교도이면서도 카스트를 인정한다면 그는 피할 수 없는 논리적 충돌을 만나게 된다. 카스트 인정은 곧 그가 불교와 거리가 멀어졌음을 뜻한다.

깨달음의 내용을 차치하고라도 석가가 실천하고 행동한 것은 카스트를 넘어서는 것이었다. 어떤 방식으로라도 카스트를 인정하는 것은 힌두교의 전통이지, 그것을 뛰어넘고자 하는 불교의 출발점이 될 수 없었다.

업과 전생설

그럼에도 우리 불교가 자신의 처지를 무조건 업으로 이해하는 것을 어떻게 보아야 할까? '내가 이 모양 이 꼴인 것은 내 업보 때문이다'라고 말하는 것이 과연 불교적일까? 만사에 원인과 결과라는 인과법칙이 있다고 믿는 불교의 입장에서 '내가 지금 폐암에 걸린 것은 젊은 시절의 흡연 때문'이라는 업보설은 타당하다. 오늘 나의 괴로움은 내가 옛날에 누린 즐거움 때문이기에 나는 그 업장에서 벗어나지 못한다. 그러나 문제는 나와 관련이 없는 것으로 보이는 전생前生에 있다. '내가 이 모양 이 꼴인 것은 나의 전생 때문이다'라든가, '내가 지금 폐암에 걸린 것은 전생에 내가 광부였기 때문이다'라고 말하는 것은 과연 타당할까? 내가 모르는 나 때문에 내가 받는 고통이나 쾌락은 윤리적으로 합리화될 수 있는 것일까?

이 단순한 문제에 대한 해답을 나는 찾고자 하는 것이다. 거칠게 말해, 나의 쾌락이나 고통이 전생의 업보 때문이라고 생각하면 신분제를 받아들이는 꼴이 된다. 위의 질문에 대한 대답으로, '나는 잘 모르지만, 내가 이 모양 이 꼴인 것은 나의 전생 때문에, 나는 이 괴로움을 받아들여야 한다'고 말한다면, 그의 사고 속에는 신분제를 부정할 의지가 없어 보인다. 이론을 좀 더 정교화시켜, 전생에 상비되는 내생來生을 내세워 말하면 비교적 논리적으로 보인다. '현생現生의 괴로움은 전생 때문이었지만, 이 현생을 잘 살아내면 내생에는 기쁨이 올 것이다'라고 설명하는 방식이다.

　　상세하게 말하면 다음과 같다. '나는 잘 모르지만, 내가 이 모양 이 꼴인 것은 나의 전생 때문이라서, 나는 이 괴로움을 받아들여야 한다. 그렇다고 여기서도 잘못하다가는 큰일이다. 여기서라도 잘해야 내생에서 괴로움을 덜 수 있다.' 내가 모르는 전생 때문에 나는 괴롭고, 내가 모르는 내생 때문에 나는 더 괴로워야 한다는 것인데, 과연 이러한 태도는 어떤 삶을 만들어낼까? 나의 생각으로는 순종하는 삶 이외에는 다른 방도가 없다. 나 하나 순종하는 것은 그럴 수 있다고 치자. 그러나 나의 아들이 나 때문에 괴로움을 받는다면 어떻게 해야 하나? 내가 천민이면 내 자식이 천민으로 태어나는 현실의 삶을 목도하면서는 어떤 생각을 해야 할까? 전생과 내생이라는 관념적인 믿음 때문에 내 아들의 삶을 순종을 통해서라도 바꿀 수 없는 이 현실을 어떻게 받아들어야 하는가?

유비類比의 오류

여기서 인과관계와 관련된 '유비의 오류'fallacy of analogy가 보인다. 내 개인은 순종을 통해 내생을 보장받을 수 있지만, 내 자식은 아무리 순종하더라도 여전히 괴로워야 한다면, 순종은 내 개인만을 위한 것이지 나의 자손을 위한 것이 아니다. 그런데 우리는 '추상적인 내생'과 '구체적인 후대

後代'를 혼동한다. 양자는 평행선으로 결코 만나지 않는다. 그런데 내생의 이론을 들어 후대를 설명하는 잘못을 저지른다. '형이상학적 내생'과 '생물학적인 후대'는 결코 다르다. 게다가 도덕적 행위라는 것이 반드시 그 결과를 보장해야 하는 것은 아니지만, 도덕적 행위가 자신만을 위하고 있다면 그것이 과연 도덕적인가도 물어볼 수 있다.

전생이나 내생과 관련된 인과관계의 설명에서 내 행위가 후대에 영향을 미치는 것처럼 보이지만 그것은 착각이다. 그것은 결코 유비되지 않는다. 내가 아무리 잘해도 그것은 나의 일일 뿐 내 아버지와 내 아들의 일과는 아무런 상관없다. 나의 내생에는 미칠지 모르지만, 나의 후손에게는 미치지 않는다. 그런 점에서 전생 또는 내생 이론은 타인과의 관계를 설정하지 않는다는 점에서 비윤리적은 아닐지라도 윤리성이 상당히 배제되어 있다. 자식까지도 무시하는 절대이기주의적 성향을 버리지 못한다.

자기 재탄생의 이론이 자기가 아닌 타인을 배려하거나 생물학적 승계의 문제를 논의의 주변부에라도 세심하게 끌어들여 설명하고 있다면 좀 더 완전한 모습을 갖출 수 있었을지도 모른다. 그러나 내가 죽어 상위 계급으로 올라가든지 하위 계급으로 떨어지든 간에 그것은 내 변환의 문제이지 남과 무관하다. 게다가 가장 아쉬운 것은 계급 그 자체의 틀을 문제 삼지 않는다는 점이다. 틀은 예부터 있었고 앞으로도 있을 뿐, 자기 재탄생이 아무리 오래 지속되더라도 그것이 사라질 기미는 보이지 않는다.

이런 신분제와 관련된 이론들을 부정하는 불교에서조차, 많은 힌두교의 교리처럼 해탈을 통한 자기 재탄생의 부정은 이루어졌지만, 그 틀 자체에 대한 논의를 소홀히 하는 경우가 많다. 한국의 불교사도 크게 다

르지 않다. 다만, 출가 제도만이 그 자체로 평등의 세계에로의 진입을 보
장할 뿐이었다.

신분제의 공고성

인도는 아직도 카스트가 엄격히 유지되고 있다. 불가촉不可觸: the untouchable
천민에서 사성계급까지 거리에서 정부에까지 그들은 함께 살지만 섞이
지 않는다. 다른 종류의 인간들이다. 그런데 그 틀을 바로 힌두교가 제공
해주고 있다. 『리그 베다』에는 원인原人, 이른바 인간의 프로토타입
prototype 또는 매트릭스matrix인 푸루샤의 이야기가 나온다.

> 브라민은 그의 입이었고, 그의 두 팔은 전사rājanya가 되었고, 그의 두
> 넓적다리는 상인과 농민vaiśya이 되었고, 그의 발로부터 노예śūdra가 태어
> 났다.
>
> — X, 90

현대의 구별법과 다른 점이 있다면 바이샤를 상인만이 아니라 농민
까지 포함한다는 것이고, 군인의 표현을 크샤트리야가 아닌 라자냐로 기
록했다는 것일 뿐, 오늘날의 신분제도와 크게 다르지 않다. 입으로 먹고
사는 성직자, 칼이나 방패 등 손 싸움으로 먹고 사는 군인, 발품을 파는
장사꾼이나 농민, 그리고 길거리에서 태어나 길거리 바닥에서 죽는 천민
은 아직도 존재한다. 아무리 헌법에서 인간의 평등을 주장하지만 인도에

서 그것을 믿는 사람은, 정보통신IT 산업으로 돈을 많이 벌어 신분이 아닌 자본 상승을 이룬 젊은이를 제외하고는 많지 않다. 브라만들은 돈이 있건 없건, 지금의 직업이 무엇이든지, 시장에서나 기차 속에서나 사람들에게 독경을 하며 축복을 내려주고 있다. 군인가문은 여전히 무사의 명예를 지키고 있고, 상인가문은 상인의 역할을 크게 벗어나지 않는다. 인도인들의 신분은 이름을 통해 어렵지 않게 알려지고 그것을 중시하는 문화적 태도 때문에 자신의 계급을 떠나 사는 것은 거의 불가능하다. 이를테면 성 가운데 쿠마르Kumar는 바이샤에, 싱Singh은 크샤트리야에 속한다고 인도인들은 여긴다(시크교도에게 싱이라는 이름이 많은데, 그들은 원칙적으로 계급을 부정하고 싱은 '사자'라는 뜻으로 교단에 입문한 자에게 주어지는 이름이다).

만일 내가 천민으로 태어났다면 어떨까? 그래서 집단적으로 얻어맞기도 하고, 강간도 당하고, 경찰도 본체만체하면 어찌해야 할까? 야속하지만 내 업보라 생각하고 순응해야 할까? 순종하지 않은 여인이 인도에 있었다. 결국 산적의 아내가 되지만, 산적보다 더 강한 여인으로 우뚝 서게 된다. 영화 〈밴디트 퀸〉의 실제주인공 풀란 데비Phoolan Devi, 1961년생 또는 1963생(관리되지도 않는 천민임이 드러난다)이다. 마침내 정치가로서도 성공하지만 괴한에 의해 피살된다(2001.7.25).

인도에는 아직도 곳곳에서 산적이 출몰하고, 여전히 불가촉들이 인간 이하의 대접을 받는다. 계급 간의 결혼도 뛰어넘기 어려운 장벽에 막혀 있다. 우리는 이런 상황을 어떻게 이해해야 하는가?

델리대학 철학과 교수들에게 '인도의 불평등을 어떻게 생각하느냐?'고 물은 적이 있다. 그때 그들이 내세운 것은 국가에서 실시하고 있는 천민우대정책인 선점제reservation였다. 국가기관인 대학이 수드라 출신 교수를 우선 선발하고 있지 않느냐는 것이었다. 어떤 교수는 비록 철학과는 아니지만 수드라 출신 동료 교수도 있다고 자랑 아닌 자랑을 했다. 그때 내가 얄궂게 물었다. '당신의 딸이 천민계층과 결혼해도 되겠느냐?'고. 그의 대답은 짧고 분명했다. '아니요.'No 높은 출신의 여자가 낮은 출신의 남자와 결혼하면 계급이 낮아진다고 했다. 그것을 어떻게 받아들일 수 있겠냐는 것이었다. 계급의 틀은 이처럼 높았다. 국제연합 교육과학문화 위원회 유네스코UNESCO ; United Nations Educational, Scientific, and Cultural Organization 한국위원회 사무총장이었던 차인석 교수를 아는 처지였지만, 그조차 인도의 교육과학문화의 가장 큰 장애물인 카스트를 어쩌지 못했다.

인도의 이 뿌리 깊은 신분제를 어떻게 해소할 수 있을 것인가? 국부인 간디조차 신분제에 대해서는 깊은 인식이 없었다. 그는 바이샤 출신이었다. 그 자신이 초계급적인 존경을 받고는 있지만, 정작 신분을 뛰어넘는 인도사회의 평등을 주장하지는 않았다. 간디는 간혹 정치적으로 카스트 폐지를 말하기도 했지만, 그의 어떤 문헌에도 카스트를 전면적으로 문제 삼는 구절은 찾기 힘들다. 간디에게 카스트는 오히려 타고난 역할이라고 이해되었다. 우리가 '직업'職業이라고 말하는 것과 같이, 태어나면서 주어진 자신의 일job이라는 것이다. 좀 더 간디식의 사고에 맞추면, 카스트는 생업生業으로 주어진 것이다. 그것이 브라만의 역할이건, 청소부의 역할이건 간에 말이다. 우리 식으로 말하자면 왕후장상의 씨와 백정의 씨는 따로 있다는 것이다. 왕후장상은 정치를 업으로, 백정은 도살을 업으로 산다. 간디의 주 관심사는 영국과 인도의 차별이었지 인도 내부의 차별이 아니었다.

또 다른 국부 암베드카르

인도 내부에서는 간디만큼이나 사회적으로 존경받는 인물이 있다. 우리는 간디, 네루, 네루의 딸인 인드라 간디(마하트마 간디와 무관하게 남편의 성을 따라 간디가 됨) 정도를 알 뿐이지만(그 두 집안은 아직도 현실정치에서 막강한 영향력을 행사하고 있다), 인도인들은 한국인에게는 생소한 암베드카르Bhimrao Ramji Ambedkar: 1893.4.14-1956.12.6를 기억한다. 그는 불가촉천민 출신으로 인도 독립 후 헌법기초위원장을 역임하고 초대 법무부장관을 지낸 인물이다. 정부장학금으로 미국 컬럼비아대학에서 박사를 한 다음, 독일에서도 공부하고 영국에서 법학박사를 취득한다. 인도인들은 그를 '암베드카르 박사'Dr. Ambedkar라고 부른다.

암베드카르는 귀국 후에 정부관리로 기용되었지만 신분차별로 더 이상 일을 하지 못한다. 그의 결론은 '인도인들이여, 불교로 개종하라'는 것이었다. 힌두교는 신분제를 공고히 할 뿐이었다. 그는 사망하기 직전인 1956년 10월 나그푸르에서 50만 명의 지지자와 함께 불교로 개종하는 대규모의 집회를 갖는다. 간디도 불가촉천민을 '태양의 아들'Harisan이라 부르며 존중했지만, 암베드카르와는 적지 않은 대립이 있었다.

힌두교도는 불가촉천민을 힌두사원에 들여놓지 않았을 뿐만 아니라 그들이 먹는 물도 마시지 못하게 했다. 1927년 3월 암베드카르는 1만 명의 불가촉천민을 이끌고 상수원으로 쓰는 저수지까지 행진하여 물을 마셨다. 그리고는 카스트를 정당화하는 힌두교의 『마누법전』을 불태웠다. 그에게 힌두교는 계급질서를 정당화하며 불가촉천민에 대한 학대를 고착화시키는 종교였다.

불가촉천민은 혀가 있어도 말을 못하는 계급이었다. 그러나 암베드카르를 통해 그들은 소리를 내기 시작했다. 그가 낸 잡지가 바로 〈벙어리의 소리〉이었다. 그를 통해 불가촉천민은 '보이지 않는 국민'에서 '보이는 국민'이 되었다.

간디는 저격되어 죽기 전 힌두의 신 람을 불렀지만, 암베드카르는 죽기 두 달 전 50만 천민과 함께 수계식을 한다. 22년 연상의 간디와는 협조자이면서도 정적이었다. 간디는 힌두전통에 충실했던 반면, 암베드카르는 힌두교가 더 이상 인도의 계급차별 해소에 도움이 되지 않는다고 생각했다. 간디가 영국과의 싸움에만 매달렸다면, 암베드카르는 인권에 대한 깊은 이해가 있었다. 간디는 불가촉천민이 힌두교라는 전체를 분열시키거나 그 테두리를 벗어나는 것을 우려했고, 암베드카르는 물 마실 권리도 없는 천민에게는 조국도 없음을 강조했다. 간디를 중심으로 독립된 인도는 아직도 불가촉천민과 더 나아가 여성들에게는 잔인한 조국이 되었지만, 그래도 암베드카르의 주장과 역할로 여성과 불가촉들에게 일정 할당이 이루어지게 된 것이다.

이단 불교

힌두교의 입장에서 볼 때 불교는 이단이다. 이렇게 앞머리부터 강하게 불교와 힌두교의 관계를 명확히 하는 것은, 많은 한국인들이 불교를 힌두교의 전통 속에서 이해하는 경향이 짙기 때문이다. 인도철학이 곧 불교철학은 아니다. 힌두교만이 아니라 인도철학사를 통해서도 베다 전통이 있었다면 그에 반발하는 이단들이 있었고, 불교는 그중에 하나일 뿐이다. 인도는 한동안 불교국가였지만 현재에는 결코 불교국가가 아니다. 역사의 큰 흐름에서뿐만 아니라 사상의 큰 줄기에서도 불교는 시냇물이나 잔가지와 같은 일종의 돌출현상으로 취급된다. 비록 불교가 인도의 역사에서 화려하게 주류를 차지한 적도 있지만, 그것은 과거이고 역사이고 기억일 뿐 지금에도 유효한 것은 결코 아니다. 불교가 쇠퇴한 것은 너무도 일찍 벌어진 일이었다. 내가 보기에는, 신라의 혜초나 당의 현장이 본 것도 7세기 후반의 힌두교화되는 불교였지, 우리가 상상하는 석존 중심의 불교가 아니었다. 석가는 그때부터 점차 힌두신 비슈누의 화신化身으로 여겨지기 시작한다.

암베드카르는 이 점을 직시했다. 그가 불교도 개종의 22개 조항을 선언하면서 제5항에서 분명하게 밝힌 것이 바로 부처는 비슈누의 화신이 아니라는 점이었다.

나는 믿지 않으며 믿지 않아야 한다. 나의 주 붓다는 비슈누의 환생이 아니다. 나는 이것이 어처구니없는 광기이며 잘못된 선전이라는 것을 믿는다(I do not and shall not believe that Lord Buddha was the incarnation of Vishnu. I believe this to be sheer madness and false propaganda).

암베드카르의 이 강한 언사를 보라. 그의 어조 속에 부처를 만신의 하나 정도로 대접하는 힌두교에 대한 강한 불만이 담겨 있지 않은가. 석존은 석존일 뿐, 힌두교 신들 가운데 하나가 아니다.

그러나 힌두사원에서 석존을 신들의 하나로 여기는 장면은 적지 않게 찾아볼 수 있다. 이를테면 한국인들이 자주 찾는 인도 바라나시의 힌두대학 내의 성소에도 석가는 주된 신들 가운데 하나일 뿐이다. 열 가운데 하나 정도의 지위에 불과하다. 그러나 그 중심에는 여전히 남성기linga; lingam로 상징되는 시바신이 모셔져 있지 석존이 그 지위를 유지하지는 못한다. 한국인들이 그 대학에서 불교를 공부할 때도 자신의 처지를 확실히 해야 할 필요가 있는데, 그것은 이단학으로서의 불교를 연구한다는 분명한 자각이다.

인도와 불교를 뒤섞어 이해하면서 벌어지는 문제는 정말 심각하다. 불교가 인도역사의 한 시점에서 융성했다 해서 그것이 오늘날에도 통용될 수 있는 시각이라고 본다면 그것은 큰 착각이고 대단한 실수이다. 700년 전만 해도 무어왕국의 지배 아래 있었다 해서 스페인을 무슬림 전통에서 이해하는 것과 같은 것이다. 반대의 경우로, '아람브라 궁전'이라 하면 – 정확히는 알함브라 궁전이라고 해야겠지만 – 사람들은 근대 기타의 아버지인 프란체스코 타레가의 유럽식 연주곡을 떠올리지 그곳에 남아있는 위대한 기하학적인 무슬림 건축을 떠올리지 못하는 것과 같다.

한국인들은 바라나시에서 불법佛法을 생각하고 그곳을 삶과 죽음에 관한 명상과 정신수련의 전당으로 생각하는 경우가 많다. 한국의 유명작가 류시화의 공로이기도 하지만, 그곳은 분명 힌두교의 성지로 강가(갠지스강)에서 그들의 죄를 씻기 위해서 몰려드는 곳이지, 오늘날에는 석존과 관련된 이렇다 할 뚜렷한 의미가 없는 곳이다. 그곳에서 북쪽으로 올라가면 석가가 깨달음을 얻고 최초의 설법을 하자 사슴도 몰려들었다는 사르나트, 곧 녹야원鹿野園이 있지만, 인도인들에게 그곳은 성소의 지위를 얻지 못한다. 한국과 일본 등지의 불교도들에 의한 기념사원이 눈에 띌

뿐, 우리가 상상하는 장관은 거대한 폐허에 가까워 박물관을 포함해서 기대에 못 미친다. 전 세계 많은 불교인들의 방문으로 인도당국이 주요수입원으로 여겨 관광지화하고 있지만 그곳은 분명 화석화된 불토佛土(불경 속의 波羅捺國)일 뿐이다. 석존과 관련된 일화가 있다면 바라나시 구리가의 아들 야샤와 관련된 것이 주목받을 뿐이다. 게다가 그곳은 또한 자이나교의 성지이기도 해서 혼란스럽기조차 하다. 인도 내의 자이나교도들의 부단한 방문을 고려하면 오히려 그곳은 죽지 않고 살아있는 자이나 사원처럼 보인다.

인도를 사랑하는 류시화가 법정과 같은 불승에게 글을 얻어 책을 엮어내는 것은, 내가 보기에는 뭔가 앞뒤가 안 맞아도 많이 안 맞는 느낌이다. 인도가 천축국天竺國으로 불교의 탄생지이자 본향이긴 하지만 이미 불교를 버린 나라인데, 왜 우리의 불교도는 힌두교의 국가에 안달하나 싶다. 과거의 천축은 서역西域으로 성지순례의 장소일지는 몰라도, 현재의 인도는 불교국가가 아님을 냉철하게 인식할 필요가 있다. 현금의 천축국은 아마도 한국, 일본 그리고 대만 정도가 아닐까 한다. 한국이 기독교 때문에, 일본이 신도 때문에, 대만이 도교 때문에 불교가 주류가 아니라고 한다면, 천축은 오히려 태국이나 티베트로 옮겨가야 할지도 모른다.

한국인들의 인도에 대한 환상은, 특히 불교와 관련해서는 심각한 수준으로 보인다. 현재의 인도는 과거의 천축국도 미래의 불국토도 아니다. 인도는 아직도 카스트가 지독히 굳건한, 어찌 보면 세계에서 유일하게 남은 신분제 국가이다. 그리고 그 정신적 지주로 힌두교의 교리와 그 해석이 버티고 있다. 한국인들이 성지순례라는 이름으로 몇몇 곳을 방문했을 때 마주하는 것은 아쇼카 왕의 망령亡靈이지 인도인의 불심佛心이 아님을 확실히 해야 한다. 불교의 메카는 불교를 버렸다.

아잔타와 엘로라

세계사를 통해 우리는 아잔타 석굴의 위대함을 안다. 그러나 같은 지역에 힌두교 사원인 엘로라 석굴이 있다는 것을 잘 알지 못한다. 엘로라 석굴은 그 규모면에서 아잔타 석굴을 능가한다. 아잔타 석굴은 불교회화사에서 큰 의미를 갖지만, 엘로라 석굴은 바위산을 통째로 깎아내려가 거대한 사원을 만든 단일 석물조각으로 세계적인 명성을 얻은 곳이다. 사실 그것 또는 그곳은 조각물이라기보다 중앙에 사원이 있고 주위에 부속건물이 있는 완전한 건축물이다. 인도인에게도 그렇거니와 세계인들에게도 작지만 아름다운 아잔타보다는 크고도 웅장한 엘로라가 더욱 매혹적이다. 아잔타는 우리의 문화적 편향 때문에 유명세를 타고 있는 것일지도 모른다.

　　인도인들은 아잔타보다는 엘로라를 자랑한다. 그들에게 아잔타는 과거의 유물이지만 엘로라는 살아있는 성지이다. 그들에게 아잔타는 불교와 관련된 흔적이지만 엘로라는 살아있는 종교이다. 엘로라에는 불교와 자이나교도의 석굴사원도 있지만 힌두사원에 비하면 규모면에서 비교가 되지 못한다.

　　가장 비극적인 이야기이지만, 인도인들에게, 정확하게 힌두교도들에게 불교는 천민의 종교로 느껴질 수도 있다. 힌두교도들에게 자이나교가 상인의 종교로 여겨지는 것과 마찬가지이다. 자이나교도 신분철폐를 원했지만 철저하고 엄격한 불살생의 원칙은 결과적으로 그들을 상업에 종사토록 이끌었다.

힌두교, 자이나교, 불교의 불살생

불교의 불살생의 원칙은 자이나교의 제일원칙인 비폭력ahiṃsā과 영향을 주고받은 것으로 보인다. 알다시피, 이 비폭력주의가 바로 힌두교도인 간디의 무저항운동의 시발점이 되고 있다. 그런데 이 '아힘사'는 주장의 전후맥락에 따라 그 강도가 많이 달라진다.

자이나교의 아힘사는 철두철미한 불살생을 뜻한다. 따라서 그들은 흙속의 동물을 죽일까봐 농사도 짓지 않는다. 그래서 그들은 상인이 많다. 출가자들은 하얀 옷만 입고 살던지 아니면 그것도 소유랍시고 옷을 홀딱 벗어버리고 살며, 부채를 들고 다니며 책 사이든 어디에고 벌레라도 끼었을까봐 부채질을 한다. 혹 밟을 수도 있으니 신발을 벗어야 하는 것은 기본이다. 웅덩이는 반드시 넘어간다. 웅덩이는 모든 생명이 나오는 곳이기 때문에 함부로 대하지 않는다.

불교의 아힘사는 불살생의 계를 뜻하며 출가자들에게 강하게 요구된다. 생물이 많이 활동하는 여름에는 그들을 밟아 죽일까봐 '하안거'夏安居를 실시한다. 동안거冬安居는 사실상 추운 우리나라 겨울을 위해 만들어진 승려 보호차원의 규제라면, 하안거는 살생을 피하려는 미물 보호차원의 규제이다. 여행에서 돌아와서는 혹 나 때문에 죽었을지도 모를 생명을 위해 기도한다. 그렇지만 농사를 짓고 채식을 한다.

간디의 아힘사는 비폭력주의이다. 영어식 용법에서 폭력violence은 폭행, 강간 그리고 살해가 포함된다. 살생은 가장 강도가 높은 폭력이다. 간디는 평화공존을 위해 폭력을 포기했다. 정치사회적 운동에서 폭력적인 힘으로 상대방을 제압하는 것보다 비폭력적인 설득이 장기적인 안목에서 낫다는 생각이다. 간디의 아힘사는 미국의 흑인운동가 마틴 루터 킹 목사에게 절대적인 영향을 미친다. 마틴 루터 킹 목사는 뭄바이(봄베이)의 간디 기념관에 와서 호텔을 놔두고 간디의 집무실에서 밤을 보냈다.

여기서 아힘사의 강도를 보면, 자이나교가 가장 엄격하고 다음은 불교, 그다음은 간디의 순서로 놓인다. 그런데 불살생, 불상해의 비폭력주의는 힌두교의 이상이기도 하다. 『우파니샤드』, 「찬도갸」에도 신을 묘사하면서 '어느 곳의 만물에게도 해가 없는 그'라는 표현이 나오는데, 그것은 신의 궁극적인 모습을 가리킨다. 만유만물에 '해를 끼치지 않는'ahiṁsant: harmless 것은 신만이 할 수 있는 일일 것이다. 그러나 그런 초월적인 신성을 거부하는 자이나 성자들은 그것을 몸소 실천하는 승리자Jina의 모습을 보여준다. 그들은 빗자루로 앞을 쓸고 다니며, 물도 걸러 먹는다. 심지어 식물의 뿌리도 먹지 않는다.

결국 비폭력 또는 불살생이라는 의미의 적용과 실천에서 힌두교와 자이나교와 불교는 달라진다. 개념이 있다고 해서 그 내용이 같은 것이 아니다. 그 논쟁점과 교리의 차이점에서 그들의 교의와 주장이 변별적으로 드러나는 것이다. 자이나교에서는 불살생을 통해 급속한 해방을 얻을 수 있다고 생각하기 때문에 그것을 최고의 덕으로 삼고 있다. 불교는 자이나교의 입장에 대체로 의견을 같이하나 그것만이 해결책은 아니라고 생각하며, 힌두교는 해탈이 이러한 자기 고행을 통해 얻어진다고 생각하기보다는 오히려 절대자에 의지하는 쪽으로 방향을 잡고 있다.

윤회와 신분제

업業: karma을 문제 삼으면 불교와 자이나교도가 힌두교를 따르고 있는 것처럼 보일 수 있다. 그러나 그 구체적인 내용이나 실천방향은 무척이나 다르다.

　인도인들은 어디서나 업, 곧 카르마를 말한다. 이것도 저것도, 나의 행운이나 불행도, 나의 잘못이나 너의 잘못도 모두 카르마란다. 내가 물건을 잃어버렸을 때, 그들의 설명이 너의 카르마라면 어떤 심정일까? 그것도 나의 실수도 아니고 누군가에 의해 훔쳐졌을 때 그것도 나의 카르마라면 어떻게 이해해야 할까? 죽음이나 삶 그리고 병과 같은 이해하기 어려운 것을 카르마라 하면 그래도 괜찮다. 그러나 명백히 행위의 주체와 결과가 확실한대도 그것이 나의 카르마라면 어떻게 해야 하는가?

　누군가 나의 가방을 훔쳤다. 기차 여행 중 아침에 일어나니 누군가 내 가방을 가져갔다. 그들은 말한다. 카르마라고. 쇠사슬과 자물쇠로 칭칭 감아두지 않은 가방은 주인이 없는 것이란다. 그래서 필요한 어떤 이가 가져간 것이란다. 이런 식의 설명은 온갖 인간사를 운명으로 말하는 것이다.

　그러나 카르마의 뜻은 분명히 '행위'action이다. 나의 행위가 이런 결과를 낳았다는 것이다. 쇠사슬을 자물쇠로 잠그지 않은 나의 행위 때문에 분실의 결과가 나왔다는 것이다. 만사가 나의 행위 때문이다. 그런데 이때, 행위의 옳음과 그름을 따진다면, 그것은 많은 경우 '잘못된 행위'false action 쪽으로 기울어져 있다. 부정한, 경솔한, 불성실한 행위로 이런 불행한 결과를 낳았다는 것이다. 그리스도교의 입장에서 보면, '내 탓이요, 내 탓이요, 나의 큰 탓이로소이다'mea culpa, mea culpa, mea magna culpa라는 것이다. 탓이란 죄, 그러니까 우리의 문맥상에서 행위 가운데에서도 잘못된 행위인 '죄업'罪業을 가리킨다. 오늘의 이 고통과 시련의 원인은 나의 실수, 나의 망동, 나의 오판에서 나왔다는 것이다. 인도인들이 거리에서 카르마를 말할 때, 그것은 내가 알건 모르건 '내 탓'이라는 숙명론적인 인식임을 알아차려야 한다.

내 탓이요, 내 탓이요, 내 큰 탓이라는 대전제는 받아들일 수 있다. 이 세상이 내게 주는 고난은 내 잘못이다. 내가 성실하지 못하고 노력하지 않고 남을 잘못 대한 까닭이다. 그러니 오늘 내게 주어지는 처단을 받을 수밖에 없다. '그것은 마땅하다.'I deserve it. 가톨릭에서 강조하는 내 탓이란 '내가 그것을 잘못했다'I deserve ill of it.는 것으로 힌두교의 카르마 이론과 그다지 다르지 않다. 따라서 내 죄를 사하여 주십사 빌고 또 빈다. 가톨릭이 속죄贖罪: penance를 통해 용서를 비는 것이나, 힌두교가 희생犧牲: bhakti을 통해 해탈을 원하는 것이나 비슷하다. 용서pardon는 면죄의 뜻이 강하고, 해탈deliverance은 차안에서 피안으로의 이송의 뜻이 강할 뿐이다. 이 모두 고행주의asceticism로 두 종교뿐만 아니라 많은 종교의 속성이기도 하다.

그런데 내 탓인데 어떻게 내가 모르는 것이 있을 수 있는가? 여기에 카르마의 난제가 있다. 내 행위로 말미암은 결과는 좋든 싫든 받아들일 수 있다. 그러나 아무리 보아도 나와 무관한 것 같은데 어떻게 받아들이란 말인가? 이때 떠오르는 설명방식이 바로 윤회이다. 전생前生과 내생來生을 말하는 윤회輪廻: saṁsāra로, 전생轉生으로 불리기도 한다.

내가 모르지만 전생에 나는 그랬기에, 오늘 이런 업보를 받는다는 것이다. 내가 노예인 까닭은 내가 전생에 나쁜 일을 했기 때문이다. 참 쉽다. 윤회설이 한 번 떴다 하면 설명되지 않는 것이 없다. 나의 지금은 내가 알지 못하는 전생 때문에 일어났다. 내가 병에 걸렸건, 내가 사랑하는 사람이 죽었건, 내가 아무리 애써도 안 되는 것은 바로 나의 카르마 때문이다. 내가 기억하지 못하는 내가 벌인 죄의 대가를 지금 치르고 있는 것이다. 그리고 나는 나를 기억하지 못하는 내생의 나를 위해 현생을 잘 살아가야 한다. 아무리 희망이 없더라도, 아무리 고통스럽더라도, 아무리 부조리하더라도 말이다.

이런 죄의식은 절대권능 -그것이 하나이건 복수이건 간에-을 믿는 종교에서 일반적이다. 우리는 그 절대자에게 잘못했기에 죄를 빌어야 한다. 나는 알지 못하지만 나의 조상이나 전생의 내가 벌였을 죄에 대해서 나는 사죄해야 한다. 그것이 기독교의 원죄original sin이고 힌두교의 업karma이다.

그러나 자이나교와 불교의 업은 다르다. 자이나교는 정신과 육체를 확실하게 구별하면서 업은 육체에 딸린 일이라고 믿는다. 따라서 불살생의 원칙에 따라 내 육체가 업을 짓게 하지 않으면 나의 정신은 해방될 수 있을 것이라고 생각한다. 불살생을 최고의 계율로 생각하는 것은 모든 생물은 자신의 영혼을 실현시켜야 하기 때문이다. 따라서 그들은 다섯 가지의 계율을 지킨다. 죽이지 않을 것(불살생), 함부로 말하지 말 것(불망언), 사음을 버릴 것(불사음), 훔치지 말 것(부투도) 그리고 소유하지 말 것(무소유)이다. 그들에게 이 오대서五大誓의 실천은 신분과 상관없이 업으로부터 벗어나는 길이다. 따라서 평등주의이며 계급론이 끼어들 여지가 없다. 다만 출가 이후 옷을 모두 벗고 다니는 공의파空衣派: Digambara는 여성의 해탈을 부정한다. 하얀 옷만 걸치고 다니는 백의파白衣派: Śvetāmbara들이 진보적으로 여성의 해탈을 긍정하는 것과는 비견된다. 여성을 경시하는 인도의 큰 줄기에서 나아가지 못한 까닭이다.

불교도 여성의 업장은 없애기 힘든 것으로 표현한다. 남성 출가자인 비구에 비해 여성 출가자인 비구니의 계율은 훨씬 많다. 오늘날 한국의 불교에서도 마찬가지이다. 상식적으로는 육체의 죄에 약한 남자들이 훨씬 많은 계를 받아야 할 것 같은데 그 반대이다. 남자들은 무기武器가 많기 때문에 그것을 다룰 제동장치가 필요함에도 여성이 훨씬 제어가 안 된다고 불교는 보고 있는 것이다. 그러나 불교는 신분의 구속을 부정하며, 여성의 해탈을 긍정한다는 점에서 자이나보다 훨씬 더 앞으로 나가고 있다. 여성은 인류의 반이다. 해탈을 말하면서 여성을 제외하면 이미 반은 놓친 것과 같다. 불교의 업론은 선업善業과 악업惡業으로 나뉘면서 결과에 대한 설명이 좀 더 구체화되고 있다. 그것이 인과응보因果應報론이다. 힌두교와 자이나교의 인과는 주로 악업의 설명을 담고 있는 데 반해, 불교는 상당부분 악업과 동시에 선업의 활동을 분명히 하고 있다. 이는 '무기업'無記業의 이론에서 더욱 확연해진다. 사실 현실에서 선행은 같은 맥락에서 악행을 낳는다. 내가 나의 친구를 위하는 일이 남을 해하는 일일 수 있고, 나의 나라를 위하는 것이 남의 나라를 해하는 일일 수 있기 때문이다. 따라서 행위 가운데 업을 짓지 않는 것은 선악을 떠나 그냥 하는 일이다. 내가 소를 잡아도 먹고살기 위해 하던 일이라 그냥 하면 살생의 죄업을 짓지 않는다. 이른바 직업職業으로서의 업이다. 무기란 선과 악을 판결할 수 없는 것을 뜻하므로, 한 걸음 더 나아가면, 무기업은 '아무 생각 없이', 따라서 '아무것도 남기지 않는' 행위를 가리킨다. 그래서 무기업은 무의적인 행동이며, 반대로, 하던 대로 하는 행동이다. 이른바 '익숙한 일' (skillful job: 여기서 영어식 용법 'skill'이 우리의 용법과는 차이가 있음을 기억하자. 그것은 기교가 아니라 친숙하고 숙련됨을 뜻한다.)은 업을 짓지 않는 것이다. 몸에 밴 행위는 직업일 뿐, 선악을 떠나 있는 일이다. 불교는 이와 같은 이론을 통해 계급으로 인해 발생되는 업을 부정한다. 따라서 백정도 부처가 될 수 있는 것이다.

이쯤 되면, 윤회라는 것이 힌두교, 자이나교, 불교에서 어떻게 달리 이해되는 것인지 어렵지 않게 알 수 있다. 힌두교는 전생의 죄업을 강조하고, 자이나교는 영혼에 거추장스럽게 달라붙는 물질적 죄업을 부각시키지만, 불교는 악업을 짓지 않는 직업의 세계를 긍정한다. 힌두교는 오늘의 고난을 받아들이는 이론적 장치로 윤회설이 필수불가결하고, 자이나교는 윤회의 속박에서 벗어나기 위해 물질적인 죄악을 짓지 않음으로써 영혼의 고양을 지향한다. 힌두교가 윤회설을 통해 오히려 현실을 완벽한 것으로 설명하려 한다면, 자이나교는 수련의 근거로서 윤회설을 받아들이는 것이다. 그런데 불교는 자이나교처럼 윤회로부터 벗어남을 수행의 목적으로 삼으면서도, 힌두교와는 달리 어쩔 수 없는 행위는 결과를 낳지 않음을 주장함으로써, 그들과는 완전히 다른 길을 가게 된다.

해탈

하층 힌두교도들에게 계급을 뛰어넘는 업으로부터의 탈피는 거의 불가능하다. 그들이 말하는 해방은 불살생하고 채식하며 신을 찬양하는 브라만들에게나 가능한 일로, '그들만의 리그'이다. 엄격하게 윤회설을 적용한다면 낮은 카스트나 카스트 밖의 사람들은 해탈의 방법이 영원히 없다. 살아서도 죄를 짓는데 다시 태어나봤자 죄만 더 늘어날 뿐이다. 천민은 영원한 천민으로, 그것에서 벗어나는 유일한 길이 있다면 연명에 연연하지 않고 완전한 자기희생을 통한 속죄밖에는 없다. 힌두교도의 입장에서 볼 때, 살려고 죄를 짓는 이가 지금보다 더 좋게 태어날 수는 없다. 죄의 악순환을 짊어지고 있는 그들은 눈에 보이지 않을 뿐만 아니라 손으로 만져서도 안 되는 것이다.

사실 힌두교의 이런 논리로는 계급의 상승이동이 무척이나 어렵다. 매일처럼 죄를 짓는 천민은 말할 것도 없고, 그의 아들과 딸도 자라나면서 여전히 죄를 짓는다. 그들에게는 산다는 것 자체가 업을 쌓는 것이다. 그러나 브라만들은 학업에 충실하고 계율을 잘 지키며 사제로서 선업을 함으로써 해탈의 기회가 많아진다. 그들은 가장 좋은 조건에서 해탈의 기회를 얻는다. 내가 브라만인 까닭은 브라만으로서 윤회하기 때문이고, 내가 바이샤인 까닭은 바이샤로서 윤회하기 때문이다. 이런 힌두교는 철저한 윤회설을 바탕으로 신분의 공고화를 넘어 옹호하고 확산한다. 그들에 따르면 섞인 피는 더 이상 맑은 피가 될 수 없기 때문에 신분은 아래 계급으로 조정된다. 게다가 수드라는 종교적인 재생조차 불가능한 것으로 묘사된다.

자이나교는 브라만교의 이러한 난제를 풀기 위해 육체와 영혼을 확실히 분리하는 이원론을 선택한다. 영혼의 순수성은 존재하며, 따라서 그것을 지키기 위한 육체적인 노력은 절실하다. 지금 내가 어느 계급에 있는 것은 나의 업이지만, 내가 죄짓는 육체를 분리시키면 해탈의 길에 들어서게 된다. 현재 내가 속한 계급은 단지 육신을 담아두고 있는 단위일 뿐이지 그것이 곧 영혼의 순수성을 보장해주지는 못한다. 내 영혼이 순수하고 고결해지는 것은 불살생의 실천을 통해 다른 영혼에게 해를 끼치지 않는 길이 최우선이다.

초월적인 신의 부정을 통해 자이나교는 영혼의 해탈은 전적으로 자신에게 달렸음을 분명히 한다. 그래서 얻어진 영혼의 해탈과 그것의 승리자는 신처럼 숭배된다. 그런 점에서 그들은 자기의 의지와 상관없이 주어진 힌두교의 신은 부정하지만, 자기 수양의 결과로 해방을 얻은 완성자는 신으로 격상한다. 승자로서의 그들의 신은 티르탕카라로 불리며 남성기를 내놓은 나체상으로 숭배된다. 그들은 바로 보고正見, 바로 알고正知, 바로 하기正行가 해탈에 이르는 길로 믿는다. 따라서 윤회는 현재에 주어진 조건이지 해탈에 방해되는 것이 아니다. 그런 점에서 자이나교는 힌두교보다 해방의 조건이 훨씬 쉬워진다.

깨달음으로부터 불교는 왔다. 윤회는 반드시 끊어져야 할 것이다. 내가 이렇게 태어난 것은 나의 아버지와 어머니의 행위로 인한 것이다. 그런 점에서 행위, 곧 업은 있다. 그 업이 선량한 것이든 사악한 것이든 간에 부모의 업은 나에게 미친다. 좋은 가문, 좋은 머리, 좋은 인물도 업이며, 그 반대의 것도 업이다. 부모의 업은 나의 업이고, 나의 업은 내 자식의 업이 된다. 직업의 승계도 그렇거니와 선악의 승계도 그렇다. 나는 누구의 아들이나 딸일 수밖에 없고, 나는 내가 원하든 원치 않든 누구의 잘잘못에 영향을 받으며 자라난다. 나의 아들도 그럴 수밖에 없다. 그러나 불교의 특이점은 어쩔 수 없이 주어진 것이라면 업을 짓지 않는다는 '기초적 윤리영역의 확보'이다. 이유가 없는 것은 그냥 이유가 없다. 하던 일이면 그냥 하라. 그것은 의지적인 선택행위의 영역 밖이다. 내가 백정의 아들로 태어나서 백정노릇을 하건, 내가 창녀의 딸로 태어나서 창녀노릇을 하건, 그것은 업으로 주어진 것이지 업을 짓는 것이 아니다. 직업은 시비를 가릴 수 있는 영역이 아니기 때문에 나는 나의 하는 일과 상관없이 기초적 윤리영역으로 뛰어들 수 있다. 더 이상 나의 계급이나 그에 따른 직업은 기초적 윤리영역에로의 진입에 방해되지 않는다. 그런 점에서 불교는 주어진 업보다는 해야 할 업에 치중한다. 과거의 습관보다는 미래의 행동에 초점을 맞춘다. 불교는 따라서 신분타파에 앞장선다. 불경에서 '바라문'婆羅門이라 불리는 브라만교의 악폐는 결국 신분에 따른 선악의 고착화였다. 힌두교는 브라만을 위한 종교이지 다른 계급을 위한 종교는 아니었다.

불교가 말하는 육도六道:六趣 윤회는 지옥, 아귀餓鬼, 축생畜生, 아수라阿修羅, 인간, 천상天上의 계단을 말한다. 그런 점에서 이 윤회는 상당히 점진적인 윤리적 상승을 요구한다. 악에서 선으로 지향하는 도덕적 윤회설이라는 것이다. 현재의 모습이나 신분에 상관없이 도덕적 행위를 통해 개는 개대로, 사람은 사람대로 좋은 곳으로 올라간다. 선행은 선업을 낳고 악행은 악업을 낳는다. 악업을 쌓은 자는 지옥으로 가고, 선업을 쌓은 자는 천상으로 간다. 이렇듯 불교의 윤회는 선악에 기초한 '윤리적 경고'에 가깝다.

내게 미리 내려진 선악의 상황은 없다. 나는 윤리적일 수도 있고 그렇지 않을 수도 있대[기초적 윤리영역의 확보]. 따라서 나는 나의 업을 쌓는다. 업은 몸으로도 입으로도 뜻으로도 쌓인다(신업身業, 구업口業, 의업意業). 최종적으로 업의 결과물은 천상으로 가는 길일 수도 지옥으로 가는 길일 수도 있대[윤리적 경고].

인도의 종교와 철학의 특징은 해탈이라는 최고 영역을 설정한 것이다. 그러나 각 종파에 따라 해탈의 전제와 조건은 매우 다르다. 힌두교는 강력한 숙명론 때문에 아무나 해탈을 꿈꿀 수 없을 뿐만 아니라 절대자에 대한 희생과 봉사로 그것을 이룰 수 있다고 말한다. 자이나교는 절대자를 부정하면서도 육체의 악업을 벗어나기 위해 철두철미한 불살생의 덕목을 실천함으로써 영혼이 해탈될 수 있다고 믿는다. 불교는 선행이 선업을 낳는다는 것을 전제하면서도 하층민들의 어쩔 수 없는 악행은 무기업(또는 무위업無爲業)이라 하여 타고난 계급이나 주어진 직업에 상관없이 도덕적 실천을 통해 해탈할 수 있다고 여긴다. 다시 말하지만, 무기업은 선과 악을 판단할 수 없는 행위이기에 과보를 이끌지 않는다.

좀 더 심각하게 말하자면, 불교에서 말하는 업은 실체가 없다. 그것은 내 잘잘못의 결과일 뿐이지, 형태를 이루어 이미 주어졌거나 장차 주어질 사건이나 상황이 아니다. 고정된 자아가 없을 뿐만 아니라 선악도 미리 주어져 있지 않다고 보는 불교에서 업이 실체화되는 것은 불가능하다. 그것은 A와 B 사이에서 벌어지는 인과관계에 대한 설명이지 A와 B라는 사물이나 사태에 대한 묘사가 아니다. - 『화엄경』華嚴經, 「보살명난품」菩薩明難品

사회적 해방

해탈은 정신적인 절대자유를 뜻한다. 따라서 그것은 관념적인 예속과 그
것으로부터의 탈리를 가리킨다. 그렇다면 그것의 사회적인 의미는 무엇
인가?

힌두교의 해탈은 절대자와의 합일을 꿈꾼다. 처음부터 끝까지 종교
적인 색채가 농후하다. 그러나 그들이 바라는 것은 결과적으로 브라만의
왕국이었다. 바라문만이 해탈의 길을 인도하고 성취한다는 것은 그들이
사회적으로 우월한 계급적 지위를 포기할 의지가 전혀 없음을 보여준다.
그런 점에서 백인인 아리아족이 흑인인 드라비다족을 점령하고 통치의
논리로 사성계급을 실현했다는 주장은 적지 않은 타당성을 갖는다. 이
주장에 따르면 아리아인들이 상위계급을 장악했음은 물론이다. 이런 식
의 설명은 식민지 인도시절에도 적극적으로 원용될 수 있었다. 인도인의
구세주 또는 지도자로서의 영국인의 모습은 아리안만큼이나 하얀 피부
를 갖고 있었다. 그런 점에서 힌두교가 말하는 해탈이 사회개혁과 연결
되기는 쉽지 않아 보인다.

간디는 힌두교를 사분오열된 인도인의 구심점으로 생각했다. 인도
의 개혁이 아니라 인도의 독립, 그것도 영국인에 의한 분리와 통치로 사
분오열된 인도의 온전한 형태로서의 국가수립이 그에게는 무엇보다도
중요했다. 인도 내부의 문제는 그다음이었다. 그런 점에서 간디는 힌두
교의 사회적 문제점을 부각하지 않았다. 더욱이 힌두교 자체의 해탈도
현실과는 거리가 멀어 보인다. 그들의 해탈moksa은 피안에서 차안으로의
전송轉送: deliverance으로 신분의 해방이 아니라 차원의 이동이다. 다른 세

계를 오고 가는 것이다.

자이나교가 영혼의 해탈을 말한다는 점은 힌두교와 비슷하다. 그러나 그들은 해방의 주체를 계급이 아닌 자기에게로 전환했다. 계급과는 상관없이 순전히 개인에게로 해방의 문제를 집중했다. 그들에게 업은 모두 물질적인 것이었다. 업을 짓는 것은 계급과는 상관없이 모두에게 공통으로 발생되는 일이고, 따라서 해탈에 계급적 우선순위를 둔다는 것은 있을 수 없었다. 그들은 영육靈內 이원론에 근거해서 핏줄에 의한 계급설을 철저히 부정했다. 승려계급과 천민계급의 차이는 없다. 출가자와 비출가자의 차이만 있을 뿐이다. 자이나교는 태생적인 계급을 부정했다. 수행의 강도에 따른 영혼의 순수성만이 그들의 관심사였다. 자이나교도의 해탈은 그런 점에서 노예해방과 같은 신분상의 평등을 지향한다. 힌두교의 속박, 다시 말해 힌두교가 상정해놓은 괴팍하고 포악한 수많은 신들로부터의 해방解放: emancipation이었다. 브라만의 제의조차 부정되었다. 그러나 그 해방은 그들이 전제한 불살생의 철저한 실천으로 인해서 전 계급의 해방이 아닌 상인계급에만 한정되었고, 결과적으로 한 계급만의 자위에 그치고 말았다. 자신들이 상인이었든 그렇지 않든 간에 그들은 상업을 생업으로 삼을 수밖에 없기 때문에, 계급 안에서의 해방이지 계급을 넘어서는 해방이 되지 못했다. 자신들이 계급을 부정함을 자부하는 것에 그치고 다른 계급에 영향을 주지 못한다는 점에서 사회적인 효과는 경미해진다. 다만, 천민들이 자이나교로 개종을 하고 상업에 종사할 수 있다는 점에서 반쪽 해방의 가능성이 엿보인다.

불교의 해탈은 자이나교처럼 계급을 부정하기 때문에 누구나 얻을 수 있는 것이다. 그런데 그 논리는 선행과 악행에 따른 윤리적 결과를 중시하는 것이기 때문에 윤회나 업과 같은 지나친 형이상학적 관념의 안배를 원하지 않는다. 윤회나 업도 모두 실체 없이 운동만 있는 일종의 허상임을 불교는 주장한다. 시간은 9시 51분이라는 계기 없이도 흘러간다. 그러나 사람들은 몇 시냐고 묻고 답한다. 삶은 홍길동이라는 개체 없이도 흘러간다. 그러나 사람들은 그 사람 누구냐고 묻고 답한다. 우리는 9시 51분의 홍길동을 말하지만 정작 눈앞에 있는 것은 9시 52분의 홍길동이다. 윤회나 업이 실체 없이 운동만 있음이 바로 이와 같다. 해탈은 이와 같이 편견과 차별의 관념을 놓아버리는 것이다. 꼬여있던 것을 풀어놓는 것이다. 그럼으로써 사람은 사회적 불평등이라는 질곡으로부터 방면放免: release된다.

사회적 해방이라는 기준에서 볼 때 불교가 가장 신분제 철폐에서 철저함을 알 수 있다. 브라만교는 절대자와의 소통을 한 계급에 맡겨버리는 바람에 특정 계급만이 구원을 선점해버렸고, 자이나교는 계급을 부정하면서도 철두철미한 불살생이라는 자기 계율 때문에 결과적으로 한 계급에 머물러 버렸지만, 불교는 행위 또는 업을 윤리적 측면에서 강조하고 어쩔 수 없는 악업에 죄를 묻지 않음으로써 관념적인 해방이 아니라 현실적인 해방을 이루어냈다.

불평등으로부터의 탈출

여기서 우리는 발상의 전환을 꾀해본다. 석존은 사회적 불평등을 어떻게 바라보고 있었을까? 그의 교설은 오히려 불평등 해소를 위한 설정이 아니었을까?

형이상학이라든가, 관념이라는 것은 사실상 세계를 설명하기 위한 틀에 불과하다. 일원론으로 보면 세계는 하나로 보이고, 이원론으로 보면 세계는 둘로 보인다. 물질이 살아있다는 생각物活論도 고대 그리스에서는 일반적이었다. 물질을 정확하게 비생명체로 본 것은 근대과학의 탄생 이후이다. 따라서 형이상학의 건립은 세계를 이해하기 위한 창과 같은 것이다. 유물론조차 '세계는 물질로 이루어졌다'는 형이상학적 전제 없이 성립되기 어렵다. 그러나 형이상학적 판단의 전환은 이 세계가 뒤집어질 정도로 영향이 크다.

석가가 주창한 무아無我설은 브라만교 윤회설의 무근거성을 가장 효과적이고 근본적으로 설파하는 것이었다. 왜냐하면 브라만교는 전생의 내가 현생의 나를 규정하고 현생의 내가 내생의 나를 규정할 것이라고 말하면서 생을 거듭하는 나의 동일성을 주장하고 있는데, 나라는 것조차 없다면 윤회의 근본이 무너지게 되기 때문이다. 계급의 전승과 고착화에 기여하는 윤회설을 부정하는 형이상학적 근거를 석존은 바로 무아설로부터 얻게 된 것이다. 보리수나무 아래에서의 득도는 이와 같은 형이상학적 판단과 관련이 깊어 보인다. 생로병사의 순환 속에서 괴로워하는 인간을 윤회라는 이름 아래 정당화하는 브라만교의 형이상학이 인간의 평등한 존엄성을 감지한 싯다르타의 입장에서는 너무도 불만족스러웠을 것이다.

당시의 힌두교, 곧 브라만교는 나를 내세우는 유아有我설이었다. 나의 동일성을 내세우는 것은 어쩌면 매우 상식적인 견해이기도 하다. 영혼을 말함은 내가 죽어서 나의 형태를 유지할 것이라고 믿는 것이다. 마찬가지로 어떤 나는 유계에서 떠돌다가 내가 되었을 것이라고 믿을 수도 있다. 앞의 것은 영혼의 불멸을 말하는 것이고, 뒤의 것은 영혼의 부활을 말하는 것이다. 영혼의 불멸은 아주 많은 종교와 철학이 옛부터 말해오던 것으로 삶 속에서 이루어진 나의 정체성이 죽어서도 사라지지 않을 것이라는 기대에서 발생하는 관념이다. 살아서 보여준 어떤 이의 정체성은 실제로 그렇든 그렇지 않든 간에 우리의 기억 속에서는 생생하게 유지되기 때문에 영혼의 불멸은 누구에게도 친숙하게 다가온다. 그래서 지금의 나조차도 그 어떤 영혼으로부터 이루어졌으리라고 생각할 수 있다. 그것이 바로 윤회설이고 전생의 긍정이다. 브라만교는 윤회설을 통해 영혼의 순환과 고양을 동시에 말했다. 영혼은 이생과 저생으로 순환한다. 그러나 희생과 수행으로 그것을 뛰어넘어 영혼은 신격 지위에 오른다. 영혼이 이생 저생으로 순환한다는 것은 윤회설을, 신격 지위에까지 오른다는 것은 범아일체설을 말하는 것이다. 유아설 또한 브라만교의 매우 정교한 형이상학적 주장이었다.

싯다르타는 무아설로 브라만교의 제사 중심의 종교형태와 그들에게만 유리한 윤회설을 논박했다. 자이나교의 실질적인 창시자인 마하비라 Mahāvīra는 절대자와 그에 대한 제의를 거부한다(이른바 육사외도六師外道의 하나인 니간타尼幹陀: Nigaṇṭha 철학). 마하비라의 사상은 영혼과 육체의 완전한 구분으로 윤회라는 육신의 굴레에서 벗어나는 것이었지만, 싯다르타는 자기동일성이 있음을 부정함으로써 윤회로부터 자유롭고자 했다. 내가 없음을 깨닫는다면 윤회도 없게 되는 것이다. 싯다르타에게 우리의 윤회는 실재적인 것이 아니라 윤리적인 것이었다. 업이 인간을 지배하는 것도 업 자체가 있어서가 아니라 그것의 윤리적 누적에 의한 것이었다.

연기설

싯다르타의 깨달음은 '연기'緣起: patītyasamutpāda로 집약된다. 석가는 무아를 깨닫고 연기는 그것의 한 적용이라는 설명도 가능하지만, 주체와 관련된 무아와는 달리, 연기는 일반화된 원리이다. 붓다의 깨달음은 모든 것이 연기라는 제법諸法의 실상實相을 본 것이었다. 따라서 원리의 구체적 적용이라는 관점에서 보면, 무아설조차 연기에 기초한 자기정체성에 대한 부정이다. 나는 내가 고정적으로 있는 것이 아니다. 나는 인연에 의해 생겨나고 사라진다. 따라서 나라는 실체는 없다. 그래서 무아설이다.

그런 점에서 이론적으로 무아설은 연기설의 주요 결론 가운데 하나이다. 이론적 층차에서 볼 때 최고의 상위에 연기설이 있다. 불교의 많은 이론은 연기설로부터 파생되거나, 그 바탕에 연기설을 두고 있다. 업의 실체성이 부정되는 것도 연기 때문이다. 연기에 따르면 영원한 영혼도 없다. 연기설은 모든 고정불변하는 실체성을 부정한다. 불교의 삼법인三法印 가운데 첫 번째 것이 바로 '모든 것은 한결 같음이 없다'諸行無常는 명제로 그 근본에는 연기의 이론이 깔려 있다.

연기는 '인연생기'因緣生起를 가리키는 것으로 인과 연에 의해 모든 것이 일어남을 뜻한다. 석존은 모든 것이 원인因: hetu과 조건緣: pratyaya에 의해 발생되고 소멸됨을 깨달았다. A가 홀로 있는 것 같지만, A는 B에 의해 생겨나고 C에 의해 소멸된다. A안에는 이미 B와 C의 인연이 들어있는 것이다. 내가 혼자 존재하는 것 같아도 아버지와 어머니가 날 낳아주셨으니 있는 것이고, 내 몸도 그들의 형태와 성품을 닮아 살아가고 있으며, 좋은 먹거리로 날 살리고 나쁜 먹거리로 날 죽인다. 죽음 이후에는 개미와 벌레가 나를 먹이로 삼고, 나무와 풀이 나를 벗 삼아 꽃을 피운다. 나의 딸은 그 꽃에 흥겨워 세상을 살고, 어느덧 늙어버린 주름에 세상의 무상을 노래한다. A에는 너무도 많은 요소들이 개입하고 있다. 그리고 A 또한—A에 너무도 많이 개입하고 있다. A는 B, C, D, E… 이렇게 인연에 따라 생기한다. B는 A의, C는 B의, D는 C의 결과^{果: phala}로, 모든 결과는 원인과 조건의 산물이다. 따라서 나를 포함한 만물은 머물러 있는 것이 아니라 흘러가고 있다. '과^{果: 열매}는 비교적 단순한 개념으로 인연에 의한 결과를 가리킨다.

그런데 '인'과 '연'은 어떻게 다른가? 일반적으로 인은 씨앗에, 연은 환경에 비유된다. 내 욕심이 인이라면 그것이 드러나는 환경이 연인 것이다. 그런데 현대적으로 보았을 때, 인을 사회적인 것이고 연을 개인적인 것으로 볼 수도 있다. 좀 더 정확히 말하자면 인을 상황으로, 연은 선택으로 볼 수 있다. 내가 버스를 탔다. 예쁜 아가씨가 내 옆에 앉았다. 그러나 그냥 내렸다. 그러면 인은 있지만 연은 없는 것이다. 반대로 그 예쁜 아가씨가 내 어깨에 기대 졸다가 침을 흘렸다. 그래서 배상조로 차를 한 잔 사라고 했다. 그러다 결혼도 하고 아기도 낳고 오순도순 살았다. 그러면 인도 있고 연도 있는 것이다. 거꾸로 보는 해석도 있을 수 있는데, 그것은 내가 버스에 탄 것에 초점을 맞춰서 그것을 개인적인 것으로 보고, 내가 결혼을 통해 관계를 맺는 것을 사회적으로 본 것이다. 그러나 내가 아무리 '원인제공'을 했더라도 일이 벌어지기 위해서는 남이 있어야 하므로 여전히 사회적인 활동이고, '알맞은 조건'이라는 사회적 환경도 여전히 개인적인 선택을 기다린다. 자동차 사고의 예를 들어보자. '원인제공'은 내가 차를 끌고 나갔기에 벌어진 일이기에 개인적이고, '알맞은 조건'

은 신호등이 바뀌는 상황이었기에 사회적이라고 할 수 있겠지만, 그것은 지나치게 '사고'라는 결과를 전제하고 설명하는 태도이다. 다음과 같이 말하면 설명은 역전된다. '원인제공'은 너나 나나 늘 차를 몰고 다니는 상황이기에 무척이나 사회적이고, '알맞은 조건'은 그가 신호를 무시하고 달릴 때 나는 마침 지나가는 여인을 쳐다보았다든가 하는 매우 개인적이다.

원인('인')은 내가 만물과 만나는 것이고, 조건('연')은 내가 만물과 맺는 것이다. 산에서 배가 고파 먹을 것을 찾았더니 토끼가 뛰어다녔다. 뒤쫓아 토끼를 잡아 구워 먹었다. 원인에 조건이 맞아 나는 그를 희생시킨 것이다. 그러나 나는 토끼를 잡지 못해 놓쳤다. 원인이 조건에 맞지 않아 나는 그를 자연으로 돌려보낸 것이다. 이런 경우도 있을 수 있다. 토끼를 잡았더니 차마 죽일 수가 없어, 그냥 딸기와 오디를 따먹고 말았다. 이때 배고픔이라는 소인素因은 있었지만 자신의 조건적 선택에 의해 토끼와 악연惡緣을 맺지 않은 것이다. 그녀와의 결혼이 신분간의 차이로 말미암아 불가능하다면 그것도 연이 닿지 않는 것일 수 있다. 이때 그것은 사회적인 조건이다. 그러나 그럼에도 내가 그녀를 데리고 도망을 간다면 그것은 나의 의지로 연을 맺는 것으로 개인적인 선택이다. 그런 점에서 인을 사회적인 것으로, 연을 개인적인 것으로 일반화시키는 것이, 결과에 치중하여 인을 개인적으로 연을 사회적으로 보는 것보다 나아 보인다.

일상적인 용법에서도 같은 식으로 쓰인다. 서로가 잘 어울릴 것 같은 남녀를 만나게 해주었어도 둘 사이에 불꽃이 튀지 않으면 우리는 '둘은 아무래도 연이 안 닿는 모양이야'라며 인연이 없음을 말한다. 맞선은 사회적 행위로 인만을 제공하는 것이고, 그 둘이 불꽃 튀는 것은 말로 하기 어려운 연이 맞은 것이다. 사회적으로 아무리 노력해도 그 둘이 개인적으로 불꽃이 일지 않으면 연은 맺어질 수 없는 것이다.

이처럼 인과 연에 대한 이해가 상반되는 것은 아마도 신분사회와 현대사회의 차이에서 비롯되지 않는가 싶다. 나는 그녀와 죽어도 도망갈 수 없는 신분사회와 그녀만 동의한다면 도망갈 수 있는 현대사회가 인과 연의 해석을 거꾸로 이끌고 있다. 내가 그녀를 본 것은 개인적인 원인이 되지만[씨앗], 신분이 맞아야 사회적으로 연을 맺을 수 있었기 때문이다[환경].

연기설은 바로 인연, 다시 말해 사회적이고 개인적인 맺음에 의해 모든 것이 이루어지고 사라진다는 것이다. 요즘 표현으로는 '만남'에 가깝다. 나와 호랑이는 산길에서 만나고, 나와 그녀는 술집에서 만나고, 나와 사기꾼은 돈이 모인 곳에서 만난다. 만남이 일을 벌인다. 그리고 사람은 그 만남에서 벗어날 방도가 도저히 없다. 나와 부모의 만남을 어떻게 벗어날 것이며, 나와 훌륭한 선생님과의 만남, 나와 나쁜 도둑놈과의 만남을 도대체 어떻게 설명할 것인가. 만남이 기쁨을 만들기도 하고 슬픔을 만들기도 한다. '만남이 온갖 것을 이룬다.' 이것이 연기설의 핵심이다. 사람과의 만남만이 아니라, 쌀, 바람, 나무, 짐승, 돈, 물도 내가 만나는 것들이다. 그래서 사건과 사고가 생기고 그것들이 나를 이룬다. 따라서 '온갖 것은 만남으로 이루어진다.' 나의 무지도, 나의 지혜도, 나의 감각도, 나의 상황도, 나의 죽음도 만남의 과정이다.

윤회를 넘나드는 연기

윤회가 종교라면 연기는 철학이다. 윤회가 신화라면 연기는 과학이다. 윤회에는 절대자가 있지만 연기에는 절대자가 없다. 윤회는 신의 이름으로, 연기는 도덕의 이름으로 움직인다. 윤회는 나도 모르는 것에 책임이 지워지고, 연기는 내가 알기 때문에 책임을 진다. 윤회는 힌두교의 것이고, 연기는 불교의 것이다. 힌두교는 윤회하는 내가 있어야 하지만, 불교는 연기하기 때문에 나란 없다. 윤회는 고정된 나를 전제하고, 연기는 나의 실체를 부정한다.

싯다르타는 연기를 통해 깨달음을 얻었고, 그것으로 힌두교의 윤회를 대체한다. 윤회의 종교성, 신화성, 억압성, 숙명성을 비판하고, 연기의 사실성, 자연성, 사회성, 자발성을 홍양한다. 윤회가 연기를 통해 부정되는 순간, 인간은 불평등성에서 벗어나서 평등의 세계로 간다. 윤회는 차별의 인과관계를 설정하고 연기는 무차별의 인과관계를 제시한다. 연기는 윤회에 비해 훨씬 이론적 규모가 크다. 돌고 도는 것은 인간만이 아니라 삼라만상이 모두 그러하다. 연기는 일종의 '과학적 깨달음'으로 '이 세계가 이렇게 되어 있구나!'라는 발견과 그에 따른 세계에 대한 인식이다. 연기는 인간만이 아닌 자연 일체를 말한다는 점에서 상당히 폭이 넓다. 아울러 연기는 깨달음과 연결되어 있기 때문에 하나의 인문학적 통찰이다. 그런 점에서 연기는 인간관이자 세계관의 모습을 띤다.

처음부터 연기라고 번역된 것은 아니다. 크게 말해, 쿠마라지바에 의한 구역舊譯은 '인연'因緣으로, 현장에 의한 신역新譯은 '연기'緣起로 되어 있다. 문맥에 따라 섞이기도 하고, 중간중간 다른 식의 번역도 나오지만 의미는 '연'자에 집중되어 있다. 연은 기대어 있다, 맺고 있다, 꼬여 있다, 매달려 있다는 뜻이다. 우리말의 '연줄'이 바로 그 연의 의미이다. 나무 위에서 물고기를 구한다緣木求魚는 성어도 연의 뜻을 잘 표현한다. 오늘날 의 의미로는 '관계關係 맺기'로 만물이 맺어져 있다는 뜻이다. 논리적으로 기호화하면 'aRb'(R은 관계relation)가 된다. 좀 더 정확히는 'aRb→∞' 또는 'a ∞Rb∞'로 모든 것은 모든 것과 관계를 맺는다.

이 정도의 의미까지 나가면 연기는 이 세계와 저 세계의 관계조차 서로 연기됨을 말할 수 있게 된다. 현실과 이상은 서로 관계 맺으면서 나 아가고, 본질과 현상도 관계 맺으면서 서로를 드러낸다. 따라서 둘이 아 니다. 이른바 '이치의 세계와 현실의 세계가 둘이 아니다理事不二는 주장 이다. 따라서 그 둘은 서로 부딪히지 않는다理事無碍.

연기는 여러 방식으로 설명되었다. 인간 개인에 관련되어 업에 기초 를 두었다는 업감業感 연기가 가장 초보적인 형태였다면, 이원론적 세계 관을 한데 묶어 본체와 현상을 이어진 것으로 보는 화엄종의 법계무진法 界無盡 연기설은 대단히 발전된 형태를 보여준다. 법계 연기는 이 세상이 끝없이 연결되어있음을 주장하는 것으로 '하나는 모두이고, 모두는 하나' 一卽一切, 一切卽一임을 주장한다. 이른바 연화장蓮花藏의 관념으로, 연꽃은 꽃잎으로 이루어져 있으나 꽃잎은 다시 연꽃들로 이루어져 있다는 것이 다. 오늘날의 개념으로는 바로 프랙탈 구조로, 브로콜리같이 크게 보아 도 작게 보아도 같은 모양이 나오는 것을 말한다. 이렇게 보면 세계는 원 융무애圓融無碍의 완벽성을 갖춘 것이다. 그밖에도 인간의 가장 심층적인 자아의 씨를 중심으로 설명하는 알라야식 또는 아뢰야식阿賴耶識 연기, 깨 달음의 세계의 설명에서도 인간의 본성과 그것이 관련을 맺는다는 진여

眞如 연기나 여래장如來藏 연기 등의 이론이 있다.

이러한 여러 연기설을 통해, 우리는 연기가 자아의 문제로부터 세계의 문제, 나아가서는 진리의 문제에까지 설명하고 있음을 알 수 있다. 역사적으로 볼 때, 개인의 행위에 매달리던 초창기의 업감 연기설은 세계의 구조까지 설명하는 법계 연기설로 확대되며, 이와 평행해서, 인간의 가장 심층적 자아를 전제하는 알라야식 연기는 그것이야말로 부처의 마음이라는 진여 연기로 심화된다. 한마디로 소승의 업감 연기는 대승의 법계 연기로, 대승 초기의 알라야식 연기는 대승 후기의 진여 연기로 발전한다.

이런 이론의 진행은 아쉽게도 반드시 석존의 뜻과 함께 하는 것은 아니다. 개인에서 세계로 나가는 설명방식이야 이론이 발전하는 과정이라서 자연스러울 수 있지만, 세상을 완전한 것으로 보면 볼수록 인간이 할 일은 그것이 문명의 건설이든, 도둑질이든, 수양이든 줄어들게 된다. 게다가 알라야식 연기나 여래장 연기는, 심층적 자아를 인정함으로써 무아론과 상치되는 것도 문제가 될 수 있는데다가, 그 자아가 점차 신격화되어 초월적 성격을 띠게 되기 때문에 신성을 기본적으로 부정하는 싯다르타의 깨달음과 어긋날 수도 있다.

무자성

불교의 핵심개념을 꼽으라면 무아, 연기, 무자성無自性, 공空 등을 들 수 있겠다. 그럼에도 모든 것의 이론적 바탕은 연기이다. 만물은 모두 관련되어 있고, 따라서 독립되어 고정적인 사물이나 사태는 없다는 것으로부터 나머지 이론이 추론되기 때문이다.

무아는 개별적인 설명 방식으로 사고와 경험의 주체를 말하는 것이지만, 무자성은 보편적인 설명 방식으로 인간만이 아닌 모든 존재가 실체가 없음을 말하는 것이다. 무아가 개인을 말하고 있다면, 무자성은 존재와 그 존재가 이루어내는 역사를 말하고 있다. 한마디로, 무아는 무자성의 한 부분이다. 그러나 깨달음이나 앎이라는 것은 나와 관련된 것이기에 무아가 무자성보다 의미 있을 수 있을 뿐만 아니라, 무아가 단순한 초기 이론이라면 무자성은 후대의 정교해지고 복잡한 이론에 불과할 수 있다.

자성自性: svabhāva이란 고정불변의 법체의 성질을 가리키는 것으로, 아트만이나 브라만은 자성을 가진 대표적인 것이다. 오늘날의 표현으로는 실체實體: substance에 해당된다. 실체란 사물에 어떤 고정된 속성이 있고 그것은 어떤 경우에도 옮겨지거나 바뀌지 않는 그 무엇을 말한다. '도대체 네 실체가 뭐냐?'라고 말할 때 우리는 어떤 이의 변하지 않는 성질이 있다고 믿는 것이다. '사람이 거짓말을 하냐? 돈이 거짓말을 하지'라고 말할 때, 앞의 말은 사람은 도덕적이라는 인간본성의 실체성을 긍정하는 것이지만 뒤의 말은 사람은 환경에 따라 변한다는 인간본성의 실체성을 부정하는 것으로, 다소 모순적인 표현을 통해 인간본성의 양면성을 지적하고 있는 것이다.

우리에게 실체라는 말이 익숙한 까닭은 서구식 사고에서 그것이 무척이나 강조되었고, 현대에 들어 우리도 그 영향을 받았기 때문이다. 이를테면 원자론도 다원론적인 실체를 인정하는 사고의 하나이다. 가장 작은 어떤 것이 실체이고 그것이 큰 우주를 이룬다는 이런 식의 생각은 인도에서는 바이세시카, 나아가 유부有部, 경량부輕量部 학파에서 특히 강조되었다.

전통적으로 실체는 '실유'實有: dravya-sat로 말해졌다. 실체로서의 존재라는 뜻이다. 그러나 그런 것은 없고 존재의 실체성은 말뿐이라는 입장에서 '가유'假有: prajñapti-sat의 이론이 나온다. 특히 가유의 이론적 근거는 만물이 연기에 의해 생성소멸된다는 것이었다. 그것이 자연이나 세계 그리고 법칙이 모두 자성이 없다는 이른바 법무자성法無自性설이다.

그런데 모든 것을 연기에 의해 세상을 보자니 자칫하면 세상이 허무하게 보일 수 있었다. 그 점이 늘 불교도들을 괴롭혀 왔고, 따라서 뭔가 우리의 의식 심층에는 무엇이 있지 않을까 하는 논의가 활발하게 일어났다. 그때 등장하는 것이 유식론唯識論이다. 유식은 모든 것이 의식이라는 점에서 '너무도 작아 비물질적인 것이 어떻게 우리가 사는 세상을 이룰 수 있느냐'는 이원론적 모순에서 벗어날 수 있었다. 따라서 그들은 진여만이 실유라 보았으며, 그 논리적 근거가 바로 알라야식이라는 가장 심층적인 정신의 실체였다. 알라야식은 너무도 깊은 곳에 있어서 더럽혀지지 않는다. 의식의 제8번째 심층 속에 있는 것으로 이것이 나와 너의 마음속에 간직되어 있는 불성, 곧 여래장如來藏이다. 여래장이란 내가 간직하고 있는, 내 속에 담고 있는 부처란 뜻이다. 그러나 아무리 돌려 말해도 유식은 실체성을 어쩔 수 없이 말하고 있다. 연기이기 때문에 실체가 없다는데, 그것이 아무리 작든 아무리 숨어있든, 실체의 특징이나 성향을 가졌다면 연기라는 대전제가 무너지게 되기 때문이다.

한자문화권에서 용수龍樹로 불리는 나가르주나Nāgārjuna의 중론中論은 시간상으로 유식론보다 앞서고 유식론은 이를 비판하면 나오지만, 이론적으로는 사실상 전체적인 마침표를 찍고 있다. 그의 영향력은 막대해서 유식학파도 용수의 공사상을 접수하면서도 그를 비판한다. 그러나 유식론은 중기 중관학파인 적호寂護, Śāntarakṣita나 그의 제자에 의해 또다시 논박된다. 이렇듯 용수의 중론은 불교의 실체논쟁에서 불후의 지위를 갖는다.

중론은 중관中觀 사상으로 철저하게 실체성을 부정한다. 유도 아니지만 무도 아니다. 따라서 공śūnyatā이다. 아무것도 실체화되지 않으므로 어떤 것도 절대화되지 않는다. 그것이 신이어도 그렇고, 윤회여도 그렇고, 자아라도 그렇다.

이를 위해 용수는 세계의 실상과 그것에 대한 설명을 명확히 구별한다. 이른바 이제설二諦說로 앞의 것은 승의제勝義諦, 뒤의 것은 세속제世俗諦에 속한다. 세계는 연기로 이루어졌다. 따라서 실체는 없다. 승의란 본래의 뜻을 가리킨다. 그런데 자성이니 무자성이니 하는 것은 사람의 말에 불과하다. 따라서 그것도 실체는 없다. 세속이란 여기서 관념이나 주장, 나아가 언어를 뜻한다. 승의의 것이나 세속의 것이나 둘 다 실체는 없다. 따라서 모든 것이 공이다. 이렇듯 용수는 어떤 것의 실체성도 긍정하지 않았다. 그러나 그 부정을 통해 중관에 도달한다. 음도 아니고 양도 아니면 태극이 오는 것과 같다.

반윤회

'반윤회'反輪廻라는 말은 거칠다. 한마디로 '윤회는 없다'는 것으로 '반'反은 '무'無의 뜻을 갖는다. 마땅한 표현이 없어 윤회와 상치시키기 위해 이 말을 쓰는 것인데, '윤회설과 윤회를 부정하는 입장' 정도로 이해하면 된다. 반윤회는 윤회의 대척첨에 세운 대안적 개념counter concept이다. 명제로는 다음과 같이 풀 수 있다. '고정적 실체로서의 자아를 인정하는 윤회는 무아론과 모순된다.'

반윤회는 사회적인 '반'反: anti의 뜻을 갖는다. 윤회를 부정하는 것은 계급을 반대하고 평등을 주장하는 것이다. 윤회설을 긍정하면서 신분제도에 신음하는 인도인을 구원할 방도는 없다. 윤회설은 내 운명에 대한 지나친 수긍으로 앞으로 나가기 어렵다. 숙명론은 수행을 무엇보다도 강조하는 불교의 교리와 자칫하면 부딪힌다. 내 죄를 씻는 것은 내 몫이다.

반윤회는 윤회가 우리가 벗어버릴 것임을 분명히 하는 것이다. '탈'脫윤회야말로 불교가 제시하는 궁극적 목표이다. 석존은 탈윤회를 통해 우리가 해탈에 이를 수 있다고 말한다. 전통 바라문교에서 주장하는 윤회의 질곡은 더 이상 그들의 언설이나 주장 속에서 좌지우지되는 것이 아니다. 내가 벗어나야 하고, 내가 벗어날 수 있는 것이다. 윤회를 잊음으로써 우리는 윤회로부터 벗어나는 첫걸음을 내딛게 된다.

이 글에서 반윤회는 두 번째의 사회적 의미에 집중되어 있다. 사람은 왜 불평등한지, 어떻게 불평등으로부터 벗어날 수 있는지가 주된 논의의 대상이 된다. 싯다르타의 고민도 이것에서 크게 벗어나지 않았으리라 싶다.

나의 논의는 용수가 말한 대로라면 세속제에 속할 것이다. 언어와 관념에 불과하기 때문이다. 인간이 만든 의미를 이겨낸 승의제에서 볼 때, '세계는 모두 맺어져 있다'는 주장도, '세계는 무자성이다'라는 주장도 우리의 견해나 관점에 불과해진다. 승의는 사물과 그것의 현상 그 자체일뿐, 그것들이 실체가 있다든가 없다든가 하는 논의와는 별도로 존재한다. 그러나 우리는 논의를 통해 세계의 실상을 알아차린다. 용수도 그랬지만, 여전히 뜻을 알기 위한 말은 지극히 필요하다.

적호는 용수의 기본구조를 한 번 더 세분한다. 승의제는 이언離言 승의와 의언依言 승의로 나뉜다. 세계는 말이 없으므로 '말을 떠난다'離言고 하지만, 세계를 설명하는 논리학이나 언어는 필요하기 때문에 '말에 기댄다'依言. 세속제도 실세속實世俗과 사세속邪世俗이 있어 생멸하는 참 세속과 아트만과 같은 허구를 말하는 그릇된 세속이 있다. 나의 논의는 적호의 구별에 따르면 실세속을 일컫고 있다. 그래도 아트만과 같은 거짓을 말하고 있지 않으니 다행이다.

머리 숙여 부탁컨대, 나의 말이 세속에 머물러 있을지라도 내가 가리키고자 하는 바는 승의의 세계임을 잊지 말아주었으면 좋겠다. 실체를 담은 존재를 말하기는 쉽다. 그러나 실체 없는 존재를 말하기란 정말 어렵다. 끊임없이 흐르고 쉴 틈 없이 움직이는, 생멸변화의 모습은 영원히 실체화하지 않는다. 언어는 고정적이고 한정적이니 그렇지 않은 세계를 담기에는 역부족이다. 있는 나를 그릴 수는 있지만, 없는 나를 어떻게 그린단 말인가.

무無, 반反, 탈脫 윤회는 무아와 같다. 의미상도 통하고 어휘상도 통한다. 부정의 세계로 광활하다. 사람이 아니라면 피는 꽃에서 지는 해까지, 뜨는 해에서 지는 꽃까지 모든 것을 포함할 수 있는 것처럼, 윤회의 무nil, 반anti, 탈ex은 고정관념으로부터의 도망을 도와주어, 우리를 가상의 윤회가 아닌 연기의 실상으로 인도해준다. '무/반/탈'nil/anti/ex도 관념이지만, 거짓 관념을 깨는 데는 큰 역할을 한다.

제1장

말에서 뜻으로 가는 길

불교는 왜 어려울까? 번역 때문은 아닐까? 그렇다면 인도인의 인도어 번역이 쉬울까, 아니면 중국인들의 인도어 번역이 쉬울까? 불교에는 8만 4천이라는 엄청난 경전이 있고, 종파마다 근거 삼는 경전이 다르다. 화두話頭라는 것도 그저 '말' 이라는 뜻이고, '시십마'是什麼는 '이 뭐냐?' 라는 오늘날도 쓰이는 중국어일 따름이다. 선종은 경전의 범람 속에서 붓다의 가르침에로의 회귀였다. 그런데 누구에게나 불성이 있다는 주장은 개별자의 존엄성을 상향시키면서, 동시에 그 총체로서의 부처를 절대화시킨다. 혼자 공부하는 자력불교가 신격화된 존재들이 도와주는 타력불교로 되는 것이다. 불교는 힌두화하면서 소멸되고 만다.

1. 어려운 불교

불교는 어렵다. 교리나 교설이 어렵다기보다는 말이 우선 어렵다. 입에 잘 붙지도 않고 머리에 잘 남아 있지도 않는다. 그 용어를 전문적으로 쓰는 사람이 아니라면 쉽게 익숙해지기 어렵다. '삼존불'三尊佛이라는 한자어도 어려운데, '미타'彌陀 삼존, '석가'釋迦 삼존, '약사'藥師 삼존의 준말이 삼존불이라면 더 어려워진다. 게다가 '미타'는 '아미타불'阿彌陀佛의 약칭이라면 더더욱 어려워진다. 한 걸음 더 나아가, 아미타불이 본래 '아미타바'Amitābha였다고 말하면 이제는 손을 놓고 싶을 지경에 이른다. 석가도 원래 이름이 '샤카'Śākya이고 우리식 한자발음으로 석가釋迦라고 부른다고 설명하면, 차라리 불교의 역사를 모르는 것이 낫겠다는 생각이 들지도 모른다.

왜 불교는 이처럼 어려운가? 그것은 한마디로 번역의 역사이기 때문이다. 영어가 처음 들어왔을 때 그것이 얼마나 우리에게 어렵게 비추어졌을까 생각하면 쉽게 이해가 간다. 이른바 '꼬부랑 글씨'는 민중의 알파벳에 대한 강한 거부감을 상징한다. 오늘에야 'a, b, c'가 익숙해졌지, 그것들을 아무리 보아도 눈에 들어오지 않았던 옛날 사람들의 심정은 짐작하고도 남는다. 오늘날에도 필사본 영어책을 보려면 눈을 까뒤집고 보아도 잘 읽히지 않는데, 당시는 어땠을지 넉넉히 짐작이 간다. 그런데 비록 영어와 같은 표음문자이긴 하지만 다른 음운체계를 지닌 산스크리트어 (또는 팔리어: 같은 산스크리트 어계로 불경의 언어)를 눈에다 갖다 댄다는 것은 고문과 진배없었을 것이다.

　　오늘날 절에 가면 볼 수 있는, 기와 수막새에 새겨진 '옴'옴마니반메훔 Om mani padme hūm이라는 글씨처럼 산스크리트는 부적과 다름없이 느껴졌을 것이다. 그 글씨를 지니고 다니거나, 쓰기만 해도 귀신을 쫓아낼 수 있을 것처럼 말이다. 그런 인도어를, 그것도 직접 한국어로 옮기지도 않고 중국어로 옮기고, 또 다시 한국어 발음으로 한자를 읽으려니 이중의 고통이었을 것이다. 한국식 중국어 발음까지 친다면 마땅히 3중의 고통이었을 것이다. 만일 중국어 발음조차 산스크리트 발음에 가깝게 읽었던 전통을 생각한다면 4중의 고통이 된다. '반야'般若는 중국어에서조차 '반'이 아니라 '포'로 읽어야 하고, '보리'菩提는 우리말 한자 발음으로도 '보제'라고 읽지 않는다. 산스크리트에서 중국어, 중국어에서 우리말 한자로 이어지는 번역의 역사는 고통의 역사와 다르지 않았다.

　　사실 우리말에도 아직 인도어가 적지 않게 남아 영향을 끼치고 있다. 남녀노소를 막론하고 다 아는 '수리수리 마하수리'가 바로 산스크리트이다. '열려라, 참깨'가 이슬람의 전통이 서구로 흡수된 것처럼, 한국의 마술은 위의 주문을 필수로 한다. 한국이 창성하던 불교국가였음을 여실히 증명하는 언어적 흔적이다. 탑塔도 반세기 전만 하더라도 원어에 가깝게 '탑파'塔婆라고 썼었고, 부처는 붓다Buddha라는 발음이 한자어 불타佛陀를 매개로 부타, 부차, 부처로 옮겨간 것으로 보인다.

음성학적, 좀 더 정확하게는, 성운학聲韻學적으로, '불'佛이라는 발음은 '붇'bud이라는 발음의 한국식 표기법이다. 중국어의 격하게 빨리는 소리인 /k/, /p/, /t/로 끝나는 말은 입성入聲자인데, 우리나라로 오면서 /k/와 /p/는 /ㄱ/과 /ㅂ/으로 정확히 옮길 수 있었지만 /t/는 그렇지 못해서 /ㄹ/로 옮겨진다. 영어의 '워터'water를 '워러'로 발음하는 것과 같은 이치이다. 오늘날도 영어의 /t/ 발음을 우리식으로 옮길 때 어떻게 할까 우왕좌왕하다가 모두 /ㅅ/으로 통일한 것과 같다. '붇다'라고 쓰면 안 되고, '붓다'라고 써야 한다. 이론의 여지는 있지만, 우리말에서 가장 대표적으로 남아있는 것이 '붓'으로 '필'筆의 발음이 본디 '붓'/but/ 또는 '빗'/bit/이었다. 본디 발음에 가까운 것은 완전히 우리말이 되어버렸고, 한자의 음성체계를 지킨 것은 아직도 다른 발음으로 남아 존재하고 있는 것이다. 이런 말을 하는 까닭은 많은 불교용어에서의 /t/ 발음체계가 우리말에서 /ㄹ/로 변하는 것을 알고 있으면, 상당히 이해가 빠르기 때문이다. 가장 대표적 예가 '보살'菩薩로 원어는 '보디사트바'Bodhisattva인 것이다.

2. 번역불교

여기서 재미있는 문제를 하나 물어보자. 인도인이 번역한 산스크리트가 쉬울까, 아니면 중국인이 번역한 산스크리트가 쉬울까? 중국인을 기준으로 보아도 좋다. 의외로 많은 사람들은 중국인의 번역이 쉬울 것이라고 생각하지만, 정답은 그 반대이다. 중국인은 오히려 원어 직역이 많지만, 원어인은 모두 번역하려 애쓰기 때문이다. 그 좋은 예를 불경 번역의 위대한 두 전문가인 쿠마라지바Kumārjīva: 344?-413?와 현장玄奘: 602?-664에서 찾을 수 있다.

쿠마라지바는 구마라집鳩摩羅什 또는 구마라습(십)으로 일컬어진다. 그는 인도에서 건너와서 불교를 전파하면서 불경을 번역한다. 최초의 본격적인 불경 번역은 바로 그로부터 시작된다. 쿠마라지바는 중국인에게 불교의 진리를 전하려 했다. 언어의 상대적인 동가성도 믿었다. 인도의 이 말은 중국의 저 말로 바뀔 수 있었다. 인도의 이 말이 중국의 저 말로 바뀔 수 없거나 바뀌어서도 안 된다는 생각이 그에게는 없었다. 근본적인 언어적 단절이 존재하지 않았던 것이다. 따라서 대부분의 불경이 중국어로 번역되었다. 원어를 그냥 쓰는 경우는 거의 없었다.

그러나 중국 최초의 인도 전문가인 현장은 달랐다. 손오공과 저팔계가 나오는 소설『서유기』西遊記의 주인공인 현장은 산스크리트를 중국어로 옮기는 데 인색했다. 그는 인도 전역을 15년 동안 여행하면서 불경 공부를 한 산스크리트 전문가답게, 중국과 인도 사이에 있는 건널 수 없는 생각의 차이를 잘 알았다. 덕분에 그의 번역에서는 의역意譯보다는 음역音譯이 속출한다. 언어의 번역 불가능성을 많이 고민한 듯하다. '프라냐'prajñā는 더 이상 지혜가 아니었다. 그것은 그대로 '반야'般若여야 했다. 사람과 가장 비슷한 원숭이인 손孫/猻씨에게 '진리를 깨닫는다'(오공悟空)는 이름도 허용되지 않았고, 돼지猪라서 '여덟 계율'(팔계八戒)을 지키기 어렵다든가 하는 비유도 용납되지 않았다. '원전으로 돌아가자'는 것이 현장의 표어였던 것이다.

불교인에게 가장 많이 읽히는 『반야심경』般若心經도 쿠마라지바 역과 현장 역이 있다. 현장의 75부와 1335권의 불경 번역이라는 위업은 그의 불교사에서의 지위를 공고히 했다. 비록 현재에도 불경번역의 모본模本의 자리는 『대품반야경』, 『묘법연화경』, 『아미타경』, 『유마경』, 『금강경』, 『대지도론』 등에서 구마라집이 차지하고 있지만, 『반야심경』만큼은 현장의 번역이 애용되고 있다.

현장도 삼장법사三藏法師였다. 경經, 율律, 론論 삼장에 달통한 불승을 일컫는 이 일반명사는 이후 현장을 일컫는 고유명사로 정착되고 만다. 쿠마라지바도 삼장법사이지만 그는 9년의 번역작업으로 만족해야 했다. 이렇듯 불교의 역사에서 불경의 어려움은 바로 현장으로부터 말미암고 있다. 불경 난독難讀의 역사에서 '불교는 왜 읽기 어려운가?'라는 제목의 첫 장을 현장이 차지하게 되는 셈이다.

'불경난독사'佛經難讀史라. 이 맹랑하면서도 의미 있는 불교의 역사는 실제로 불교의 발전에 큰 영향을 미친다. 이른바 '선종'禪宗의 흥기가 이와 무관하지 않기 때문이다. 읽어도 읽어도 뜻이 바로 오지 않는 불경의 홍수, 중국적 맥락과는 상관없는 용어의 범람, 진리 자체보다는 진리를 가리키는 수단의 만연 등이 중국의 선종을 탄생시키기 때문이다. 이른바 교선敎禪 논쟁이 바로 그것이다. 교리를 위주로 하는 교종敎宗이 실습을 위주로 하는 선종禪宗보다 앞서는 것은 교육의 역사에서 일반적이다. 그럼에도 교리보다 실습을 내세울 수 있었던 것은 그만큼 교리가 지나치게 복잡하고 착종錯綜되었기 때문이다.

불교사에서 부처 입적 이후 교리의 변천사는 꼬이고 뒤집혀지고 섞이지 않은 곳이 없을 정도로 혼란스럽기 짝이 없다. 불교의 기본 논법 자체에서도 상반된 주장이 나올 정도였다. 이른바 부파部派 불교라고 번역되는 부처 이후의 불교사는 한마디로 혼란의 역사였다. 부파란 부분으로 나뉜 파벌을 가리킨다. 영어로는 '많은 학파 불교'many schools Buddhism라고 단순하게 번역된다. 그때부터 정반대의 인식이 존재했다. 이른바 불경의 1, 2차 결집結集 과정에서 벌어지는 현실적인 계율에 대한 입장 차이부터 기존 장로세력과 젊은 수행자 사이의 마찰에 이르기까지 불경의 역사는 달리 말해 분열의 역사였다. 불교사에서 근본분열이란 보수와 혁신의 마찰로 상좌부上座部와 대중부大衆部의 분열을 일컫고, 지말분열이란 근본분열 이후 400년 동안의 이론투쟁을 가리킨다. 이후 경, 율에 대한 해석이 달라졌을 뿐만 아니라 '소의경전'所依經典이라는 독특한 불교 용어가 탄생하게 된다.

3. 소의경전

부처는 45년간 설법을 했다. 그동안 적지 않은 이야기를 했으리라는 것은 미루어 짐작이 간다. 그러나 과연 어떤 말을 옮기거나 적을까? 이것이 문제인 것이다. 비교하자면, 공자의 대화록인 『논어』論語도 분명 편집자의 의도가 강하게 들어간 책이다. 불교처럼 침묵의 의미를 깊게 생각하던 유교가 아니었기 때문에, 많은 부분에 대해 많은 언설을 펼쳤을 공자의 어록을 단지 지금의 '말들'論/語로 축약 정리한다는 것은 일정 부분의 주관이 개입될 수밖에 없다. 크게 보면『성경』聖經도 마찬가지라서 신약 성경의 3분의 1이 바울의 편지로 이루어졌음을 생각해보면, 기독교 성립이 바울이라는 학자의 의중과 깊은 관계를 맺음을 알 수 있다. 한마디로, 모세 없는『구약』없고, 바울 없는『신약』없다. 마찬가지로 불경이야말로 깨달음의 잔치라서 그 기준이나 증거를 내세우기가 정말 힘들다. 결국 많은 부분이 당시의 권위 있는 해석가의 판단과 그 준거인 경전에 의지하는 수밖에 없었다. 소의경전이란 바로 이러한 어려움의 풀이에서 비롯된다.

소의경전이란 다른 종교에는 없는 불교만의 개념이다. 각 종파마다 '기대는 바'所依의 부처님 말씀이 있고 그것을 잘 적어놓은 책이 바로 소의경전이다. 이를테면 우리나라의 주류 불교인 대한불교 조계종曹溪宗은 종헌에서 '소의경전을 금강경金剛經과 전등법어傳燈法語로 한다'고 규정하고 있다. 다른 종파도 마찬가지여서 자신들의 소의경전을 떳떳하게 밝히고 있다. 만일 그리스도교라면 이런 식의 언어는 불가능할 것이다. 자신들은「마태복음」을 소의서로 한다든가,「요한계시록」을 소의록으로 한다든가 하는 표현은 성경의 전체적인 권위를 지말적인 의미로 왜곡하는 것이 되고 말 것이다. 그러나 불교는 그렇지 않아서 그것이 당연스러울 뿐만 아니라, 때로는 새로운 종파 창도의 근거가 되기도 한다. 천태종天台宗의 전통이 강한 일본에서는『법화경』法華經을 소의경전으로 하는 창가학회創價學會: SGI가 유행하기도 한다. 그들을 '호렌게교'라고 부른 것은『묘법연화경』妙法蓮華經을 소의경전으로 했기 때문이며, '남묘호렌게교'는 '나무묘법연화경'南無妙法蓮華經, 곧 '묘법연화경에 귀의합니다'를 뜻하는 일본식 발음이다. 최근『연화경』蓮華經; 蓮花經; 연꽃경: The Lotus Sutra이『장자』영어번역으로 유명한 버튼 왓슨Burton Watson(Columbia university press: 1993)에 의해 영역되었는데, 그것은 바로 일본 동경 신주쿠 시나노마치信濃町에 총본부를 두고 있는 SGI의 지원을 받아 이루어진 일이다.

불교는 8만 4천의 경전을 갖고 있는 세계 최대의 경전종교이다. 따라서 8만경을 하나로 묶는다는 것은 한마디로 불가능했다. 부처 사후, 종단의 분열은 곧 바로 시작되었고, 보수 세력에 반기치를 들은 대중부조차 급속하게 분열한다. 이견이 많지만, 오늘날 우리나라뿐만 아니라 중국과 일본의 주류가 된 '대승불교'도 분열의 역사에서 보면 이들 대중부에서조차 만족을 얻지 못한 집단들이 주축이 되어 형성된 교단이다. 따라서 소승小乘, '작은 바퀴'라는 폄하는 '큰 바퀴'에서 지어낸 것이지 이른바 소승 쪽에서 받아들일 수 있는 용어가 아니었다. 대승의 입장에서는 모든 부파불교가 소승 승단이었지만, 상좌부에서는 이런 모든 새로운 흐름은 '부처님의 말씀이 아니다'非佛說라고 보았다.

그럼에도 소의경전이라는 말조차 이론의 여지가 많다. 화엄종華嚴宗은 『화엄경』華嚴經, 천태종天台宗은 『법화삼부경』法華三部經, 곧 『무량의경』無量義經과 『보현관경』普賢觀經 그리고 위에서 말한 『묘법연화경』 3책을 소의경전으로 삼는다. 그러나 화엄사상의 해석의 다양성은 그 넓이나 깊이로 인해 워낙 무궁무진하고, '삼부경'이라 하나로 부르지만 그것이 일관된 체계로 관통될 수 있는지는 토론의 여지가 아직 남아있다. 게다가 조계종에서 말하는 '전등법어'라는 것은 '진리를 전해주는 선사들의 말씀'이라는 것으로 법률로 치면 실정법이라기보다는 관습법에 가까워서 어느 하나를 분명한 기준으로 삼기가 쉽지 않다. 조계종은 6조 대사인 혜능慧能: 638-713이 숨어들었던 조계산으로부터 그 이름을 얻었을 정도로 그에게 절대적으로 빚지고 있지만, 불교사에서 진리의 계승은 남선南禪과 북선北禪, 곧 남쪽의 혜능과 북쪽의 신수神秀: 605?-706로 나뉘었으며, 이후 이러한 분파는 불교학자들도 선을 긋기 어려울 정도로 복잡하게 나뉜다.

프랑스 남서쪽과 미국 캘리포니아에 자두마을plum village이라는 명상촌을 만들어 전 세계적으로 호응을 얻고 있는 베트남 출신의 틱낫한Thich Nhat Hanh의 경우는 기본적으로 정토종淨土宗에 속하며 그 소의경전은 『아미타경』이 된다. 그의 법문은 대체로 아미타경과 관련된 것이다. 그리고 호흡과 관련된 수행법으로 미얀마 등지에서 주류였으나 최근 우리나라에도 넓게 퍼지고 있는 '위빠사나'Vippasanā: 팔리어는 『청정도론』淸淨道論과 『아비달마논장』阿毗達磨論藏을 소의경전으로 하며 입출식념入出息念이라는 호흡법을 통해 몸의 32가지 부분을 관찰하여 종국에는 정신을 면대하고자 한다. 조계종이 말을 놓고 수행하는 것과는 크게 다르다. 화두선이 아니라 호흡선인 것이다. 전통적인 용어로 하자면 지관止觀(Śamatha와 Vipaśyanā: 산스크리트어)법 또는 줄여서 관법에 해당하는 것으로, 화가 나면 화를 없애려 들지 말고 그것을 바라보는 것으로 화가 사라질 수 있다는 입장이다. 걸을 때는 걷는 것에 마음을 두고, 밥 먹을 땐 밥 먹는 것에 마음을 두면, 내가 여기서 무엇을 하고 있는 줄 알아차리게 된다는 주장이다.

틱낫한은 한자어 석일행釋一行의 베트남식 발음이다. '석'은 /k/ 발음이 그대로 남아있어 '틱'Thich이 된 것이고 '일'은 본디 /t/ 발음대로 '낫'Nhat으로 적게 된 것이다. '일행'이라는 법명답게 그는 걷는 데만 집중하는 것으로 평화를 얻을 수 있다고 생각한다.

4. 화두

절에 가면 가끔씩 '시십마'是什麼라는 글을 볼 수 있거나 말을 들을 수 있다. 이런 식의 표현이 불교난독사에 크게 일조한다. 일반인들이 보기에 이 한자어가 대단한 무엇을 뜻할 것 같지만 결코 그렇지 않다. 절 입구에 이 글자를 엄청난 크기의 화강암에 새겨놓은 경우를 볼 수 있는데, 상당히 권위적이고 현학적인 느낌을 지울 수 없다.

'화두'話頭란 무엇인가? 그 깊은 뜻을 설명하기보다 우선 그 말을 이해해보자. 이른바 화두는 '말'이라는 백화 중국어이다. 두 자를 붙이는 것은 머리라는 뜻이 아니라 단음절 용어가 불안해서 덧붙이는 실용중국어의 습관이다. 문법적으로는 접미사로 '돌'石頭, '나무'木頭, '뼈'骨頭를 가리키는 것으로 돌대가리도, 나무머리도, 해골도 아니다. '볼만 해!'有看頭兒!라는 말에도 이를 붙여서 정도나 가치를 부각한다. 사람에게도 친근한 표시로 성에다 붙이기도 한다老李頭. 그런데 우리말에서 화두는 불교용어로 독특하게 자리 잡는다. 선종에서 특정한 질문이나 화제를 놓고 수행할 때, 그 말을 화두라고 부르게 되는 것이다. 정확히 이런 말들은 '공안'公案이라고 불린다. 중국이나 일본은 아직도 공안이라는 말을 쓴다.

말이 늘 문제였다. 이렇게 말하면 저렇게 알아듣고, 이걸 말하면 저걸 내논다. '입만 열만 잘못'開口卽錯이 된다. 이때 선종에서 취한 방법이 바로 말도 되지 않는 말로 말을 벗어나는 것이었다. 때로는 한 가지 질문을 계속 던짐으로써 다른 언어가 방해되지 않도록 하기도 한다. 물음이 말을 떠나게 만드는 것이다.

'시십마'는 중국어로 '이것이 무엇인가?'What is it?라는 표현이다. 그 이상도 이하도 아니다. 그것을 시십마라고 부른다고 해서 한국어에 더 많은 뜻이 덧붙여지지 않는다. 그런데도 시십마라고 쓰거나, 하다못해 참선을 하면서 '시십마, 시십마'를 되뇌는 것은 정말 지적인 허풍이나 사치에 불과하다. 외국어를 넣어 쓰면 좀 더 유식해 보이는 듯한 착각과 같은 것이다. 그것이 화두이고 그 화두를 놓치지 말라는 뜻이라면, 우리말로 해도 충분할 일이다.

선이란 이러한 언어적 과장을 철저히 배격하고자 탄생한 불교 안에서의 운동인데 이러한 말잔치를 용납할 리가 없다. 화두선에서 화두는 목적이 아니라 수단이며, 화두는 화두를 버리기 위한 방편일 뿐 그것 자체가 궁극의 대상이 되지 않는다. 그럼에도 외국어로 된 화두를 쓴다는 것은 선의 기본자세와 일치되지 않는다. 외국어는 한 꺼풀이 덧씌워진 언어로, 언어를 버리는 데 한 번의 노력이 더 들뿐이다. 선방에서 영어로 '왓 이즈 잇?, 왓 이즈 잇?'을 외치고 있다고 생각해보라 ─ 'What the hell(heck) is it?' 지옥과는 전혀 상관없는 이 말(도대체 무슨 일인가)을 '그것은 무슨 지옥인가'하고 물으면서 떠들고 있다고 생각해보라.

혹자는 당시의 언어를 백화白話 중국어와 무관한 시절이기 때문에 이와 같은 해석이 틀리다고 생각할지도 모른다. 백화는 5.4운동 당시에야 있는 언어로, 따라서 그 이전에 쓰인 시십마에는 특별한 뜻이 있을 것이라고 말이다. 그러나 아니다. 백화는 이른바 일상언어라는 뜻으로 과거에도 존재했었고, 존재할 수밖에 없다. 이를테면 조선조 선비들이 경전으로 숭상했던 『주자어록』朱子語錄도 주자의 일상 말씀을 모아놓은 것이기 때문에 송대宋代 백화가 속출한다. 그것을 『논어』, 『맹자』를 보듯 읽다가는 가끔씩은 큰 실수를 저지르게 된다. 백화관용구, 다시 말해 특정한 의미의 일상 언어를 곧이곧대로 해석하다가는 엉뚱한 뜻이 되고 마는 것이다. 마치 우리말에 '밥맛없다'를 정말 밥맛이 없는 것으로 해석하는 것과 같다. 최근 들어서는 '없다'도 탈락해서 '밥맛이다'라는 표현도 많이 쓰고 있는데, 그것을 자구적으로만 해석하다가는 이상해지고 마는 것이다.

언어적 한계에서 벗어나고자 하는 선종, 그래서 '문자를 세우지 않는 것'不立文字을 원칙으로 하는 종단, 화두를 통해 언어적 한계를 벗어나고 자 하는 불승들이 진리를 찾아가는 길을 군이 외국어로 하려고 들지는 않을 것이다. 그래서 경상도 지역에서는 그것을 '이뭣꼬?'라고 번역해서 쓴다. 그러나 '이뭣꼬'조차 교조화하고 형식화해서 다른 지역에 가서도 경상도 사투리로 '이뭣꼬'라고 쓰는 우스개가 벌어진다. 전라도에 가면 '이게 무엇이당가?'가 되고, 충청도에 가면 '이게 뭐유?'라고 되고, 젊은이에게는 '이게 모야?'라고 바뀌어야 하는 것이 바로 '이게 무엇인가?'라는 화두이다.

불교가 어려운 것이 아니라 번역이 어려운 것이며, 번역이 문제가 아니라 번역하지 않는 것이 문제이다. 뜻을 버리고 말로 가며, 쉬운 말을 놓고 어려운 말을 찾는 것이 문제인 것이다. 말썽은 없는데, 말썽이라는 말이 말썽이 된다. 말썽은 꼬리에 꼬리를 물고 말썽을 낳는다.

5. 선종이란 무엇인가

왜 중국에서 선종이 탄생했을까? 그리고 그것은 왜 한국과 일본불교에 절대적인 영향을 끼쳤을까? 지적인 역사에서 그것을 단정적으로 말하는 것만큼 위험스러운 일은 없다. 그러나 이론적인 갈등에서 한 걸음 물러나와 불교 전체의 모양을 관찰해보면 그 답이 오히려 쉽게 나올 수 있을지도 모른다.

직지인심直指人心, 교리나 학파 그리고 온갖 계율을 떠나서 사람의 마음에로 곧바로 돌아갈 수 없을까? 부처가 말하는 것이 사람의 마음이고, 그것은 이론과 계율을 떠나서도 버젓이 존재하는 것인데, 왜 사람의 마음은 말하지 않고 말만 말하는가? 나에게도 불성佛性이 있고 그것은 남들에게 배우거나 얻어서 생긴 것이 아닌데, 왜 내 속의 불성은 찾지 않고 남들의 가르침만 뇌까리는가?

내가 부처의 마음을 갖고 있다면 그것을 바로 가리킬 일이다. 그런데 불교의 역사는 나의 마음을 보기보다는 부처의 말씀을 배우는 데 바빴다. 깨달음 바로 그것이 알맹이라면, 깨달음에 대한 말은 껍데기이다. 부처가 알맹이라면 부처의 말씀은 껍데기이다. 말은 말을 낳고, 계율은 계율을 낳는다. 진리에서 멀어질수록 진리는 보이지 않는다. 불교발전의 역사가 진리에 갑피를 씌우는 과정이 되고 말았다. 씌우고 또 씌워서 오히려 진리는 숨어버렸다.

선이란 바로 그런 껍데기를 벗어버리자는 운동이었다. 불교 천년사에서 가장 획기적이고 철저한 선회였다. 부처에게 돌아가자. 부처의 마음으로 돌아가자. 본격적인 불경번역이 시작된 지 약 300년이 되어 벌어진 대사건이었다.

선종 개창자의 지위는 인도에서 건너온 달마達磨에게 주어진다. 그가 동쪽으로 온 까닭은 바로 선을 전하기 위해서였다. 〈달마도〉로 유명한 그는 짙은 눈썹과 부리부리한 눈으로 이국적인 얼굴을 자랑한다. 인도인의 형상이 신성神性을 더 해주는 것이다. 그는 불법을 전하기 위해 중국으로 와서, 오늘날 무술로 유명한 소림사少林寺 서북쪽 오유봉五乳峯에서 수행을 하고 있었다. 혜가慧可가 진리를 찾아 눈 덮인 처소로 그를 찾아오지만 달마는 요지부동이었다. 결국 혜가가 손을 잘라 흰 눈 위에 던져버리면서 달마와의 만남은 시작된다. 그리고는 진리가 대대로 비전秘傳된다. 마침내 육조대사 혜능에 와서야 분명하게 선종의 정체성이 확립되고, 그는 여섯 번째의 계승자이면서도 최고의 권위를 얻게 된다. 달마가 초조初祖로 그가 머물던 곳이 초조암初祖庵으로 불리며, 혜가선사는 이조二祖, 그리고 대를 거쳐 혜능은 육조六祖가 되는 것이다.

그런데 선종의 역사에서 그것의 정체성을 처음으로 만천하에 선언한 것은 혜능이라기보다는 오조五祖 홍인弘忍이다. 혜능이 없어도 홍인은 있을 수 있지만, 홍인이 있었기에 혜능이 있을 수 있었다. 혜능은 무지렁이 일꾼이었다. 그는 중국인[漢族]도 아니었고 글자도 몰랐다고 전해진다. 그것을 사실로 받아들이기는 쉽지 않지만 주방에서 나무일이나 하던 혜능이 산스크리트나 불경에 조예가 깊었을 리는 만무하다. 그럼에도 깨달음의 상징으로 옷과 그릇衣鉢이 혜능에게 전수된 것은 인도와 중국의 불교사를 통틀어 가장 획기적인 사건이었다. 불법은 이론으로 전수되지 않는다는 것, 불법은 지식의 양과는 다르다는 것, 불법은 교조적이지 않다는 것, 불법은 언제나 개변될 수 있다는 것을 홍인은 보여준 것이다. 신수라는 훌륭한 제자가 있음에도 그에게로의 계승이 불교의 진흥이나 진리의 전승을 위해 결코 바람직하지 않다는 이 위험하고도 혁명적인 발상의 주인공이 바로 홍인이었다. 불교는 자기반성적 태도로 늘 자정自靜되고 개신改新되어야 한다는 위대한 판단이 홍인으로부터 나오게 되는 것이다.

이후 불교는 식자들의 잔치를 늘 경계해야 했다. 배우고 똑똑한 사람이라고 진리를 아는 것이 아니었다. 신분이 높은 사람들이 여유가 있어서 얻을 수 있는 지식도 아니었다. 그것은 가난하고 무식한 사람이라도 깨달을 수 있는 것이었다. 거기에 귀족과 천민의 지위는 아무런 문제가 되지 않았다. 신분제 사회 속에서의 이러한 일탈은 본래 불교가 가고자 한 길을 잘 보여준다. 깨닫는 데에는 어떤 지위고하나 신분귀천이 소용없다는 부처의 가르침을 홍인과 혜능은 실험적이고 실천적으로 보여준 것이다. 인도라는 지독한 신분제 사회 속에서 부처는 말하지 않았는가. 천민도 깨우침을 얻을 수 있다고, 심지어 여성도 그러하다고.

　기본적으로 선종이란 지성 위주의 불교사에 한 획을 긋는 운동이었다. 불경에 불심이 가리는 것을 우려한 홍인의 경고였다. 불교의 흥성 속에 자꾸만 유리되는 민중과의 간극을 그는 걱정했다. 경전의 범람 속에서 잊혀만 가는 부처의 가르침으로의 회귀를 그는 절실히 원했던 것이다. 100년 동안 해도 다 못하는 불경 공부에 일침을 놓은 것이다.

　이후 이러한 선회에 동의하고 그것을 실천한 스승들은 여러 말씀을 남겼다. 경전으로써가 아니라 행동으로써였다. 그들의 말은 '말'이라기보다는 '짓'에 가깝다. 갑자기 소리를 지른다든가('할', 喝), 사람을 때린다든가('방', 棒)하는 짓거리 말이다. 진리가 무엇이냐고 묻는 이에게 '차나 마셔'라고 대꾸하는 것도 마찬가지이다. 깨달음으로 들어가는 언어적 문은 없다. 그리하여 그것은 무문혜개無門慧開에 의해 『무문관』無門關으로 정리된다. 고승들의 48칙則: 가르침을 경전과 무관하게 상황 중심으로 기록해 놓은 것이다. 조계종은 혜능이 읽고 깨달았다는 『금강경』도 소의경전으로 삼지만, 그때 그때의 상황 기록인 『전등법어』도 그것으로 삼는 까닭이

위와 같은 이치에서이다.

선종의 반란은 여기서 그치지 않는다. 우리 선종의 주맥을 이루고 있는 임제종 개창자의 언설은 기독교적인 인격신의 개념을 불교에까지 적용시키는 사람들에게는 가히 충격적이다. 임제의현臨濟義玄: ? -867은 말한다. '부처를 만나면 부처를 죽이고, 조사를 만나면 조사를 죽여라.'逢佛殺佛, 逢祖殺祖. 어느 종교가 교주를 죽이라고 하는가? 어느 학파가 비조를 죽이라고 하는가? 그것은 진정한 진리에의 구도정신을 극렬하게 보여준다. 진리는 어느 한 사람에 달려있지 않다는 것, 진리는 사람의 말에 머물러있지 않다는 것을 극명하게 보여주는 것이다. 진리는 세월이 지날수록 교조화한다. 그것이 언어로 명제화되면 될수록 더욱 그러하다. 그 말의 뜻은 이것이었는데, 시간이 지남에 따라 말은 같은 말인데 뜻이 저것이 된다. 말뿐만 아니다. 사람은 한 사람인데, 여기서는 그 사람이 이런 사람이라 하고 저기서는 그 사람이 저런 사람이라 한다. 그것에 매달려 세상의 이치를 보는 데 그릇된 길을 가서는 안 된다는 것이 의현의 가르침이었다.

의현 이전에도 파격적인 행동은 있었다. 단하천연丹霞天然: 739-824은 그 이름답게 천연덕스러웠다. 목불 앞에서 추위에 떨며 기도를 하는 수행자에게 행동으로 보여준다. 목불을 뽀개 장작불을 지핀 것이다. 나무는 나무일뿐이다. 부처의 정신이 아닌 그 형상에 매달려 있는 수행자에게 천연은 말하고 있는 것이다. 우상에 매달리지 말라고, 권위에 굴종하지 말라고, 스스로 길을 찾아나서라고.

독단에의 도전, 허상으로부터의 탈출은 계속 이어진다. 운문문언雲門文偃: 864-949의 발언은 정말 끔찍할 정도이다. 부처가 태어나자마자 일곱 발자국을 떼 가면서 '하늘 위, 하늘 밑에 나만 존귀하다'天上天下, 唯我獨尊라고 말했다면, 그 놈을 갈기갈기 찢어 굶주린 개에게 던져주겠다는 것이다. 아이가 나오자마자 걷는다는 것, 그 아이가 말을 한다는 것, 그것도 하늘과 땅 그리고 나를 아는 말을 한다는 것은 거짓말 가운데 거짓말이 아닐 수 없다. 그것은 상징이고 의미일 뿐이다. 우리가 이렇게 태어났고 이렇게 죽어갈 것이라는 것에 대한 석가의 가르침을 한마디로 축약해놓은 것일 뿐이다. 그것을 구별하지 못하는 한 깨달음의 길은 멀 뿐이다. 이러한 불교 이데올로기에 대한 거부, 탈도그마의 정신이 바로 선종의 저변에서 면면히 흐르고 있음을 우리는 반드시 기억해야 한다.

6. 불성의 두 의미

선종에 의해 강조된 불성佛性, 누가 아닌 내가 갖고 있다는 자불성自佛性, 이것이 선종의 핵심이 되리라는 것은 어렵지 않게 알 수 있다. 불성은 부처에게만 있는 것도 선사에게만 있는 것도 아니라 바로 나에게 있으므로 나로부터 찾으라고 혜능을 위시한 조사들은 말하고 있기 때문이다. 이때 '나'는 엄청난 지위를 갖는다. 불경보다도, 조사보다도, 심지어 부처보다도 중요하다. 불교의 역사에서 이렇게 인간에게 자신감을 불어넣은 계기는 선종 말고는 없었던 것으로 보인다. 자아에 대한 확신, 내가 온갖 고통의 근원이지만 또한 내가 그 고통으로부터 탈출할 수 있는 유일한 근거라는 믿음이 바로 선종의 근간을 이루고 있는 것이다.

따라서 혜능은 갑자기 깨달을 수 있다고 주장한다. '깨달음과 그것의 이어감'頓悟漸修이라는 불교의 정식定式에서 그는 깨달음의 가치를 절대화시킨다. 경전의 공부나 수행의 지속보다는 한 번에 깨닫는 길을 선택한다. 기존의 형식화되고 고정화된 불교의 폐해를 극복할 방법은 문자로부터 해방되어 인간 그 자체에로 돌아가는 길밖에 없었다. 모든 사람이 할 수 있는 것, 그것은 깨달음이었다. 밥을 짓다가도, 소를 먹이다가도, 나무를 하다가도, 풀을 베다가도 얻을 수 있는 것이었다.

철학사에서 인간에 대한 확신은 종종 있어왔다. 유가의 예를 들자면 맹자의 성선性善설이 그것이며, 도가의 예를 들자면 노자의 자연自然설이 그것인데, 불교는 선종에 와서 분명하게 인간에 대한 믿음을 천명하게 된다. 그래서 선종은 인도불교와는 달리 구별되어, 중국불교 나아가 동아시아의 불교로 자리 잡게 되는 것이다. 비록 선禪이 팔리어 '자나'jhāna 또는 산스크리트어 '댜나'dhyāna에서 나온 말이지만, 일본어의 '젠'Zen이나 중국어의 '찬'Ch'an으로 부르는 데는 이와 같은 연유에서 비롯된다. 당연히 한국불교를 하는 사람은 '선'Son 또는 Sŏn으로 쓴다.

계급이나 지위, 지식의 있고 없음, 경력의 길고 짧음과 상관없이 깨달을 수 있다는 선의 선언은 정말 매력적이다. 거기에 인간의 불평등은 없다. 오직 나의 의지뿐이다. 진리를 얻겠다는 구도의 정신이 있고 없음에 따라, 그 치열함과 처절함에 따라, 깨달음은 얻어지거나 맴도는 것일 뿐이다. 내 속에 답이 있는 것이다. 그래서 '나란 무엇인가'를 묻는 것과 구도求道는 같은 차원에서 이해된다.

그러나 '만물에 불성이 있다'皆有佛性는 이 말은 상당한 주의를 요한다. 이른바 불성론 또는 불성논쟁과 연관되기 때문이다. 만물에 불성이 있다는 논의가 폭발적인 인기와 동조를 얻어 중국불교계에 안착이 되지만, 그렇다면 '그 불성의 총체로서의 부처의 지위를 어떻게 설정할 것인가'라는 문제가 제기될 수밖에 없다. 다들 불성이 있다면, 그것은 어디서 왔고 어디로 가는가? 개별불성과 보편불성은 같은 것인가? 개별불성은 보편불성에서 파생되는 것인가, 아니면 보편불성은 개별불성의 언어적 집합에 불과한가? 보편불성은 개별불성에 앞서는가, 아니면 개별불성이 보편불성에 앞서는가? 개별불성에 인격성이 있듯이, 보편불성에도 인격성이 있는 것인가?

이는 마치 서양 중세의 보편논쟁과 비슷해 보인다. 그리하여 보편자가 이름뿐이라고 말하면 신이 없어지기 때문에 화형을 당하는 상황을 생각해보자. 일자一者에서 이 세계가 파생된다는 플로티노스의 주장처럼 세상은 절대자에게 의지하며 그로부터 구원받는다. 다행히 불교에는 그렇게 명시적으로 '사람을 닮은 신'은 꾸준히 부정되어왔다. 사람처럼 화도 내고, 사랑도 하고, 용서도 하는 이른바 인격신人格神의 개념은 불교에서는 생소했다. 그럼에도 보편자란 어떤 형식으로든지 개별자와는 다른 특별한 지위를 부여받기 쉽다. 내가 위대하고 너도 위대하다면, 너와 나의 합체로서의 그는 더욱 위대하다는 귀결처럼 말이다.

여기서 등장하는 것이 바로 '여래장'如來藏 사상이다. 한마디로 말해 '누구나 부처가 될 수 있다'는 이 주장은, 한편으로 개별자의 존엄성을 극도로 상향조정하고 있지만, 다른 한편으로는 그것이 최종적으로 도달해야 할 목표로서의 부처를 신격화하게 되기 때문이다. 원융圓融의 세계란 개별자들이 둥글게 서로 녹아 잘 돌아가는 상태이지만, 자칫하면 개별자 자체에게 주어진 특별한 지위는 없어지고 오로지 그 틀만 남아있기 쉽다. 용광로 속에 온갖 쇠를 넣어 녹이자 쇠는 온 데 간 데 없고 용광로만 붉게

끓는 형국이다. 따라서 자질구레한 쇠 조각은 보이지 않고 그것을 담고 있는 한 덩어리로서의 용광로만 보인다. 여래가 담겨져 있는 내 마음[心]을 보지 않고, 마음을 모으고 있는 로爐만 본다. 내가 '부처를 담는 그릇'如來藏이 된 것이 아니라 부처에 내 마음이 녹았다. 여래장은 없고 '여래로'如來爐만이 남는다.

이렇게 되면, 나는 부처가 되려하기보다는 부처에 기대게 된다. '세상의 한 사람이라도 구원받지 못하는 한, 나도 구원받지 않겠다'는 보살의 희생정신은 나를 극락으로 인도할 천사로서 인식된다. 내가 보살의 정신을 갖는 것이 아니라, 보살이 나를 위해 희생해주길 바란다는 것이다. '나의 마음'을 찾기보다는 '남의 마음' 곧 '부처의 마음'에 매달린다. 불심佛心은 내 속에 있는 것인데 저기 있는 '그의 마음'처럼 여긴다. 심지어 불심에 가득 찬 보살은 나를 인도해줄 뿐만 아니라 구원해주기조차 한다. 1인칭의 불심이 3인칭에게로 전가된다.

〈월인천강지곡月印千江之曲〉에서 하나의 달은 온 내에 찍히고 있음을 노래할 때, 중요한 것은 하나의 달이 아니라 내 속에 달이 있음을 깨우치는 것이다. 이 세계가 태극太極이고 만물이 '하나씩 태극'一個太極이라고 할 때, 강조되는 것은 내 속에도 한 개의 태극을 품고 있음을 알아차리는 것이다. 하늘의 달 때문에, 형이상학적인 태극 때문에, 내 속의 달과 태극을 보지 못하는 것은 앞뒤가 바뀌어버린 꼴이다.

불성을 말할 때 조심해야 할 점이 이러한 본말전도本末顚倒의 현상이다. 불자성佛自性이란 내가 부처라는 것이지, 부처가 저기에 있다는 말이 아니다. 혜능의 제자인 남악회양南嶽懷讓: 677-744에 의해 깨우침을 얻는 마조馬祖: 709-788가 말하듯 '내 마음 속에서 부처를 본다'卽心卽佛는 것이다.

마조가 부처 속에서 헤매자, 회양은 그 앞에서 기와를 숫돌에 갈아 거울을 만들고자 한다고 너스레를 떨면서 그 길이 그릇되었음을 보여준다. 수레가 가지 않는다고 소를 치지 않고 바퀴를 치고 있는 마조를 꾸짖은 것이었다.

　대승大乘이란 남과 같이 타고 가는 '큰 수레' 불교를 가리킨다. 소승小乘의 자기 해방에만 집착하는 태도를 비난한 것이다. 그런 점에서 대승의 사회적 역량은 가치 있게 보인다. 그러나 그것이 남을 구원하겠답시고 설치는 것이라면 대승의 뜻은 바퀴가 커서 '시끄러운 수레'를 가리킬 수밖에 없어진다. 소승의 입장에서 본다면 구도는 자신이 하는 것일 뿐이다. 마치 한밤중에 오줌 마려운 나를 대신해서 아무도 오줌 누어줄 수 없듯이, 깨달음 또는 깨침은 나에게 달린 일이다. 불자성이란 이처럼 나에 대한 무한한 긍정에서 비롯되는 것이지, 남에 대한 무기력한 의존에서 비롯되는 것이 결코 아니다.

　대승불교의 여래장 사상이 갖고 있는 이 양면성을 우리는 늘 주의해야 한다. 내가 불성을 갖고 있다는 개별성에 대한 강조와 절대화된 불성이 나를 인도해줄 것이라는 판단은 다른 것이다. 하나하나 보면 다 점잖은 사회인인데 예비군복을 입혀놓으면 일탈된 행동을 하듯이, 개체가 전체라는 제복을 입고 단체로 분장하면 전혀 다른 면목을 띠기 쉬움을 상기하자. 제복이란 유니폼으로 곧 획일화, 전체화, 평균화를 상징하며, 제복 속에서 개인은 상실되어 전체의 욕망이나 이익을 대변하거나 구현한다. 그런 점에서 집단은 폭력적으로 되기 십상이다.

　여럿이 타는 수레가 되기 위해서는 먼저, 문자를 독점하겠다는 생각이 없어야 하며, 둘째, 너나 나나 신분귀천에서 다름이 없다는 생각이 있어야 하고, 셋째, 내 마음을 넓게 가져야 한다. 혜능이 보여준 사례가 이 것이다. 작은 수레란 그 크기에 상관없이 모든 사람을 하나의 규격에 짜 넣으려는 것이다. 사람에 침대를 맞추지 않고 침대에 사람을 맞추어 난 도질을 하는 프로크루스테스처럼 절대의 척도가 마음속에 존재하는 한, 그는 큰 수레를 끌지 못한다.

7. 자력불교와 타력불교

불교는 힘들다. 그것이 힘든 까닭은 모두 다 자기에게 귀결시키기 때문 이다. 불교는 쉽다. 왜냐하면 다른 것과 상관없이 자기만 잘 살펴보면 되 기 때문이다. 모든 문제가 나에게 있다는 것은 힘든 것일까, 쉬운 것일까?

　　철저하게 자기에게로 문제를 귀결시키는 선종과는 달리, 많은 부분 을 타인에게 양도하는 불교의 종파도 있다. 오로지 염불念佛 하나로만 성 불할 수 있다는 것이다. '나무아미타불'을 반복함으로써 극락왕생을 약속 하기도 한다. 그런 점에서 『아미타경』도 타력신앙의 성격을 띤다. 그 이 름을 한 번 외치기만 해도, 한 번 듣기만 해도 구원이 약속된다니 엄청난 타인에로의 기댐이다. 아미타불과 관세음을 천 번 이상 불렀으면 서방정 토에로의 극락왕생은 확실하게 보장된 셈이다. 정토종이 주로 여기에 속 하고, 미얀마와 월남 등 남방불교에 이러한 성격이 강하다.

　　가장 대표적인 타력불교는 밀교密教로 대승 후기에 흥성한다. 사실 불성론이나 여래장 사상도 대승 후기에 등장하는 것으로, 타력신앙에 많 은 영향을 주고 있다. 여래를 인격화시켜서 구원을 약속하는 것이다. 이때 부처는 신이 된다.

부처는 신인가? 전통적인 설명에서 불교는 무신론이다. 신이라는 정의가 울고 웃는 인격성을 지닌 초월적인 존재자라면, 불교에 신은 없다. 부처 자신도 깨달은 자, 곧 붓다Buddha일 뿐 그가 곧 신은 아니다. 게다가 깨달은 사람은 그 혼자만이 아니라서 유일성도 없으며, 불교도는 모두 깨달음을 얻기 위하여 노력한다. 원칙적으로 내가 각성하는 종교이지 남이 구원하는 종교가 아니다. 그런 점에서 불교는 인류역사에서 유래를 찾아보기 힘든 자력종교의 성격을 띠고 탄생한다. 부처도 깨달음 이후에 그 깨달음을 알려주려 하지, 내가 구세주라고 나서면서 나를 믿으라고 말하지 않는다. 앎과 믿음의 다름이 여기서 벌어진다. 그것은 곧 자력과 타력의 차이이기도 하다.

그런데 밀교에서 부처는 곧 신이다. 그는 초인적인 역량이 있으며 이 세계와 인류의 구원자이다. 대중은 신비하고 마술적인 종교를 원했다. 사람들은 육체적인 욕망도 긍정했고, 부처를 시좌하는 여러 신들도 원했으며, 주술적인 방식도 채택했다. 이른바 '다라니'dhāraṇī는 구업口業을 다스리는 신통한 주문이었고, '무드라'mudrā는 신업身業을 다스리는 여러 수인手印이었고, '만달라'maṇḍala: 만다라曼陀羅는 의업意業을 다스리는 방궤方軌형 도화였다. 주문을 외움으로써 입이 저지른 죄를 씻고, 손의 동작으로 몸이 저지른 죄를 씻고, 부처를 중심으로 여러 나한(사도)을 배치한 그림에 마음을 쏟아 뜻이 저지른 죄를 씻고자 했다.

가장 눈에 띄는 현상은 육체를 통해 깨달음을 얻고자 하는 태도였다. 정신의 기쁨이 아니라 육신의 기쁨도 수행의 방법이 되었다. 성생활이 적극적으로 용인되며, 나아가 성을 통해 깨달음을 얻을 수 있다는 입장도 등장한다. 이른바 육복[肉福]주의의 탄생이다. 이런 입장은 후에 라마교로 발전하여 티베트, 네팔, 몽골지역에 흥성한다. 그리하여 몽고족이 통치하던 북경의 절간에는 남녀합체의 환희불도 모셔진다.

기원후 10세기경 인도의 불교는 이처럼 힌두교와의 구별이 모호해진다. 일신 또는 다신과 상관없이 초월적인 신을 상정하는 힌두교가 대중에게 강하게 다가오자 불교는 나름대로 자기의 형태를 조정하게 되는 것이다. 한마디로 자력신앙에서 타력신앙에로의 전환이다.

밀교는 불교사적으로는 대승 후기 불교의 면모이다. 대승불교가 상정했던 여래장이 신격화되어 나타나게 되는 것이다. 너와 내가 불성이 있다면, 그 불성은 어디서 왔는가? 우리가 개별불성을 갖고 있는 것은 보편불성으로부터 받은 것이다. 여러 작은 불성들은 큰 하나의 불성으로부터 나온다. 그 큰 불성이 곧 여래이며, 그것은 초월적이고 인격적이며 절대적이다. 성리학에서 말하는 이기[理氣]론의 '품수[稟受]'라는 용어를 쓰자면, 너와 내가 불성을 품수하게 된 것은 불성이 저기 하나로 있기 때문에 가능하다는 논법이다. '이일분수[理一分殊]', 곧 '이치는 하나이나 나뉘어져 다르게 되었다'는 논리와 상통한다.

과연 대승불교의 이러한 신격화는 어떤 의미를 갖는가? 여럿을 함께 태우고 가자는 주장은 결국 초인적인 수레꾼을 상정하는 결과를 낳을 수밖에 없는가? 여럿을 이끌려면 여럿 가운데 하나로서는 안 되고, 여럿을 뛰어넘는 어떤 것이 반드시 있어야 하는가?

부처의 가르침을 많은 사람에게 전해주어야겠다는 대승의 의지는 결국 실천의 방안으로 부처를 신격화시키는 방향으로 귀착된다. 한 사람 한 사람이 스스로 깨우침을 얻는다는 것은 소승과 다르지 않았고, 모두를 깨우친다는 현실적으로 불가능해 보이는 사업을 완수하기 위해서는 권능의 존재가 필요했던 것이다.

수레가 너무 컸다. 사람이 이끌기에는 너무 컸다. 끌지 못할 수레이기에 사람을 뛰어넘는 신격화된 절대존재가 필요했다. 사람들은 그를 '큰 해와 같이 그곳으로부터 오는 님'大日如來이라고 불렀다. 여래tathāgata란 '그러함'如: suchness으로부터 오는來 님이었고, 그러함은 곧 궁극적인 실재 ultimate reality로서 초월적인 존재였다. 문제는 사람처럼 '이러함'이 아니라 '저러함'으로 다가오는 것이었다.

대승불교는 이렇게 자력에서 타력으로 옮겨간다. 대승불교의 주창자라고 할 수 있는 용수龍樹: Nāgārjuna: 150?-250?는 대승의 진리를 말하면서 '구하고자 하나 구할 중생이 없다'고 했는데, 대승 후기에 와서는 너무 구할 중생이 많아 구할 수 없게 된 것이다.

8. 인도에서 불교의 소멸

왜 인도에서는 불교가 소멸되었을까? 인도에서는 불교가 '쇠퇴'된 것이 아니다. 불교는 인도에서 '소멸'되었다. 쇠퇴라고 하면 적어도 일정한 영향력을 지니고 현실적인 종단으로 성립될 수 있어야 하는데, 현재 불교는 그렇지 못하다. 불교는 거의 소멸되었다고 보는 것이 옳다. 한마디로 인도에서 불교도는 극소수일 뿐이다.

그러나 인도 남동쪽 섬나라인 스리랑카는 아직도 불교국가이다. 불교국가였던 과거의 전통을 고수하고 있어서 계급제도가 없다. 그러나 불교도인 신할리족과 힌두교도인 타밀인의 내전으로 그 유지도 쉽지만은 않다. 전쟁의 원인을 종교에서 찾을 수 있다는 주장은 받아들이기 어렵지만, 표면상 그 내전은 불교도와 힌두교도와의 싸움으로 그려진다. 그만큼 힌두교도와 불교도는 이질적인 것으로 현상적으로도 나타나고 있다.

티베트로부터 망명을 해온 달라이 라마에게 일정 부분의 산악지역을 내줘서 임시정부의 형태를 유지시키고 있는 것이 인도정부이지만, 그렇다고 해서 인도인들이 불교에 반드시 호의적인 것은 아니다. 인도의 주요 종교는 힌두교이고 다음으로는 회교이지 불교가 아니다. 그다음은 터번을 높게 두르고 있는 시크Sikh교도에게 자리를 내줘야 한다.

그럼에도 우리는 인도가 불교국가라는 아주 맹목적인 환상을 갖기 쉽다. 그것은 착각이고 오해이고 망상일 뿐이다. 불교도들이 성지순례를 하는 보리수 옆에 불교도들이라고는 없다. 있다면 한국과 일본에서 세운 순례자들을 위한 절들만이 존재한다. 인도인들에게 그것들은 단지 이방인들의 사원일 뿐이다. 부처가 깨달은 곳인 보드가야에는 역사적 흔적과 유물로서만이 불교가 존재할 뿐, 삶 속에서 인도불교도들이 존재하지 않는다. 그것은 박물관으로서의 사원일 뿐이다. 현실불교가 아니라 역사불교이다. 흔히 갠지스 강가의 성지인 바라나시가 부처가 깨달은 곳과 가깝다고 해서 불교도들이 있을 것이라고 생각하지만 그곳에는 힌두교도와 회교도들이 복잡하게 자리 잡고 있을 뿐이다. 바라나시의 대학은 그 이름 그대로 힌두대학이지 불교대학이 아니다. 대학 안의 성소에서 부처는 여러 신들의 화신 가운데 하나일 뿐이지 독립된 지위를 부여받지 못한다.

사실 불교를 공부하기 위해 인도를 찾는다는 것은 얄궂은 일이다. 힌두교의 역사에서 이단異端인 불교를 공부하기 위해 힌두교의 나라를 찾는 셈이기 때문이다. 인도에서 불교는 소박맞은 여인과 같다. 내쫓긴 여인을 사모하면서 그녀를 쫓아낸 그 집을 흠상하는 것은 어불성설이다. 그녀가 대접받았던 1500년이 있다고 해서, 그녀가 그곳의 주인은 아님을 명확히 알아야 한다. 그녀의 1500년은 과거의 한 사건처럼 인도인에게 기억될 뿐이다. 사실상 불교의 쇠퇴라는 용어를 쓸 수 있는 시점은 7세기부터이다. 8세기에는 회교도들에게 불교도들이 박해받기 시작하니, 아쇼카Aśoca: C. 240 B.C.E.왕이 나서서 경전을 결집한 기원전 2세기 이후를 불교의 전성기로 본다면, 불교세상은 '천년천하'였던 셈이다.

천 년은 오랜 역사이다. 기독교에서 천 년을 단위로 천국의 건설을 논하는 것처럼, 천년왕국Kingdom of Millenium은 오랫동안 민중의 신앙 속에서 중요한 역할을 한다. 천년왕국설Millenarianism 그 자체로서도 하나의 신앙이었다. 그래서 불교 천 년도 중요할 뿐만 아니라 정말 장구한 세월이 아닐 수 없다. 그러나 인도인들은 그 불교를 거의 완벽하게 힌두교 속에서 희석시키고 말았다. 사상적인 발전 속에서 그것은 하나의 줄기로밖에 취급되지 않는다. 마치 스페인이 회교도로부터 독립하여 그리스도교도의 왕국을 세운 것이 지금으로부터 7백 년밖에 되지 않지만 그 나라가 가톨릭 국가로 자연스럽게 여겨지는 것처럼, 인도도 불교 소멸 이후 1천 년이 흐르는 바람에 힌두교의 전통만이 자연스럽게 부각되고 있는 것이다. 뒤 천 년이 앞 천 년을 확실하게 억누르고 있는 셈이다.

불교회화사뿐만 아니라 세계문명사에서 거대한 족적으로 남을 아잔타Azanta 석굴의 예를 들어보자. 그것은 밀림 속에서 감추어져 있었다. 그것은 불교와 함께 사라진 역사였다. 금세기에 들어서야 1819년 영국인 사냥꾼에게 발견되는 인도의 사라진 기억이었다. 인도인들에게는 아잔타보다는 엘로라Ellora 석굴이 더욱 위대할 뿐만 아니라 더욱 신성하다. 사실상 엘로라 석굴은 1~12번 굴A.D. 600-800이 불교, 13~29번 굴A.D. 600-900 이 힌두교, 30~34번 굴A.D. 800-1000이 자이나교 사원이다. 그중에서 가장 유명한 것이 데칸고원의 표토층의 암석을 아래로 깎아내려가 만든 몇 층 짜리 카일라사Kailasa 사원으로 힌두유적을 대표한다. 바위 한 덩어리임을 재삼 확인하기 전에는 위에서 깎아내려 왔다고는 도저히 믿어지지 않는 그 사원은 힌두교의 융성과 불교의 소멸이 동시에 이루어지고 있었음을 대변한다.

아무도 스페인을 회교국가라고 부르지 않는다. 알함브라 궁전이 버 젓이 세계 건축사의 기념비적인 유적으로 남아있지만 그곳은 그리스도 의 신상으로 훼멸된다. 아무도 인도를 불교국가라고 부르지 않는다. 아 잔타 석굴이 아름다운 그림과 탑으로 위용을 뽐내고 있지만 그곳은 역사 속으로 잊히고 있다.

학자들은 인도불교의 쇠퇴에 대략 세 가지 이유를 댄다. 모두 확실 하지 않고 추정되는 것들이다.

첫째, 불교의 전문화이다. 깨달음을 추구하는 불교는 아무래도 개인 의 수행에 집중될 수밖에 없다. 모두 그것에 매달리다보면 아주 절박한 현실문제가 나올 수밖에 없다. 먹고살거나 교세를 확장하거나 아니면 포 교하는 일에 소홀하게 된다. 상층부가 비대해진 조직이 살아남을 수 없 는 것은 인류역사의 공통된 현상이다. 탁발승托鉢僧이 많지 않을 때 그것 은 가벼운 동냥이 될 수 있다. 그러나 그들이 주류가 된다면 사회는 거지 의 나라가 되고 만다. 국가에서 지원하는 것도 소수일 때만 가능하다. 게 다가 계급을 부정하는 불교가 자신들을 먹여 살릴 계층을 확보해 놓을 수도 없는 일이다.

둘째, 대중의 신앙적 갈망이다. 불교는 기본적으로 자기에 의한 자아 구원을 기본으로 한다. 이처럼 힘든 종교가 어디 있겠는가? 대중은 자신들을 구원해줄 신들을 찾아 헤맸다. 신들의 나라인 인도에서 전통적인 신들의 권위를 논리적으로 부정하는 불교는 대중과는 너무 멀었다. 게다가 인도인들에게 매우 중요한 헌신獻身의 의미가 불교에서는 보이지 않았다. 고대경전에서 말하는 신을 위한 자기희생과 그를 통한 구원의 체계가 불교에서는 제시되지 않았다. 그들에게 헌신은 기도이자, 예배이자 애착이자 전심이자 구원이었다. 그러나 불교는 그것을 강요하지 않았다.

셋째, 회교도들의 탄압이다. 8세기경 회교가 인도에 들어오면서 그들은 철저하게 우상숭배를 거부했다. 그들은 그 원칙에 따라 부처와 그의 가르침을 좇는 사람들의 조상彫像은 모두 파괴했다. 공동생활을 통해 금욕적 수행을 해오던 승려들을 훼멸시키는 일도 매우 쉬웠다. 게다가 승려들의 은둔적인 경향은 거기에 일조를 했다. 집단은 한꺼번에 공격받기 쉬웠고, 도덕적인 규율에 빠져있는 승려는 현실적으로 나약했으며, 사회도피적인 사고방식은 전쟁에 도움되지 않았다. 회교도들의 성상파괴주의聖像破壞主義: iconoclasm는 인도인들이 만들어놓은 불교의 수많은 신상과 충돌했고, 불교도들의 출세간出世間적인 행동양식은 그것에 소극적으로 대항할 수밖에 없었다.

인도의 전통사상에 따르면 승려는 승려이고 생산자는 생산자이다. 하나의 직업군으로서의 승려가 예식과 주문을 관장함으로써 다른 직업군들의 역할에 대해 종교적인 보상작업을 한다. 그러나 불교는 그런 구별을 기본적으로 부정하고 출발한다. 따라서 순수한 승려집단의 유지가 전통적인 체계보다 쉽지 않았을 것이다. 인도인들은 수많은 신을 섬겨왔다. 그 신들의 정체를 '나'로 귀착시킬 뿐만 아니라 그러한 나조차도 '없다'는 주장을 펴는 불교에서 대중들이 자기만족을 얻기란 너무 힘든 일이었다. 인도인들이 강조하는 희생의 삶, 이른바 박티bhakti: devotion는 그들의 서사시대 이후 줄곧 강조되어오던 것이었다. 그것은 신에 대한 헌신이 곧 자기구원을 가져다준다는 확신이었다. 서사시대의 대표적인 작품인 『바가바드기타』에서 신은 '전쟁은 네가 아무리 슬퍼해도 치러야 할 것이다'라고 말한다. 고의적으로 행동을 하는 것은 나쁘지만 고의성 없는 행동은 업業: karma을 짓지 않기 때문에, 전장에서 전사는 살인을 해야 했다. 그러나 불교도는 업을 선업과 악업으로 구별하고 전자를 따를 것을 강력하게 주장했기 때문에 살인을 통한 전쟁에서의 승리보다는 업을 씻는 도덕적 강령이 더욱 중요했다.

현실적으로 회교도들이 불교를 탄압 또는 파괴한 것은 사실이다. 현재의 아프카니스탄 지방의 투르크계인 가즈니Ghazni왕조는 1001년에서 1027년까지 17회에 걸쳐 북인도를 침략했다. 보물은 약탈되고, 승려는 학살되었다. 그러나 그것으로 불교의 소멸을 본다는 것은 문제가 많다. 우선, 종교가 그렇게 쉽게 박멸되느냐는 것이다. 로마의 탄압에도 기독교가 살아남고 오히려 로마조차 기독교화된 역사가 존재한다. 신라는 이차돈의 순교로 불교국가로 의연하게 자리 잡는다. 게다가 오늘날과는 다르게 인도는 하나의 국가가 아니었다. 인도의 지역주의는 식민지를 경영하던 영국인들이 분리정책을 쓰기 위해 만들어낸 고안품만이 아니다. 역사 속의 인도는 오늘날처럼 언어와 문자가 다를 뿐만 아니라 통일의 의식도 없었다. 인도의 북쪽이 회교화하였다고 남쪽조차 쉽게 변할 수 있는 것은 아니었다. 현재의 스리랑카가 아직도 불교국가로 남아있는 것을 생각해보자. 비록 섬이라는 특수성이 있지만 그들은 여전히 회교와는 거리가 멀다.

내가 보기에는 위의 세 가지 일반적인 추론보다도 더욱 강조되어야 할 점이 있는데, 그것은 바로 '불교의 힌두화'이다. 단적으로 말해서, 불교가 힌두화 되지 않았다면 불교는 자기의 정체성을 유지했을 것이라는 추론이다. 불교의 발전과정은 참으로 얄궂게도 자신이 부정했던 힌두교로 복귀하는 과정을 보여준다. 이른바 대승 후기 불교의 밀교화가 그것이다. 초인적인 절대자로 부처가 자리하고, 그 주위에 여러 신들이 모셔진다. 대승은 많은 대중이 탈 수 있는 너른 수레만이 아니라, 그들을 위해 곳곳에 여러 신이 화려하게 장식된 수레였다. 수호주문守護呪文도 유행한다. 주술은 신비한 방식으로 신과의 합일이나 소원의 달성을 이루어준다. 많은 보살은 천사처럼 우리를 보우하기 시작했다. 불교는 더 이상 깨달음의 종교가 아니라 믿음의 종교가 되었다.

7세기 중국의 현장과 8세기 한국의 혜초慧超: 704-787가 본 대승불교는 분명 그렇게 힌두교화하고 있는 불교였을 것이다. 비록 불교의 전성기에 어렵게 인도를 찾아갔지만, 그들이 목도한 것은 보리수 아래 정각正覺을 얻는 단순하고 소박한 불교가 아니라 이미 여러 신상으로 현란하게 장식된 불교였을 것이다. 브라만교와의 단절을 통해 이루어낸 청정과 화합의 공동체는 점차 그 기본정신과는 거리가 멀게, 오랜 전통 속의 신들을 받아들이고 있었던 것이다.

그렇게 되면, 부처는 힌두의 여러 신 가운데 하나가 되어버리고 만다. 부처가 최고의 신이 되는 것이 아니라 그는 신의 화신化身으로 설명된다. 무한의 영역 속에 있는 신들이 역사 속에서 현존한 석가를 단연코 앞지르고 만다. 부처를 믿지만 그는 절대강자 비슈누Viṣṇu의 현신現身일 뿐이다. 끊어졌던 브라만의 전통이 회복되는 것이다. 화신은 화신일 뿐이다. 그는 위대하지만, 그보다 더 위대한 원형이 있기에 위대해진다. 쌀은 밥도 떡도 될 수 있다. 그렇지만 거기서 더욱 중요한 것은 밥도 떡도 아닌 쌀이다.

세계에 대한 층차적인 설명은 인도철학에서 매우 중요한 부분이다. 본질이 있고, 현상이 있다. 근원이 있고, 지류가 있다. 현상과 지류가 다르지 않다고 주장하여 일원론一元論이 되거나, 본질과 근원은 현상과 지류와 다르게 있다고 주장하여 이원론二元論이 될 수도 있다. 그러나 그것은 마찬가지로 어떤 근본을 상정한다. 현상을 만든 것이 본질이고, 지류는 근원으로부터 흘러나오기 때문이다. 이런 층차적인 사고방식 속에서 부처는 마침내 그것의 한 부분인 현현顯現의 역할로 그 지위가 조정되고 마는 것이다.

체현體現의 이중적인 의미로 설명해보자. 그것은 부처라는 '몸'體 곧 형체形體로 '드러난다'現. 그러나 그가 드러나기 위해서는 그에 앞서는 또 다른 '몸'體 곧 본체本體가 있었던 것이다. '몸으로 드러나기'現成爲體와 '몸으로부터 드러나기'由體成現라는 두 다른 사유가 대승적 이론 속에서 동시에 체계화되면서, 마침내 힌두교적 사유로 불교가 복귀하게 되는 것이다.

신격화됨으로써 신 속에서 녹아버리고 마는 부처의 운명, 우리는 그것을 인도를 통해 보고 있다. 한편, 신으로 왔지만 신의 지위를 벗어버리는 부처의 역사, 우리는 그것을 동방을 통해 보고 있다.

제2장

힌두교의 신

힌두교는 840만 번이나 다시 태어난다는 윤회이론을 갖고 있다. 그런데 삶은 비참할 뿐이다. 따라서 윤회로부터의 해방을 꿈꾼다. 힌두교는 3억의 신을 갖고 있다. 신은 하나씩 나서기도 하고 탈바꿈을 하기도 한다. 그런데 힌두교의 경전들은 모두 신분제의 근거를 마련해주고 있을 뿐만 아니라, 거기에다 윤회설도 받아들이고 있다. 그것은 신분제 안에서의 윤회로, 계급은 결코 벗어날 수 없다는 절대적 숙명론의 경향을 띤다. 후기로 갈수록 다신은 일신의 성격으로 변하는데, 이때 절대화된 아트만으로서의 브라만은 최고신으로 자리 잡으며 이에 따라 사람의 신분도 고착화된다. 현실에서 계급을 벗어날 방도가 힌두교에는 없다.

1. 신을 찬양하라

인도의 전통사상을 대표하는 저작으로 일반적으로 셋을 꼽는다. 『리그 베다』Ṛg Veda와 『우파니샤드』Upaniṣad 그리고 『바가바드기타』Bhagavadgītā가 그것이다. 이 셋은 인도인의 정신적 고향이자 사유의 지남指南이다. 『우파니샤드』는 '베다의 끝'the end of the Veda으로 불리며 그 의미가 매우 철학적이어서 독립적으로 취급되고 있으며, 『바가바드기타』는 『마하바라타』 Mahabharata라는 대서사시 가운데 가장 중심적인 부분을 일컫는 것이다.

그런데 '베다의 끝'이라는 것은 무슨 뜻인가? 이 말은 적지 않은 오해를 불러일으킨다. 『베다』라는 책의 끝부분인지, 책의 요약인지, 마지막에 이루어진 책인지 분명하지 않기 때문이다. 『리그 베다』의 철학적이고 반성적인 부분이 『우파니샤드』에서 언급되고 있기도 한데, 그렇다면 『우파니샤드』는 『리그 베다』의 결정판이라는 말인가?

베다는 네 종류로 나뉜다. 첫째는 『리그 베다』로 찬송을 모은 것이고, 둘째는 『야주르Yajur 베다』로 희생의 규범을 모은 것이고, 셋째는 『삼마Sāma 베다』로 단순한 찬송을 정교하게 교정한 곡조들이고, 넷째는 『아타르바Atharva 베다』로 마술의 언어들을 담고 있다. 『리그 베다』는 베다 시대의 몸통이 되는 것으로 힌두교의 근본정신을 담고 있다. 『야주르 베다』는 후대에 이른바 '만트라'mantra: 주문로 알려지는데 희생의 과정에서 필요한 언어를 규범과 더불어 정리하고 있다. 『삼마 베다』는 『리그 베다』의 단순한 찬송을 더욱 공들여 교정한 곡조로 『리그 베다』의 요약판이라고 보아도 좋은데, 100개 미만의 곡조만이 본래의 것으로 간주되며 전문가들에게만 관심의 대상이 된다. 그런데 『아타르바 베다』는 사실상 후대에서야 『베다』 가운데 하나로 성립된 것으로 초창기에는 정통 『베다』로 취급되지 않았다. 그것을 편집한 브라만들은 희생을 위주로 하는 성직자들이 아니었고, 따라서 그것은 경전으로 받아들여지지도 않았다. 희생과 관련된 부분이 없지는 않았지만 그러한 의례와는 거의 관련이 없었다. 주문이나 부적 그리고 저주와 마법이 주가 되었고, 그 내용으로는 질병을 일으키는 악마를 몰아내는 주문, 식은 사랑을 되돌려주는 처방, 전쟁에서 이기거나 장사에서 돈을 벌게 해달라는 기원 등으로 깊은 명상적 태도와는 거리가 있었다.

요즘 식으로 말하면, 그 모두 편람便覽이나 교범敎範으로 교과서 내지 지침서manual에 해당한다. 각기 '찬시'讚詩, '의식'儀式, '성가'聖歌, '진언'眞言이라고 불러도 좋을 듯하다. 신을 찬미하고, 신에게 희생하고, 신을 노래하고, 신의 주문을 외우는 것이다. 철학적인 의미에서는 의식과 성가는 별로 중요하지 않다. 진언도 같은 맥락에서 중요성이 떨어지지만, 오늘날의 새로운 관점에서 볼 때 주문의 경우는 그 목적이 질병의 치료라는 점에서 인도의학사에서 중요한 위치를 차지한다.

물론, 모든『베다』는 찬송과 기도 등 여러 시를 적은「상히타」saṁhitā, 희생의 예식과 의례에 대한 논의를 산문조로 적어놓은「브라흐마나스」 brāhmaṇas(s는 복수, 해설서 모음이기 때문에 보통 복수로 불림) 등이 각기 달려있기 때문에, 위에서 한 내용적인 분류처럼 형식적으로도 완전히 분류되는 것은 아니다. 때로는「상히타」보다는「아라냐카스」Āraṇyakas(forest-text, 森林 經)라고 불리는 텍스트가 희생의 의식儀式이나 내화內化와 관련되어「브라흐마나스」와 함께 더욱 강조되기도 한다. 이처럼『베다』는 한 부류에 의한 하나의 저작이 아니고 여러 의례집단에 따라 다른 혈통을 지니고 있었던 것이다. 다시 말해,『베다』는 브라만에 따라 여러 혈통으로 이루어져 있고, 그 외의 다른 텍스트가 그 안에 첨부 또는 혼합되고 있는 것이다.

『베다』는 역사를 통해「상히타」와「브라흐마나스」그리고「아라냐카스」를 통해 보완되었고,「우파니샤드」도 그 작업 가운데 하나였다.「우파니샤드」는 단적으로 말해「브라흐마나스」와「아라냐카스」의 중간 단계라고 보면 좋다.「브라흐마나스」는 시적 구절이 빠진 형식적인 주석서라면,「우파니샤드」는 상당히 창조적인 해석서였고,「아라냐카스」는 그 가운데쯤 속한다.

이러한 배경 속에서『우파니샤드』는 탄생한다. 한마디로『우파니샤드』는『베다』의 요략要略으로, 철학적으로 의미 있는 부분을 강조하여 재구성한 것이다. 그래서『우파니샤드』는『베다』의 결론 부분이라고도 불리는데, 작게 이야기하면 '보론'補論에 속하고, 크게 이야기하면 '총론'總論 내지 '총결'總結에 속한다. 총론은 대체로 앞에 속하지만,『우파니샤드』의 경우, 여러 보완 과정의 마지막이라는 점에서 끝에 속한다. 시간상으로도 그렇고 내용상으로도 그렇다.

중요한 것은 『베다』라는 커다란 덩치가 『우파니샤드』라는 날렵한 꼴로 철학적 체계를 갖춘다는 데 있다. 혼돈의 세계에서 질서의 세계로 나서는 형태와 비견된다. 카오스chaos에서 코스모스cosmos로 나가고 있는 것이다. 다시 말해, 『베다』가 인도인의 시원적인 사유형태를 일반적으로 보여준다면 『우파니샤드』는 그것을 좀 더 철학화하고 논리화하고 일원화하고 있다. 『베다』가 신화의 세계였다면, 『우파니샤드』는 철학의 세계로 첫걸음을 내디디고 있는 것이다.

'우파니샤드'의 원의는 학생들이 스승의 옆과 아래에 앉아 있음(upa: 옆, ni: 아래, sad: 앉다)으로써 깨우침을 얻는 것을 의미한다. 우리말로 하면 '곁에 밑으로 앉기'이다. 『베다』는 가르치는 사람이 있고 배우는 사람이 있지 않다. 『베다』가 종교적 의례를 위해 만들어진 것이라면, 『우파니샤드』는 철학적 교육을 위해 만들어진 책이다. 이렇게 이 둘은 만들어진 연유와 용도가 다르다.

이러한 『베다』와 『우파니샤드』의 관계는 우리들에게 많은 점을 시사한다. 무엇보다도 의미 있는 것은 『베다』가 다신론적인 성격을 지니는 반면, 『우파니샤드』는 일신론적인 성격을 갖는다. 문명의 역사에서 논리화는 대체로 일원화를 초래함을 상기하자. 다원화보다는 일원화가 훨씬 논리적으로 보이기 때문이다. 일원론이 다원론보다 훨씬 논리적으로 구성되기 쉽다. 이는 『우파니샤드』의 철학화 또는 철학화된 『우파니샤드』가 곧 인도철학의 일원론화를 상징하고 있음을 가리킨다. 이를테면 『우파니샤드』를 자신들의 경전으로 삼고 있는 학파인 베단타Vedānta 철학은 존재의 일자一者성을 믿고 이원론을 거부한다.

『베다』도 초기에는 다원론적으로 신성神性: deities을 숭배하고 있었으나 점차 일신론적인 방향으로 신격이 일원화되는 경향을 보인다. 재론의 여지는 있지만, 이와 같은 변천은 인도인의 신관의 전형적인 특색을 보여준다. 인도인에게 신은 '여럿'일 수도, '하나'일 수도 있으며, 때로는 '하나 다음에 다른 하나'로 복잡다단하게 인지되고 있는 것이다.

처음으로 돌아가서 인도인의 3대 경전 가운데 마지막인 『바가바드 기타』를 보자. 그것의 모태인 『마하바라타』는 신들의 대서사시 가운데 일부분이다. 『마하바라타』는 오늘날도 인도인들이 즐겨찾는 이야기로, 인도의 정신을 통칭할 때 사용되기도 한다. 그것은 '위대한 바라타왕'을 칭송하는 것으로 신화의 세계를 노래하고 있다.

『마하바라타』는 『라마야나』Rāmāyaṇa와 함께 서사의 시대를 대표한다. 여기서 서사敍事의 시대는 민족의 탄생시기에 신과 영웅의 활동이 장시로 적혀있는 시원적인 시기를 가리킨다. 유럽의 경우, 호메로스의 트로이 전쟁과 그 이후의 모험을 노래한 『일리아드』Iliad와 『오디세이』Odyssey가 이에 속하며, 우리의 경우, 환인과 웅녀와 단군의 의지와 욕망 그리고 이상이 극화되어 있는 단군신화가 이에 속한다. 『라마야나』는 백인 아리안족의 인도 침공으로 벌어진 원주민인 흑인 드라비다와의 갈등을 그리고 있고, 『마하바라타』는 왕좌를 놓고 싸우는 두 신의 갈등을 그리고 있다. 한마디로, 『라마야나』는 아리안 문화의 침투 과정을 통해 안착되는 브라만교를 설명하고 있고,[1] 『마하바라타』는 신들의 전쟁을 통해 선과 악의 문제를 묘사하고 있는 것이다.

이 기원전 6세기의 작품 가운데 『마하바라타』, 그것도 그중의 『바가바드기타』가 인도인의 3대 경전으로 꼽히는 까닭은 무엇인가? 『마하바라타』는 여러 부족의 손을 거치면서 잡다해지면서도 동시에 정교해진다. 한편으로 아리안 문화를 전파하면서도 『베다』의 권위를 받아들이게 된다. 결국 『베다』의 신들과 그들이 보여주는 여러 덕목들이 정치적인 투쟁과 문화적인 충돌 과정 속에서 흡수되고 안착된다. 그 가운데에서 가장 철학적인 대목이 바로 『바가바드기타』인 것이다. 그곳에서 삶, 정의, 행복, 운명, 자유 등이 토론되었다.

2. 경전시대의 특징

『우파니샤드』는 『베다』의 결론이고, 『바가바드기타』는 『마하바라타』의 일부분이라는 것을 감안하면, 그것들은 오히려 둘(『베다』, 『마하바라타』)로 줄어들거나 넷(『리그 베다』, 『우파니샤드』, 『마하바라타』, 『바가바드기타』)으로 늘어나야 할지도 모른다. 그러나 『리그 베다』의 총결인 『우파니샤드』는 독립시켜보는 것이 당연할 정도로 『베다』의 요체를 담고 있고, 『바가바드기타』는 비록 『마하바라타』라는 대서사시의 특정 부분이지만 그 이야기가 담고 있는 의문과 대답의 내용이 생각거리를 많이 주어서 따로 취급된다.

    경전의 일부분을 따로 떼어 새로운 경전으로 승격시키는 예는 많은

---

1   침략자들의 원주민 학대의 정당화와 관련하여 생각해보자.

곳에서 발견될 수 있다. 우리가 흔히 아는『대학』大學과『중용』中庸이라는 책도『예기』禮記의 한 편이었을 뿐이었다. 그러나 그 의미를 새로운 해석과 더불어 독립시켜서 주자朱子가 편집한 이후,『대학』과『중용』이 하나의 책으로 다가온 것이다. 공자는 경전을 해석만 하겠다고 했고 맹자는 공자의 생각을 충실히 좇고자 했는데, 그들 둘의 말을 모은『논어』論語와『맹자』孟子 그리고 경전의 지위에 있는『예기』의 두 부분을 떼 내어 '사서' 四書로 한데 묶은 것은 대단한 파격이었다. 경전의 일부분을 따로 취급한다는 것도 상당히 위험스러운 일일 수도 있는데, 게다가『논어』와『맹자』 같은 어록이 중심 경전으로 격상되고 있기 때문이다. 공자의 사고 속에서는 엄두도 못 낼 일로, 그 자신의 언어가 경전과 같은 지위에 놓인다는 것은 그에게 불경스럽게 느껴졌을지도 모른다.

우리가 보는『주역』周易도「역경」易經과「역전」易傳으로 나뉜다.「역전」이라는 개념이 생소해보이기는 해도 사실상 이러한 구분이야말로『주역』의 성립과정을 잘 보여준다.「역경」곧「경」은 본래 있었던 부분이고, 「역전」곧「전」은 그「경」을 풀이하면서 덧붙여진 부분이다. 편집자에 의해 때로「경」에 완전히 함께 첨부되는 경우도 있지만(「文言」傳: 건괘乾卦와 곤괘坤卦의 해석) 그렇다고 해서 그것이「경」으로 승격될 수 있는 것은 아니다. 공자가 지었을지도 모른다는 분명하지 않은 이유로 상향조정되는 것은 공자도 감히 원하던 것이 아니었다. 그러나「전」은「경」보다 훨씬 많은 철학적 이야기를 담고 있다. 오히려「역경」은「역전」에 의해 단순히 점보는 책이 아니라 세계와 인생에 대한 이해를 담는 형이상학적 진술로 격상된다. 이러한 관계는『리그 베다』와『우파니샤드』의 관계를 유비적으로 보여준다. 한마디로『우파니샤드』는『베다전傳』이다.「역전」,

윤회와 반윤회

다른 용어로 열 가지 날개와 같은 참고서라는 뜻에서 「십익」(十翼: 그것도 상하로 짝을 이루는)의 역할이 바로 『우파니샤드』인 것이다. 주자와 같이 전문적이면서도 자신감 넘치는 고전해석자가 나오면 「십익」 전체나, 아니면 그 가운데에서도 「계사전繫辭傳」 상하만이라도 독립되어 취급될 수 있는 것처럼, 『우파니샤드』는 베다의 열매로 따로 대접받고 있다. 그런 점에서 『우파니샤드』는 『베다』의 '날개'라는 뜻에서 「베다익」維多翼이라고 불려도 좋을 듯하다.

　『우파니샤드』와 『바가바드기타』는 똑같은 경전으로서의 지위를 갖고 있는 것이기 때문에 독립적 운용이 크게 문제되지 않는다. 오히려 우리에게 잘 알려져 있는 『마누법전』Code of Manu이 『베다』와 더불어 비슷한 시기에 쓰인 경전으로, 그 지위에 동참해야 될지도 모른다. 왜냐하면 『마누법전』은 비슷한 사고 속에서 인간의 의무와 지위를 구체적이고 현실적으로 논하고 있어 경전의 현실화의 과정을 잘 보여주고 있기 때문이다. 법이 이론과 실천, 이상과 현실의 중간과정이라는 것은 인류의 모든 법들이 공통적으로 지니는 성격이다.

　인도사상은 『마누법전』을 포함하여 다섯 경전(『리그 베다』, 『우파니샤드』, 『마하바라타』, 『바가바드기타』, 『마누법전』)이 신화처럼 역사의 첫머리에 자리 잡고 있다. 그 이후는 구체적인 저자가 있고 그의 주장을 모은 저서가 있는 철학의 시대로 볼 수 있다. 철학의 시대란, 먼저, 지은이가 알려지고, 둘째, 그의 주장이 있고, 셋째, 그 주장에 대한 논박이 벌어지는 때를 가리킨다. 그러나 신화의 시대는 전혀 그렇지 않다. 신화는 철학과는 달리, 논술이 아니고 진술이며, 주장이 아니고 술회이며, 전달이 아니라 감화이다. 한마디로 신화는 이야기로 이루어지며, 그것은 논박을 근원적으로 차단한다.

　이 점이 바로 경전 읽기의 어려움을 초래하는 이유이자 경전의 영속성을 보장하는 요인이 되기도 한다. 한마디로 문학에 대해서 우리는 시비를 나눌 수도 논리적 모순을 따질 수도 없다. 문학은 시비를 늘 모호하게 만들고 모순을 충돌시킴으로써 우리들에게 논리적 판단을 뛰어넘는 심층적인 감동을 가져다준다. 인도의 경전이 곧 그러하다. 은유隱喩, 暗喩: metaphor와 직유直喩, 明喩: simile 그리고 환유換喩: metonymy와 제유提喩: synecdoche와 같은 수많은 비유들로 가득 찼고, 그것들은 시적인 찬송들로서 그 모습을 드러낸다. 달도 아들이 있고 그것들은 별과 비와 생리적인 연관을 가지며, 또한 사랑하고 미워한다. 경전 속에서 자연적인 것과 초자연적인 것의 구별은 이렇듯 무의미하다. 그들은 달이면서도 신이고, 별이면서도 여신이다. 인도인에게는 신성神聖의 족보族譜가 방대하다. 가족의 가계도家系圖가 아니라, 신성의 신계도神系圖가 펼쳐지고 있다. 자연적인 것과 초자연적인 것도 쉽게 구별되지 않는다.

　특히 인도의 경전이 말하는 희생sacrifice: bhakti의 의미는 정말 독특하다. 어떤 문화도 이처럼 희생의 의미를 강조하지 않은 듯하다. 이른바 희생犧牲이라 함은 종교의식에서 동물들을 제물로 삼아 신에게 바치는 것을 말한다. 희생이라는 한자어에 소牛를 가리키는 부수가 붙는 것은 고대중국에서 희생으로 소를 썼음을 가리킨다. 그러한 희생제물의 의식은 모든 종교에서 일반적으로 나타난다. 그러나 인도의 경전이 말하는 희생은 제물祭物이라는 타물他物을 가리키는 것이 아니라 자기를 힘들고 괴롭게 만듦으로써 종교적인 승화를 얻음을 가리킨다. 자물自物 희생인 셈이다. 나의 몸을 바치는 행위, 그런 점에서 그 희생은 '헌신'獻身: devotion에 해당한다. 우리는 무엇이 그들에게 희생의 문화체계를 갖추게 했는지 잘 알지 못한다.

　이러한 점들이 경전읽기의 어려움을 초래한다. 대화체의 언설은 더욱 그 의미를 감추고 있다. 그런데 무엇보다도 우리가 힘든 것은 너무도 많은 신들 때문이다. 인도인들은 도대체 일신교인가, 아니면 다신교인가, 아니면 그 둘을 모두 포함하는 것인가, 그렇다면 그것은 어떻게 불러야 하는가?

3. 교차신교

신이 여럿인 것을 다신교, 신이 하나인 것을 일신교라고 부른다. 과연 인도인의 신관은 다신론인가, 일신론인가? 인도의 현재도 포함해서 과거의 모든 역사를 통해 그것은 쉽게 대답되지 않는다. 인도인들에게 신은 너무도 많다. 그런 점에서 그들은 다신론적이다. 그러나 그 신 가운데 가장 높은 신이 있고 그 신은 모든 신을 대표한다. 그런 점에서 그들은 일신론적이다. 만일 두 번째의 경우를 이미 다른 신이 있기 때문에 다신론적이라고 한다면, 세계 종교사에서 유일신교는 존재하지 않을지도 모른다. 그리스도교도 유일신 외에 천사와 악마와 같은 다른 신격을 말하고 있기 때문이다. 이러한 인도인의 복합적인 종교관을 어떻게 불러야 할까?

　이런 식의 종교관을 일찍이 쉘링F. W. J. Schelling은 초보적인 종교형태라는 점에서 '교차신관'交叉神觀: henotheism이라고 불렀다. 일신교로 가기 전의 원시형태라는 의미에서 신들이 주도권 싸움을 하고 있다는 것이다. A

A라는 신의 시대가 있고, B라는 신의 시대가 있다. 일정한 순서에 따라 각자의 역할을 하는 것은 아니지만 명확하게 우세한 신이 있는 것이 아니다. 선사시대의 신관이 이렇게 서로 관계를 맺고 있다는 것이다.

이후 막스 뮐러Max Müller는 이 용어를 『리그 베다』와 관련하여 특별하게 쓴다. 그는 '하나 다음 다른 하나'kath'hena: one by one라는 뜻에서 '교차신관'kathenotheism 또는 henotheism이라고 불렀다. 다신론의 한 형태이지만 인도인들의 그것은 너무도 독특했다. 그에게 교차신관은 다신이면서도 일신을 인정하는, 다소 비논리적으로 들릴 수 있지만, '다중일신교'多中一神敎 (정확히는 多中擇一) 형태의 종교의 의미가 강하다.

인도인들은 그때그때 신의 역할이 다르다. 『리그 베다』에는 자연과 관계된 신들이 많이 등장한다. 수리아Sūria는 해, 아그니Agni는 불, 디아우스Dyaus는 하늘, 우사스Uṣas는 새벽, 프리티비Pṛthivī는 땅을 가리킨다. 이렇게 일대일 대응하며 대체로 자연현상과 일정한 관계를 맺기도 하고, 그렇지 않은 신들도 있다. 좋은 예가 인드라Indra: 因陀羅 신으로 그는 폭풍의 신인 마루트스Maruts가 따로 있음에도 천둥과 비를 관장한다. 또한 인도의 주요신 가운데 하나로 꼽히는 비슈누Viṣṇu나 시바Śiva는 매우 포괄적이어서 자연을 창조하고 유지하고 파괴하지만 자연의 특정한 현상과 맞아떨어지지는 않는다. 이런 복잡한 신관이 다신론인가?

그리스·로마 신화로 돌아가 보자. 그들에게 신은 많다. 그러나 제우스Zeus(그리스)나 주피터Jupiter(로마)가 대장이고 그 밑은 자식들이거나 졸개들로 위아래가 뚜렷하다. 권력에 따른 종속관계가 분명한 것이다. 신들의 세계이지만 각자의 지위와 역할이 잘 구별되어있다.

그러나 인도인들에게 각 신은 그때그때 최고의 역할을 한다. 숭배자의 입장에서 그때의 그 신이 최고의 신이다. 때로 신들은 한 신의 화신이기도 하고 그 신은 죽어 다른 모습으로 다시 태어나기도 하지만, 신은 하나이다. 다신론이기도 하면서도 일신론인 셈이다.

그리스도교의 입장에서 그것은 다신교이다. 그러나 그리스 로마인의 입장에서 보면 그것은 일신교이다. 신들은 많지만 그 신들은 어떤 신성의 한 모습이며, 더 나아가, 신을 믿는 사람이 부르는 그 신은 최고의 신성이다. '나 이외의 다른 신성'이 아니라 '나의 다른 신성'이며, '체계 있는 신들의 세계'가 아니라 '내가 제일인 신들의 세계'이다. 일신교는 영원하고 항구적인 한 신만을 믿는 반면, 인도인들은 최강의 신 다음에는 다른 최강의 신을 믿는다. 다신교의 신들은 서열 속에서 자신의 능력을 발휘하는 반면, 인도인들의 신은 지금 이 자리에 있는 신이 최고의 위상을 갖는다.

사실상 이러한 교차신관에는 일신교 위주의 가치판단이 뚜렷하게 개입되어 있다. 다신교가 원시적이라면 일신교는 고차적이며, 교차신관은 그 발달과정의 한 단계라는 설명인 것이다. 고등종교로 '진보'하거나 '발전'하는 와중에 드러나는 종교의 한 형태로 인도인의 종교를 설명하고 있는 것이다. 진보와 발전이라는 개념이 종교나 문화를 설명하는 용어로 많은 경우 적당하지 않음에도 불구하고 교차신관은 이러한 역사관을 담고 있다.

그럼에도 불구하고 뮐러의 설명은 성공적이었다. 왜냐하면 인도인의 신관을 단순하게 다신론으로 보는 관점을 멀리해주었기 때문이다. 게다가 그는 베다가 일신론적 경향을 일정 부분 지니고 있음을 간파했다.

우리 식으로 말해, 예수나 부처 모두 같은 신의 다른 이름이라고 판단하는 것이 바로 교차신관이다. '신은 다 같지, 뭐, 다르겠어? 이름만 다를 뿐이지'라는 생각은 유일한 절대자가 있고 그는 여러 다른 모습으로 다른 시대에 다른 장소에서 드러남을 가리킨다. 만일 한국인에게 이런 생각이 많다면, 이것은 바로 인도 사유의 영향으로, 불교적 훈습에 기인한다.

교차신관이 일신론과 가장 다른 점은 바로 배타성이 없다는 데 있다. 배타성은 유일신교의 가장 큰 특징이다. 그러나 교차신관은 배타성이 없다. '나 이외의 다른 신을 믿지 말라'가 아니라 '나 이외의 다른 신도 나의 다른 모습'일 뿐이다. 교차신교가 다신교와 가장 다른 점은 서열관계가 없다는 데 있다. 다신교는 신들의 상하종속관계가 명확하다. 그러나 교차신관은 어떤 신이든 최고의 신이 될 수 있다. '신들의 싸움 속에서 사람이 사는 것'이 아니라 '그때 그곳에 있는 신은 오직 하나'이다.

교차신교의 번역어로 '단일신교'單一神教라는 용어는 적당해 보이지 않는다. 개념적으로 그것이 뜻하는 것도 분명하지 않고, 지나치게 일신교화되어 보이기 때문이다. '순차신교'順次神教(특히 셸링의 경우)라고도 번역될 수 있겠지만 그것은 순위성이 개입되기 때문에 옳지 않아 보인다. A신에서 B신을 거쳐 C신으로 순서대로 가는 것이 아니고, A에서 C신으로 C에서 B신으로 역순으로도 갈 수 있기 때문이다. 그것은 오히려, 특히 막스 뮐러의 경우에는, '다중일신교'多中一神教 또는 모순된 개념이지만 '다일신교'多一神教로 번역하는 것이 나아 보인다. 다신교이면서도 일신교인, 그러나 일신교이면서도 다신교인 종교관이 표현되어야 하기 때문이다. 그러나 그것이 일신교에로의 경향이 있다는 점에서 '일다'가 아니라 '다일'로 표현되어야 할 것이며, 좀 더 정확하게는, '일일신교'一一神教 또는

'우일신교'又一神敎(『대학』의 '日新又日新', 『노자』의 '玄之又玄'의 용어를 따서)라 불려도 좋을 것이다.

만일 그리스 로마신화가 다신교의 기준이 되지 않았다면, 인도인의 그것은 다신교라고 불렸을지도 모른다. 그리스도교의 입장에서 어떤 절대자가 항상성이 보장되지 않은 채 바뀌는 것은 아무래도 다신론적으로 보이며, 신의 자기동일성이 확고하게 보장되지 않는 것을 일신론으로 보기는 어렵기 때문이다. 사실상 유일신교唯一神敎: monotheism나 다신교多神敎: polytheism라는 정의는 구체적인 종교현상에 대한 지칭이다. 인도인의 입장에서 그리스도교는 '불변신교'로, 그리스 로마교는 '서열신교'로 비춰질지도 모른다.

인도인들의 이러한 신관의 배경에는 어떤 이론들이 있을까? 어떤 근거로 이 신이 저 신이 될 수도 있고, 신들은 모두 함께 높은 자리에 있을 수 있는가? 그것은 윤회관과 관련되는 것은 아닌가? 신들이 윤회하기 때문에, 사람도 윤회하는 것이 아닌가? 윤회란 인도 고전의 공통적인 특징인가? 신들은 현현하고 사람은 윤회하는가? 그 모두 일종의 재현 관념 아닌가?

4. 베다의 다신과 일신

『리그 베다』는 기본적으로 찬송가이다. '베다'는 앎을 뜻하는 것으로 우리말에서 '재치가 있다'거나 '기지機智를 발휘하다'고 말할 때 쓰는 영어 '위트'wit와 어원을 같이 한다. 위트는 지혜나 이해라는 뜻으로, 베다와 함께 인도 유럽어로서 '위드'wid(know: 앎)라는 어근을 갖는다. '리그'는 찬송의 노래 즉 찬가讚歌: hymn를 뜻하니, 『리그 베다』를 우리말로 그대로 옮기면, '찬송의 지혜'가 된다. 한마디로 힌두찬송가인 셈이다.

『베다』의 성립시기는 알려져 있지 않다. 그러나 적어도 기원전 1500년 전에 이미 찬송이 존재했다는 것에 대해서는 의심의 여지가 없다. 『리그 베다』의 「상히타」는 몇 세기를 거치면서 다듬어진 것으로 보인다. 『리그 베다』는 총 1017수의 찬가로 이루어져 있다. 해, 불, 하늘, 큰비, 바람, 물, 새벽, 땅의 신에 대한 찬양이다. 그 자연적인 성질은 인격적인 신으로도 나타난다.

그런데 베다에서 우리가 주목해야 할 것은 바로 다신교적 특성과 일신교적 특성이 공존한다는 점이다. 심지어 회의주의적인 태도도 보인다.

먼저 다신교적 특징을 보자. 『리그 베다』에는 폭풍의 신인 인드라, 불의 신인 아그니, 땅의 신인 프리티비, 새벽의 신인 우샤스, 바람의 신인 바타, 그리고 어디고 세력이 미치는 비슈누를 찬양하는 구절이 곳곳에 나온다. 이는 하나의 신이 아니라 여러 신들을 함께 경배하고 있음을 뜻한다.

이를테면, 해의 신인 수리야를 찬양하는 구절을 보자. 해라고 구체적으로 말하기도 하고, 해의 신격인 수리야라고 부르기도 한다.

별들이 도둑처럼 떠나네, 어둔 밤을 데리고 가네, 모든 것을 다 바라보는 해가 다가오네.

— I .50, 2

그대의 수레를 끄는 일곱 마리의 암말이여, 그대를 우리에게 보내주오,

멀리 바라보는 신, 번뜻이는 머리카락의, 오 수리야여.

— Ⅰ.50, 8

수리야라는 신격으로 해를 부르면서, 머리카락과 같은 신체의 일부로 형용함으로써 그의 신성을 의인화한다. 해는 머리카락을 지닐 수 없지만, 수리야는 머리카락을 갖는다. 그 머리카락은 해의 특징인 밝음과 관련되어 빛을 띤다. 마치 빛의 근원이 머리카락에 있다는 듯한 묘사이다. 여기서 수리야는 사람으로 치면 빛나는 머리카락을 휘날리며 마차를 몰고 달려오는 형상이다.

때로는 동시에 두 신격이 함께 말해지기도 한다. 그것은 하늘과 땅, 곧 디아우스와 프리티비와 같이 상관적인 신성일 경우이다.

하늘과 땅이여, 무서운 나쁨으로부터 우리를 지켜주소서.

— Ⅰ.185, 2, 3, 4, 5, 6, 7, 8

우리식으로 말하면 천지신명天地神明께 죄악으로부터 지켜달라는 소원이다. 그리고 천지는 아버지와 어머니로 그려진다.

오 하늘과 땅이여, 이것이 참이 되도록 비나이다. 오 아버지 어머니, 나는 여기서 그대에게 애원하나이다. 도움을 주는 가장 가까운 신이 되어주나이다. 우리가 먹을 것과 물 잘나오는 곳을 찾도록 비나이다.

— Ⅰ.50, 11

그 전 단계에서 하늘과 땅은 아버지와 어머니처럼 도움을 주길 소원하였는데(I.50, 10), 이제는 직접 하늘과 땅을 아버지와 어머니라고 부른다.

이런 신관은 보다시피 매우 다신론적이다. 천지신명天地神明으로부터 일월성신日月星辰까지 숭배의 대상이 되는 형태이다. 특히 인격화된 목소리의 신인 바크를 찬양하는 구절에서는 온갖 신이 다 등장하기도 한다(X, 125). 비바람의 신인 루드라스Rudras, 일곱 또는 여덟 신들의 모임 Ādityas, 인드라, 아그니 등이 총출동하기도 한다.

그러나 이러한 다신론적인 경향만이 있는 것이 아니다. 특히 세계의 창조와 관련되어서 『리그 베다』는 유일신적인 경향을 짙게 띤다. 이런 경향은 뒤의 『우파니샤드』와 그 학파인 베단타Vedānta학파에서 강조되는 것으로, 『리그 베다』 해석의 전반적인 전환이 이루어지게 되는 계기가 된다. 이때는 자연 또는 도덕의 질서를 담당하는 신들 가운데 최고의 자리에 있는 바루나Varuṇa, 우주의 창조자로서 비수바카르만Viśvakarman, 전체로서의 온갖 신 곧 만신萬神을 뜻하는 비수베데바스Viśvedevas 등이 등장한다. 다양성이 하나로 통일되는 형태인 것이다.

여기에서 우리가 주목할 것은 푸루샤Puruṣa이다. 푸루샤는 인성人性이 부여된 신으로, 다시 말하면, 의인화된 신으로 사람의 모습을 띤다. 불교식으로 보자면 푸루샤는 '천수관음'千手觀音처럼 생긴 신으로 생각하면 된다. 천수관음은 손이 천 개여서 사람들의 온갖 소원을 들어줄 수 있는 불교의 신성인데, 머리도 천 개이고 눈도 천 개다.

> 푸루샤는 천 개의 머리, 천 개의 눈, 천 개의 발이 달렸네. 그는 온갖 곳에서 땅을 껴안고 있네, 열 손가락 너비 안에다 놓고 그 뒤에 서있네.
>
> — X, 90

손바닥에 지구를 놓고 뒤에서 바라보고 있는 형국으로, 천수관음과 다르게 손은 두 개(열 손가락)로 묘사된다. 이 사람의 형상을 한 푸루샤는 결국 인간의 온갖 계급의 원천이 된다.

> 브라민은 그의 입이었고, 그의 두 팔은 전사rājanya가 되었고, 그의 두 넓적다리는 상인과 농민vaiśya이 되었고, 그의 발로부터 노예śūdra가 태어났다.
>
> — X, 90

이 구절은 인도의 계급인 카스트caste를 묘사하고 있다고 하여 유명한데, 여기서 강조될 점은 하나의 몸에서 인간의 여러 부류가 나왔다는 설명이다. 인간의 모든 조상이 한 신이며, 그 신의 여러 부분이 결국 인간을 다른 종족으로 만들었다는 것으로, 유일인격신의 모습을 띤다.

이는 신의 모습을 닮아 사람이 태어났다는 유대기독교적 관점과는 달리, 신의 각 부분이 여러 종족의 인간으로 화했다는 입장이다. 유대기독교적 창조설이 인간과 신의 형태나 본성의 유사함을 강조하는 신인동형설神人同形說: anthropomorphism이라면, 나의 정의에 따르면, 『베다』는 신의 각 부분이 인간이 되었으며 그 인간들에게 주어지는 은총이나 구속은 특정부류에게 제한된다는 의미에서 부분배태설部分胚胎說: embryo-particularism이다.

부분배태설은 누구는 은혜를 받을 수 있지만 누구는 그렇지 못하다는 배타적 은총주의이며, 발생학적 차이에서 신분적 차별을 도출해내는 한정적 특수주의이다. 이러한 차이는 유대기독교가 신 앞에서의 평등주의로 나갈 수 있는 가능성이 높은 반면, 베다적 힌두교는 신의 신체적 차이에 비유함으로써 불평등주의를 고착화시키기 쉬움을 보여준다. 입은 말하고, 손은 싸우고, 다리는 일하고, 발은 밑에서 세워준다는 신체부분에 따른 차이를 직업적 차별로까지 확대하기 때문이다(이것은 장차 다시 이야기되겠지만, 이 글의 전체적인 주제와 관련되기 때문에 깊은 주의를 요한다.). 이와 같이 『리그 베다』는 창조설과 관련되어 확실히 유일신적이면서 인격신적인 태도를 보인다. 이 푸루샤는 후대의 철학에도 많은 영향을 준다.

또한 『리그 베다』는 신에 대한 회의적이며 냉소적인 태도도 보인다. 이러한 태도는 베다의 철학화 경향과 더불어 나타난다.

한 두 사람은 말하네. 인드라는 없다고. 누가 그를 명령하고 있는가? 그러면 우리는 누구를 존중하나?

— Ⅷ 89

이는 신은 있느냐는 질문에 그는 없다는 대답을 직접적으로 표현한 것으로, 비슷한 구절이 종종 나온다. 이러한 신에 대한 개방적인 질문은 베다 해석의 다양성으로 전개되며, 후대의 학파 가운데에서는 이러한 태도를 바탕으로 무신론도 등장하게 되는 것이다.

5. 우파니샤드의 범아일체

위에서 말한 대로, 『우파니샤드』는 베다전傳이며 베다익翼이다. 그것은 전통적으로 108종으로 나뉘지만 사실상 200종이 넘는다. 그중에서 10종(Īśā, Kena, Kaṭha, Praśna, Muṇḍaka, Māṇḍūkya, Taittirīya, Aitareya, Chāndogya, Bṛhadāraṇyaka)이 중요하게 취급된다. 그리고 『우파니샤드』는 3천여 년간 인도인에게 영향을 미쳐왔을 뿐만 아니라, 인도학파 중에 매우 중요한 위치를 차지하고 있는 베단타Vedānta 철학의 중심경전이 되기 때문에 그 중요성은 거듭 강조될 필요가 있다. 인도인들은 『우파니샤드』에 매달려 신과 인생과 행복을 생각해왔다고 해도 지나치지 않다.

　『우파니샤드』와 관련되어 매우 중요한 인물이 있는데, 그는 상카라Śaṃkara로서 베다철학자로서 『우파니샤드』의 주석가이다. '베다철학자'라는 호칭은 '비非 또는 반反 베다철학자'도 있음을 뜻한다. 상카라는 위의 10종의 『우파니샤드』 외에 1종(Śvetāśvatara)에 주석을 남기며, 아울러 2종(Kauṣītaki, Mahānārāyaṇa)도 언급한다. 그의 업적에 의존하여 현재 우리가 보는 『우파니샤드』는 13종이 되는 것이다. 상카라의 경우에서 볼 수 있듯이, 인도철학은 동양적 전통과 다르게 대체로 구체적인 인물에 의해 주도되고 그의 사상을 통해 학파로 성립된다는 것을 잊어서는 안 된다. 누가 무엇을 어떻게 했는지 숨기고 이름을 내세우길 꺼려하는 동양과는 사뭇 다르다.

　『우파니샤드』의 성립 시기는 확정하기 어렵다. 그러나 약 8종(Īśā, Kena, Kaṭha, Muṇḍaka, Taittirīya, Aitareya, Chā- ndogya, Bṛhadāraṇyaka)의 『우파니샤드』는 대체로 기원전 7, 6세기보다 이른 것으로 알려진다. 이는 불교의 탄생 이전에 적어도 이 8종의 『우파니샤드』는 확실히 존재했음을 말하는 것으로, 불교 이전의 사유형태를 엿보는 데 도움이 될 수 있다. 다만, 1종의 『우파니샤드』인 「마이트리」Maitrī는 가장 늦어 기원전 3세기보다 빠르지 못한 것으로 취급된다. 이는 불교가 사람들에게 알려지고 퍼지기 시작했을 때 그것이 성립되었음을 뜻한다. 그런데 「마이트리」는『우파니샤드』의 중심개념인 '아트만'Âtman을 본질과 현상으로 나누고 있을 뿐만 아니라, 윤회의 개념이 확연하게 등장한다는 점에서 그 중요성을 인정받는다. 학자마다 견해차이는 있지만,『우파니샤드』가 13종 또는 14종으로 취급되는 데에는 '마이트리 우파니샤드'를 넣을 것인지, 뺄 것인지에 따라 결정되기도 한다.

『우파니샤드』의 문체는 논증적이기보다는 여전히 계몽적으로 이루어져 있고, 주제는 사변적이기보다는 실천적인 데 치중하고 있다. 그렇기 때문에 후대의 학파들은『우파니샤드』를 자기의 구미에 맞게 쉽게 변용할 수 있었고, 따라서 그것을 하나의 사유체계로 보는 것은 많은 무리가 따른다. 그러나『우파니샤드』는 인도철학에서 가장 중요한 '아트만'의 개념을 제시하고 그와 관련된 여러 견해를 표명하고 있다. 그것이『우파니샤드』의 가치를 절대화시키고 있는 것이다.

그 가운데에서도 무엇보다도 특징적인 것은 '범아일체'梵我一體: Tat tvam asi: That art thou 사상이다. '범', 즉 브라만Brahman은 객관화된 신성이다. '아', 즉 나는 내면적인 자아이다. 그러나 범과 아 모두 궁극적인 것으로 결국은 하나가 될 수 있다는 것이다. 우리말로는 '그것이 곧 너이다'라는 진술로, 문맥상으로는 '절대자는 곧 그대'라는 것이며, 의미상으로는 '신은 곧 자아'라는 것이다. 이런 주장은 우리에게 생소하지 않다. 동학東學에서 말하는 '사람 곧 하늘'人乃天이라는 사상과 일맥상통하기 때문이다. 이때 '하늘'은 '한울' 또는 '한울님'으로 상당히 인격신적인 것이지만 그 또한 인간에 편재해있다는 점에서 엄격한 초월성과는 거리가 멀다. 이와 비슷하게 『우파니샤드』는 주관적인 개인을 객관적인 신성에로까지 확산시키고 있다.

> 이제 모든 것인 그는 나만을 바라본다네. 그리고 모든 것 안에 있는 나라네. 그는 그로부터 오그라들지 않는다네.
>
> — Īśā Upan-iṣad, 6

여기서 '나'는 아트만Self으로 궁극적으로 내면화된 자아를 가리킨다. '모든 존재로서의 신은 자아만을 바라본다. 그것은 모든 존재 안에 있는 자아를 바라보는 것이다. 따라서 그는 그를 바라보기만 하면 되기 때문에, 그로부터 떨어져나가거나 뒷걸음치지 않아도 된다.' 신성이 내면화되어 있기 때문에 자기 속에서 신성을 찾으면 되고, 결국 신성은 자기와 동떨어질 수 없다는 표현이다.

자아의 불멸성이 논해지지도 하지만, 그것은 감각이나 이성이나 학습에 의해 알 수 있는 것이 아니라 직관에 의해 직접적으로 알려지는 것으로 그려진다.

> 마차를 타고 오는 그대 자신을 알라. 몸은 마차이니라. 마부는 그대의 지성임을 알라. 마음은 고삐이니라.
>
> — Kaṭha Upaniṣad, III, 3

여기서도 '자신'은 아트만이고 '지성'은 부디buddhi, 곧 앎 또는 깨달음이다. 나는 앎에 의해 달려오고 있다. 몸은 그저 수레일 뿐이다. 나, 곧 아트만을 육체라는 몸에 싣고 앎이라는 고삐를 잡고 몰고 있는 것이 삶인 것이다. 아트만은 육체적인 것이 아니라 정신적인 것이다. 그렇기 때문에 불멸할 수 있다.

> 불멸성을 찾는 어떤 현자는 내면적으로 자아를 마주하고 바라보았네.
>
> — Kaṭha Upaniṣad, IV, 1

불멸성은 외부에 있는 것이 아니라 자아에 대한 내성적인 바라봄에 의해서 얻어질 수 있다는 것이다. 그는 바보처럼 변하는 것 속에서 불변하는 것을 찾으려고 하지 않는다.

> 아이 같은 사람은 바깥에서 기쁨을 좇기에 넓게 퍼져있는 죽음의 그물로 걸어간다네. 그러나 불멸성을 아는 똑똑한 사람은 영속적이지 못한 것에서 영속적인 것을 찾지 않는다네.
>
> — Kaṭha Upaniṣad, IV, 2

영속적이지 못한 물질세계에서는 결코 영속성을 찾을 수 없으니, 영속적인 정신을 담고 있는 자아를 통해 영속성을 찾아야 한다는 것이다. 불멸성은 외부에 있을 수 없고 자기 속에 있다. 그 순수성과 불멸성을 브라만이라고 부르는 것이다.

> 그것의 뿌리는 위에, 그것의 가지는 아래로다. 이 영원한 무화과나무여. 그 뿌리는 정말로 순수함이로다. 그에 기대어 모든 세계들이 쉰다네. 아무도 그 뒤로 조금도 가지 못하네. 이것이 참으로 그것이로다.
>
> — Kaṭha Upaniṣad, VI, 1

이 거꾸로 된 나무의 비유는 『바가바드기타』에도 나온다. [2] 왜 나무를 거꾸로 뒤집어야 했을까? 그것은 바로 이 세계 넘어 있는 정신의 세계를 꿈꾸기 때문인 것으로 보인다. 그것은 순수하다. 그렇기 때문에 땅에 쳐 박혀있지 않다. 세계는 변한다. 그렇기 때문에 물질적 조건인 땅 속에서 산다. 세계는 밑으로 퍼트리고 있는 가지와 잎이며 정신은 위에 자리하는 뿌리인 것이다. 세계는 땅 속에, 정신은 하늘에 있다. 세계란 절대순수의 브라만에 뿌리내리고 땅 속으로 자라고 있다. 『우파니샤드』가 말하고 있는 세계나무는 이렇듯 뒤집혀져 있다. 이 『우파니샤드』Kaṭha Upaniṣad 는 아트만과 영혼의 불멸을 다룬다는 점에서 가장 철학적인 것으로 취급되기도 한다.

브라만을 알아가는 과정은 희열의 단계와도 같다. 브라만을 통해 궁극적인 기쁨을 맛보게 되는 것이다. 브라만은 음식이며, 내핍이며, 호흡이며, 영혼이며, 이해이며, 희열이다(Taittirīya Upaniṣad, III, 1-6). 그 가운데 금욕주의적인 수행tapas(내핍耐乏)은 브라만을 아는 데 필수적인 조건이며 이를 통해 기쁨을 얻는다.

그렇다면 세계의 원동력은 무엇인가? 그것은 '의식'prajñā-na: consciousness[3]

---

2 Chapter15: The tree of life-The cosmic tree. 다른 점이 있다면 땅 속의 잎들이 베다로 상징된다. 하늘에 있는 최고의 정신에 뿌리박고 있다. '뿌리내리고' 있지 않고 '뿌리올리고' 있다. 그것은 우주나무(Cosmic Tree)이다. 나무의 종류(fig-tree, peepal[pipal, peepull tree)는 대체로 피팔(무화과나무)인데, 그것은 크기 때문에 원용되는 것으로 부가적 상징은 특별히 없다.

3 때로 이것이 '지성'(intelligence)으로 번역되기도 하지만(아래) '의식'(consciousness)이 나아 보인다. 우리 식의 용법에도 친숙할 뿐만 아니라, 세계는 의식뿐이라는 불교의 유식(唯識)론과 상통한다. 지성은 위에서 말한 'buddhi'(Kaṭha Upaniṣad, III, 3)에 더 가깝다. R. E. Hume, *The Thirteen Principal Upanishads* (London: Oxford University Press, 2nd ed. rev., 1931).

이다.

이 모두는 의식에 의해 인도되며 의식에 기초한다. 세계는 의식에 의
해 인도된다. 그 기초는 의식이다. 브라만은 의식이다.
— Aitareya Upaniṣad, Ⅲ, ⅴ, 1-3

이곳에서 숨 쉬는 모든 것들은, 그것이 움직이거나 날거나 멈춰있던
간에, 의식에 의해 인도받는다. 이때 의식은 정신과 통하는 것으로『우파
니샤드』가 일관적으로 보여주는 영혼우위의 사고와 맥을 같이 한다. 브
라만은 마음이다. 브라만은 몸이 아니다.
우선 브라만은 숭배되어야 할 것으로 그려진다.

브라만의 이름을 경배하는 그여, 이름이 있는 한, 지금까지 그는 무한
한 자유를 갖네, 브라만의 이름을 숭배하는 그여.
— Ch-āndogya Upaniṣad, Ⅶ, ⅰ, 5

이때 브라만은 경외의, 위엄의 대상이다. 브라만은 직접 불리지 않
고 '브라만과 같은 이름, 브라만으로서의 이름'name as Brahman을 숭배한다
고 간접화법으로 말해짐으로써 그 외경심을 더욱 강조한다. 그러나 인격
화된 그의 말은 이름보다도 더 외경스럽다.

말은 분명히 이름보다 더하도다.… 진정 말이 없었으면, 옳음과 그릇
됨이 알려지지 않았네. 참과 거짓도, 좋음과 나쁨도, 기쁨과 슬픔도. 말이

참으로 이 모두를 알려지게 했네. 말을 숭배하라.

— Chāndogya Upaniṣad, VII, ii, 1

브라만의 이름과 말이 모두 종교적 위엄을 지닌다. 그의 이름과 말을 경배해야 한다. 그런데 마음은 그 모두보다 중요하다.

마음은 진정 말보다 더하도다. … 참으로 나는 마음이로다. 참으로 세계는 마음이로다. 참으로 브라만은 마음이로다.

— Chāndogya Upaniṣad, VII, iii, 5

이렇게 점진적으로 설명되는 숭배의 단계는 보편적인 자아를 향해 가고 있다. 단계에는 사유와 성찰뿐만 아니라 먹을 것, 물, 열, 공간, 기억, 희망, 숨 등이 제시되기도 한다. 그러면서 아트만이 무엇인가를 정의한다.

나는 참으로 아래에 있네. 나는 위에 있네. 나는 서쪽에 있네. 나는 동쪽에 있네. 나는 남쪽에 있네. 나는 북쪽에 있네. 나는 참으로 이 세계 전부라네.…진정 이것을 보고, 이것을 생각하고, 이것을 알고, 나 안에서 기쁨을 갖고, 나 안에서 즐거움을 갖고, 나와 오가고 있고, 나 안에서 희열을 갖는 그여. 그는 자율이며, 그는 온 세계 속에서 무한한 자유를 갖네. 그러나 이것보다 다른 것을 아는 그들은 타율이노라. 그들은 썩어 없어질 세계를 가지며, 온 세상 속에서 그들은 아무런 자유도 갖지 못하느니라.

— Chāndogya Upaniṣad, VII, x x v, 2

여기서 조심해야 할 점은 아트만의 두 용법이다. 하나는 개인적 자아이고, 다른 하나는 보편적 자아이다. 이를 위해 영어권에서는 소문자 아트만ātman과 대문자 아트만Ātman을 구별해 쓰며, 대문자에는 정관사the를 붙여 좀 더 특정화시킨다. 위에서 '참으로 나는 마음이로다'라고 그냥 썼을 때는 개인적 자아를, 그 아래에서 '내가 어디에도 있으며 세계의 전부'라고 할 때는 보편적 자아를 가리킨다. 나는 개별자인 나이면서도 보편자인 나이기도 하다. 우리말로 하자면 '작은 나'와 '큰 나'이다. 이것이 『우파니샤드』가 말하는 두 종류의 아트만인 것이다. 개별이면서도 보편으로 확장해나가는, 그러나 그것은 모두 마음이기 때문에 통하며, 나아가 브라만과도 하나가 된다.

스승과 제자의 대화 중 이런 이야기가 나온다. 스승은 제자들에게 그들의 모습을 물에 비추어보고 그 나에 대해 이해가 되지 않는 것을 말하라고 한다. 제자들은 물에 비추어보고 머리카락과 손톱조차 딱 맞아떨어지는 자신을 보고 있다고 한다. 그러자 스승은 잘 차려입고, 잘 꾸미고, 멋을 부리고 다시 물에 비추어보라고 한다. 그러자 여기에는 자신들이 있고, 거기에는 잘 차려입고, 잘 꾸미고, 멋을 부린 자신이 보인다고 한다. 스승은 말한다.

그것은 '큰 나'the Self이다. 그것은 죽지 않으며 두려움이 없다. 그것이 브라만이다.

— Chāndogya Upaniṣad, VIII, viii, 3

그러자 제자들이 평온한 마음으로 앞으로 나간다. 평소의 나도 나이 지만 정리된 나야말로 나라는 것이다. 이때 거울은 자신을 바라보는 기물일 뿐만 아니라, 평상의 나와 정돈된 나의 동일성을 보장해주는 도구이기도 하다. 거울이 없으면 그냥의 나와 멋지게 꾸민 나가 같은 나라는 것을 스스로 볼 수가 없기 때문이다. 남들은 알아차리지 못해도, 거울을 들고 있는 나는 그 나가 같은 나라는 것을 안다. 꾸미지 않은 나도 나이지만, 잘 꾸며진 나도 나이다. 손톱에 때가 낀 나도 아트만이지만, 말끔히 손톱 손질을 한 나도 아트만이다. '작은 나'는 '큰 나'가 될 수 있다. '작은 나'와 '큰 나'는 같은 나이다.

나는 행복에 빠져있고 영생불멸하며 어떤 공포심도 없다. 그런 모습의 내가 브라만이다.

'꿈속에서 행복하여 떠돌아다니는 그는 자신the Self이다'라고 그는 말했네. 그것은 죽지 않고 두려움이 없도다. 그것이 브라만이로다.

— Chāndogya Upaniṣad, VIII, x, 1

잠을 자더라도 깊이 잠들어 있고, 그렇다고 해서 꿈이 나를 괴롭히지도 않는다. 불사의 자아가 무서움을 느낄 리 없다. 브라만은 꿈꾸지도, 죽거나 두려워하지도 않고, 정적 속에서 자기를 지킨다. 브라만은 평화로운 나의 이상적 상태이다.

'이제 누군가 깊은 잠에 들어 가라앉힌 채 고요하게 있으며, 꿈이 없음을 알 때, 그것은 자신이다'라고 그는 말했네. 그것은 죽지 않고 두려움이 없도다. 그것이 브라만이로다.

— Chāndogya Upaniṣad, VIII, xi, 1

이렇게 나와 브라만을 하나로 보는 것이 범아일체사상이며, 바로 이 「찬도갸 우파니샤드」의 가장 큰 주제이다. 나 가운데에서 가장 행복하고, 불멸하며, 대담무쌍한 내가 바로 브라만이다. 나를 멋지게 꾸민 것이 브라만이며, 나 가운데 가장 순수한 것이 브라만이다. 내 속의 가장 깨끗하고 고요한 정수精髓: essence가 바로 브라만이다. 내 마음이 곧 브라만인 것이다.

가장 좋은 알맹이, 이 전 세계가 그 자체로 그것을 가진 그여. 그것이 참이로다. 그것이 나로다. 그것이 그대로다(Tat tvam asi: That art thou: That are you).

— Chāndogya Upaniṣad, VI, ix, 4; x, 3; xii, 3; x iii, 3

이때 나는 '큰 나'이다. '큰 나'는 곧 너이다. 그리고 너는 곧 신이다. 작은 아트만이 큰 아트만이 되고, 큰 아트만이 브라만이 되는 것이다. 그것은 '큰 나'로도, 그것은 그것 자체로도, 그것은 너로도 나타난다. 따라서 세계는 더 이상 차별상을 지니지 않는다. 세계가 다른 모습이 아니라 그 자체로서 존재하기 때문에 그것은 이 세계의 본질이자 실재가 된다. 이때 존재하는 것들은 하나의 전체가 된다.

그들이 이 세상의 무엇이던지, 호랑이거나 사자거나 늑대거나 수퇘지거나 지렁이거나 파리거나 각다귀거나 모기거나 무엇이던지, 그들이 된 그것이여.

— Chāndogya Upaniṣad, VI, ix, 3

이것을 이해시키려고 「찬도갸」는 몇 가지 비유를 제시한다. 벌들이 이 나무 저 나무에서 꿀을 따와서 한 통의 꿀이 되었는데, 어떤 꿀은 '나는 이 나무에게 왔노라'고, 어떤 꿀은 '저 나무에서 왔노라'고 나뉠 수 없다는 것이다(Chāndogya Upaniṣad, VI, ix, 1). 여러 곳의 꽃 속의 단물이 여러 마리의 벌에 실려 하나의 꿀이 되었는데, 어떻게 이 꿀은 저 꽃에서 저 꿀은 이 꽃에서 왔다고 할 수 있겠냐는 것이다. 더욱이 단물 하나하나가 모여 꿀이 되었을지라도 그들 자신이 꿀이 된 것이 아니라는 것을 그들은 안다. 단물은 단물이고 꿀은 꿀이다. 이 나무의 진액과 저 나무의 진액이 모여 꿀이라는 하나의 존재를 만들었지만, 이 나무와 저 나무의 진액 그 자체가 곧 꿀이라는 존재는 아니라는 것이다.

그럼에도, 벗이여, 여기 있는 만물은 그들이 존재Being가 되었지만 그들이 존재를 이루고 있는 것은 아니라고 생각하노라.

— Chāndogya Upaniṣad, VI, ix, 2

거대한 존재의 세계에서 개별존재들은 녹아버린다. 존재하는 것들은 존재 그 자체에서 자기를 버린다. 그 존재 일반이 곧 큰 아트만이다.

이 강들은, 나의 벗이여, 동으로 향한 것은 동쪽으로, 서로 향한 것은 서쪽으로 흐른다네. 그들은 그저 바다에서 바다로 간다네. 그들이 바다 그 자체가 된다네. 거기에서 그들은 '내가 이것', '내가 저것'이 아니라는 것을 안다네.

— Chāndogya Upaniṣad, VI, x, 1

바다가 되었으면 그뿐이지, 나는 한강, 나는 낙동강이라고 나눌 필요가 없다는 것이다. 게다가 그것 – 아마도 바다라고 불릴 그것은 자신이 한강도 낙동강도 아님을 잘 안다. 바다에서는 한강이 낙동강이고 낙동강이 한강이다. 바다가 보기에 한강이나 낙동강이나 모두 바다이다. 표현은 다른 곳에서 반복된다.

그럼에도, 나의 벗이여, 여기 있는 만물은 그들이 존재로부터 나왔지만, '우리가 존재로부터 나온 것이 아니라'는 것을 안다네. 그들이 이 세상의 무엇이던지, 호랑이거나 사자거나 늑대거나 수퇘지거나 지렁이거나 파리거나 각다귀거나 모기거나 무엇이던지, 그들이 된 그것이여.

— Chāndogya Upaniṣad, VI, x, 2

가장 좋은 알맹이, 이 전 세계가 그 자체로 그것을 가진 그여. 그것이 참이로다. 그것이 나로다. 그것이 그대로다.

— Chāndogya Upaniṣad, VI, x, 3

그런데 위의 구절들은 범아일체사상에 대한 세심한 반성을 요구하고 있다. 꽃의 단물이 꿀이 아니고 강이 바다가 아니라는 표현은, 위의 인용문에서도 쉽게 볼 수 있듯이, 단물과 꿀 그리고 강과 바다의 현격한 차이를 인정하는 것이 아니냐는 것이다. 단물이나 강끼리의 다름은 결코 없다. 꿀이나 바다의 입장에서 이 나무 저 나무의 구분을 말하거나 이 강 저 강의 구별을 말하는 것은 아무런 의미가 없다. 그러나 가치평가의 기준에서는 꿀과 바다가 꽃물과 시내에 비해 월등한 지위를 보장받고 있지 않느냐고 물어보지 않을 수 없다.

　'만물이 존재를 만들었지만 만물이 존재가 아님을 안다'는 것은, 만물과 존재의 지위를 다르게 규정하고 있다. '이 자리의 만물은 존재로부터 나왔지만 우리는 존재로부터 나온 것이 아님을 안다'는 설정도 시간적 선후관계만이 다를 뿐 같은 내용을 담고 있다. 앞의 것은 꽃물이 모여 꿀이 되었음을 말하는 것이고 뒤의 것은 시냇물이 모두 바다에서 나왔음을 말하는 것인데, 둘 다 꽃물과 꿀 그리고 시냇물과 바다의 질적 차이를 분명히 상정하고 있다. 아무리 이 나무 저 나무의 단물이 모인다 해도 꿀은 될 수 없고, 바다가 결국 온갖 내를 이루어주지만 바다는 바다이지 강이 아니다. 질적인 차이가 양자 간에는 존재하고 있는 것이다.

　범아일체라는 표현은 작은 아트만과 큰 아트만이 하나라는 내용을 담는다. 그래서 위에서도 말했듯이, 내가 브라만이고 브라만이 나라고 쉽게 이해된다. 그러나 「찬도갸」가 보여주는 범아일체는 큰 아트만과 작은 아트만의 차별성이 인정되고 있다. 위에서 말한 '거울'(Chāndogya Upaniṣad, Ⅷ, viii, 3)은 '작은 나'와 '큰 나'의 동일성을 매개하는 도구이지만, 그 내용상으로는 '꾸민 내'가 '안 꾸민 나'보다 '참 나'라는 의미를 명확하게 담고 있다. 다시 말해, '안 꾸민 나'에서 '꾸민 나'로 가는 동일성은 보장되고 있지만, '꾸민 나'인 '큰 나'와 안 꾸민 '작은 나' 사이에는 절대의 간극이 설정된다. 따라서 그 간극 저편에 있는 존재는 숭배의 대상이 된다. 비록 이쪽 존재들로 저쪽 존재가 이루어졌긴 해도, 저쪽 존재가 이쪽 존재로 호환되지는 않는다.[4]

옴Oṃ! 힌두전통의 신비한 언어이자 이후 불교에도 막대한 영향을 미치는 비밀의 성음인 옴이 「찬도갸」에 등장하는 것은 그런 점에서 매우 자연스럽다. 옴으로 시작되는 찬송을 우리는 크게 불러야 하며, 그것으로 우리의 명상을 시작해야 한다.

> 여기 사물의 알갱이는 땅이로다. 땅의 알갱이는 물이로다. 물의 알갱이는 풀이로다. 풀의 알갱이는 사람puruṣa이로다. 사람의 알갱이는 말이로다. 말의 알갱이는 찬송Ṛg: hymn이로다. 찬송의 알갱이는 가락Sāman: chant이도다. 가락의 알갱이는 큰 울림Udgītha: loud singing이로다.
>
> — Chāndogya Upaniṣad, I, i, 2

우주의 기원으로 큰 울림 곧 옴을 상정하고, 울림에서 가락, 말, 사람, 풀, 물, 땅 그리고 만물이 차례로 나옴을 그리고 있다. 옴은 움직이는 들리는 존재의 기원이다. 옴은 운동하며 자극한다. 옴은 일정하게 지속

---

4 불교 특히 선종과 대비되는 점이다. 간극 저편에는 여래(如來)가 있다. 따라서 여래는 숭배의 대상이 된다. 그러나 선은 그 여래를 부수고 되돌아온다. 대승의 여래장 사상이 불교의 종교화에 크게 기여하고 있음을 기억하자. 아울러, 부분이 전체가 되지만 전체는 부분은 아니라는 불가호환성의 주장은 중국의 전통철학과도 일정한 거리를 두고 있다. 이른바 '천인합일'(天人合一)이나 '물아일체'(物我一體)의 사유는 자연과 인간의 호환성이 적절하게 보장되기 때문이다. 가장 좋은 예는 『장자』(莊子), 「제물론」(齊物論)에 나오는 명가의 예제인 '천지가 손가락 한 개이고, 만물이 말 한 마리'(天地一指, 萬物一馬)이다. 『우파니샤드』, 「찬도갸」의 사유로는 '꿀이 꽃 한 송이이고, 바다가 시냇물 한 줄기'일 수 없다.

한다. 옴은 소리이자 가락을 만든다. '옴'은 한마디로 떨림이다.[5]

> 리그(경전)는 말이로다. 사만(곡조)은 숨이로다. 우기타(진동: 우주운동의
> 근원)는 이 옴이라는 소리이로다.
>
> —Chāndogya Upani-ṣad, I, i, 5

말 속의 가락, 가락 속의 떨림인 옴이 만물의 시원이 되며, 그것을 읊조리는 것으로부터 세계에 대한 앎이 열린다. 옴이 자신의 진동으로 세계를 파생시킬 때, 사람은 옴을 되내이면서 세계로 환원한다. 옴을 되뇌는 것이 명상의 출발점이다. 옴은 우주의 근본이라는 점에서 「찬도갸」의 다른 부분에서 말하는 '우주 달걀'the cosmic egg의 생성론cosmogony과 관련이 깊다.[6]

6. 절대화되는 아트만

우파니샤드가 범아일체사상을 말하고 있다고 해서 곧 나와 신이 같음을

---

5   한국 사찰의 종소리를 생각하면 이해가 빠르다. 깊으면서도 한없이 울리는 진동, 때로 그 진동이 자신을 투과할 때의 느낌, 끝난 듯 끊어지지 않는 소리의 무한함, 멀리 심산유곡이나 잠덜 깬 도심까지 전해오는 엄청난 원정(遠程), 떨림이 주는 나지막하면서도 강인한 자극을 떠올려보자. 한편, 움직이는 것을 우주의 근원으로 삼았다는 이 점은 서양사유의 근원이 되는 파르메니데스의 정신과는 변별된다.
6   힌두교의 원리에 따라 옴(AUM)의 A는 창조자로서 브라만을, U는 보존자로서 비슈누를, M은 파괴자로서 시바를 가리키는 것으로 설명하기도 한다.

뜻하고 있는 것은 아니다. 이러한 특징이 브라만을 절대화된 인격으로 숭배하게 되는 동기이자 근거가 된다. 우파니샤드를 읽으면서 세심하게 주의해야 할 점이 바로 이것이다. 내 속에 신이 있다고는 해도, 나는 '작은 나'와 '큰 나'가 있으며, '작은 나'는 '큰 나'와 같이 놀 수 있는 것이 아니다. 우파니샤드가 종교적 의미를 깊게 갖게 되는 까닭도 이와 무관하지 않다. 문학적인 감성의 전달과 아울러, 저 편에 있는 '큰 나'에 대한 외경심도 불러일으키기 때문이다.

비록 같은 나로 시작되었지만, '작은 나'는 '큰 나'에 비할 바가 아니다. 동일한 주체가 상이한 주체와 객체로 나누어지는 순간, 아트만은 절대화된다. 주체는 아트만으로, 객체는 브라만으로 나뉜다. 아트만이 브라만과 하나라지만, 그 아트만은 작은 아트만이 아니라 큰 아트만이다. 브라만이 될 수 있는 아트만은 '큰 나'이지 작은 내가 아니다.

우파니샤드는 곳곳에서 아트만의 절대화와 관련된 이야기를 들려주고 있다. 푸루샤와 우주 달걀과 결부된 생성론이 그 그림을 그리고 있다면, '이도 저도 아니다'는 이중부정의 논리인 '아니다, 아니다'neti, neti: not, not 이론이 절대자의 절대화를 탈언어적인 방식으로 전개하고 있고, 이를 위해 세계의 이원론이 형이상학적으로 배치되고 있다. 우리가 살고 있는 상식의 세계는 우주생성론으로 설명되고, 저 편에 있는 절대자의 세계는 언어를 넘어선 형용불가론으로 묘사되어, 이 세계와 저 세계의 다름을 철학적인 이원론으로 설정하고 있는 것이다.[7]

---

7   『우파니샤드』의 이런 점은 널리 받아들여지고 있다. 1923년에 초판이, 1929년에 재판이 나온 이래, 100년 가깝게 읽히고 있는, 라다크리슈난의 『인도철학』(Indian Philosophy)은 '주체

우파니샤드의 '아니다, 아니다' 이론이 세계의 이원론을 부정하고 일원론으로 나가는 것으로 이해되어서는 안 된다. 여기서 이도 저도 아니라는 것은 절대자의 형용불가론이지, 이원론의 부정 또는 이 세계도 저 세계도 아니라는 것이 아니기 때문이다. 불교의 이른바 '공론'空論과는 지향점이 다르다. 불교는 대립된 세계상을 모두 부정함으로써 일원의 세계로 나가고 있지만, 우파니샤드는 초월의 세계에 있는 아트만을 이렇게도 저렇게도 말할 수 없음을 다만 가리키고 있기 때문이다. 불교의 공론이 온갖 이원론의 부정인 불이론不二論의 내용을 담고 있다면, 우파니샤드는 한정적인 언어로 표현이 불가능하다는 단순한 무한량을 가리키는 수사일 뿐이다. 이를테면 아트만은 '신도 사람도 아니다'는 주장이 아니라, 아트만은 '크기도 없고 무게도 없다'는 설명이다. 다시 말해, 우파니샤드의 '아니다, 아니다' 이론은 병렬적 부정으로 '아니다, 아니다, 아니다…'로 연속해서 나갈 수 있는 것인 반면, 공론의 '아니다, 아니다' 이론은 상대적 세계의 부정이기 때문에 '아니다, 아니다'로 그쳐야 한다. 만일 공론의 부정이 한 번 더 부정하더라도 그것은 '이도 저도 아니다라는 것도 아니다'라는 것으로 새로운 대립에 대한 부정에 속한다. 우파니샤드가 한정이나

와 객체'라는 이분법으로 아래와 같이 도식화시키고 있다. Radhakrishnan, *Indian Philosophy* (London: George Allen & Unwin, 1929/1966), p. 172. (모범적인 우리말 번역은, 이거룡 옮김, 『인도철학사』, 서울: 한길사, 1996, 차후 인용, 아래 부분은 번역본 제I권 243쪽에 나온다).

주체: 아트만   객체: 브라만
1. 육체적 자아(Viśva)   1. 우주(Virāt 또는 Vaiśvānara)
2. 생명적 자아(Taijasa)   2. 세계의 영혼(Hiraṇyagarbha)
3. 지성적 자아(Prājña)   3. 자기의식(Īśvara)
4. 직관적 자아(Turīya)   4. 아난다(Ānanda: Brahman)

형용에 대한 부정이라면, 공론은 대립 또는 상대 세계에 대한 부정이다.

> 그 나(대문자 아트만)는 이도 저도 아니로다neti, neti. 그것은 잡을 수 없으
> 므로 잡을 수 없고, 그것은 부술 수 없기에 부술 수 없고, 그것은 붙지 않
> 기에 붙을 수 없노라. 매이지 않고 떨지 않고 다치지 않노라.…
>
> — Bṛhadāraṇyaka Upaniṣad, VI, v, 15

여기서 '아니다'라는 것은 한 번은 형용사를 부정하는 것(영어식으로
말하자면 'un'이나 'in' 등 부정접두어에 의한 부정)이고, 다른 한 번은 계사를 부정
하는 것이거나(계사 'be'의 앞에 붙는 부사로서의 'not')[8], 두 용법을 모두 섞어 부
정하는 것이다. 대립상을 부정하는 것이 아니라 불한정성을 강조하기 위
한 언어적 부정용법일 뿐이다.

이런 과정을 통해 아트만은 무한정의 절대자로서의 자격을 얻는다.
주체였지만 더 이상 주체가 아닌 객체로 절대화한다. 그 객체는 브라만
으로 최고의 신이다. 꽃물이 모여 꿀이 되었지만 꽃물이 꿀이 아니듯, 작
은 아트만은 더 이상 큰 아트만과 동일하지 않다. 이렇게 「찬도갸」를 잇
는 우파니샤드는 아트만의 절대화에 이론적 기여를 하고 있다. 이 점이
힌두교의 범아일체사상이 종교화될 수 있는 근거이다. 나를 믿지만 그
나는 이미 '큰 나'이지 '작은 나'가 아니며, 내가 모여 '큰 나'가 되었지만
'큰 나'는 이미 내가 아니다. 범아일체론에서 일체의 경험은 시간적 과정

---

8   인도유럽어군임을 증명이라도 하듯이 산스크리트와 영어는 'neti'와 'not'은 비슷한 음성을 갖
     고 있다.

에 있었던 사건으로 현재에도 반드시 보장되는 것은 아니다.

우파니샤드의 특이성이 여기에 있다. 불교와의 변별성도 여기서 발생한다. 내가 아트만이 되었지만 아트만이 곧 내가 아닌 이 비호환성이 힌두교의 종교성을 뒷받침해주고 있는 반면, 불교는 내가 부처가 될 수 있고 부처가 내 속에 있다는 점에서 현격하게 달라진다. 호환성의 강도에서 불교가 힌두교보다 훨씬 높다는 것이다. 불교도 대승불교에 이르면서 진여眞如사상의 강조는 부처의 절대화에 기여하지만 초기설정에서는 불교와 힌두교 사이에 지나치기 어려운 차이가 분명하게 존재하고 있던 것이다.

어떻게 아트만이 숭배되는가? 소박하게 생각하면 이해하기 그다지 어려운 일도 아니다. 나도 나의 잘난 모습을 늘 그려보면서 바라보지 않는가? 나는 힘세다. 나는 예쁘다. 그러나 나는 그다지 힘이 세지도, 그다지 예쁘지도 않다. 따라서 힘세고 예쁜 나는 나의 숭상의 대상이다. 과거에 그랬던, 미래에 그럴 것이던 나는 나의 이상적인 모습을 그리며 산다. 내가 힘이 빠지고 추레해질 때 나는 힘세고 예쁜 나를 기리며 힘을 얻고 예쁘게 치장한다. 내가 나를 숭배하는 것은 인류의 최초부터 지금까지 부단히 지속되어오던 일종의 심리적 자부심이며 생존의 태도이다. 자긍심 없이 인류는 생존하지 못한다. 이른바 인간의 자존심은 그것이 자기존경self-respect이 됐든, 자랑pride이 됐든, 아니면 잘못된 경우이겠지만 폭력적인 자기과장일지라도 동물적 생존을 위해 본능적으로 일정한 지위를 부여한다. 자기긍정 없는 자기존속은 애초부터 불가능했다. 같은 나이지만 나의 힘찬 모습과 아름다운 모습은 나의 숭배의 대상이 된다. 그러다가 어느 순간 그 나는 사람의 탈을 벗고 신이 되고 만다. 그리고 그

신은 나의 모습을 닮은 절대자가 된다.

　비교하자면 힌두교만큼 다양한 성상聖像을 가진 종교는 인류사에서 찾아보기 힘들다. 기독교에서도 우상을 섬기지 말라고 강력하게 선언하고 있고, 무슬림은 그 이상이어서 그들의 '성상파괴주의'는, 좋게는 단순하지만 아름다운 건축과 장식을 탄생시켰고, 나쁘게는 자신만이 아니라 이교도들의 성상조차 내버려두지 않았다.[9] 불교는 힌두교의 영향 때문에 어떤 종교보다도 많은 성상을 갖고 있지만, 붓다의 절대성 때문에 추상적으로 일원화되는 경향을 지닌다. 깨달은 자는 여럿이지만 깨달음은 하나이기 때문에, 다시 말해 붓다는 고타마 싯다르타 말고도 여럿이지만 그들의 깨우침은 별반 다르지 않기 때문에 개념적으로 단순화시키는 것이 별반 어렵지 않다. 다른 종교체계에서 힌두교와 맞먹으려고 하는 것이 있다면, 그나마 그리스 로마 신화 정도가 흉내 낼 수 있지 않을까? 판테온Pantheon은 범신汎神의 전당이지만 많은 신을 뜻해서 '만신전'萬神殿으로 번역한다. 그러나 힌두교의 신은 만신을 넘어 3억 3천의 신이 된다.

　힌두교가 그렇게 많은 성상을 지닐 수 있었던 것은 바로 아트만의 이론에서 비롯되었으리라. 너도 나도 신이 될 수 있다. 따라서 신의 모습은 너와 나의 숫자만큼이나 많다. 백인백색百人百色처럼 백신백색百神百色이다. 너그러운 사람이 있듯이 너그러운 신도 있고, 잔인한 사람이 있듯이 잔인한 신도 있다. 남자신이 있듯 여자신이 있고 사람신이 있듯 동물신도 있다. 그들의 육도윤회설에 따르면 사람이 쥐가 될 수 있고 소도 사

9　아프가니스탄의 불교유적이 철저하게 파괴된 연유를 생각해보자. 그것은 사실 이교도들에게만 가해지는 폭력은 아니다. 그들 스스로도 성상을 용납하지 않는다.

람이 될 수 있기 때문에 그들 모두에게 아트만 이론을 적용하는 것도 논리적으로 문제가 되지 않는다.

7. 브라만과 계급

나는 절대화하고 신격화된다. 신격화된 나를 브라만이라 부른다. 그는 영생불멸의 존재이다. 이제 브라만은 신과 맞먹는다. 세계의 창조도 브라만의 몫이다.

> 태초에 이 세계에는 나Self: Ātman 홀로 사람의 형태였네. 주위를 바라보아도, 그는 그 자신말고는 아무 것도 보지 못했네. 그는 '나는 있다'I am.고 처음으로 말했네. 그때부터 '나'I라는 이름이 생겼네. 그렇기에 오늘까지도 누군가가 말해질 때 그는 처음에는 '그것은 나'It is I.라고만 말하고서 그가 가진 어떤 이름을 말한다네. 모든 것 앞서 그는 모든 악마를 다 태워버렸기 때문에 그는 한 사람pur-uṣ-a: 푸루샤이네. 이것을 알고 있는 그는 참으로 그의 앞에 있고자 하는 그를 태워버렸다네.
>
> — Bṛhad-āraṇyaka Upaniṣad, Ⅰ, iv, 1

정말 대단한 절대자의 유일화이다. 아트만만 있었다는 것에 그치지 않고 그 앞의 모든 것을 없애버렸다. 악마를 태워버렸다는 점에서 좋을 수도 있지만, 뒤에 말하는 것은 그 앞에 있고자 하는 사람은 모두 태워버리겠다는 것이어서 신으로서의 유일성을 강하게 표출하고 있다. 태초에 그만 홀로 있었다. '나는 있다'는 것은 나의 있음이 모든 것에 앞섬을 말하고, 그 내가 바로 아트만임을 설정하는 것이다. 이름이라는 것도 '나'에 이어 나오는 것이지, 나보다 먼저 있을 수 있는 것이 아니다. 나, 이름, 만물의 순서로 전개된다. 내 앞에는 어떤 것이라도 오려고 해서는 안 된다. 유일한 자아로부터 이렇게 복잡한 세계가 창조되고 있는 것이다. 또한 그 자아는 『리그 베다』에서 말하던 태초의 원인原人인 푸루샤이기도 하다. 계급의 탄생론과 더불어 푸루샤의 역할을 상기하자. 입과 팔, 다리와 발에서 4계급이 나왔다는, 앞에서 이른바 부분배태설embryo-particularism로 이름 지어진 『베다』의 이론이 『우파니샤드』에 와서는 유일신의 이론으로 무장되고 있다.

> 참으로 태초에 이 세상은 브라만이었네. 그것은 그 자신만을 알았네.
> '나는 브라만이로다!' 그리하여 그것이 그 모두the All가 되었다네.
> — Br̥hadāraṇyaka Upaniṣad, I, iv, 10

그 자신이란 '큰 나'인 아트만이다. 그러면서 그 아트만이 바로 내가 브라만이라고 선언한다. 브라만은 모든 것을 낳았다. 그런데 이때 자신은 아트만이자 브라만이다. 그러나 이 아트만이 우리가 일상생활에서 말할 수 있는 내가 아님은 분명하다. 작은 내가 아니라 '큰 나'이며, 그 나는 존재 그 자체이다. 그 존재가 자기 인식을 하면서 만물이 나온다. 이때 자신은 첫 번째의 존재로 이름도 없어 그저 '나'라고 부른다. 따라서 여기서 '나'는 인격적인 내가 아니다. 그저 처음의 것이다. 그러나 '그'라고 부를 수 없다. 왜냐하면 그것을 그라고 부르면 그것은 하나가 아니라 둘이 된다. '그'라는 말은 또 다른 '나'를 상정하기 때문이다. 그래서 세계의 처음은 '나'Self로 표현된다. 나란 존재 그 자체를 가리킨다. 자기만 있고 타물은 없기에 '나'이다.

> 태초에 이 세계는 자신 그것뿐이었네.
>
> — Bṛhadāraṇyaka Upaniṣad, I, iv, 17: In the beginning this world was just the Self, one only.[10]

이제 브라만은 신과 맞먹을 뿐만 아니라 그 이상이다.

> 참으로 처음 이 세상은 브라만 그것뿐이었네. 하나로 있어 그는 드러나지 않았네. 그는 더욱 나아가 우등형상인 통치하는 무리를 창조했다네. 인드라, 바루나, 소마, 루드라, 파라자냐, 야마, 미리튜, 이샤나 등의 신들 속에 통치자들을 만들었다네.
>
> — Bṛhadā-raṇyaka Upaniṣad, I, iv, 11

브라만은 드러나지 않는다. 그 홀로인데 드러날 수도 없다. 세계는

---

10 시원의 존재 그 자체를 '나'로 보는 것은 세계 종교사에서 논리적으로 특출난 관점이다. 처음의 그것을 '그' 또는 '너'로 부를 수 없다. 만약 그러면 '나'만이 아니라 다른 것도 있다는 이야기가 되고 만다. 그런데 많은 종교들은 '신'을 '그'로 인식하는 바람에 신과 다른 것을 가정한다. 현재만을 따지면 신도 '그'가 될 수 있지만, 태초 또는 우주탄생과정을 말하면서 '그'를 말하면 자가당착에 빠지게 된다. 타자를 철저히 배제했다는 점에서 그것은 절대자아인 것이다. 다른 말로 하면, 자신, 자기, 나아가, 노장의 '자연'(自然: 自己, 自身과 비교되는 '自'然)이나 도교의 '태일'(太一)과도 비슷하다. 그러나 도가는 그것을 인격화시키지 않았다.

브라만만 있다가 그가 통치자들을 만들었다. 그것도 신들 가운데 한 무리로 만들었다. 윗 문장에서 알 수 있듯이, 브라만만 있었다고 해놓고도 신들은 미리 있는 것으로 말하고 있다. 신들을 어찌지 못하는 것이다. 그럼에도 브라만은 여러 신들 속에 통치자들을 창조했음은 그의 지위가 신과 동격이거나 그 이상임을 보여준다. 브라만을 유일한 최고격으로 만들고, 그가 만든 통치자를 기존의 신들과 나란히 배치시킴으로써, 그가 여타의 신들보다 위에 있음을 간접적으로 표현한다. 브라만이 이제 신과 동격이거나 그 이상이다. 창조자이고 지배자이다.

여기에서 브라만 사상은 드디어 계급론과 만난다. 브라만이 신으로만 존재하는 것이 아니라 통치자들을 창조하기 때문이다. 그의 창조는 통치자에서 그치지 않고 다른 계급도 브라만을 위해서 창조한다.

그는 아직 발육되지 않았다네. 그는 수드라śūdra 카스트 푸산Pūṣan을 창조했다네. 이것(땅)이 푸산으로 그녀는 있는 모든 것을 살찌운다네.

— Bṛhadāraṇyaka Upaniṣad, I, iv, 13

그는 아직 발육되지 않았다네. 그는 더욱 나아가 우등형상인 법dharma을 창조했다네. 이것은 바꿔 말하면 크샤트리야kṣatriya 계급의 힘이라네. 그리하여 아무 것도 법보다 높은 것은 없다네. 마치 왕처럼 약한 사람이 강한 사람을 법으로 통제한다네. 참으로 법이란 것은 진리라네.

— Bṛhadāraṇyaka Upaniṣad, I, iv, 14

브라만은 온갖 것을 창조한다. 시작은 힘센 신들과 같은 통치자

ksạtras들이었지만, 일반 신과 같은 평민vis: the commonalty들도 있었다. 그런데 그들을 먹여 살릴 계급이 필요했다. 그것이 땅과 같은 풍산으로 그녀는 수드라 카스트에 속한다. 그리고 그녀는 법에 의해 다스려지는데, 법의 집행자는 바로 크샤트리야 계급이다. 크샤트리야들이 힘이 세서 다스리는 것이 아니다. 그것은 법이 있기 때문이다. 브라만이 창조한 것은 결국 법이다. 수드라들을 법에 의해 노동을 담당토록 하는 것이다.

여기서 다르마의 현실적인 뜻이 잘 드러난다. 『우파니샤드』속의 다르마는 우주의 질서를 뜻한다기보다는 정말 단순하고 실제적인 의미에서의 규율인 법이다. 비유가 적절하다. 왕이 힘이 세서가 아니라 법이 있기 때문에 힘센 사람들을 다스릴 수 있다고 한다. 크샤트리야가 수드라를 다스릴 수 있는 것은 그들의 힘 때문이 아니라 법 덕택이다.

좀 더 나아가면, 다르마는 의무를 뜻한다. 영어에서 다르마가 의무duty로 일반적으로 번역되는 것은 그것이 계급에 주어진 강제적인 역할이기 때문이다. 계급의 의무가 이미 주어졌기 때문에 그들은 그렇게 할 수밖에 없다. 그 의무를 강제하는 것이 법이다.

이렇듯 철학적으로 정밀화된 『우파니샤드』이지만, 카스트를 부정하기는커녕, 오히려 그 제도를 신들과의 유비를 통해 정교하게 설정한다. 양육의 대지 역할을 할 계급이 필요하다는 논리이다. 누군가는 남들이 밟고 다니는 낮은 땅이 되어서 먹고 살 양식을 길러주어야 한다. 그것이 수드라이다. 『우파니샤드』가 이처럼 정확한 표현으로 수드라와 그를 다스리는 크샤트리야를 설정해놓고 있는 것은, 그것이 『베다』의 발전이라고 하지만 적어도 카스트에 관한 한 같은 길을 가고 있음을 보여준다.

『베다』의 푸르샤 관념도 『우파니샤드』가 그대로 받고 있다. 그런데

『우파니샤드』의 푸루샤는 브라만과 동일하다. 두 손 위에 지구를 놓고 바라보고 있는『베다』의 푸루샤가 이제는 유일절대자로 탈바꿈한다. 신화적인 세계에서 형이상학적 세계에로의 변환이다. '그'로서의 신이 '나'로서의 신으로 자리매김한다. 그러나 '배타적 은총주의'particularism는 여전하다.『베다』가 신의 각 부분에서 분화해 나오는 카스트를 배열하고 있다면,『우파니샤드』는 신이 순서에 따라 역할을 직접적으로 창조하는 것이 다를 뿐, 계급화는 여전히 용납되고 있다. 작지만 다른 점이 있다면,『우파니샤드』는 카스트 지배의 원리로 다르마를 상정하여 통치의 원리를 인격에 앞서 전제하고 있다는 것이다. 요즘 식으로 말하면 '인치'人治에서 '법치'法治로의 변화인데, 이것은 말처럼 이상적이지 않아서 오히려 이론적으로 카스트의 고착화를 가져다준다.

오늘날 땅의 지위는 많이 올라갔다. 환경론이 발전하면서 대지의 신 가이아는 생명의 신이 되었다. 동아시아의 전통사고에서 '하늘은 존귀하고 땅은 비천하다'天尊地卑는 사고가 있었다. 그러나 천지를 부모와 견주면서, 그리고 부모에 대한 효순을 제1덕목으로 삼으면서, 어머니의 지위는 덩달아 올라갔다. 인도는 효의 관념이 없고 단순한 부계권력에 대한 순종이 강조되었기 때문에 여성의 지위는 올라가지 못했다. 인도에서 여성은 아직도 씨를 키우는 땅일 뿐이다. 베단타 철학같이『우파니샤드』를 중심으로 하는 정통철학이 인도인의 사유에서 힘을 얻는 한, 계급과 남녀차별에 대한 인식이 변화되기는 힘들어 보인다. 그리고 브라만과 관련된 카스트 제도에 대한 명확한 언급은『우파니샤드』에 그 기원을 두어야 할 것이다.

『우파니샤드』는 말한다. 사람의 카스트는 만들어질 때부터 다르게 결정되는 것으로 어떻게 변화될 수 있는 것이 아니다. 콩 심은 데 콩 나고, 팥 심은 데 팥 나는 것처럼, 카스트별로 주물공장이 따로 있어 달리 찍혀 나온다. 자궁이 다르니 나오는 것이 다르다. 요즘의 어법으로는 계급에 따라 매트릭스가 달라, 설계부터 배양 그리고 완성에 이르기까지 다른 길을 걷는다는 것이다.

> 여기에 쾌적한 생산품인 그들은, 더욱이 예상하는 것은, 쾌적한 자궁에로 들어가리다. 브라민brāhmin의 자궁이거나 크샤트리야kṣatriya의 자궁이거나 바이샤vaiśya의 자궁이리라. 그러나 여기에 역겨운 생산품인 그들은, 더욱이 예상하는 것은, 역겨운 자궁에로 들어가리라. 개의 자궁이거나 돼지의 자궁이거나 카스트밖outcast: caṇḍāla의 자궁이리라.
>
> ― Chāndogya Upaniṣad, Ⅴ, ⅹ, 7

카스트에 끼지 못하는 불가촉천민은 개돼지만도 못하다. 이것이 우리가 쾌적하게 생각하는 『우파니샤드』의 인간에 대한 역겨운 이해이다.

8. 고통의 윤회관

윤회관념도 『우파니샤드』에서 분명하게 나온다. 일반적으로 윤회설의 성립시기를 불교 탄생 2~3백 년 전으로 보는데, 이 시기는 주요 『우파니샤드』의 탄생시기와 거의 일치한다. 기원전 3세기 이후의 것으로 보이는 「마이트리」Maitrī를 『우파니샤드』의 총목에 넣을 것인지 그렇지 않을 것인지에 대해서는 학자들마다 견해가 다르지만, 그것을 통해 확고하게 자리잡은 힌두교의 윤회관을 엿볼 수 있다. 「마이트리」는 욕망의 향유가 부질없음을 강조한다.

이 역한 냄새 속에서 허울만의 몸뚱이는 뼈, 피부, 근육, 골수, 살덩이, 정액, 피, 점액, 눈물, 콧물, 똥, 오줌, 숨, 담즙, 그리고 점액으로 뭉쳐진 덩어리인데, 욕망의 향유가 무슨 소용이란 말인가? 이 몸뚱이 속에서 욕구, 분노, 탐욕, 미혹, 공포, 낙담, 질투, 욕망할 수 있는 것과의 떨어짐, 욕망할 수 없는 것과의 붙음, 배고픔, 목마름, 늙음, 죽음, 병듦, 비통, 그런 것으로 괴로워하는데, 욕망의 향유가 무슨 소용이란 말인가?

—Maitrī, I, 3

위에서 열거한 것을 보면 정말 인간의 존재라는 것이 똥오줌과 진득진득한 액체, 그리고 욕망과 갈등과 비참에서 벗어날 수 없는 것으로 보인다. 우리의 삶이라는 것이 바로 이러한 요인들의 반복이고 순환에 불과하다. 자라나는 것도 죽고, 쌓인 것도 무너지고, 이런 삶은 계속 이어진다. 끊어질 수 없는 고통의 거듭됨이다. 욕망의 향유도 이를 생각하면 아무것도 아니다. 따라서 「마이트리」는 줄곧 '무슨 소용 있냐'고 곳곳에서 거듭거듭 회의한다.

그리고 우리는 이런 각다귀, 모기, 비슷한 것들, 풀, 그리고 자라나고 죽어가는 나무처럼 이 전 세계가 썩어가는 것을 보고 있다네. / 그러나 참으로 이런 것들이 어쨌단 말인가? … 만물 속에서 큰 바다는 말라가고, 산

봉우리는 무너져 내리고, 고정되어 있던 북극성은 항로를 벗어나고, 별을 묶고 있던 끈은 끊어지고, 땅은 물속에 가라앉고, 천사들은 그들이 머물렀던 곳에서 쫓겨나네./ 이런 존재의 순환^{saṃsāra} 속에서 욕망을 향유하는 것이 무슨 소용이란 말인가? 욕망으로 사람을 길러주었을 때 그가 이 땅으로 자꾸 되돌아오는 것을 보았는가?/ 나를 떠나게 해주시오./ 이 존재의 순환 속에서 나는 물 없는 우물 속의 개구리 같다오./ 그대여(Ātman의 참다운 본성을 알고 있는 사카야냐Śākāyanya여), 그대는 우리 탈출의 길이요 - 그렇소, 그대는 우리 탈출의 길이요.

— Maitrī Upaniṣad, Ⅰ, 4

이처럼 존재의 순환론인 윤회에는 기본적으로 비관론적 사고가 자리하고 있다. 다시 태어나는 것은 즐거운 것이 아니라 괴로운 것이다. 삶은 비참하다. 우리는 죽음으로도 그것을 떠나지 못하고 되돌아온다. 이런 사고는 '쇠똥이 굴러도 이승이 낫다'는 한국식의 사고와 결코 어울리지 못한다. 현실은 괴로운 것이라서 살아있는 동안이 최고라는 현세現世주의는 있을 수 없다. 현실은 벗어나야 할 뿐이다. 순환에서 벗어나야 한다.

이곳에서 말하는 윤회는 이승에로의 거듭남이다. 과연 이런 반복은 진정 괴로운 것인가? 현세주의적인 입장에서는 이 세상 태어나면 태어날수록 좋다. 그것은 축복이고 향수享受고 선택받는 것이다. 이 세상은 꽃밭이고 나는 소풍을 나왔다. 그러나 「마이트리」에 따르면 꽃은 질 것이고 즐겁던 소풍은 난장판으로 마무리될 것이다. 사람들은 그렇게 될 줄 모르고 즐기고 있거나, 아니면 그렇게 될 줄 알면서도 억지로 즐기고 있다. 이 얼마나 바보 같은 짓인가? 도대체 어쨌단 말인가?^{What of it?} 좋긴 뭐가 좋으냐?*What is the good of it?* 그게 무슨 소용이 있느냐?*What good is it?/ A qua bon?*

어차피 괴롭게 죽을 것, 왜 태어나야 하느냐? 어차피 슬퍼질 것, 왜 즐기느냐? 어차피 사라질 것, 왜 잡고 있느냐? 여기서 윤회는 사물의 본성으로 소멸이나 붕괴를 가리킨다. 불교식으로 말하면 이른바 '만들어져서 머물다 부서지고 없어짐'成住壞空을 가리킨다. 세상사 모두를 괴로운 것으로 보는 점도 통한다. 이른바 '모든 것이 다 괴로움'一切皆苦이다. 따라서 여기서 벗어나게 해달라고 기도를 한다. 나를 구해달라고, 나를 인도해 달라고, 나를 해방시켜 달라고 기도한다.[11]

「마이트리」의 이런 윤회관은 불교와 많이 닮은 점이 있다. 「마이트리」는 분명히 '삼사라'saṃsāra라는 표현으로 이런 내용을 담고 있다. 「마이트리」가 불교의 영향을 받았으리라는 추측도 가능하지만, 『우파니샤드』의 마지막 부분에 이런 윤회관을 담고 있는 것은 힌두교의 발전사에서 의미 있는 것이다. 이때 윤회의 의미는 비교적 사물의 관찰에 가깝다. 만물의 성장소멸成長消滅을, 그것도 소멸에 치우쳐서 윤회를 바라보기 때문이다. 사람이 개가 되고, 개가 사람이 되는 식의 종 사이의 오고감을 말하는 것도 아닐뿐더러, 천한 사람으로 태어났다 귀한 사람으로 태어나는 식의 종 안에서 뒤바뀜을 말하는 것도 아니다. 어떤 생물학적인 종이든, 어떤 인간사회의 귀천이든, 그 모두는 이른바 '태어나고 늙고 병들고 죽는 과정'生老病死에서 자유로울 수 없음을 가리킨다. 상당히 인문화된 윤회관으

---

11 영어식 표현에서 'delivery'는 우리와 많은 차이를 갖는다. 그것은 배달은 배달인데, 이곳에서 저곳에로의 모든 이동을 포괄한다. 따라서 구원, 발사, 투구, 석방, 발표 심지어 해방까지도 포함한다. 철학적으로는 이승에서 저승에로의 옮김이라는 뜻으로 'deliverance'를 많이 쓴다. 해탈도 그 가운데 하나이다.

로 기존의 종교적인 태도와는 많이 다르다. 그런 점에서 「마이트리」의 삼사라는 윤회輪廻라기보다는 유전流轉에 가깝다. 생명의 윤회가 아니라 생로병사의 유전을 강조하기 때문이다. 달리 말하면, 이 점이 바로 불교와 힌두교 윤회관의 차이점이기도 하다. 불교는 '모든 것은 덧없다'諸行無常는 관점에서 시간의 흐름 속에 있는 존재의 비영속성을 부각하지만 힌두교에서는 '모든 것은 끊임없이 태어난다'는 시각에서 시간의 흐름과 상관없는 존재의 영속성에 중점을 두기 때문이다. 다른 표현은 좀 더 종교적이다.

> 삼사라(존재의 순환)는 단지 어떤 이의 생각이라네./ 그래서 힘써 그는 그것을 깨끗이 할 수 있다네./ 무엇이 그가 그렇게 된 어떤 이의 생각인가?/ 이것은 영원한 수수께끼라네./ … 사람의 생각만큼 단단함으로/ 감각의 영역 속에서 고정되었고/ 따라서 브라만 위에서 그것이 고정되었다면/ 누가 묶임에서 풀려나지 않겠는가?
>
> — Maitrī Upaniṣad, IV, 34

여기서는 윤회를 하나의 생각이라고 한다. 따라서 노력 여하에 따라 정화가 가능하다는 것이다. 그런데 문제는 그 생각이 누구의 것이냐는 것이다. 그 생각으로 우리가 윤회의 굴레 속에 매여 있는데, 누구의 생각인지 알아야 할 것 아니겠는가? 「마이트리」는 그것을 수수께끼라면서 대답을 피한다. 그러나 뒷부분에 가면서 생각의 주인공을 브라만과 연관시킨다. 일자 속에서 묶여 있다면 묶여 있지 않은 것이 되므로, 해방될 수 있다. 내가 나를 묶었다면, 내 속에 나를 묶어놓고 있다면, 묶여 있지 않은 것이 된다는 것이다. 그러나 여기서 말하는 속박의 주체와 환경은 개인을 가리키는 것이 아니라 종교적인 절대자이다. 신 속에서의 해방이다. 나를 묶고 있던 끈을 푸는 것이 아니라 끈을 잡고 있던 이에게 나를 맡기자 나는 풀려나게 되었다는 이야기이다. 『우파니샤드』의 전반적인 주제인 '범아일체'의 사고와 통하는 부분이다.

인도의 3대 종교개혁

신분제를 공고히 하는 힌두교 체제에 대한 개혁 요구는 없었을까? '너와 내가 다르다'는 불평등에서 '너와 나는 같다'는 평등에로 논의의 전환은 없었을까? 많은 사례가 그러하듯이 사제와 신도 집단의 엄격한 구별을 파괴하는 것은 종교개혁의 주된 목적이었다. 루터와 칼뱅의 그리스도교 종교개혁이 '나도 너처럼 신의 뜻을 알 수 있다'는 자각에서 비롯되는 것처럼, 힌두교의 종교개혁은 브라만에 의해 철저하게 장악된 제의와 축복의 권리를 거부하는 것이었다. 신과의 만남에서 높은 울타리를 치는 것을 개혁론자들은 받아들일 수 없었다. 힌두교에는 크게 보아 세 차례의 종교개혁이 있었다. 처음은 자이나교, 두 번째는 불교, 세 번째는 시크교였다. 교리와 실천론은 달라도 그들은 한결같이 인간평등을 부르짖고 있다.

1. 숙명론과 그 윤리

흔히 종교개혁이라 하면 내부에서의 교리논쟁 정도로 단순하게 이해하는 경우가 많다. 일상생활에서 있을 수 있는 의견상의 문제이고, 일종의 정신적인 다툼으로 신념에 따른 입장 차이라고 생각하기 쉽다. 그러나 서양의 종교개혁은 피의 역사였다. 무력 다툼이 곳곳에서 벌어졌고, 오늘은 구교도들이 교회를 정복하면 내일은 신교도들이 다시 정복하면서, 교회는 교살된 시체로 가득했다. 전쟁이었고, 학살이었고, 생명을 건 투쟁이었다.

십자군 전쟁이 종교라는 이름 아래 가능했듯이, 종교개혁도 종교적 신념에 기댄 살상과 피의 복수로 얼룩졌다. 어떤 종교도 싸움을 가르치지는 않는다. 그러나 사람은 종교의 탈을 뒤집어쓰고 자신들의 이데올로기를 강요한다. 시체가 널브러져 있는 교회와 사원을 생각해보라. 신의 목소리를 전한다는 사제에 의한 학대를 생각해보라.

　종교가 이런 목숨을 건 투쟁의 대상이 되는 데에는 종교 자체의 모순보다는 그것으로 인한 사회경제적 불공평에 기인하는 경우가 많다. 면죄부와 같이 돈으로 죄를 팔고 사는 가당치도 않은 행위가 사람들에게 사제에 대한 강력한 반발을 일으킨다. 그것에 항거하는 사람들은 그래도 배움이 있어 종교를 알고 자신의 논리를 펼 수 있는 사람들이다. 그리고 그런 선지자를 따르는 이들은 종교의 모순을 실감하는 사람들이다. 결국 새로운 종교지도자가 나오며 그들을 따르는 군중이 생겨나게 된다.

　힌두교의 부조리함은 평등을 지향하는 사람이라면 받아들이기 힘들 것이다. 나의 의무는 내 부모로부터 나오고, 내 부모는 그 부모로부터 나온다. 그렇다면 최초의 부모는 왜 그런 의무를 갖고 태어났는가? 힌두교는 말한다. 신이 결정해주었다고. 따라서 변할 수 없는 것이라고. 힌두교는 또 말한다. 그것이 법이라고. 따라서 법은 의무라고. 업과 법 - 카르마와 다르마는 힌두교 사상의 주개념이다. 행위를 통해서 업을 쌓고, 의무를 통해서 법을 다한다. 사실상 인도어에서 카르마는 곧 행위를 뜻하고, 다르마는 의무를 뜻한다.

　그런데 힌두교에서는 행위와 의무가 마치 서로 꼬리를 물고 있는 뱀과 같다. 한마디로 순환논법이다. 행위는 의무에 따른 것이다. 그런데 문제는 그런 행위가 또다시 의무를 만든다는 데 있다. 나는 쓰레기를 치우는 의무를 갖고 태어났다. 그래서 쓰레기를 치운다. 그러나 쓰레기를 치우는 행위는 더러운 일이라서 더 좋은 일을 할 수 없다. 따라서 나는 다시 쓰레기를 치우는 의무를 갖고 태어난다. 달리 말해, 너는 사람을 죽이는 직업이라서 가장 많은 죄를 짓는 것이고, 따라서 그 죄 값으로 사람을 죽이는 직업을 갖게 된다는 것이다.

이런 식의 논리로는 사람이 나아질 방도나 기미가 도대체 보이지 않는다. 그곳에 윤리는 없다. 단지 행위만 있다. '사람들이 하기 싫은 일을 하는 것은 선하다'는 판단은 없다. 거꾸로 '사람들이 하기 싫은 일을 하게 하는 것은 악하다'는 판단은 더욱 더 없다. '사람들이 하기 싫은 일을 하는 것은 너나 해라'라는 삶의 저주와 독선만이 있을 뿐이다. 많은 종교가 윤리적 판단을 가미해 죄를 씻거나 적어도 나아지는 것을 보장하고 있지만, 힌두교는 운명론에 매달렸음에도 윤리론이 도무지 끼어들지 않는다. 숙명이라서 어쩔 수 없을 뿐이다. 나의 윤리적 삶이 나에게 주어진 숙명을 어쩌지 못한다.

숙명 앞에서 철학자들은 나름대로의 윤리관을 제시했다. 관조라든가, 평정심이라든가, 운명에 대한 사랑이라든가 하는 것들이 바로 그것이다. 세계 어디서도 숙명론은 찾아볼 수 있다. 그런데 숙명론은 사실에 대한 판단에서 멈추지 않는다. 그것을 바탕으로 당위적인 판단을 덧붙인다. '세계와 인간은 이렇다(사실판단). 따라서 이렇게 살자(당위: 윤리적 판단).' 이와 같은 식이다. 재미있게도 숙명론일수록 윤리적 제안은 더욱 철저하고 명확하다. 예를 들어보자.

- 세상은 내가 어쩌지 못한다. 따라서 그저 바라보며 살자.
- 세상은 내가 어쩌지 못한다. 따라서 주어진 것을 받아들이자.
- 세상은 내가 어쩌지 못한다. 따라서 즐기자.
- 세상은 내가 어쩌지 못한다. 따라서 평정심을 지키자.
- 세상은 내가 어쩌지 못한다. 따라서 몸을 맡기자.

– 세상은 내가 어쩌지 못한다. 따라서 정신의 자유를 찾자.

– 세상은 내가 어쩌지 못한다. 따라서 나를 잊자.

– 세상은 내가 어쩌지 못한다. 따라서 이래도 그만, 저래도 그만이다.

– 세상은 내가 어쩌지 못한다. 따라서 어떤 행위도 하지 말자.

앞은 사실판단이고 뒤는 당위판단이다. 뒤의 것은 모두 '해야만 한다'로 바꿔도 되는 윤리적 선언이다. 거칠어 반드시 맞아떨어지지는 않지만, 철학적으로 의미 있는 한자식 단어로 표현하면, 관조觀照, 순응順應, 향유享有, 평정平靜, 방임放任, 소요逍遙, 무화無化, 조롱操弄, 무위無爲에 해당된다. 세상이 결정되어 있음을 알고, 내가 어떻게 할 수 있는 것이 아님을 알고, 철학자들은 대체로 이와 같은 정신적 고양을 추구했다. 만약에 어쩔 수 없음에서만 끝났다면 그것은 철학이라기보다는 과학 내지 문학에 가깝다. 철학적 결정론의 특징은 나의 결론에 따르면 반드시 윤리설이 따라 붙는다는 것이다. 아주 재미있는 현상이다. 철학자들은 육체의 속박에 상응하는 정신의 자유와 평화를 갈구함으로써 운명과 대치했다. 인격의 고매함이 인생의 굴레를 벗어나게 해주리라고 믿었다. 마치 힘들수록 나를 더욱 괴롭히는 것처럼, 그래서 최초의 고통으로부터 벗어나 이차적 고통으로 전환시키는 것처럼, 철학자들은 숙명 앞에서 고의적인 이열치열以熱治熱이나 자발적인 설상가상雪上加霜의 태도를 취하는 경우가 많았다.

그런데 힌두교는 숙명 앞에서 윤리설을 제시하지 않는다. 그저 순응일 뿐이다. 순응을 통한 다음의 계단도 마련되어 있지 않다. '주인님, 그러시다가는 제 다리가 부러집니다. 거봐요. 부러졌잖아요.'라는 노예철학자의 스토아식 관조도 없다. 자기 발인데도 남의 발처럼 말하는 에픽테토스의 능청스러움, 태연함, 농담 또는 조롱은 자신이 노예라도 순응을 통해 정신의 수준이 너보다 낮다는 의젓함을 보여준다. 개 같은 인생, 길거리에서 자위를 하면서 견유犬儒 디오게네스는 햇볕을 쪼인다. '임금님, 좀 비켜주실라우. 햇볕이 가린다우.' 힌두교에서는 노예의 어떤 조롱도 받아들이지 않았다. 노예는 노예일 뿐, 그들이 철학을 할 수도, 해서도 안 되었다. 따라서 힌두교에서 윤리설을 찾기 힘들다. 순응에서 그치지, 그것을 통한 평정은 마련되어 있지 않다.

힌두교의 윤리적 특색을 찾기는 어렵다. 굳이 있다면 '희생'bhakti을 꼽을 수 있겠다. 왜냐하면 희생을 통해 구원을 얻을 수 있다고 믿었기 때문이다. 이 말은 구원은 개인의 희생에 따라 이루어지는 것이지, 주위의 환경이나 목회자의 인도에 딸린 것이 아니라는 결론으로 우리를 자연스럽게 이끈다. 희생만큼의 구원이므로 누가 뭐랄 것이 아니다. 그런 점에서 박티도 하나의 종교개혁의 의미를 띤다. 박티 그 자체가 종교로 성립되지는 못했지만, 힌두교 안에서의 개혁운동이었던 것임이 분명하다.

박티운동은 브라만의 제의적이고 주술적인 보호구역으로부터 신들을 개인적인 영역으로 옮기는 것이었다. 그 운동은 6세기 이후 타밀나두에서 비롯된 것으로 보이며 12세기 이후에는 힌두교 전반에 걸쳐 영향을 미친다. 숭배 대상은 자애로운 비슈누가 중심에 있었다. 박티는 희생을 통한 신과의 만남이기 때문에 계급질서를 부정하는 결과를 낳는다. 그들은 『바가바드기타』의 문장을 통해 신과의 직접 소통 가능성을 찾았던 것이다. 박티 운동은 평등 운동이었다. 이후 박티는 힌두교의 신분제를 반대하는 철학자들의 주된 관심사가 된다. 뒤에서 말할, 타고르의 시에 영향을 미쳤다는 인도의 가장 유명한 시인이자 종교 개혁사상가인 카비르, 그리고 카비르와 사상적 연관이 되는 시크교의 성자들이 모두 박티를 강조하는 것은 우연이 아니다.

박티는 '헌신'獻身으로 번역할 수도 있으며 자기희생의 내용을 담는다. 최근에 유행하는 '신애'信愛라는 번역어가 비록 원어에는 충실할지는 몰라도 뜻이 분명히 오지 않는다. 신애란 절대자를 믿고 사랑하라는 것이지 어떻게 믿음과 사랑을 증명할 것인지를 말하고 있지 않아, 신에 대한 자기희생이나 헌신의 의미가 드러나지 않는다. '내 한 몸 바쳐' 신을 믿고 사랑하는 것이 중요하지 신에 대한 '사랑과 믿음'은 굳이 강조되지 않아도 되는 당연한 것이기 때문이다.

2. 신 없는 종교

인도의 종교사는 여느 세계와 역사와는 확연히 구별되는 것이 있다. 그것은 신들을 부정하는 종교가 있다는 점이다. 어떻게 신 없는 종교가 가능할까? 이런 종교를 과연 무신론의 범주에서 생각할 수 있는가? 신이 없다는 점에서 '무신론'無神論: atheism이긴 하지만, 때로 그것은 '반신론'反神論: antitheism의 성격이 강하기도 하다. 얄궂은 일이다. 대체로 세 가지의 의미에서 신 없는 종교가 탄생하고 성행했다.

첫째, 힌두교가 보여주는 셀 수 없는 신을 부정한다. 이때 신은 유일신화된다. 이것은 정확한 의미에서 무신론이 아니다. 그러나 많은 신을 거부한다는 것 자체가 큰일이어서, '신은 없다', 정확히는 '신들은 없다'는 주장이 나올 수 있는 것이다. 이를테면 '나 외의 다른 신을 믿지 말라'는 표현처럼, '신은 많지만 다른 신은 신이 아니고 그것만이 신이다'라는 입장이다. 그런데 인도의 일신교는 생각처럼 같은 수준에서 다른 신을 부정하는 방법을 택하지 않는다. 같이 싸우면 같이 뒹굴게 될 뿐이다. 인도 종교사에서 일신의 의미는 다신을 포용하는 경향이 강하다. 그리고 일신을 형이상학화함으로써 다른 신과의 차별을 꾀한다. 다른 신은 다른 신일뿐이다. 그러나 내가 믿는 신은 '존재 그 자체'이다. 모든 존재의 처음으로서, 따라서 하나이다. 그 자신만이 있는 것이므로, '그 자신'이라는 구별은 불가능하고 그것은 '나 자신'the Self이다. 그것은 따라서 자신Ātman이다. 『우파니샤드』에서 자주 보이는 것으로 여타의 신을 부정하는듯하면서도 태초의 자신을 내세우는 태도이다. 엄격한 의미에서는 무신론이 될 수 없는 이러한 태도가 인도에서는 종종 무신론의 영역 안에서 발생한다. 결국 고의가 아닐지라도 시간의 흐름 속에서 절대유일신화하는 부처의 모습에서도 이런 현상은 일어난다. 특히 초기불교인 부파불교에서 신격과 인격을 엄격히 구별하는 태도에서부터 이런 결과는 예상되는 것이었다.

둘째, 모든 신들을 부정하고 인격의 완성을 최고의 목표로 삼는다. 그들은 신성을 거부한다. 신성에 의해 만물이 좌지우지된다는 논리도 거부한다. 대신 우주와 자연의 질서를 깨닫고 그것을 확립한 사람을 성인으로 취급한다. 인격의 완성으로 자연원리의 주인이 될 수 있다는 것이다. 따라서 그들에게 무엇보다도 소중하고 확고한 것은 세계에 대한 이해이다. 그리고 그것에 바탕을 둔 실천이 그들에게 해방을 가져다줄 것으로 믿는다. 따라서 그들이 이해한 사실은 대체로 교의에 의존한다. 부동의 진리로 여겨지는 교리, 교설, 교조로 이른바 도그마의 종교이다. 윤회설이 대표적이다. 그런데 신이 있는 곳에서의 도그마는 신을 위해 봉사하지만, 그들은 그것을 철저히 배격한다는 점에서 큰 차이가 있다. 그들은 교조적이고 교의적이어서 외부에서 보기에는 독단적으로 보일 수는 있어도, 그들에게 도그마는 신을 위함이 아니라 자신을 위한 것으로, 고통에서의 탈피, 윤회로부터의 해방, 죄업으로부터의 탈출을 목적으로 한다. 따라서 그들은 엄격한 의미에서 수행자이지 목회자가 아니다. 스스로 실천하여 목적을 이루는 훈련자들이지, 남을 이끌고 가는 지도자가 아니다. 그러나 그들의 수행은 남들의 귀감이 되고 표본이 됨으로써 민중의 우상이 된다. 그들은 우주와 자연과의 싸움에서 이긴 자들이다. 대표적인 예가 자이나교이다. 그들이 숭배하는 것은 신이 아니다. 그저 벌거벗은 사람들일 뿐이다. 티르탕카라Tīrthaṇkara라고 불리는 그들의 숭배 대상은 해방을 얻은 사람들로, 마하비라mahāvīra, 즉 대웅大雄(승자를 뜻하는 것으로, 대웅전의 대웅을 생각해보자)으로 불렸다.

셋째, 자연은 신이 아닌 법에 의해 움직이고 있다고 믿는다. 신은 대체로 인격신을 가리킨다. 인격신이란 인격이 훌륭하다는 뜻이 결코 아니고 사람과 같은 성격의 신을 가리킨다. 서구의 전통에서와 같이 인도도 신은 사람의 형태거나, 사람의 형태가 아니더라도 사람의 성질이나 성향을 갖는다. 이때 신은 곧 질서이고 법칙이다. 이른바 '다르마'dharma에 대한 믿음이다. 그것은 진리이며, 윤리도덕이며, 본질이며 실체이다. 진리를 말할 때 다르마는 사물의 법칙이고, 윤리도덕을 말할 때 그것은 권리와 의무 가운데 특히 의무를 가리키며, 본질이나 실체를 말할 때 그것은 만물의 실재성이다. 다르마에 대한 연구는 신이 만들어놓은 자연법칙이나 도덕규범을 탐구하는 것이기 때문에 신에 대한 존경심과 경외감을 배제하는 것은 아니지만, 법칙과 규범을 비록 신이 만들었다고 할지라도 그가 제멋대로 할 수 있는 것이 아니라는 점에서 신이 더 이상 할 일이 없게 만든다. 계몽주의 사상가들이 좋아하던 '이신론'理神論: deism과 흡사하다. 이신론은 신의 위치는 남겨주었지만 신이 할 일은 없다. 마치 입헌군주제의 국왕과 같아서 존재하나 통치하지 않는다. 따라서 임의적이지 못하며 자유재량도 사라진다. 서구의 이신론이 신에게 그나마의 자리를 보존해주었다면, 인도의 이신론자들은 다소의 차이는 있지만 과감하게 창조의 지위를 박탈한다. 그들이 바로, 앞 미망사Pūruva Mīmāṁsa 학파이다. 기원전 4세기경으로 추산되는 『미망사 수트라』Mīmāṁsa Sūtra의 저자인 자이미니Jaimini는 희생이 바쳐질 『베다』의 신성을 실재로 받아들이면서도 최고의 신이 존재한다는 논증은 하지 않는다. 그것은 베다의 제의 전통을 받아들이지만 유일신의 존재를 언급하지 않음으로써 그것을 무시해버리는 것이다. 후기에 가면서 몇몇 사람들은 신의 존재를 받아들이지만, 대체로 그들은 신의 실재와 필요성에 대해 전반적으로 반대했다. 『슐로카바르티가』Ślokavārtika에서 쿠마릴라Kumārila는 이렇게 말한다.

그리고 만일 그가 몸이 있다면, 확실하게 그 몸은 그 자신에게 창조될 수 없었을 것이기 때문에, 따라서 우리는 다른 창조자를 요청해야만 할 것이다.

— 48-9

그런 점에서 계몽사상가들의 이신론은 유신론에 가깝지만, 인도의 것은 이신론적 무신론이다. 다르마는 법이라는 이름으로 불교에서도 자주 거론되는 자연의 규율이고 인간의 규범이며 깨달은 자의 가르침이다.

우리는 인도의 이러한 무신론에 익숙해질 필요가 있다. 일자나 태초를 위하여 다양함이나 복잡성이 부인되는 신, 신성이 아닌 인성을 최고의 가치로 삼기 때문에 부정되는 신, 이법의 연구 결과로 창조성이 박탈되는 신이 모두 인도종교에는 존재한다. 그렇다고 해서 그들이 종교적 테두리를 벗어나온 것이냐면 전혀 그렇지 않다. 그것도 종교의 형식 속에서 이루어진 판단이다. 잡신이 없기 때문에 나自身라는 절대자를 믿고, 인격의 완성을 믿기 때문에 최고인격을 따르고, 신은『베다』를 창조하지 않지만 제의의 이행을 통해 법을 이룬다. 남이 없었던 때의 나는 시원이고 원초이기에 신비한 대상이 되고, 아무나 인격의 완성을 이루는 것이 아니기 때문에 그것을 실현한 사람이나 수행하는 사람은 숭배의 대상이 되고, 창조하거나 창조되는 일이 없더라도 이 세계에 각인된 법은 영원하고 불변하기 때문에 추종의 대상이 된다.

그런 점에서 인도인이 말하는 신성은 좁은 의미의 신성神性: divinity(인격신이 지니고 있는 특징)보다는 넓은 의미의 신성神聖: sanctity(성인聖人이나 성소聖所와 같은 인격이나 장소의 거룩함)에 가깝다. 신의 모습을 갖추지 않았더라도, 존엄하며 고결하고 청정한 것은 모두 신앙의 대상이 될 수 있기 때문이다. 신의 모습이나 지위보다는 신의 역할이나 기능이 더 중요한 것이다. 신은 어차피 셀 수 없이 많고, 드러났다 숨었다 하기 때문에, 어느 한 신을 실체화하기보다는 많은 신들이 하는 일에 비중을 높게 두는 사고이다. 따라서 무신론도 종교의 형태를 가지고 그 효능을 발휘한다.

3. 인도유물론

인도철학은 일원론과 이원론 그리고 다원론의 대결이라고 해도 과언이 아니다. 다원론자들인 바이셰시카Vaiśeṣika 학파, 불교와도 깊은 관련을 갖는 영혼과 자연의 이원론자인 상키아Sāṃkhya 학파, 이원론을 거부한 상카라Śankara: 788-820?라는 철학자의 이름으로도 불리는 베단타Vedānta 학파들의 논의가 바로 그것이다. 거기에 덧붙여질 수 있는 것이 논리학과 인식론의 대가였던 니아야Nyāya 학파, 법dharma: duty(주어진 의무)의 연구를 주목적으로 하는 미망사Mīmāṁsa 학파, 그리고 이곳저곳에도 속하지 않는 특이한 학파로 유물론인 차르바카Cārvāka 학파가 있다.

현대 인도에서 마르크스주의가 유행하는 것도 차르바카와 같은 유물론적 전통으로 볼 수 있을 만큼, 인도의 유물론은 나름대로 독특한 체계를 이루고 있다. 그래서 '인도유물론'Indian Materialism이라는 용어가 가능한 것이다. 그 유물론은 역사적 유물론도 아니고 변증법적 유물론도 아니다. 초월의 세계를 부정하고 현실의 세계를 긍정하는 감각유물론 sensationalistic materialism이다. 세계는 이 세계일 뿐 그 밖의 가정은 모두 가짜라는 주장이다. 그런 점에서 인도유물론은 감각주의라는 표현이 더 적합할지도 모른다. 불교를 포함해서 인도철학만큼 감각에 대해 철저한 분석과 분류가 이루어진 철학은 전 세계에 존재하지 않는다. 감각에 대한 정리는 물질에 대한 분석과 분류와도 곧장 이어진다. 소크라테스 이전의 그리스철학이 원질Archē이란 무엇인가를 놓고 말이 많았지만, 그것을 받아들이는 사람의 감성적 구조에 대한 관심은 인도철학에 비해 턱없이 부족하다. 그리스 자연철학자들이 '물, 불, 흙, 공기'를 말하는 것은『베다』

이후 인도인들이 '흙, 물, 불, 바람'地水火風을 말하는 것과 똑같지만, 인간의 꼴과 그것의 느낌, 생각, 짓, 앎에 대한 반성色受想行識은 그리스인들이 인도인을 따라잡지 못한다. 감각이나 인식에 관한 이론은 불교라고 해서 전통 인도철학의 큰 흐름에서 벗어나는 것은 아니다.

본격적으로 철두철미한 유물론인 차르바카 학파를 말하기 전에, 그것과 유사한 바이셰시카 학파의 감각주의와 미망사 학파의 무신론을 잠깐 언급할 필요가 있다.

바이셰시카 학파는 불교에서 승론勝論 또는 위세사衛世師로 불리며 인도 정통의 바라문 6파 사상의 하나로 취급된다. 그들은 한마디로 개별론자들이다. '모두'가 존재하는 것이 아니라 '모든 것들'은 존재한다. 모두라는 전체나 보편자가 아니라, 이것저것이라는 부분이나 개별자들이 존재한다. 이른바 다원론多元論: pluralism인데, 그 의미는 세계가 하나의 것으로 이루어져 있지 않고 많은 것들로 이루어졌다는 것으로, 일원론一元論: monism과 대비되는 것이다. 오늘날의 원자론은 원자가 하나가 아니라 여럿이라는 점에서 다원론이다. 그들에게 보이는 것은 진실이며, 알려진 것은 세계와 대응한다. 언어는 세계를 고정한다. '눈에 띄는 것은 있는 것이다.'[1] 그들은 세계를 여섯 범주로 나눈다. 실체, 질, 행위, 일반성, 특수성, 천성이 그것이다. 앞의 셋이 지각된 것이라면, 뒤의 셋은 그것으로부

---

[1] 이 점이 버클리의 '있는 것은 알려진 것이다'(존재는 지각된 것: Esse ist Percipi.)는 주장과 흡사하게 들린다. 모한티에 따르면, 바이셰시카의 참과 거짓은 모두 앎에 외재적이다. J. N. Mohanty, *Classical Indian Philosophy* (Lanham: Rowman & Littlefield Publishers Inc., 2000), 155쪽. 그러나 버클리의 주장에 따르면 참과 거짓은 내재적인 지식이다. 모든 것이 내 지각 속에 있다는 버클리와는 반대로, 바이셰시카는 지각 밖에 있다고 여긴다.

터 추론된 것이다. 중요한 것은 그 가운데의 특수성이다. 누군가가 사람을 때리고 도망갔다고 가정해보자. 사람의 모습이었고(실체: dravya), 덩치가 좋고(질: guṇa), 빨리 달려오는 것(행위: karma)을 '보았다'[지각]. 그래서 그 행위자는 사람이고(일반성: sāmanya), 이웃집 아저씨이고(특수성: viśesa),[2] 발이 재빠름(천성: samavāya)을 '알았다'[추론]. 이 가운데 중요한 것은 발이 빠른 사람인 이웃집 아저씨라는 특수성이다. 그것을 통해 우리는 범인을 잡는다. 바이셰시카 학파는 이렇듯 구체적인 개물의 실체성을 무엇보다도 존중했다. 이 점이 상당히 감각주의적으로 비쳐진다.

다음으로, 앞ᴾʳūᵛᵃ 미망사[3] 학파의 제의중시의 태도와 법에 대한 탐구이다. 제의를 충실히 따르는 것은 행동의 문제이다. 그들은 매일 매일의 실천을 통해『베다』의 전통을 지키려했다. 그들은 충실한 베다의 해석자였다. 그들에게 제식은 불 때고 밥 짓는 것과 같이 영속적으로 해야 할 일이다. 의식은 삶의 전부이다. 제의를 담고 있는『베다』는 영원한 것이며 원전에 충실해야 한다. 그들이 믿는 것은『베다』곧 '심오한 뜻을 담은 책'奧義書의 불멸성이며, 그것을 해석하는 사람들의 영생이다. 신은 세계를 창조하지도 않았고『베다』를 짓지도 않았다. 신은 없다. 경전만이

---

2   바이셰시카(Vaiśeṣika)라는 학파의 이름이 바로 여기서 나온다. 말하자면 개물(個物)주의인 것이다.

3   미망사 학파는 앞(prūva)과 뒤(uttara)로 나뉜다. 그러나 여기서 말하는 앞과 뒤는 전후기의 뜻이 아니다.『베다』를 중시한 앞 미망사, 『우파니샤드』를 중시한 뒤 미망사로 보기도 하지만, 시기와 상관없이 논리적인 전개 순서에서 미망사의 앞과 뒤를 나누기도 한다. 따라서 인도철학사에서 중시되는 것은 앞 미망사이고, 일반적으로 미망사라하면 우타라(뒤) 미망사가 아닌 프루바(앞) 미망사를 가리킨다. 미망사란 '열거', 즉 '해석'을 뜻하기 때문에 이런 식의 표현이 가능한 것이다. 우리 식으로는 '전반부 해석', '후반부 해석'에 해당한다.

있다. 신의 뜻은 없다. 법만이 있다. 우주와 자연의 법, 인간과 행위의 법, 사회와 질서의 법이 그들의 관심이었다. 그들의 무신론은 자연법칙에 기대고 있었다. 법칙은 법칙일 뿐, 거기에 절대자나 인격신이 낄 여지가 없다.[4] 비교하자면, 이런 사고는 사실상 동양의 예禮의 발전과정도 흡사하다. 예는 본래 제례祭禮로 시작된 것이다. 예의 문자적 유래도 제단의 모습에서 비롯된다.[5] 그러나 후대로 갈수록 초월적인 신은 사라지고 사람의 규범으로만 남는다. 그리고 인격의 완성으로 규범을 이행하는 것보다 규범의 이행으로 인격의 완성을 이룰 수 있다고 믿게 된다.

이러한 감각론과 무신론은 인도사유의 특질을 잘 보여주는데, 이런 사유의 시원에 차르바카 학파가 있다. 차르바카 학파는 매우 오래된 것으로 보인다. 신들의 고향인 『리그 베다』, 심지어 유일신을 찬양하는 『바가바드기타』에서도 흔적을 찾을 수 있으며, 부처의 대화 속에서도 발견할 수 있다. 그런데 기원전 6세기의 개창자의 이름을 딴 『비리하스파티 수트라』Bṛhaspati Sūtra는 찾을 수 없어 그들에 대한 소개와 비판으로부터 그들의 사상을 추적할 수 있을 뿐이다. 그러나 실제적인 영향관계의 추적을 떠나, 고대의 이러한 유물론이 후대 학파에 선영향이건 악영향이건 일정부분 사유의 원형이 되었으리라는 것은 미루어 짐작할 수 있다.

차르바카 학파는 종교에 대해 철저히 냉담했다. 그것은 논리적 회의에 따른 결론이었다. 그들의 주장은 '로카야나'Lokāyana라고 불리는데, 그

---

4   여기에는 같은 이원론이지만, 이슈바라(Īśvara)라는 인격신을 상정하는 요가의 유신론과 대비되는 상키야 학파의 무신론도 손꼽아져야 한다.

5   '禮'의 오른쪽이 상형자로 갑골문에 나오는데(/li/) 아래는 제단, 위는 차려진 음식으로 보인다. 왼쪽은 신적인 것(示: 귀신)을 뜻하는 것으로 의미를 정확히 하는 과정에서 붙은 것이다.

것은 이 세상(Loka: 영어의 'local'을 생각해보자)만이 참이라는 것으로,[6] 우리의 지각이 지식의 원천이다. 그들에게 '지각되지 않는 것은 존재하지 않는다.' 따라서 추리inference도 성립하지 않는다. 추리라는 것은 개체를 일반화시키는 것인데, 우리에게 지각되는 것은 개물個物뿐이기 때문이다. 영혼조차 지성에 의해 질적으로 승화된 몸뚱이일 뿐이다. 따라서 신도 없다. 차르바카 학파의 이러한 주장은 위에서 말한 바이셰시카의 개별론이나 미망사의 무신론과 상통한다.[7]

바이셰시카의 논리적 구조를 지탱해주고 있는 니야야 학파의 초기의 모습조차 무신론으로 볼 수 있다면 인도의 감각적 유물론의 세력은 그 뿌리가 상당히 깊다고 하겠다. 적지 않은 인도철학사가 '니야야·바이셰시카'를 함께 서술함을 기억하자.

차르바카 학파는 조금이라도 『베다』와 관련을 맺고자 하는 정통체계에 서 있지 않다. 차르브Cārv의 어원은 '먹는다'to eat는 뜻이다. 먹는 것

---

6   로카야나란 '자아는 몸이다'라는 주장으로『찬도갸 우파니샤드』Ⅷ, vii-viii에서도 그 기원을 찾을 수 있지만, 결국 반베다적인 유물론의 전통에서 살아남는다. 자이나교의 하리바드라 (Haribhadra)는 '이 세계는 가능한 감각지각의 한계까지만 미친다'는 입장으로 이를 해석한다. J. N. Mohanty, *Classical Indian Philosophy*, pp. 3-4.

7   정통브라만 사상으로 바이셰시카와 니야야 학파를 보기 때문에 많은 경우 그들을 유신론으로 평가하고 있지만 학자에 따라 그 둘을 무신론으로 볼 때도 있다. 특히 니야야 학파의 논리학은 바이셰시카의 이론성립에 많은 영향을 끼친 것으로 보아 그 둘을 한데 묶어 보는 경우, 그와 동시에 그 두 학파는 비정통학파였지만 정통학파로 전환된 것으로 보는 경우, 그 둘의 유신론적 성격은 회의될 수 있다. 두 학파를 무신론으로 보는 학자는 Bernerjee로 "비록 오늘날의 옹호자들이 이 학파들에 유신론적 교의를 가미하고 있다 할지라도, 원래는 무신론적이었다."는 것이다. 라다크리슈난 지음, 이거룡 옮김, 『인도철학사』Ⅱ (서울: 한길사, 1996), 52쪽, 원주24). 그러나 Mysore Hiriyanna는 두 학파를 한데 묶어 비정통에서 정통으로 전환된 것으로 보지만, 그 둘의 신관은 창조자만이 아니라 설계자의 성격을 갖는다고 파악한다. 김형준 옮김, 『강좌 인도철학』(서울: 예문서원, 1993), 94-5쪽.

이 무엇보다 중요하다. 먹어야 산다. 먹어야 힘을 쓰고 기쁘다. 그 밖의 형이상학은 모두 가짜다. 따라서 그들은 건강^{artha}과 쾌락^{kāma}을 받아들였고, 법^{dharma}과 해탈^{mokṣa}을 부정했다. 그들은 노래한다.

> 삶이 너의 것인 동안 즐겁게 살아라.
> 아무도 죽음의 부리부리한 눈을 피하지 못하네.
> 그들이 우리의 이 껍데기를 태워버리기만 하면
> 어찌 이것이 다시 돌아오리오? (Sarvadarśanasaṃgraha)

우리는 다시는 이 육신을 지니고 태어나지 못한다. 죽음을 외면할 수도 없지만 죽음 뒤에 다시 삶이 오는 것도 아니다. '짧은 인생 즐겁게 살다가라'는 뜻이다.

정통 힌두사상에서 강조되던 업^{karma}도 부정했다. 행위만 있을 뿐, 행위의 누적이나 누적으로 인한 응보는 없다. 내가 잘못했다고 꼭 죄를 받는가? 반드시 그렇지만은 않다. 나쁜 놈이 잘사는 꼴은 어디서고 본다. 그런데도 왜 선을 행해야 하는가? 철학적으로 가장 대답하기 힘든 이 문제를 그들은 직접적으로 물었다. 차르바카 학파는 전통에 대한 본격적인 회의를 열었다는 점에서 그 의의가 크다.

그들은 완전히 영혼이 없다는 주장^{Dhūrtta Cārvāka}과 영혼은 있지만 육체에 딸렸다는 주장^{Suśikṣita Cārvāka}으로 나뉘기도 한다. 따라서 윤회는 강력하게 부인된다. 전생도, 내생도 없다. 그들은 종교적으로 주어지는 책임감도 받아들이지 않았고, 따라서 삶의 목적은 쾌락의 추구라고 보았다. 그러나 그들은 나름대로의 윤리관이 있었다.

여기서 우리가 주의해야 할 점이 있다. '기쁨을 좇는다'는 쾌락주의 윤리설이 우리나라에서는 무조건 나쁜 것으로 인식되는 경향이 있지만 그것은 서구에서도 정신적 쾌락으로 받아들여졌다. 왜냐하면 육체적인 쾌락은 순간에 허무하게 지나가기 때문이다. 이른바 헤도니즘Hedonism에 대한 오해이다. 현대의 윤리설도 기본적으로 쾌락주의적 경향을 벗어나지 못한다. 공리주의의 '최대 다수의 최대 행복'이란 '가장 많은 사람의 가장 큰 즐거움'이란 뜻이기 때문이다. 차르바카 학파는 공리주의자들처럼 쾌락을 최고의 가치로 여겼다. 그들이 말하는 쾌락이 바로 '카마'로, 성행위의 경전인 『카마 수트라』의 그것이다. 이 세상 밖에는 아무것도 존재하지 않는다. 세속만이 있는 것이다. 지각되지 않는, 천국이나 절대자는 없다. 죽은 다음의 생명도 없고, 다시 태어남도 없다.

종교적인 인도인에게 없을 법하지만 물질론과 개체주의에 대한 자각은 인도철학의 주된 흐름 가운데 하나이다. 그러나 인도철학은 그것에서 머물러 있지 않았다. 그런 자아를 무한히 심화 또는 연장시킴으로써 오히려 가장 순수화시키거나 절대화시킨다. 그것이 범아일체사상으로 정의되는 그들이 만나는 신이다.

나아가 원자도 신이고, 자아도 신이고, 합체도 신이고, 변신도 신이다. 다원론이든 일원론이든 세계의 물리적 이해가 곧 신앙의 밑받침이 되고, 태초의 그것이야말로 나라고 일컫기 때문에 하나인 내가 나뉘어 여럿의 내가 되는 것이고, 여러 계급과 그들의 직분들이 모여 하나의 신시神市와 같은 사회를 이루고, 신들은 번데기처럼 매번 변태과정을 통해 세상에서 종횡무진 수많은 역할을 한다.

인도철학은 끊임없이 감각을 말하고, 그것의 범주를 말하며, 그 범주로 구성된 세계에 대한 이해를 말한다. 철저한 유물론자의 세상, 지독한 감각주의자들의 천국, 그리하여 감각적 유물론자들이 부정의 종국에서 선택한 자아의 절대적 확장, 그것이 인도철학의 밑바탕을 이루고 있다.

4. 이원론적 자이나교

자이나교에서도 신은 없다. 그들은 수행의 승자勝者: Jina이며 개울을 건넌 사람이란 뜻에서 티르탕카라Tīrthaṇkara를 존경하며 그들의 말을 따른다. 인도에서 그들의 조상彫像은 지나보다 흔히 티르탕카라로 불린다.

그들은 스스로도 사람이라고 생각했고 사람으로서 수행하고 실천했다. 그러나 후세인들은 그들을 신격으로 숭배한다. 주된 승자들이 있었지만, 자이나교의 부활은 24번째의 마하비라Mahāvīra: 大雄에 의해 이루어진다. 일반적으로 마하비라라고 불리지만, 그의 본디 이름은 바르다마나Vardhamāna이다. 현재까지 자이나교의 숭배대상은 그를 포함하여 총 24명이다.

자이나교는 무엇보다도 신적인 존재와 의식을 모두 부인한다. 그들은 전통적인 브라만교를 개혁하고자 했다. 브라만교에서 행해지는 동물 희생제는 당연히 거부된다. 대신 영혼과 육체의 철저한 이원론을 믿는다. 육체에 의해 더럽혀진 영혼은 이 세상을 사는 동안 정화돼야 한다. 따라서 그들에게는 엄격한 계율이 적용된다. 그것을 통해 그들은 업을 씻는다. 종국에는 죽음을 통해 해탈에 들게 된다.

'불살생'ahiṃsā, 흔히 간디에 의해 '비폭력'nonviolence으로 알려진 덕목이 바로 자이나교의 제1규율이다. 그들은 철저히 살생을 피한다. 수행자들은 책을 넘길 때는 부채로 쓸고, 숨쉬다 날파리가 들어갈까봐 코와 입을 거르는 마스크를 하고, 생명체가 살아있는 물은 밟고 지나가지 않으며, 길을 다닐 때 빗자루로 쓸며 다닌다.

간디는 정치적 행동에서의 비폭력주의를 내세웠다. 그에 의해 '아힘사'는 전 세계적인 언어가 되었다. 본래 정확하게는 '아힝사'라고 소리내쳐야 하지만, 영어식 표기에 의해 아힘사로 자리 잡았다. 간디는 어린 시절 알았던 자이나교 고행승의 모습에서 깊은 감동을 받았다고 감사하는 마음으로 고백한 적이 있다 한다.[8]

그러나 자이나교의 아힘사는 단순한 물리적 폭력에 대한 반대가 아니다. 고통을 주는 어떤 행위도 해서는 안 된다는 철두철미한 타자에 대한 배려이다. 죽이는 것도 아니 되고, 아프게 하는 것도 아니 된다. 그들의 이 원칙은 깊은 윤리적인 호혜주의이다. 내가 아프니, 너도 아프게 하지 않겠다는 것, 내가 죽기 싫은 것처럼 남도 죽이지 않겠다는 것이다. 따라서 그들은 고행을 통해 남을 죽게 하고 아프게 하던 업보를 없애려 노력한다. 사는 것이 곧 남을 해치는 것이 아니냐고 묻겠지만, 자이나교도들은 상해를 최소화하려고 노력한다. 노령이나 불치병으로 고통을 마침내 피할 수 없을 때는 자살도 허용된다. 그것은 단식을 통한 자살로 '살레카나'sallekhana라고 불린다.[9] 살레카나는 이승에서 저승으로 가는 하나의 예식이다. 불교의 고승들이 죽을 때 곡기를 끊고 점잖게 앉아서 죽음을

---

8 존 M. 콜러 저, 허우성 역, 『인도인의 길』 (서울: 소명, 2003/2005), 226쪽.
9 라다크리슈난, 이거룡, 『인도철학사』 II, 113쪽, 원주 28).

맞이하는 자세와 같다. 자살은 출가자만이 아니라 신도들에게도 허용된다. 남은 죽이지 않지만, 나는 죽일 수 있다는 박애와 희생의 극한에 이르는 윤리관이다.

자이나교도들은 윤회를 믿었다. 그들은 많은 무생물에도 영혼이 있다고 생각했다. 식물도 영혼을 가짐은 물론이다. 사실상 식물에도 영혼 psyche(숨, 라틴어에서 anima로 번역됨)이 있다고 생각한 것은 아리스토텔레스를 위시한 그리스인도 마찬가지였다. 그에게 영혼을 가진 것(animal)은 동물만이 아니고 식물도 포함되었다. 이동을 하거나 성장을 하는 움직이는 모든 것들은 애니메이션animation의 주인공이 될 수 있었다.[10] 풀이나 벌레뿐만 아니라 땅이나 불의 원소도 자신의 영혼을 갖고 있어서 재생을 통해 다시 태어난다. 따라서 영혼을 가진 것들을 죽이는 것은 악업을 자꾸 쌓는 일이었다. 이렇듯 자이나교도들의 불살생은 윤회와 업의 이론과 밀접한 관계를 갖는다.

불살생 또는 불상해의 으뜸 원칙이 자이나교도들이 버금의 윤리로 제시하는 '거짓말을 하지 말라'는 규범과 상치되면 으뜸은 버금에 앞선다. 사냥꾼에 쫓기는 노루를 보고, 그들에게 간 쪽과 거꾸로 가르쳐줘도 죄가 되지 않는다. 생명을 살리는 것이 무엇보다도 우선한 최고덕목이기 때문이다. 신에게 드리는 희생제의도 불살생의 원칙에 어긋나는 것이었다. 그들에게 불살생은 신과 『베다』의 권위도 거부하게 하는 지고지상의

---

10 고대사유에서 물활론(物活論 : hylozoism)은 매우 보편적임을 잊지 말자. 물질은 살아있으며 영혼을 갖고 있다는 생각에서 오늘날의 말라죽은 물질에로의 변환이 이루어진 것은 근대과학의 탄생과 발맞추는 것이다. 우리가 조금만 여유를 부리면 물활론은 곧장 우리의 친구가 될 수 있다. 마치 '산이 아프잖아', '물이 더럽다잖아' 정도로 말이다.

명령이다. 이런 원칙들 때문에 자이나교도 비정통사상으로 취급되는 것이다.

자이나 교리에서 놀라운 것은 그들이 만들어내는 지식론이다. 그들은 지식을 다섯 단계로 구별하여 감각에 독립된 완전지kevalajñāna에 이르는 길을 제시한다. 지식은 영혼 속에 순수하게 존재하여야 하는 것이지만 우리를 둘러싸고 있는 미혹에 의해 은폐된다. 많은 상대적 앎naya(바른 앎jñāna과 구별되는)은 관점의 부분성이나 일반화 그리고 순간화에 따른 결과물이다. 예를 들어 집합관념에 따라 학파들의 관점이 다르다.

자이나교는 보편과 특수 간의 구별 - 비록 상대적인 것으로 간주된다 할지라도 - 을 인정한다. 상키야 학파와 아드와이타 베단타 학파는 특수를 부정한다. 니아야 바이셰시카 학파는 양자 모두를 받아들이며, 구체적인 사물을 보편과 특수로 이루어진 복합체로 본다. 그러나 자이나교는 양자 간의 구분을 상대적인 것으로 보는 반면에, 니아야 바이셰시카 학파는 그것을 절대적인 것으로 본다.[11]

이런 식으로 보면, 유물론이나 다원론은 경험vyavahāranaya 관점에, 실재의 연속성이나 자기동일성을 순간으로 보는 불교는 찰나 관점ṛjusūtranaya에 빠져있는 것이 되고 만다. 관점의 오류nayābhāsa로 이루어진 상대적 지식에서 벗어나 그것을 초극하는 절대지의 추구가 자이나 인식론의 핵심이 되는 것이다. 이를 위해 그들이 제시하는 것이 일곱 명제로 된 사고법

---

11 라다크리슈난, 이거룡, 『인도철학사』 II, 77쪽.

이다.

　이른바 칠구표시법七句表示法: saptabhaṅgī은 7종 표현을 뜻하는 것으로 이 사고는 모두 '아마도…일 것이다'로 언급된다. 절대적이거나 단정적인 사고를 거절하고 불확정성을 드러내는 어법이다. 그래서 정해져 있지 않다는 뜻에서 '부정주의'不定主義: anekānta라고 한다. 일상용어로는 '일곱 아마도'라 해도 좋아 보인다.

　　1. 아마도 그럴 것이다. (Syād asti.)

　　2. 아마도 그렇지 않을 것이다. (Syād nasti.)

　　3. 아마도 그러면서도 그렇지 않을 것이다. (Syād asti nasti.)

　　4. 아마도 말할 수 없을 것이다. (Syād avaktavya.)

　　5. 아마도 그렇거나 말할 수 없을 것이다. (Syād asti avaktavya.)

　　6. 아마도 그렇지 않거나 말할 수 없을 것이다. (Syād nasti avaktavya.)

　　7. 아마도 그러면서도 그렇지 않을 것이거나 말할 수 없을 것이다.
　　　(Syād asti nasti avaktavya.)

　모든 것이 이에 해당된다. 일상생활에서 우리가 이런 판단에서 벗어나지 못한다는 것을 예를 들어 말해보자.

　　1. 아마도 흙은 단단하다. (집을 짓지 않는가?)

　　2. 아마도 흙은 단단하지 않을 것이다. (집을 짓기 위해 흙을 파지 않는가?)

　　3. 아마도 흙은 단단하면서도 단단하지 않을 것이다. (흙에 따라 다르다.)

　　4. 아마도 흙을 말할 수 없을 것이다. (어떤 흙을 말하는가? 진흙인가,

찰흙인가?)

5. 아마도 흙은 단단하거나 말할 수 없을 것이다. (집을 지을 수 있지만 무너질지 모른다.)

6. 아마도 흙은 단단하지 않거나 말할 수 없을 것이다. (집이 무너질 수 있지만 무너지지 않을지도 모른다.)

7. 아마도 흙은 단단하거나 단단하지 않으면서도 말할 수 없을 것이다. (집을 지을 수도 짓지 못할 수도, 아무런 말도 못할 수도 있다.)

예쁜 여자를 대입시켜도 좋다. 오늘 선 볼 여자는 아마도 예쁠 것이다(1), 예쁘지 않을 것이다(2), 예쁘면서도 예쁘지 않을 수도 있을 것이다(3), 아니 말할 수 없을 것이다(4), 아니 예쁘거나 말할 수 없을 것이다(5), 아니 예쁘지 않거나 말할 수 없을 것이다(6), 아니 예쁘지도 예쁘지 않을 수도 있거나 말할 수 없을 것이다(7). 선을 보고 와서 '그래, 예뻐?'라고 집안 사람이 물어볼 때, 이런 대답은 대체로 유효하며 평상적이다. 보통의 여자는 예쁘지도 예쁘지 않지도 않다. 그리고 예뻐 보일 수도 그렇지 않을 수도 있으면서도, 심리적 또는 경제적 조건에 따라 말할 수 없는 것이 있을 수도 없을 수도 있다.

우리의 판단은 실상 이상의 일곱 가지로 이루어져 있다. 표현상 추측법을 쓴 것은 일곱 가지를 모두 감안해야 참다운 앎을 알 수 있다는 뜻일 것이다. 말할 수 없음은 회의론의 시작이지만, 그것은 또한 엄격한 지식을 추구하는 첫걸음이 아닐 수 없다. 자이나교의 '이렇거나 이렇지 않다'Syād asti nasti.는 사고는 곧이어 일원론적인 샹카라 학파에 의해 비판받는다. 동일률에서 본다면 'A이면서 -A'라는 사고는 불가하기 때문이다.

자이나교도 'A이면서 -A'라는 사고를 밀고 나간 것은 아닌 것으로 보인다. 그들은 다만 개념의 상대성을 지적하면서 한 개념의 복합성을 강조한다. 이른바 '차별성 속에서의 동일성'bhedābheda: identity in difference[12]이 그것이다. 자이나는 여전히 불변하는 영혼이 있고, 그 영혼이 윤회의 주체이며, 따라서 영혼의 정체성은 보장되어야 하기 때문이다. 그러나 이어 뒤에서 말하겠지만 무아를 강조하는 불교는 영혼을 부정하면서 'A이면서 -A'라는 사고를 적극적으로 수용하려는 경향이 짙다. 이 점이 자이나교와 불교의 논리적인 차이이기도 하다.

자이나교는 논리로 무장된 철학체계이다. 존재는 영혼jīva: 命我과 비영혼ajīva: 非命我으로 나뉜다. 영혼을 대표하는 것은 의식이다. 비영혼에는 형태를 지닌 물질rūpa과 형태를 지니지 않은 것arūpa으로 나뉘는데, 형태가 없는 것으로는 시간과 공간 그리고 운동의 법칙dharma과 정지의 법칙adharma이 있다. 철저한 이원론적 사고이다. 그런데 어떻게 비영혼이 영혼에 영향을 미치는가? 자이나교 수행론의 핵심이 이 문제와 관련되어, 업이 부각된다. 영혼의 주위에는 물질적 업이 실체를 갖고 미세하게 있어, 영혼에 달라붙는다. 영혼과 비영혼의 연결고리를 업으로 설명하는 것이다. 이때 업은 물론 물질적이다. 사람은 그것이 달라붙은 업신業身: karmaṇaśarāra으로 세상을 산다. 따라서 고행은 그 업을 떼어버리고 순수한 영혼을 일구는 일이다. 그를 통해 해탈mokṣa을 얻는다.

영혼과 비영혼의 구별을 전통적으로 '명아'와 '비명아'로 나눌 때, 그

---

12 라다크리슈난, 이거룡, 『인도철학사』II, 83쪽.

의미는 '생명적 자아'와 '비생명적 자아'로 해석될 수 있다. 그런데 그들의 생명관이 불도 켜거나 끄지 않아야 할 정도로 폭넓고, 자아의 의미에 시간과 공간이나 운동과 정지의 법칙이 들어가지 않는다는 점에서 명아나 비명아라는 번역어는 현대어로서 적당하지 않다. 나조차도 영혼과 육신으로 나뉘고, 물질적인 육신에 반해 영혼은 영원하기 때문에, 아我: sat와 비아非我: asat라는 구별보다는 영혼과 비영혼이라는 세계의 객관적인 구별이 나아 보인다.

　　신이 없음에도 자이나교에서 신앙생활을 할 수 있는 것은, 비록 물질적 조건이지만 업을 강조하는 것과 밀접하다. 업 때문에 우리의 영혼이 자유롭지 못하다. 업신은 우리가 해탈할 때까지 영혼에 달라붙어 우리를 방해한다. 정신적인 업bhāvakarma은 영혼에 달라붙고, 육체적인 업dravyakarma은 육신에 달라붙어 우리가 윤회에서 벗어나는 것을 가로막는다. 정신적인 업은 업 물질을 만드는 행위이고, 육체적인 업은 업 물질이 영혼에 달라붙게 하는 행위이다. 음험한 생각(몸身, 입口, 뜻意 가운데 뜻)으로 내 영혼 주위에 물질적인 업을 만들어내고, 그것을 입에 담거나 몸으로 옮기면 내 영혼에는 업 물질이 달라붙는다. 따라서 업을 씻는 행위는 우리에게 주어진 의무이고 누구나 그 업으로부터 벗어난 영혼을 원한다. 영혼은 업신 때문에 지옥, 축생, 인간, 천계로 떨어지게 되고 우리는 이러한 윤회를 벗어나 해탈을 꿈꾸게 되는 것이다. 인격적인 주재자는 없지만 물질적인 조건과 상황 때문에 벌어졌거나 벌어질 과거와 미래의 세계 때문에, 우리는 엄격한 윤리와 규율에 따라 살게 된다. 정신적인 것이 어떻게 물질적인 것을 낳는지, 정신에 달라붙은 물질이 어떻게 떨어져나가는지, 그들은 나름대로 상세히 설명하고 있다. 오늘날의 관점에서 정신과 물질을 완전히 다른 실체로 설명하는 데 익숙한 현대인으로서는 그 점이 못마땅할 수도 있겠지만, 실체를 그렇게 엄격하게 나눈 것은 데카르트 철학 이후에야 벌어진 일이다.

자이나교는 우주의 질서에 대한 이해 그 자체만으로 인간에 대한 윤리적 선택을 가능하게 한다. 신이 없는데도 어느 종교보다도 엄격한 계율을 갖는 것은 바로 그들이 이해한 세계 때문이다. 나의 짓거리가 나를 만들고 있다는 그 엄격한 판단이, 스스로를 제어하고 통제하게 한다. 나의 몸, 나의 입, 나의 뜻이 문제다. 이 점은 불교와도 흡사하다. 나아가 업을 물질로 보는 것은 인도의 감각적 유물론의 전통과 상응한다.

자이나교는 서양철학과 곳곳에서 비교될 수 있다. 이 점은 차르바카 유물론과의 영향 관계를 고려하면 더욱 선명하게 드러난다. 마르크스가 고대 그리스의 원자론의 비판으로부터 변증법적 유물론을 만들어내는 것과도 일정 부분 비견될 수 있다. 자이나교에서 말하는 원물질paramāṇu도 서구적인 원자론atomism으로 이해되기도 한다. 현대의 인도철학자로 손꼽히는 라다크리슈난이 자이나교 이해를 위해 동원한 서양철학과 그것에 대한 나의 이해는 다음과 같다.

    가. 정신과 육체: '만일 그 둘이 상호독립적이라면, 왜 영혼이 카르마의
       결과를 감수해야 하나? 그것은 일종의 예정조화pre-established harmony
       이다.'[13] 이것은 라이프니츠의 주장을 원용하는 것이다.
    나. 원자론: '자이나교도들은 동질의 원자들이 다양한 결합에 의하여

---

13   라다크리슈난, 이거룡, 『인도철학사』 II, 90쪽.

여러 가지 요소들을 만들어 낸다. 원자들 간의 질적인 차이는 없다. 이 점은 레우키포스Leukippos와 데모크리토스Democritos의 견해와 일치한다.'[14] 그러나 그것은 오늘날 과학에서 말하는 여러 요소로 이루어진 다원론적 원자론이 아니다.

다. 일원론: '자이나교에서 다원론적인 우주는 단지 상대적인 관점에 불과한 것이며, 궁극적인 진리가 아니다. 라이프니츠가 세계는 무수한 단자單子: monad로 가득 차 있다고 본 것처럼, 자이나교는 우주는 영혼들로 가득 차 있다고 본다.'[15] 창 없는 단자끼리도 섬세하게 감응하듯이, 영혼도 미세한 업 물질이 달라붙는다.

라. 형이상학: '자이나교는 라이프니츠의 단자론이나 베르그송Bergson의 창조적 진화론creative evolutionism에 가깝다. 자이나교의 영혼은 베르그송의 생명요소life element와 일치하고, 경험의 주체로 라이프니츠의 단자에 상응한다.'[16] 자이나교가 원자론적 사고를 지녔으면서도 다원론에 빠지지 않고 유물론과 상치相馳되는 까닭이다.

자이나교는 과학적이지만 기계론적이지 않고, 영혼이 물질에 영향을 받지만 극복할 수 있고, 영혼은 궁극적으로 물질에 물들지 않은 청정한 영혼siddhātman을 지향한다. 그리스 다원론에서 라이프니츠의 일원론에로, 천박한 과학론에서 창조적 진화론으로 나가고 있는 자이나교를 우리는 보고 있는 것이다.

---

14 라다크리슈난, 이거룡, 『인도철학사』 II, 101쪽.
15 라다크리슈난, 이거룡, 『인도철학사』 II, 121쪽.
16 라다크리슈난, 이거룡, 『인도철학사』 II, 122쪽.

그러나 라다크리슈난은 우리의 주제와 관련하여 철저하지 않거나 지나치게 철저한 두 가지 입장을 갖고 있다. 결국은 하나로 통할 수 있는 이 문제는 카스트 제도와 관련된다.

　　라다크리슈난은 자이나교의 논리에 충실하다보면 어쩔 수 없이 일원론으로 나가고 절대자를 위에다 놓을 수밖에 없음을 줄곧 강조한다. 후대에 나오는 베단타 학파가 정통철학이라는 입장에서 자이나교를 비판하고 있는데, 그는 베단타의 위대한 철학자 상카라의 주장을 거의 전적으로 받아들이고 있다. 『우파니샤드』에 뿌리를 두는 일원론적 베단타 철학이 철학의 완성이라는 입장이다. 자이나교에 대한 비판을 요약하면 아래와 같다.

　　- 빛과 어둠이 하나가 아니듯이 존재와 비존재가 동시에 하나의 사물에 속할 수 없다.[17]
　　- 다원성은 상대적이고 부분적인 진리에 불과하므로 어떤 일자에 대한 추구를 하지 않으면 스스로의 논리를 왜곡하는 것이다.[18]
　　- 모든 형태의 지식이 다른 어떤 것으로 옮겨가는 상대성을 인정하는 것은 [절대지絶對知를 추구하는 한] 절대자의 존재를 상정하지 않을 수 없다.[19]
　　- 영속하는 것은 그 본질이 의식인 영혼이므로 논리적으로 다원론을 견지할 수 없다.[20]

17　라다크리슈난, 이거룡, 『인도철학사』 II, 83쪽.
18　라다크리슈난, 이거룡, 『인도철학사』 II, 85쪽.
19　라다크리슈난, 이거룡, 『인도철학사』 II, 87쪽.

－ 따라서 우리는 상카라에 의해서 제창된 엄격한 일원론으로 인도되
며, 자이나교의 다원론적인 실재론은 논리추구의 과정에 멈춰 서서
그 이상을 묻지 않았다.[21]

라다크리슈난은 자이나교와 불교를 비판하고 미망사 학파 건립으로
바라문교 부흥에 앞장 선 쿠마릴라를 비롯하여, 상카라와 라마누자의 이
론을 신봉하는 것으로 보인다. 그런데 문제는 라다크리슈난의 일원론적
관념론이 자이나들이 주장했던 계급의 평등이론까지도 홀시한다는 데
있다. 그는 자이나교를 브라만 계급의 독점적 통제를 비판한 공평무사한
크샤트리야 계급의 반항으로 이해하는 자이나교 학자의 주장은 전혀 근
거가 없다고 말한다. 인생의 네 번째 과정인 산야신sannyāsin: 遊行者의 권리
를 브라만에게만 부여했다고 하지만 상위의 모든 계급들에게는 아슈라
마aśrama[22]가 허용되었으며, 반발이 있었다면 브라만 계급과 비슷하게 선
하거나 악한 크샤트리야가 아닌 다른 계급에 의해서 주도되었을 것이라
는 것이다.[23]

그러나 이런 답변은 정말 흡족하지 못하다. 우리가 문제 삼는 것은

---

20 라다크리슈난, 이거룡, 『인도철학사』 II, 88쪽.

21 라다크리슈난, 이거룡, 『인도철학사』 II, 129쪽.

22 인생을 4단계로 나누어보는 것으로 정확히는 아슈라마 다르마(aśrama dharma)를 말한다.
베다시절의 아리아인의 삶이 베다를 배우는 시절, 집에서 사회적 의무와 의례를 다하는 시
절, 의례를 떠나 단식과 고행을 하는 시절, 떠돌아다니면서 궁극자와 합일을 꾀하는 시절로
나뉨을 가리킨다. brahmacārin(學生期/梵行期)-gṛhastha(家住期)-vānaprastha(林棲期)-sannyāsa
(遊行期). 라다크리슈난, 이거룡, 『인도철학사』 I, 189-90쪽과 184쪽.

23 라다크리슈난, 이거룡, 『인도철학사』 II, 68쪽.

상위계급이 아니고 오히려 하위계급이다. 불교처럼 모든 천민들에게도 수행과 해탈의 기회를 주려는 논의도 있는데, 라다크리슈난의 입장에는 자이나교가 고려하는 하위계급에 대한 배려가 눈에 들어오지 않는 듯하다. 게다가 혁명이란 무언가 있는 계급이 주도하기 마련이다. 프랑스 혁명을 부르주아 혁명이라 부르듯이, 돈은 있지만 지위와 명예가 없는, 상위에 가까워졌지만 상위가 아닌 부르주아들이 혁명을 주도하는 것이다. 불교의 반브라만 운동도 크샤트리야 출신의 깨달은 이에 이끌려진 것을 보라. 자이나와 불교의 기원을 설명하면서 우리는 라다크리슈난의 이어지는 말처럼 '반브라만적인 편견을 애써 고안[24]할 필요를 느끼지 않는다. 그러나 자이나와 불교는 분명 브라만적 불평등을 자신들의 논리로 논박하고 있다.

　자이나교는 알다시피 모든 폭력과 상해를 혐오한다. 한낱 벌레에까지도 미치는 그들의 아힘사가 유독 천민계급에만 미치지 않았으리라는 것은 어불성설이다. 벌레도 잡지 않는 그들이 어떻게 사람의 형태를 지닌 것들을 구속하고 난폭하게 다루었겠는가? 하다못해, 그들은 윤회와 업을 받아들였지만, 업은 단순한 물질이지 신에 의해 주어진 것이 아니고, 윤회도 업신이 영혼에 달라붙어 이루어지는 것이지 신의 뜻으로 좌지우지되는 것이 아니다. 모든 사람은 수행의 주체이다.

　라다크리슈난은 행위에 의해 브라만, 크샤트리야, 바이샤, 수드라가 된다는 관점에서, '자이나교도가 카스트 제도를 반대하지 않으며 단지 그

24　라다크리슈난, 이거룡, 『인도철학사』 II, 68쪽.

165
제3장 인도의 3대 종교개혁

것을 인간의 성품에 따른 것으로 보려 한다'[25]고 한다. 그러나 타고나면서 자신의 행위가 정해져 있는 계급사회에서 그것을 벗어나는 것은 극히 힘들다. 계급은 신분이 아니라 직업에 따른 분류라는 애매한 구별도 카스트의 편견과 폭력을 설명하기에는 역부족이다.

라다크리슈난은 세계를 위한 관념론의 구축에는 성공했을지는 몰라도, 인도 내의 억압받는 계급의 문제에 대해서는 보수적이었다. 그가 계급제에 대해 부드러운 입장을 취하는 것은 그 자신이 『베다』의 전통에서 『베단타』의 일원론을 지지했기 때문으로 보인다. 그는 자이나의 모든 것은 정해질 수 없다는 부정주의를 넘는 일원론적 절대주의의 이상을 갈구하고 있다.

5. 불교의 역사성과 법

불교는 자이나교와 닮았다. 엄청난 흡사점이 있다. 시기적으로도 그렇고, 주장의 내용도 그렇다. 형이상학적으로는 둘 다 무신론이고, 현실적으로는 둘 다 계급타파를 주장한다. 불교와 자이나의 비슷함에 대해 지적한 사람들은 많다. 아래는 라다크리슈난을 포함하여 그가 거론한 두 종교 간의 합치와 불합치에 대한 나의 요약이다.[26]

---

25 라다크리슈난, 이거룡, 『인도철학사』 II, 113쪽.
26 라다크리슈난, 이거룡, 『인도철학사』 II, 64-7쪽.

- **바르트(Barth)** : 바하비라와 붓다는 전설상 맞닿은 점이 있기 때문에 동일인이다. 둘 다 왕족이고 친척과 제자 중에 동일한 이름이 나타난다. 동시대의 동일한 지역에서 태어나고 죽었다. 지나Jina는 기원전 526년, 붓다는 기원전 543년으로 비슷하다. 불교처럼 자이나교도도 마우리야 왕조에 의해 비호된다. 베하르, 구제라트, 아부산 등 성지가 같다. 교의, 조직, 종교적 의무와 전통이 일치한다. 따라서 두 종교 중의 하나가 다른 종파이거나 모방일 것이다. 그리고 불교는 기원전 3세기부터 문헌이 나오지만, 자이나교의 명백한 증거는 기원후 5세기 이전으로 거슬러 올라가지 못한다. 불교의 팔리어는 고대어이지만 자이나의 아르다 마가디어는 후대의 프라크리트 방언이다. 자이나교의 교의 자체에서 보이는 성숙한 체계화, 색다른 경향, 자체의 고대성에 대해 고심하는 내적 특성을 감안한다면, 불교가 더 본래적이다.

- **콜브룩(Colebrooke)** : 자이나교가 모든 것에 영혼이 있다는 믿음을 받아들이기에 불교보다 오래 되었다.

- **라다크리슈난** : 힌두교 경전은 자이나교와 불교를 결코 혼동하지 않는다. 전통적으로도 다른 종교로 본다.

- **궤리노(Guérinot)** : 출생, 어머니의 죽음, 수행, 깨달음과 죽음에서 다르다. (바르다마나는 기원전 599년에 바이샬리에서, 고타마는 기원전 567년 카필라바스투에서 태어났다. 바르다마나의 양친은 장수했지만, 고타마의 어머니는 그를 낳자마자 죽었다. 바르다마나는 친척들의 동의 아래 출가했지만, 고타마는 아버지의 뜻을 거슬렀다. 바르다마나는 12년 고행했지만, 고타마는 6년만에 깨달음을 얻었다. 바르다마는 기원전 527년 파와에서, 고타마는 기원전 488년경 쿠시나가르

에서 죽었다.)

- **야코비**(Jacobi) : 자이나교가 불교보다 빠르다. 불경에 나오는 속박에서 자유로운 자(Niggaṇṭha: 때로 g가 하나. 한역불경의 尼乾陀 또는 尼乾子 -인용자-)들은 바르다마나의 추종자들이고 기원전 4세기 이전에 살았다. 팔리 불전의 나타풋타^{Nātaputta}는 바르다마나를 가리킨다. '니간타 나타풋타는 모든 것을 알고 이해하며, 완전한 지혜와 믿음을 선언하며, 고행에 의한 카르마의 없앰과 불행의 소멸을 가르친다.'(『범망경 (梵網經)』: Brah-majālasutta)

- **스미스**(Vincent Smith) : 아쇼카 왕의 포고령에서 자이나교 종파를 언급한다.

- **푸생**(M. Poussin) : 자이나교도들이 석가모니보다 몇 년 앞서거나 재조직된 엄격한 탁발수행자 집단이다.

나의 개인적인 경험으로도 우리식으로 녹야원^{鹿野園}으로 불리는 석존의 최초 설법지인 사르나트 등 불교도들이 찾는 성지에 비록 숭배의 대상이나 위치가 다르더라도 자이나교도들의 발걸음이 끊이지 않는 것을 보고 이 둘의 관계를 어떻게 설정해야 할지 심각하게 고민한 적이 있다. 석존의 시대뿐만 아니라 오늘날까지도 그 둘은 이론상, 실천상 유사성을 떨쳐버리지 못한다. 그 둘에게 모두 세계는 고통스럽고 우리는 업을 소멸해야 한다. 그들도 불교도처럼 108염주를 돌린다. 그 둘은 오늘날의 많은 연구에 의해 각기 독립적인 것으로 정립되고 있지만, 불살생, 업 그리고 열반^{nirvāṇa} 등의 이론상의 비슷함에 대해서는 아직도 많은 연구를 기다리고 있다. 불교를 이야기하면서 자이나교와의 유사성을 말하는 까닭이 여기에 있다.

불교는 자이나교의 무엇이 불만족스러웠을까? 마찬가지로 자이나
는 불교의 무엇이 만족스럽지 않았을까? 바르트가 말하듯이 이론적인 체
계화 면에서 자이나가 훨씬 정교하다면 불교가 자이나에 앞서고, 콜브룩
이 말하듯이 영혼을 인정한다는 점을 부각한다면 자이나가 불교에 앞선
다. 여기서 나는 서술의 편의상 자이나교를 불교에 앞세웠다. 티르탕카
라를 일컬으면서 자신들의 종주宗主를 지나치게 앞당긴다는 점이 오히려
자이나교의 이론화가 불교보다 뒤늦을 것이라는 추측을 하게 하지만, 불
경에서 니간타를 말함은 이미 그들이 불교에 앞서거나 뒤서거나 하면서
체계화를 갖추고 있음을 보여준다. 따라서 우리가 물어야 할 것은 그 두
종교 간의 차이점이다. 그 차이점으로 불교이론의 독자성을 말할 필요가
있다. 하나 더 욕심을 내서, 자이나교와 상키야 학파數論의 차이,[27] 불교
와 상키야 학파의 차이[28]가 자이나교와 불교의 차이와 더불어 밝혀진다
면 불교가 훨씬 분명한 제 모습을 드러낼 수 있을 것이다. 셋 다 모두 무
신론적이지만, 자이나는 영혼에, 불교는 연기에, 상키야는 무가 아닌 유
에 더욱 관심을 기울인다.

---

27 콜브룩은 자이나교와 상키야 철학을, '공히 물질의 영원성과 세계의 영속을 믿는다'는 점, '이
원론으로, 단지 상키야 학파가 물질 세계와 생물계의 전개를 푸루샤와 프라크리티의 두 원리
로 부터 끌어내고 있음에 비하여, 자이나교는 이 모든 것의 근원을 원물질에서 구한다'는 점
을 들어 공통점을 강조한다. 그러나 라다크리슈난은 그런 유사성이라 피상적이라 하면서 영혼
을 능동적으로 보는 자이나교는 영혼을 부동의 관조자로 보는 상키야의 입장보다는 오히려
니아야 바이셰시카 학파와 공통점을 지닌다고 반박한다. 라다크리슈난, 이거룡, 『인도철학
사』II, 67쪽.
28 이 방면의 연구는, 정승석의 박사논문(1991)의 출판본인 『인도의 이원론과 불교 – 인도 상캬
철학의 전변설』(서울: 민족사, 1992)이 독보적이다.

라다크리슈난은 '업과 윤회의 문제에서 보이는 불교와 자이나교 간의 유사성은 큰 의미가 없다'[29]고 한다. 왜냐하면 그것은 인도의 모든 철학에서 공통적이기 때문이라는 것이다. 그러나 그렇게 보면 인도의 종교 사상들이 다를 바가 없이 대동소이하게 되기 쉽다. 인도철학으로부터 불교를 구해내려는 시도도 무의미해지고 만다. 자이나교와의 차별성에서 불교의 독자성을 찾아내는 것도 불가능해진다. 인도의 많은 경전이 그러하듯이, 자이나와 불교는 구별되어왔고 오늘날도 불교도와 자이나교도는 구별된다.

첫째, 자이나교는 물질과 구별되는 영혼, 순수성, 불멸성을 말하지만, 불교는 영혼의 부재를 말한다. 자이나교는 이원론에 충실하다. 그것은 영혼을 비영혼과 구별하려는 의도에서 비롯된다. 비영혼의 것들이 영혼을 구속한다. 그들에 따르면 업도 물질적인 것이라서 우리의 영혼에 미세하게 달라붙는다. 우리의 몸도 그래서 업신, 곧 업덩어리이다. 업의 최소화가 우리의 지상명령이고 그를 달성하기 위해 불살생의 원칙을 지킨다. 업을 짓지 않고 영혼의 순수함을 이루었을 때 그는 승자로서 자이나교의 숭배대상이 된다. 그러나 불교는 영혼을 말하지 않는다. 영혼이란 자아의 불멸성을 말하는 것이다. 자아는 고정적이지 않은 변화 속의 것이다. 만물과 마찬가지로 나도 일정함이 없이 흐른다. 항상성도 없고, 고정성도 없다. 무아無我를 바탕으로 삶도 삶의 원칙도 무상無常하고 무주無住하다. 불교에서 영혼이 없음은 정신의 부재를 가리키는 것이 결코

---

29 라다크리슈난, 이거룡, 『인도철학사』 II, 67쪽.

아니다. 그것은 자기영속성에 대한 인간의 습관적 사고에 대한 비판이다. 산 나도 정체성이 없는데, 죽은 내가 정체성이 있을 리 없다. 자이나교는 영혼의 해탈을 위해서 철저한 이원론을 제시했다. 그러나 불교는 후기로 갈수록 정신과 물질의 연관성에 집중하여 '마음'의 일원론을 제기한다. 물건은 내 정신을 흔들리게 하지만, 나의 정신은 물욕을 참아내게 만든다. 그 사이에 마음이 있고, 그것은 정신과 물질을 통틀어 가장 근본적인 요소이다.

둘째, 자이나교는 원자론적 사고를 갖는 반면, 불교는 그러한 물질을 운동의 중심으로 보는 실체관에 인색하다. 이원론적인 사고는 여느 철학과 마찬가지로 그 둘의 관계 설정이 가장 큰 문제로 제기된다. 자이나교는 원자가 미세하게 달라붙는다는 설정으로 영혼과 비영혼의 교섭을 설정한다. 그 원자는 오늘날처럼 다원적이지 않고 일원적(정확히는 단원적)이기에 데모크리토스적이지 않고 라이프니츠적이다. 거꾸로 그 원자는 관념적이지 않고 물질세계의 근본이기 때문에 라이프니츠적이지 않고 레우키포스적이다. 한마디로 자이나교의 원질은 단일 형태의 물질적 원자로, 소재素材는 그리스적 원자론을 닮고 기능과 역할은 독일의 관념론을 닮았다. 불교에서 물질을 과연 세계의 근원으로 보는가? 불교도 인도의 전통에서 세계의 요소로 지수화풍을 말하고 그것에 기반한 감각에 대한 이론을 전개하지만, 물질로서의 실재에 대한 관심은 자이나교에 비해 훨씬 떨어진다. 그것이 바로 실체dravya에 대한 이해방식의 차이이다. 자이나를 위시해서, 바이셰시카와 차르바카 학파는 모두 실체를 중시했다. 그 실체는 물건들things로서, 서구형이상학에서 말하는 본질essence의 의미와 매우 다르다. 서양철학에서 실체는 플라톤 이후 본질적인 것이라서 현상적이지 않다. 그러나 인도인들이 말하는 실체dravya는 그야말로 우리의 감각에 주어진 그런 '것'들이다. 불교는 물질의 근원이 서로 기대어 만들어지기 때문에 무아無我라고 하고, 이 물질이 저 물질로 변화하기 때문에 무상無常하다고 한다. 만들어지고 이어나가고 무너지고 없어지는 것, 전통적인 용법에서 말하는 '성주괴공'成住壞空이 물질의 본질이다. 따라서 실체에 대한 관심보다는 그것을 받아들이는 우리의 감수感受 체계에 더욱 관심이 많다. 이른바 '오온'五蘊: 舊譯은 五陰; five aggregates, skandhas(사람을 이루는 다섯 가지 혼성물)이 그것으로 물질의 세계인 색色: rūpa, form(몸body)과 우리의 인식작용인 명名: nāma, name(마음mind)이라는 대별 아래, 명을 다시 수受: vedanā, feeling, 상想: saṃjñā, perception, 행行: saṃskāra, mental formation, 식識: vijñāna, consciousness으로 분류한다.[30] 이렇듯 불교는 사람 쪽으로 와서 분석하길 좋아하며 급기야 현상세계 그 자체를 오온으로 일컫기도 한다. 우리 식으로 번역하면 감각, 지각, 구성, 의식에 해당된다. 여기에 외재물이 자리할 구석은 많지 않다. 자이나교는 업을 만드는 물질에 신경을 많이 쓰지만, 불교는 사물에 항상성이 없기 때문에 그것을 받아들이는 감관작용에 더욱 관심을 쏟는 것이다. 오온이란 표현 자체는 감각적 유물론의 영향이 강하지만, 불교가 후대로 갈수록 물질론과 거리를 두면서 오온은 현상세계 전체를 의미하게 된다. 이를테면, 불교해석학으로서의 아비달마 학파에 따르면, 오온 가운데 식이 '마음의 왕'(심왕心王)으로서 세계 이해의 중심에 서고 나머지 셋인 수, 상, 행은 '마음에 딸린 것'(심소心所 또는

---

30 영어 번역은 틱낫한의 것을 따랐다. Thich Nhat Hanh, The Heart of the Buddha's Teaching (New York: Broadway Books/ Berkeley: Parallax Press, 1998), p. 36n, pp. 176-83 & p. 227.

심소유 心所有; belongings)으로 설명된다.

셋째, 자이나교는 윤회를 말하면서 그것에서 벗어나는 방도로서 실천적 행위의 중요성을 부각하지만, 불교는 연기를 말함으로써 신에 의해 결정된 윤회가 아닌 인간행위의 윤리적 인과성을 강조한다. 인도사유 가운데 가장 '윤리적'인 학파는 자이나교와 불교를 꼽을 수 있다. 여기서 '윤리적'이라 함은 인간의 도덕적 행위로 인간과 세계를 변화시킬 수 있다는 믿음이다. 신이 개입하지 않고도 인간 스스로 윤리적 상황을 창조하며, 개혁하고, 실현한다. 선악의 규율을 정하고 그 기준에 따라 행동함으로써 그는 인간으로서 범하는 죄악을 씻고 마침내 삶의 질곡에서 해방된다. 여기까지는 자이나교와 불교가 같다. 그러나 자이나교도는 전통 종교사상의 하나인 윤회를 받아들이지만, 불교는 그 윤회를 연기라는 인과율로 재해석한다. 자이나교도에게 윤회는 신이 개입되지 않는 자연의 진정한 모습으로, 일종의 자연법칙과도 유사하다. 영혼은 무수히 많고 무한한 공간을 점유하기 때문에 돌고 또 돌며, 사람으로 태어나는 것도 보통 행운이 아니다. 그러나 나의 윤회에 절대자가 개입하는 것은 아니다. 윤회라는 영혼의 현상이 있고 내가 쌓은 업에 의해 윤회가 결정될 뿐이다. 윤회는 사실이지 신앙의 대상이 아니다. 내가 수행함으로써 나는 윤회에서 벗어날 수도, 벗어나지 못할 수도 있다. 그런데 불교는 윤회조차 받아들일 수 없다. 영혼이 없고, 나의 정체성도 없는데, 어떻게 윤회할 수 있는가? 한마디로 윤회의 주체가 없다는 것이다. 그러면 세계의 온갖 현상을 윤회가 아닌 다른 어떤 것으로 설명할 수 있는가? 나의 고통과 부조리는 어디서 왔는가? 내가 없는데 업이 쌓일 곳도 없고, 업이 쌓이더라도 없앨 수도 없지 않는가? 여기서 불교는 모든 것은 연기에 의해 이루어진다고 설명한다. 연기는 업의 완전한 도덕적 이해를 가능하게 해준다. 나도, 나의 고통도, 나의 미래도 업의 흐름 속에서 이루어지고 있다. 나는 나와 나를 둘러싸고 있는 모든 것이며, 나의 고통은 내가 알게 모르게 저지르고 있는 행위의 결과물이고, 나의 미래는 결국 이런 모든 것들이 합쳐져 이루어진다. 이때 카르마는 인간적 행위에 다름 아니다. 만물에 대한, 사회에 대한, 자기에 대한 행위의 쌓임, 곧 성업成業이고 패업敗業이며 총괄적인 업적業績이다. 자이나교에서 업은 신의 손으로부터 떠났지만 윤회의 신화를 벗어나진 못했다. 그러나 불교의 업은 아무런 초인격적이고 초자연적인 굴레도 없다. 인간과 사회의 굴레만이 윤리적 주체를 중심으로 남을 뿐이다.

불교는 이처럼 자이나교와 다른 점이 확연히 있다. 불교는 영혼의 불멸을 믿지도 않고, 세계가 물질적 원자로 이루어져 있다고도 믿지 않고, 윤회가 신에 의해서 주어진다고 믿지도 않았다. 자이나교는 물질과 대비되는 영혼이 있었기 때문에 영혼이 떠돌다 돌아갈 물질세계를 상정했다. 죽으면 영혼으로 남고, 그 영혼은 그곳에서만 노는 것이 아니라 이 세계로 다시 태어나며, 영혼이 덕업 또는 죄업 덕분에 어떤 세상으로 환생할 것인지 결정되고, 그런 윤회에서 벗어나기 위해서 우리 영혼에서 물질적 카르마를 없애기 위해 수행하며, 마침내 그것이 이루어졌을 때 우리는 윤회에서 벗어나서 해탈한다. 영혼이 있기 때문에 그 영혼이 갈 곳을 찾는 것은 추론의 과정상 자연스러워 보인다. 보통의 영혼은 돌고 돌지만, 수행을 통해 업을 모두 떼어내면 드디어 윤회에서 벗어나 해방을 얻는다. 그러나 불교는 영혼을 부정하면서도 불변하는 물질적 실체도 긍정하지도 않았다. 이 세계로 돌아왔으면서도 이 세계 속 사물의 영속적인 실체성을 부인한 것이다. 신이 세계를 창조하지도, 인간은 숙명에 의해 결정되지도 않았다. 자아도, 실체도, 업도 연기에 의한 것이므로 허구이다 — 차후에 개념화된 용어로 하자면, 공空하다.

아울러 실천적인 면에서 자이나교는 혹독한 고행과 철저한 살생금지를 제안하지만, 불교는 고행이 반드시 깨달음을 가져다줄 것이라고 믿지도 않았고 내가 죽이거나 나를 위해 죽이지 않은 고기는 먹어도 된다고 생각했다. 불교는 자이나교처럼 원칙적이기보다는 상황을 이해하려 했다. 남의 집에 가서 '감 내라, 대추 내라' 할 수 없는 것처럼, 얻어먹는 탁발승이 '고기를 넣어라, 빼라' 할 수 없다는 것이다.

불교와 자이나교는 모두 전통의 술어인 업과 윤회를 받아들였다. 자이나는 업을 물질화시켰고 윤회에서 신의 역할을 배제시켰다. 여러 학자들이 그랬듯이, 우리가 자이나교를 보면서 불교와 너무 닮았다는 생각을 하게 되는 것이 이런 점이다. 만일 윤회조차 불교가 받아들였다면, 불교는 자이나교와의 정체성 시비에서 자유로워질 수 없을지도 모른다. 역사를 통해 학파 간, 인물 간의 차이를 세부적으로 토론해야 할 것이지만, 자이나를 불교와 단순하게 대립시키면, 이원론 대 일원론, 영혼불멸 대 영혼소멸, 윤회 대 반윤회라는 구조 아래 논의를 진행시킬 수 있을 것이다. 이런 거친 구별은 문제점이 상당히 많다. 그러나 분명히 해두어야 할 것은, 여기서 불교와 대비되는 것이 결코 중국철학도 아니고,[31] 서양철학도

---

31 중국으로 넘어가면 위의 논의와는 정반대의 상황을 만날 수 있다. 불교를 반대하는 이들이 신멸(神滅)의 입장에서 불교의 신불멸(神不滅)론이 옹호하는 업보와 윤회 문제를 비판하는 것이다. 대체로 신멸의 입장은 하승천(何承天), 범진(范縝)과 같이 외래사상에 대항하려는 전통사상 쪽의 반발에서 비롯되었고, 이를 반대하는 혜원(慧遠)이나 종병(宗炳)은 신불멸의

아니고, 베다나 베단타철학도 아니고, 유식불교나 대승불교도 아니고, 오직 자이나교라는 점이다. 특히 불교 내부의 이론끼리 비교한다면, 위와 같은 대립구조는 각 학파와 그 비판자들에게 모두 적용될 수 있을지도 모른다.

심하게 말하면, 우리가 만나고 있는 불교의 모습이 외견상으로는 힌두교를 닮고 있고, 내용상으로는 자이나교를 닮고 있음을 직시해야 한다는 것이다. 절마다 만나는 수많은 신상神像은 힌두교를 닮고 있고, 신비하고 신화적인 윤회이론은 자이나교를 닮고 있기 때문이다. 종교라는 것이 시간의 흐름을 따라 서로 교섭하고 변통하는 것이지만, 한국의 불교인들이 불교라는 정체성을 진정 갖고 싶어 한다면 불교와 힌두교나 자이나교의 이론적이고 실천적인 차이에 주목해야만 한다.

위의 논의에서 업을 신의 힘이 아닌 자신의 피와 땀으로 이룬다는 점에서, 자이나교의 윤회에서의 탈출Mokṣa을 불교와 마찬가지로 '해탈'이라는 용어로 쓴 것도 그들의 유사함 때문이었다. 우리가 아는 해탈이란 자신의 공력으로 이루는 것이기 때문에, 자이나와 불교에 똑같이 적용될 필요가 있었다. 다른 종파에서의 그것은 넓은 의미에서 해방liberation, 방

전제 아래 성불(成佛), 심(心), 공(空)과 같은 불교의 가르침을 따르고 있었다. 박해당은, 이때 혜원이나 종병에 의해 제시되는 형신(形神) 이원론이 상키야 철학의 정신(puruṣa)과 물질 (prakṛti)의 이원론과 매우 유사하다고 본다. 박해당, 「중국 초기 불교의 인간 이해」, 이효걸, 김형준 외, 『논쟁으로 보는 불교철학』 (서울: 예문서원, 1998), 102쪽. 이렇게 보면 불교가 상키야 학파, 나아가 자이나교와 같은 이원론이 되고 만다. 또한, 중국의 경우가 우리의 논의를 방해하지는 않는다. 첫째, 불교 측에서도 인의와 같은 유가적 가치를 옹호하면서 내생을 부정하는 혜림(慧琳, 「白黑論」)과 같은 이도 있고, 둘째, 당시 논의의 중심에 있는 불교는 대승불교로서 유식종의 '식'(識)과 '법신'(法身)과 같은 개념이 등장하는 신격화된 불교(宗炳, 『明佛論』)의 모습이기 때문이다.

면release, 구원relief으로 쓸 수 있지만, 불교와 자이나의 그것만은 인간에 의한, 인간을 위한, 인간의 것이기 때문에, 해탈이라고 부르는 것이 옳아 보였다. 불교는 인격신의 요소를 없애고 업과 윤회를 설명해낸 자이나의 이론을 공유하고 있다. 그러나 만일 불교가 영혼설과 윤회의 문제에 있어 자이나교와 같다면 문제는 심각해진다. 한마디로, 영혼과 윤회를 말하는 불교는 자이나교와 다르지 않게 되고 만다.

자이나교는 그들의 원자론 때문에 윤회가 논리적인 귀결로 떨어진다. 그러나 불교는 영혼이 없고 자아가 없기 때문에, 윤회가 앞뒤가 맞게 설명되지 않는다. 불교의 이러한 불일치incoherency는 불교를 철학에서 종교로 밀려나게 한다. 원자론이 없는 윤회, 이원론이 없는 윤회, 윤리적 인과로 보장받지 못하는 윤회는 결국 신의 장난으로밖에는 설명할 길이 없어지고, 따라서 불교는 절대자 안에서 안식과 평화를 찾는 여느 종교와 마찬가지로 변화하게 되는 것이다.

불교는 이를 위해 다르마dharma 개념을 윤리적으로 설정한다. 다르마는 동양의 용어로는 '이법'理法에 해당한다. 인간과 사회뿐만 아니라 자연법칙까지도 다르마에 해당한다. 불교 이전의 다르마는 신이 만들어놓은 법칙으로 인간이 어쩌지 못하는 초자연적인 규범이었다. 그러나 불교에 이르러 그것은 사람의 선악에 따른 과보로 여겨지게 되는 것이다.

윤회가 아닌 연기를 말할 때, 도덕의 주체를 어떻게 설정할 것인지, 그리고 그들이 행하는 선악에 대한 응보는 어떻게 이루어지는 것인지 묻게 된다. 사람이 살면서 가장 힘들 때는 선한 행동에 반드시 복이 오고, 악한 행동에 반드시 화가 미치지 않는다는 점을 느끼는 순간일 터이다. 그런 막무가내의 무리와 얼토당토않은 불합리에 우리는 신을 찾고 안식을 얻는다. 불교는 설령 그렇다손 치더라도 이법으로 설명될 수 있으리라고 믿는다. 공연히 신의 은총을 바라거나 저주를 기다릴 생각이 없다. 불교의 특징과 독자성이 바로 여기에 있다. 그런 점에서 불교는 종교로서는 너무 어렵지만 철학으로서는 거의 완전하다. 현대식 표현으로 말하자면, 불교는 이성적이며 논리적이며 체계적이다.

개인적으로 하나의 철학체계가 세상을 바꾼 경우, 그것도 종교의 허울이나 절대자의 권능에 기대지 않은 철학이 인간의 사고를 개변시키고 사회의 구조에까지 영향을 미친 경우는 아마도 불교와 마르크스주의가 아닐까 한다. 마르크스주의의 아시아에서의 영향이나 불교의 궤적은 닮은 데가 많다. 순교와 공인, 그리고 유행. 이런 공식은 불교에만 적용되는 것이 아니라 마르크스주의를 신봉하던 혁명가들의 삶과도 비슷하다. 그들이 신념에 충실할 수 있었던 것은 다름 아닌 이론의 완벽성과 철저함 때문이었을 것이다. 불교와 마르크스주의에서의 철두철미함radicalism은 놀라울 정도로 서로 통한다. 그것은 마르크스주의가 평등에 바탕을 둔 해방의 이론이었다면, 불교도 평등에 바탕을 둔 해탈의 이론이었기 때문이라고 생각된다. 해방emancipation이나 해탈liberation이나 벗어나고 풀려난다는 점release에서 마찬가지이다. 마르크스주의가 말했던 계급해방과 석가가 말했던 윤회에서의 해탈은 하나가 폭력적이고 다른 하나가 비폭력적이라는 점에서, 하나가 물질적이고 다른 하나가 정신적이라는 점에서 큰 차이를 갖지만, 그들이 모두 지향하는 바가 있었다는 점에서 일치한다. 석존은 윤회의 허구성을 영혼의 부재와 더불어 지적하면서 신분제의 질곡에서 벗어나라고 말한다. 마르크스는 돈 있는 사람인 부르주아와 없는 사람인 프롤레타리아로 전통적인 신분제를 분석하면서 그들의 이데올로기(허위의식)에서 벗어나 없는 사람끼리 뭉쳐서 있는 사람을 쳐부수자고 말한다. 마르크스의 용어로 불교를 말하면, 윤회는 이데올로기이고 정신적인 해탈은 물리적인 해방 이후에나 가능한 것이다. 불교의 용어로 마르크스를 말하면, 계급은 윤회라는 허구이고 해방은 계급투쟁이 아닌 이데올로기의 자각, 곧 깨달음에서 비롯된다. 결국 그들에게 계급과 신분으로부터의 탈출은 공통의 목표였던 것이다.

이론이 마르크스혁명을 가능하게 했듯이, 법이 불교혁명을 가능하게 했다. 무지막지한 신, 그들에 의해서 벌어지는 괴이, 선행과 악행이 윤리적이지 않고 '신 멋대로'이고, 지옥이나 천당이 인격도야와 무관해지고, 우리는 오로지 신을 찬양하거나 봉양하여 그에 의해 구원되거나 용서받기를 원한다면, 우리는 진정 할 일이 없다. 석존이 부정한 것이 바로 이러한 제멋대로의 신이었다. 그들의 횡포와 변덕을 석가는 정면으로 반기를 들었다. 『우파니샤드』를 비롯하여 후대의 베단타 Vedānta 학파에 이르기까지 베다 전통의 업 사상이 신의 뜻에 위배되지 않는 것이었다면, 싯다르타는 업이 그 모든 것을 초월해서 엄연하게 존재함을 선언한다. 신들조차 업에서 벗어나지 못한다. 업은 이제 가장 보편적이고 일률적인 법칙으로 성립한다. 따라서 그 업은 매우 윤리적이며 설명적이며, 심지어 구체적이다. 그것이 바로 법이다. 탈종교화된 업이 법이다. 예측가능한 업이 법이다. 인간의 행위를 담는 업이 법이다. 죽어있지 않고 살아있는 업이 법이다. 언어화된 업이 법이다. 업이 더 이상 신의 손아귀에서 놀아나지 않는 것처럼, 법은 더 이상 신의 법칙이 아니라 윤리의 법칙이다. 업의 이론화가 곧 법인 것이다. 불교는 이처럼 이지적이고 설명적인 종교였다. 후대에 이르러 붓다가 신격화되면서 대중신앙으로 된다고 해서 이

이론적인 법의 지위가 완전히 탈색되지는 않는다. 불교는 곧 불법佛法이기 때문이다. 불교의 삼보三寶를 불佛, 법法, 승僧이라고 할 때 우선이 되어야 할 것도 바로 법이다.[32] 불교는 법을 믿는 종교이고, 승은 법을 따르는 집단이기 때문이다. 다르마는 곧 싯다르타의 가르침이기도 하다.

6. 카비르와 시크교

내가 처음 카비르Kabir: 1440?-1518를 만난 것은 프랑스의 문명비판가 기 소르망Guy Sorman의 『인도의 정화精華』(Le Génie de l'Inde)라는 책에서였다. 그는 인도인의 종교적 관용성을 주장하기 위하여 이슬람 시인의 시가 교과서에 실려 있음을 부각시켰다.[33] 그러나 카비르는 원래 무슬림이었다가 힌두교로 개종한 인물이다. 특히 그가 힌두 산트Hindu Sant에 속했으며 이슬람 가운데에서도 신비주의인 수피즘Sufism에 심취되어 있었음을 기억한다면, 그는 힌두의 모종 전통을 잇고 있으며 무슬림 신비주의자였음을 알 수 있다. 그 둘은 비슷한 길을 걷는다.

힌두 산트는 일반 힌두교도와 다르게 일원론적 전통을 갖는다. 산트

---

32 자이나교의 삼보는 정지(正知), 정신(正信), 정행(正行)으로 불교와 다르다.

33 Guy Sorman, Le Génie de l'Inde(인도의 수호신), 기 소르망 지음, 이상빈 옮김 『간디가 온다』 (서울: 문학과 의식), 2001, "카비르 훨씬 이전에 석가모니는 종교적 방식의 신분차별주의를 반대했다. 하지만 카비르는 오늘날 우리가 사회 비평이라 이름 붙인 것에 호소한 최초의 근대인이다."(265쪽) "카비르가 학교 교과목에 편성되어 있는 인도에서는 이 국민 시인이 회교도라는 사실에 별로 개의치 않는다."(266쪽) 카비르에 대한 개괄로는, G. N. Das, *Maxim of Kabir*, (New Delhi: Abhinav Publications, 1999).

는 '거룩한 사람'을 뜻한다. 그들은 생성과 파괴를 담당하는 형상을 가진 힌두신과는 다르게 그런 형상을 부정하고 무형상의 신을 추구했다. 그들에게 남자의 성기를 닮은 시바는 우상처럼 여겨졌다. 그들은 탄트라 요가행자처럼 성행위 등 모든 감각과 육체를 동원한 수행을 통해 정신적 고양을 얻을 수 있다는 믿음을 부정했다. 산트들이 배타성이 강한 종교적 분파를 이룬 것은 아니지만 나름대로의 전통과 영향력은 지니고 있었다. 그들은 절대자와의 합일을 지고의 목표로 시와 노래를 즐겼다. 그럼에도 산트들은 천민 남녀가 배우고 즐기게끔 산스크리트어가 아닌 평어를 썼다.

　이슬람 수피즘도 노래와 춤을 즐겨하는 종파이다. 수피즘은 수니파와 시아파 분리 이후에 시아파 안에서 일어난 것으로 신과의 직접적인 교류를 원한다. 신과의 합일이 그들의 목표였다. 이를 위해 그들은 황홀경에 도달하는 방법을 시적인 언어와 다양한 음악을 통해 그려냈다. 특히 우리들에게 익숙한 터키계 데르비시의 회전춤은 일반적인 상식으로는 이해가 되지 않을 정도로 고도의 집중과 몰입이 요구되는 것으로, 망아忘我 상태의 신비경험을 통해 신과의 합일을 목적으로 삼고 있다.[34] 수피즘의 음악은 그것 자체로도 세계인의 관심을 이끈다. 초기에 수피 수행자들은 금욕주의적이었고 그 영향은 아직도 남아있다.

34　터키의 학회에서 시연된 수피 댄스의 경험은 놀라운 것이었다. 돌고 도는 것이 무슨 대수겠는가라는 의구를 깨고 반시간 동안의 회전 때문에 무대의 나무 바닥은 파여 톱밥이 나뒹굴고 있었다. 10분까지는 그러려니 쳐다보고, 20분에 가까워지면 '어허' 놀라다가, 그 후부터는 관람객도 마침내 몰두하게 된다. 종교적인 집중이나 우리 식의 표현으로는 강신(降神)이 아니고서는 그리할 수 없다는 생각이 들면서 자신도 몰입하게 되는 것이다. 무당의 작두춤과 형식과 방법은 달라도 춤을 추는 이가 황홀경에 빠지지 않고서는 도저히 이루어낼 수 없는 광경이라는 점에서 통한다. 나는 수피 댄스와 작두춤을 인간 정신의 초탈이라는 점에서 비슷한 맥락에서 설명될 수 있으리라 본다.

카비르는 그런 점에서 이슬람의 영향을 받은 힌두교도로 보아도 좋을 듯하다. 이슬람 환경에서 자라나지만 힌두교의 전통으로 회귀한 신비주의자가 바로 그인 것이다. 카비르는 힌두 산트의 중심적 인물이었으며, 시크교Sikhism의 창시자인 구루 나나크Nānak: 1469-1538가 바로 이 힌두 산트의 전통에 깊게 매료된다. 나나크는 카비르와 마찬가지로 신의 이름을 묵상하는 것이 곧 신과의 합일을 이루는 방법이라고 믿는다.

카비르는 방직공 출신으로 신상숭배를 거부했다. 특히 그는 카스트 제도를 반대했다. 신과 만나는 데, 신분은 상관없었다. 제의와 힌두 경전에 대해서도 부정적이었다. 나나크도 똑같이 카스트 제도를 반대하고 형상 없는 유일신과의 합일을 강조했다.

흔히 나나크가 카비르 교단의 일원이었고 그의 제자였던 것으로 설명하지만 직접적인 교류가 있었다는 증거는 확실치 않다. 교주로서의 지위로 말미암은 순수성 논란 때문에 나나크가 무슬림의 영향을 받았다는 것을 받아들일 시크교인들은 없을 것이다. 오로지 나나크가 산트로부터 많은 인상을 받았음을 인정한다. 그러나 내 생각에는, 적어도 이 점만큼은 반드시 숙지해야 한다.

첫째, 당시 카비르조차 무슬림 문화권에 익숙했던 만큼, 나나크도 당시 거대한 집단을 이루고 있던 무슬림의 영향을 받지 않을 수 없었을 것이다. 나나크의 순정성을 부정하는 것이 아니라, 어쩔 수 없는 역사와 환경의 배치를 말하는 것이다. 마치 예수가 유태인의 아들로 태어나는 것과 같다.

둘째, 무슬림의 가장 큰 영향력은 다름 아닌 유일 신앙에 있었을 것이다. 어떤 우상도 거부하는 무슬림의 절대주의는 카비르와 나나크에게 신상이나 그것의 화신으로 가득찬 세계를 부정하게 만들었다. 그 둘은 모두 다신교에서 일신교에로의 전환을 시도한 성자들이다.

셋째, 절대자와의 만남을 지고의 가치로 따르는 무슬림들은 카스트를 부정했다. 신과의 경험은 신분에 따라 좌지우지될 수 있는 것이 아니다. 내가 신과 합일함은 인간 신분의 귀천에 따라 결정되는 것이 아니다. 힌두 산트들도 그랬듯이, 카스트가 유일자와의 합일에 방해도 도움도 되지 않는다. 무슬림과 산트가 서로 통하는 점이 바로 여기에 있었다.

넷째, 카비르는 시인으로 남았고, 나나크는 교주로 남았지만, 그 둘의 정신세계는 유일자에 대한 경건함으로 충만했다. 시크교의 경전인 『구루 그란트 사힙』Gurū Granth Sāhib('거룩한 지혜 모음'이라는 뜻으로 『근본성전』으로 불림)에 카비르의 500편의 찬송이 들어가 있는 까닭이 여기에 있다. 그런 점에서 '나트'Nāth(主主)를 섬기는 힌두교 요가행자들은 무슬림으로 개종하기 쉬웠을텐데, 따라서 카비르도 방금 개종한 나트 가문에서 태어나지 않았을까 추측되기도 한다.[35]

그런 점에서 시크교를 힌두교의 헌신과 무슬림의 신비주의 사상의 결합으로 보는 것은 큰 무리가 없다. 잊지 말아야 할 것은 그 둘이 모두 유일자를 향하고 있다는 점이다. 결국 시크교는 힌두교의 일신교화를 지향하고 있음을 알 수 있다.

우리들에게 시크교도는 터번을 하고 수염을 기른 인도인의 모습이며 때로는 총을 들고 있는 군인으로 판자브Pañjāb 지역을 중심으로 세력

---

35 존 M. 콜러 저, 허우성 역, 『인도인의 길』, 552쪽.

이 강대한 것으로 기억되고 있다. 최초의 구루였던 나나크의 출생에 대해서는 믿을 만한 정보가 없지만 힌두교의 크샤트리야 가정에서 태어났고 무슬림이 많던 지역에서 살았지만 힌두교와 무슬림 모두에 불만스러웠던 것으로 보인다. 나나크의 최초의 말은 이처럼 기록되고 있다.

힌두도 없고 무슬림도 없다. 그렇다면 나는 누구의 길을 따라야 할까? 나는 신의 길을 따를 것이다. 신의 길은 힌두의 길도 무슬림의 길도 아니고, 내가 따르는 길은 신의 길이다.[36]

시크교는 구루를 10대까지 이어감으로써 공동체의 중심을 영적인 스승으로 삼았다. 제10대 구루인 고빈드 싱Gobind Singh은 마침내 사람에 의한 영적 지도에 종지부를 고하고 성전聖典 자체가 공동체의 구루가 되어야 한다고 선언한다. 앞선 몇몇 구루들에 의한 성전의 결집이 마침내 결실을 이루게 되는 것이다. 고빈드 싱에 의해 시크교는 오늘날의 체계가 잡힌 종교로서의 모습을 갖추는데, 재밌는 일화가 전한다.

시크교가 고빈드 싱의 지도 아래 있을 때(1675-1708) 시크 공동체는 인도의 무슬림 지도자인 아우랑지브의 공격을 받았으며, 1757년에서 1769년 사이에도 아프가니스탄의 아흐마드 샤 압달리Ahmad Shah Abdali에 의해 9회 이상의 판자브 지역 침략이 감행된 적이 있다. 그런 공격에 살아남기 위한 고빈드 싱의 고육책이 있었다. 새해 첫날(1699년 4월 13일) 그는 신년

---

36 Vir singh edit., *Purātam Janam Sākhī*(Amristsar: 1959), p. 16, 존 M. 콜러 저, 허우성 역, 『인도인의 길』, 545-6쪽에서 재인용.

연설에서 모여든 대중을 향해 목숨을 바칠 사람을 나오라고 한다. 한 사람이 나오자 그를 데리고 막사로 들어간다. 구루는 피 묻은 칼을 들고 나오면서 다시 목숨을 바칠 사람을 나오라고 한다. 다시 넷이 나오자 그들을 데리고 막사 안으로 들어간다. 그런데 나올 때는 구루와 다섯 사람이 걸어서 나온다. 칼이 묻은 피는 과즙이었던 것이다. 이들 '친애하는 오형제'가 순수한 청정교단으로 입문하며, 고빈드 싱은 모든 시크교도들에게 하지 말아야 할 것과 지녀야 할 것을 칙령으로 선포한다.[37]

하지 말아야 할 것	지녀야 할 것(5K)
흡연, 무슬림의 제식으로 살해된 고기, 무슬림과의 성관계	① 깎지 않은 머리(keś) ② 빗(kangha) ③ 단검(kirpan) ④ 쇠팔찌(kara) ⑤ 짧은 속옷(kach)

청정교단에 입문한 사람이 지켜야 할 계율이다. 그들에게 남자는 싱(또는 싱하: 사자)이라는 이름을, 여자는 카우르(공주)라는 이름을 부여했다. 그날 수천의 남녀가 입문식Khalsa을 거행했는데, 고빈드는 크샤트리야와 함께 수드라 남녀에게 행사를 공식적으로 베풂으로써 그들이 카스트 제도와 성차별에 반대함을 제도화한다.[38]

현재 모자 형태의 터번과 반바지, 게다가 군복을 입고 있는 사람이

---

37 존 M. 콜러 저, 허우성 역, 『인도인의 길』, 547-8쪽.
38 존 M. 콜러 저, 허우성 역, 『인도인의 길』, 548쪽.

라면 거의 시크교도라고 생각해도 틀리지 않는다. 그들은 늘 단검을 휴대하기 때문에 종종 말썽이 생기기도 한다. 그들의 전투적 성향은 출신 성분과도 상관없지 않겠지만, 무엇보다도 무슬림들의 침략에 대비하는 것이었다. 그러나 인도인들에게 싱이라 하면 크샤트리야 계급으로 인식하는 경향이 짙다. 인도와 파키스탄의 분쟁을 외견상으로만 본다면, 무슬림과 시크교도들 간의 판자브 지역의 소유권을 놓고 싸우는 것으로 보아도 큰 무리는 없다. 히말라야 산맥을 배경으로 터번 쓴 군인의 머리덮개는 그것이 군모가 아니라 시크교 청정교단의 징표임을 알아야 한다. 평생 자르지 않은 머리는 우리의 갓을 쓴 과거를 생각나게 한다.

시크교는 이미 전세계적으로 1천 4백만 명(많게는 2천 3백만까지도 보지만)에 달하는 세계 5대 종교 가운데 하나로 알려진다. 1천 2백만은 판자브를 중심으로 한 인도에 거주하지만, 1백만은 북미에 거주하고 50만은 영국에 살고 있는 것으로 추측된다. 미국에서는 하르자잔 싱 푸리Harbhajan Singh Puri의 3HO(Healthy, Happy, Holy Organization) 운동을 통해 수천 명이 시크교로 개종했다.[39]

우리의 불행은 신에서 떨어져 나온 것이다. 신으로부터의 이별은 우리에게 내려진 저주이다. 그렇다면 어떻게 신과 하나가 될 수 있는가? 이를 위해, 그들이 제시한 관념이 바로 '마음'man(心 또는 魂)이다. 마음은 자기중심적이어서 신과의 이별을 자초한다. 마음의 욕심과 오만과 집착이 신의 목소리를 듣지 못하게 만든다. 그러나 신의 말씀śabad을 묵상하고 순

응하면 마음이 제어될 수 있게 되어 자기중심성에서 벗어나 개인이 신에게로 다가갈 수 있다. 말씀을 듣는 것은 신의 은총에 의해서이지만 우리도 신에 대한 갈망을 갖고 있다. 카르마는 우리의 옷을 줄 뿐이지만, 신의 사랑은 우리에게 구원을 준다. 신의 호의에 사람이 묵상하면, 개인으로서의 아트만은 지고의 자아인 파라트만paramātmān과 하나가 된다.

이런 식의 주장은 성리학의 심心론과 적지 않게 통한다. 주자朱子학적 관점에서 마음은 선이 될 수도 불선할 수도 있다. 누구나 가진 선한 본성本性도 있지만, 사람에 따라 때로 선하지 않을 수도 있는 기질氣質이 있기 때문이다. 마음은 선한 성과 선하지 않을 수도 있는 기질을 모두 통어하지만, 결국 선을 이루도록 수행해야 한다. 기질의 욕구를 누르고 본성의 이치를 알기 위해서는 리理에 대한 탐구를 끊임없이 하지 않으면 안 된다. 그를 통해 우리는 천인합일天人合一이라는 지고지순한 경지에 오른다. 성리학이나 시크나 모두 일리一理 또는 에크Ek: 一者에 대한 추구가 있으며, 그 매체로 심 또는 만의 중심적 역할을 제시한다. 다른 점이 있다면, 성리학은 인격신의 느낌이 약한 데 반해 시크교는 매우 강하다. 시크교의 찬송kīrtan은 음악을 중시하는 수피즘의 영향이 커서 절대자에 대한 찬양과 그를 만나는 환희를 그리고 있지만, 성리학자들에게 그런 종교적인 예식은 마련되고 있지 않다. 굳이 우리의 성리학자 가운데 시크교와 만날 수 있는 이를 찾으라면 집안 모두 천주교를 믿었던 다산 정약용이 아닐까 싶다. 그는 곳곳에서 주님의 주재에 관한 관념을 보여준다. 만일 정약전, 정약용 형제의 자생적인 천주교가 이 땅에 살아남을 수 있었다면 그들이야말로 양반제 타파와 여성 해방을 부르짖는 성리학의 선구가 되었을지도 모른다.

그리스도교의 종교개혁이 신과의 직접적인 만남의 가능성을 만인에게 열어놓은 것처럼, 시크교도 신의 피조물인 만물이 신과 직접 만날 수 있음을 시사함으로써 카스트와 성차별을 부정한다. 시크는 가르침siksa 또는 배움sisya이라는 산스크리트어에서 나왔다 한다. 그들에게 구루는 교주이지만 10명으로 끝나고, 이후 성전인 『구루 그란트 사힙』이 그 역할을 대신하게 되어 성스런 책 앞에서는 구루가 임재한 것으로 보아 경전에 절한다. 그들에게 구루는 곧 신의 말씀의 전령이었으며, 구루라는 말을 성자 10인 앞에 붙이는 것도 그러한 연유에서이다.[40]

　　사실상 회교도 평등의 종교이다. 그들에게 남녀차별은 있을 수 있지만 계급차별은 없다. 그들이 형제애를 그토록 강조하는 것도 이러한 이유에서이다. 인도에서 무슬림의 영향은 컸고 아직도 곳곳에 모스크가 존재하지만, 그들은 힌두교와 그의 별파들을 우상숭배로 보고 철저하게 배격한다. 신들의 천국인 힌두교와 어떤 신상이나 상징조차 거부하는 절대 유일신 종교인 무슬림이 서로 용해되기 어려운 까닭이 바로 구체적으로 눈에 보이는 숭배물에 있음을 알아야 한다. 인도에서 불교의 쇠퇴 원인 가운데 하나로 무슬림의 세력 확장을 꼽듯이, 그들이 현실적으로 만나지 못하는 까닭이 있는 것이다. 모스크에는 유태인들의 두 개의 정삼각형을

40　시크교에 관해서는 뉴질랜드 오타고대학의 W. H. McLeod의 연구가 독보적인 위상을 차지한다. *Guru Nanak and the Sikh Religion* (1968), *Early Sikh Tradition* (1980), *The Evolution of the Sikh Community* (1976), *Who is a Sikh?* (1989) 등이 있다. 카스트와 관련해서는, *Sikhs & Sikhism* (Oxford India Paperbacks, 1999/2004) 가운데 5. 'Caste in the Sikh Panth'(Panth는 path, 종교적 신념과 실천체계를 가리킴), pp. 83-104를 보라. 개괄적이긴 하지만, 초기의 저작으로는 M. Weber, Hans H. Gerth and Don Martindale tr. & ed. *The Religion of India*, Ch. III 'Caste forms and Schisms', (New York: The Free Press, 1958), pp. 101-33을 참고할 것.

위아래로 교차시킨 다윗의 별이나 그리스도교인의 희생의 상징물로서의 십자가 같은 어떤 형상을 지닌 상징이나 부표符標도 없고, 오로지 기하학적인 문양의 반복만이 존재할 뿐이다. 그들에게는 신부와 목사와 같은 신의 말씀을 전달하는 이들도 부정된다. 다만 쿠란이 존재하며, 예식을 이끄는 사람이 있을 뿐이다. 평등을 말하는 이슬람교가 인도인들에게는 두 가지 의미로 다가왔을 것이다. 하나는 평등이라는 가치 때문에 주어지는 매력이고(그것조차 상류층들에게는 받아들이기 힘든 것일 수 있겠지만), 다른 하나는 기존의 가치를 부정해야 하는 거부감이다. 회교와 힌두교는 그런 점에서 토착화되기보다는 오늘날 곳곳에서 벌어지는 마찰이 증명하듯이 상당히 이질적이다.

그러나 시크교는 이슬람교처럼 절대신을 전제하고 우상숭배를 거부했지만, 힌두교의 산트 전통을 받아들임으로써 자체종교 내에서의 개혁에 성공한다. 게다가 무슬림들의 침공은 그들의 결속력을 더욱 강하게 만든다. 그런 점에서 시크교는 힌두교 안에서의 종교개혁이라는 분류가 타당해 보인다.

7. 평등의 종교

대부분의 종교는 평등을 지향한다. 타종교에 대해서는 철저히 배타적일 수 있지만 적어도 자기 종교 내에서는 평등이 기본이다. 물론 거기에는 남녀차별이라는 숨어있는 여전한 불평등이 있는 경우가 적지 않지만, 그렇다고 해서 평등의 이념조차 부정되는 것은 아니었다. 그런데 힌두교만큼은 분명한 예외이다. 같은 종교 내에서의 계급과 그 계급 이하를 상정하기 때문이다. 거기에서 형제애를 찾기는 힘들다. 그들만의 혈통주의이자 계급주의이다. 사제계급에 대한 존중은 모든 종교집단에 있는 일이지만 원시종교를 제외하고는 힌두교처럼 그들만의 세계를 구축하는 경우는 흔하지 않다. 힌두신을 믿는 사람이라도 불가촉천민은 사원의 출입조차 불가능했다.

이런 부조리 앞에서 인도인들은 세 차례의 큰 종교개혁을 벌이게 되는 것이다. 자이나교, 불교, 시크교는 모두 평등을 강조한다. 자이나는 비폭력의 이론으로, 불교는 영혼의 부정으로, 시크는 유일신으로 평등을 내세운다. 비록 여성은 대체로 '보이지 않는 존재'invisible being로 다루어지지만, 불교는 많은 계율이라는 조건이 붙어있음에도 비구니 집단을 긍정하고, 시크교는 좀 더 적극적으로 여성에까지 평등을 확대함으로써 청정교단의 수립을 꾀한다.

유럽의 종교개혁은 신 안에서 이루어지지만, 인도의 종교개혁은 신 밖에서 이루어진다. 절대자를 거부하든지, 아니면 유일자를 내세우든지 하는 방식이 인도의 종교개혁이었다. 그러나 인도인들이 선택한 길은 모두, 운명적으로 정해진 카스트에 대한 거부였다.

유럽의 종교개혁이 교리해석의 이단성을 빌미로 대량학살을 가져다 주었지만, 인도의 그것은 평등이라는 공통된 지향점 때문에 상당히 평화적이었다. 그것은 흄이 말하는 다신교의 포용성과도 관련되는 것으로 보인다.[41] 인도의 경우, 대량학살은 오히려 현대에서 벌어진다. 인도의 종교개혁은 서양과는 달리 애초부터 '관용성'tolerance 획득에는 성공했을지는 몰라도, 근대에 들어오면서는 적지 않은 마찰이 종교 간에서 일어나고 있다.

감각적 유물론이 시사하는 바와 같이, 인도는 신을 만들기도 하지만 신을 없애기도 했다. 신이 있는 종교도 있고 신이 없는 종교도 있다. 이를테면 쾌락의 동산을 만든다는 것도 곧 엉망진창이 되는 것이 아니라, 오히려 하나의 종파가 되는 것이다. 한자어에서 '종교'宗教란 사실상 마루가 되는 내가 믿고 따르는 으뜸의 가르침을 일컫는다. 그것은 학파이지만 실천적이라는 점에서 종교로 분류된다. 그런 점에서 현대어에서 '주의'主義나 '○사모'('노사모'처럼 '○○○을/를 '사'랑하는 '모'임)와 흡사하다. 만일 실천적 행위가 필수적이지 않다면 그것은 단순한 학적 무리에 불과하지만, 강령이나 규율을 엄격하고 철저히 따르기 때문에 종교라고 불릴 수 있는 것이다.

유럽에서는 신 없는 종교가 없고, 종교가 신을 만드는 것이 아니라 신이 종교를 만든다. 그러나 인도에서는 신 없는 종교가 있고, 성자나 성인이 선봉에 서서 종교를 이끈다. 예수를 따르는 무리가 있듯이 철학자를 따르는 무리가 생겨난다. 천국이 없어도 가르침이 좋아 따르는 것이다. 이런 현상은 인도에서만 벌어지는 일이 아니다. 중국의 경우에도 사상은 곧잘 종교의 형태를 띤다. 이를테면 묵가墨家: Moist들이 그랬다. 그들은 노동을 중시하면서도 귀신의 상벌을 믿는 종교적 결사체였다. 유교

---

41 흄은 일신교는 완벽하고 세련되어 보이지만 그 대신 엄격하고, 다신교는 어리숙해 보이지만 그 대신 포용력이 있다고 말한다. 논리적이지만 괴팍한 일신교의 교의를 따를 것인지, 너그럽지만 멍텅구리 같은 교의를 따를 것인지는 자신의 몫이다. 힌두교는 다신과 일신의 두 교의를 모두 지니고 있다는 점에서 포용도도 있고 논리적일 수도 있지만, 반대로 같은 이유에서 배타적이고 비논리적일 수도 있다. 버나드 쇼의 말장난처럼, 우성유전으로 배우의 미모와 자신의 재능을 닮은 '예쁘고 머리 좋은 아이'가 나올 수도 있지만 열성유전으로 '못생기고 머리 나쁜 아이'가 나올 수도 있는 것이다.

儒敎가 종교인지 아닌지에 대한 논의가 많지만, 적어도 조상신이라는 무형의 대상에 대한 제의를 철저히 지킨다는 점은 그것이 종교로 분류될 수 있는 근거를 마련해준다. 도교道敎의 선지자들은 종교적이지 않았지만 그들의 가르침을 따르는 사람은 그들을 신으로 만들어버린다. 노자老子와 장자莊子는 그래서 태상노군太上老君과 남화진인南華眞人으로 신격화된다.

신을 만들어 종교를 개혁하는 사람도 있지만, 신을 없애서 종교를 개혁하는 사람도 있다. 인도에서는 새로운 신을 만들기보다는 신을 없애서 종교를 개혁하는 경향이 짙다. 힌두교는 이미 너무 많은 신을 갖고 있었다. 시크교처럼 이슬람의 영향을 받아 절대유일신의 깃발 아래 종교를 개혁하는 경우도 있었지만, 자이나교와 불교는 모두 신을 없애는 데 주력했다. 그러나 그들이 공통적으로 희구하는 것이 있었다. 그것은 곧 인류의 평등이었다. 비록 자이나교와 불교 모두 신격화의 과정을 겪지만 평등의 원칙까지 무너지지는 않았다.

인도종교는 어쩌면 종교가 아닌 학파일 수도 있겠다. 학파라는 말이 실감이 나지 않는 것은, 그들이 교의적, 실천적, 출가적이기 때문이다. 그러나 그들은 정말 하나의 이념에 충실한 모임(한 떼: a school)이라는 느낌이 짙다. 신 없는 종교 또는 아무런 형상이 없는 종교이기에 더욱 그러하다.

덧붙여, 이론으로 너무 완벽히 무장되어 있는 바람에 그것이 공격하려는 것이 무엇인지 잘 드러나지 않는 상황이, 지성적인 논리와 분석 그리고 실천적 체험에 뛰어난 인도철학에서는 넉넉히 발생할 수 있음을 지적하고자 한다. 자이나교와 불교는 그들의 인식론과 형이상학 그리고 윤리관에서 뛰어난 논리를 구축하고 있고, 시크는 신비주의적인 세계관으로 성전을 통한 신과의 교통을 제시하고 있다. 그들의 세계관을 따라가

다 보면, 계급을 부정하는 결론은 지극히 당연해지지만, 역사적이고 문헌적으로 그들을 바라보는 우리로서는 어떤 것이 앞인지, 어떤 것이 뒤인지 모호해진다. 그러나 분명한 것은, 아무리 우리의 기록과 의식 속에 마지막에 남는 것이 단순한 실천이 아니라 정교한 이론일지라도, 그것들이 지향하는 구체적인 현실은 강한 의미를 갖고 존재할 수밖에 없다. 따라서 우리는 이론이 추구한 하나의 현실을 복원하는 데 주저하지 않는 것이다.

'이리로 갈까, 저리로 갈까?'라는 문제 앞에서 우리는 많은 가정과 추측을 한다. 회의록에 남는 것은 그러한 논의이지 알려지지 않는 이쪽 길이나 저쪽 길에 대한 구체적인 묘사가 아니다. 여기서 말하는 회의록이 곧 형이상학이고, 길이 곧 실천론이다. 세 종교의 개혁은 새로운 이론을 구축하면서 시작한다. 그러나 그 개혁의 현실적이고 구체적인 내용은 모두 카스트 혁파였다. 서구의 종교개혁이 결국 신에 대한 권리를 공유하자는 현실적인 운동이었음에도, 그들 앞에 놓인 과제는 신과 인간의 관계 설정이라는 매우 사변적인 문제였던 것과 같다.

과연 무엇을 앞에 놓아야 할까? 그것은 역사학의 몫이라기보다는 철학의 몫일 것이다. 이렇게 생각했기 때문에 이런 결과가 나왔는가, 아니면 이런 결과를 위해 이렇게 생각했는가? 결과를 앞세우면 논리의 왜곡이나 부회가 나올 수 있고, 논리를 앞세우면 그것은 사변일 뿐 어떤 실천도 추출해내지 못한다. 게다가 철저한 논리는 현실에 대한 가당치 않은 폭력을 낳기 일쑤이다. 따라서 그 둘을 모두 고려하는 것이 일단 그릇된 이해를 줄이는 방법일 것이다. 그런데 인도철학사는 기본적으로 정치精緻하고 복잡한 이론이 명확한 실천에 앞서 있다는 느낌을 지울 수 없다. 그렇게 되면 그 철학사는 이론을 소유하는 집단의 전유물로 전락할 위험이 많아진다. 따라서 철학은 숨어있는 실천에 대해서도 부각시켜줄 의무를 갖는다. 아름다운 문자 뒤에 숨어있는 거친 행동을 찾아내는 것도 철학의 의무 가운데 하나인 것이다.

그밖에도 종교개혁은 동조자를 필요로 했다. 동조자들은 그들의 주장에 동의를 했다. 그런데 상층의 보수계급이 개혁자들의 요구를 받아들이지 않았으리라는 것은 어렵지 않게 추측할 수 있다. 의례를 장악하고 있는 사제집단에게 새로운 가치를 수용하라는 것은 그들의 생존을 위협하는 것과 마찬가지였다. 종교개혁은 수많은 동조자를 낳았다. 많은 동조자가 있었기 때문에 그것은 하나의 별파로 성립되거나 기성의 교단을 대체한다. 자이나교는 기성의 종단을 부분적으로 인정함으로써 일파로 남아있었고, 불교는 기성의 종단을 대체했지만 마침내는 오히려 그 안으로 흡수되었고, 시크교는 단순히 종교적인 집단만이 아니라 일정한 지역을 점유하는 강력한 군사적 집단으로 성장하였다. 그러나 그들 모두 다 계급이나 신분으로 말미암는 차별을 부정했다. 개혁자들은 모든 계급에 문호를 개방하여 동조자들을 포용하고 포섭하였던 것이다. 그 결과 그들은 역사와 현실 속에서 영향력 있는 집단으로 성장할 수 있었다. 그들이 신분제에서 자유롭지 않았다면 종교개혁의 동인을 세력화하는 데 현실적으로 성공하지 못했을지도 모른다.

제4장

불교의 발전과 쇠퇴

불교의 특색은 무엇일까? 불교 안에서만 보지 말고, 불교 밖에서 보면 그것이 더 잘 드러나지 않을까? 인도철학에서 불교는 정통이 아니다. 불교는 발상지에서 대접받지 못하고 있을 뿐만 아니라 소멸되었다. 왜 불교는 이런 과정을 겪게 되었나? 불교의 특징을 인도철학을 기준으로 간략하게 설명해보자. 흔히들 생각하는 것처럼 인도철학의 평탄한 발전 과정에서 불교가 나온 것이 아니라 싯다르타가 인도철학의 이단아라는 입장에서 불교를 바라보자. 그리고 인도에서 불교가 사라진 까닭에 대해서도 생각한다.

1. 이단불교

불교가 이단으로 취급되고 있는 많은 인도연구서는 나에게도 실로 충격적이었다. 내가 배운 불교는 인도에서 꽃을 피운, 마치 인도철학의 완성 과정에서 탄생한 종교라는 인식이 강했기 때문이었다. 아쇼카 대왕시대 등 불교의 황금시대가 인도에 분명히 존재한 바 있었기 때문에, 현재는 어떨지라도 그래도 인도에는 불교유적이라도 많이 남아있을 줄 알았다. 따라서 불교를 공부하기 위해서는 산스크리트어를 공부하기 위해서라도 인도를 가야 하고, 인도철학자들은 불교에 상당한 조예가 있을 것이라고 생각했다. 그러나 불교는 인도의 한 부분이었을 뿐이었고, 그것도 사라진 지 오래된 화석종교였다. 불교를 공부하기 위해서는 산스크리트어보다는 오히려 초기경전이 쓰인 팔리어를 공부해야 했고, 심지어는 한역불경이 오히려 인도말로 다시 번역되어야 했다.

살아있는 종교로서의 불교는 인도를 떠나 스리랑카, 티베트, 미얀마 그리고 아시아로 와야 했다. 그렇게 달마는 동쪽으로 갔다. 그밖에는 남쪽 섬과 북쪽 산에만 불교왕국이 유령처럼 남아 있을 뿐이다. 게다가 미얀마, 월남, 중국 등은 공산혁명 이후 불교도들이 탄압받았고 그 결과 전통으로서의 불교의 모습은 결코 과거와 같지 않다. 대만이나 일본이 전통을 지키고는 있지만 대만은 도교의 영향으로, 일본은 신도의 영향으로 불교의 진정성을 지키기가 어려웠다. 대만에는 도교사원이 불교사원보다 훨씬 많으며, 일본의 신불습합神佛習合론은 불교를 신도에 종속시켰다. 오직 한국만큼은 유교의 불교탄압으로 말미암아 불교가 출세간적이 됨으로써 오히려 그 순수성이 잘 보존되고 있는 곳이다. 앞으로 그리스도교의 영향이 얼마나 거세질지가 큰 변수이긴 하지만, 남한에서만큼은 불교가 그 자체로 이단으로 취급받지 않는다.

한국에서 불교는 국보이다. 종교 자체가 국보라기보다는 종교가 남긴 흔적들이 거개가 국보로 지정되어 있다는 말이다. 불경과 관련된 인쇄술과 출판물을 비롯하여 불상과 관련된 불화, 탱화, 석불, 철불, 동불, 목불 등과 사찰과 탑을 위시한 수많은 건축물이 모두 국보로 지정되어 있다. 불교문화 없는 한국의 미술과 건축은 상상하기 힘들다. 국보가 이단으로 추방될 수는 없는 일이다. 최근 들어 불교문화 자체가 기독교인들에게 이단으로 취급되는 안타까운 일이 벌어지고 있지만, 문화는 문화이고 종교는 종교이다. 그것이 합쳐진 종교문화라는 것은 종교가 아닌 문화의 범주에서 매우 폭넓게 설정되는 개념이다. 유럽에 가면 그리스도교가 곧 문화가 되고, 한국에 오면 불교가 곧 문화가 되는 것과 같다. 그런데 인도에서는 신앙을 갖는 것이 정통이 되고, 신앙이 없는 것은 이단이다. 이때 신앙이란 절대자에 대한 믿음과 사랑을 보이는 것이다. 자이나교는 신앙이 있지만 절대자가 없고, 불교에는 절대자도 영혼도 없다. 시크교는 신상을 부정하지만 절대자를 긍정한다.

기독교인들에게 불교가 이단이듯이, 인도철학사에서 불교는 이단이다. 신을 부정하는 학파들은 모두 이단으로 취급된다. 절대자와 영혼의 존재를 믿지 않는 불교는 이런 까닭에서 분명하게 비정통 사상으로 분류되는 것이다. 대표적인 이단 학단學團에는, 유물론자인 차르파카 학파, 원자론적 실재론자들인 자이나교, 무신론자들이자 영혼을 부정하는 불교가 꼽힌다.

그렇다면 시크교는 정통인가, 이단인가? 이 문제는 우리의 논의와 직접적인 관련이 없다. 우리는 단지 그들의 계급타파의 의식을 엿보고 절대자 아래 평등하다는 논리의 의미를 찾아보았다. 만일 브라만사상을 받아들이는 것을 정통의 기준으로 본다면 시크교는 범아일체적 요소가 없지 않아 정통에 속한다. 만일 정통을 신분제의 옹호로 본다면 시크교는 계급제를 반대하기 때문에 비정통에 속한다.

인도에서 불교의 흔적을 찾기란 정말 힘들다. 아잔타 유적도 근대에 들어 영국인 탐험가에 의해 산림 속에서 우연히 발견되었기 때문에 유적과 유물을 보존할 수 있었다. 만일 공개된 장소였다면 어땠을까? 인도의 온전한 불교유적지는 참으로 드물다. 현장이 걸었던 길이든, 혜초가 걸었던 길이든 불교의 흔적은 찾기 힘들다. 그들이 배를 타고 떠났을 법한 곳을 찾아가면서, 나는 수많은 힌두교 사원과 힌두신에게 바쳐지는 화환만을 보았을 뿐이다. 내가 뿌릴 꽃은 메마른 강바닥의 물웅덩이에서 산산이 흩어지고 있었다.

인도인에게 불교는 티베트인의 것이거나 스리랑카인의 것이며, 약 8% 네팔인의 것일 뿐이다. 그런데 불교도가 3분의 2가량인 스리랑카는 힌두교와 내전 중이고, 부처가 태어난 네팔도 불교도는 열의 하나에도 못 미치니, 그들에게 불교는 달라이 라마의 것으로 비춰질 뿐이다. 인도에는 달라이 라마만 망명 중인 것이 아니고, 불교도 망명 중이다. 망명불교, 그것이 인도인에게 비춰진 불교의 모습이다. 하나 더 덧붙인다면, 천민불교도 그들이 불교에 던져준 또 하나의 이름이다. 결국, 이단불교와 화석불교까지 불교에는 네 종류의 수식이 따라붙는 셈이다.

이런 식의 논의가 지나치게 느껴질 수 있을지도 모른다. 불교가 학술적으로는 이단의, 정치적으로는 망명의, 사회적으로는 천민의, 역사적으로는 화석의 종교라면 인도에서 불교의 역할은 실로 처참하기 그지없기 때문이다. 그러나 설령 이러한 표현이 지나친 과장이라고 할지라도, 그것을 조금도 염두에 두지 않는 한국의 인도 또는 불교 연구자는 정말 문제가 있다. 인식이 없는 것은 잘못된 인식보다 더 문제일 수 있기 때문이다. 한마디로 한국의 불교철학은 인도철학과 지나치게 뒤섞여 있다. 불교철학과 인도철학이 엄격하게 구별될 때, 오히려 불교학이 잘 드러나지 않을까? 아무리 후반부로 갈수록 불교가 인도철학과 혼효되고 있다해서 불교의 모든 모습이 인도철학에 녹아있다고 보는 것은 곤란하며 무리이다.

비유를 해보자. 그리스도교가 유대교에서 나왔다 해서 둘을 같은 맥락에서 이해한다면 어불성설이라 할 것이다. 기독교인이 신약뿐만 아니라 구약을 읽는다 해서, 그들이 같은 종교생활을 하고 있다고 보지는 않는다. 현실적으로도 극우적인 기독교인은 유태인을 못 잡아먹어 안달이었다. 그 둘의 불상용은 삶과 죽음의 차이와도 같았다.

인도 출신의 인도철학자들도 불교에 대체로 많은 점수를 준다. 그러나 내가 보기에 그것은 불교철학의 견고함과 치밀함에 반색한다기보다 오히려 불교의 종교적 영향력이 온 세계에 미치기 때문이 아닐까 싶다. 한국을 위시한, 일본과 중국의 불교연구와 그들에 경도된 서양학자들의 불교열은 인도인들을 고무시켰을 것이다. 인도의 불교사가 인도인이 아닌 일본인에 의해 많이 연구되다가, 근자에 들어서야 인도철학사 속의 불교가 아니라 독립적인 인도불교사로 연구되는 경향을 보이는 것이 이러한 주장을 밑받침해준다.[1] 불교철학이 인도철학의 하나의 작은 부분으로 취급되다가 독립되어나가는 모습을 보이는 것이다. 사실상 불교철학에서 인도철학의 연구가 반드시 필수적일 필요는 없다. 인도철학은 불교연구에 필요는 하지만 그렇다고 해서 인도철학만으로 불교연구가 충분할 수는 없다. 불교가 인도를 떠난 이후 방대하게 발전한 역사를 본다면 더욱 이러한 주장은 설득력을 얻는다.[2]

2. 실체론과 반실체론

석가 사후 불교는 오랜 시일이 지나지 않아 분열된다. 불교의 분열은 학파의 탄생이자 여러 다른 주장의 병립을 의미한다. 일반적으로는, 부처

---

1 에띠엔 라모뜨, 호진 옮김, 『인도불교사』, 1, 2, (서울: 시공사, 2006). 그런데 이 책도 프랑스 학자에 의해서 쓰인 것이다.

2 좋은 예로, Junjirō Takakusu, *The Essentials of Buddhist Philosophy* (Honolulu: Univ. of Hawaii, 1947/1998)를 꼽을 수 있겠다.

입적 100년 뒤에 벌어진 2차 결집을 상좌부와 대중부의 근본분열로 보지만, 팔리어 전통에서는 입적 200년 뒤에 근본분열이 있다고 본다. 그 가운데 우리의 논의와 관련되어 특징적인 분파 4종을 중심으로 말해보자.

석존은 실천적인 행동을 앞세웠지 형이상학적인 이론을 앞세우지 않았다. 이른바 '무기'無記란 그의 말없음을 가리킨다. 따라서 이후의 제자들은 그의 깨달음에 대한 해석에서 대립하기 시작한다. 그 가운데에서 석존의 깨달음이란 무엇인가에 집중하여 논의를 진행시킨 학파가 '상좌부'上座部: Theravāda이고, 민중의 입장에서 석존의 가르침을 융통성 있게 확산시키려는 학파가 '대중부'大衆部: Mahāsaṅghika이다. 상좌부는 경전중심적이었고 대중부는 실천중심적이었는데, 오늘날의 구분으로는 상좌부는 대승불교에 의해 소승으로 불리고, 대중부는 후대의 대승불교로 통합, 발전된다. 이를 이른바 근본분열이라 부르고, 이후의 많은 분열을 지말분열이라 부른다. 근본분열의 시기는 대략 아쇼카왕 직후로 보고, 지말분열은 근본분열 이후 약 3~4백 년에 걸친 것으로 본다.

상좌부는 석가 시기의 불교에 가장 접근해있다. 보수파라고 불리지만 그보다는 근본파 또는 시원파에 가깝다. 그들은 장로로서 윗자리에 앉았다 해서 상좌부라 불린다. 그들은 경經, 률律, 론論 삼장三藏: Tripiṭaka을 중심으로 석존의 사상을 해석한다. 그 가운데에서도 경이 가장 중요한데, 이른바 『아함경』(長, 增一, 中, 雜 등) 류가 그에 속한다. 여기서 나타나는 주요 사상이 우리가 불교의 요체라고 말하는, 사성제四聖諦, 팔정도八正道, 오온五蘊, 12연기 등과 같은 것이다.

그런데 상좌부는 연속 분열하여 설일체유부와 그것에 반대하는 경량부 등으로 발전한다. 설일체유부說一切有部: Sarvās-tivāda는 한자어 번역이 가리키듯 '모든 것은 있다고 말하는 이들'이므로 간단히 유부라고도 불린다. 그들이 주장한 것은 삼세실유三世實有설이다. 불교는 찰나kṣaṇa를 말하기에 존재의 항상성이 부정되는데, 그렇게 되면 행위의 일관성도 부인되어 업설이 그 정당성을 잃게 된다. 따라서 그들은 불변하는 실체로서의 본체svabhāva설을 제기한다. 과거, 현재, 미래의 법(5위 75법)이 모두 실제로 존재하는 것이고, 현재는 그 법이 현재적으로 드러난 것일 뿐이다. 마치 영화 필름과 같아, 과거와 미래가 모두 녹화되어 있는 것이다. 필름 한 장 한 장은 찰나지만 우리 앞에 현재적으로 드러나며, 상영되는 현재의 과거와 미래는 필름 속에 내장되어 있다. 이렇게 되면 업의 지속성이 보장되어 그것의 법칙은 성립된다. 그것이 법체항유法體恒有설이다. 이런 식의 주장은 불교에 대한 상카라의 비판에도 출현하는데, 유부는 상카라 학파의 이런 지적을 받아들이는 것이다.[3]

유론은 승론 곧 바이셰시카의 다원론적 실재관과 여러모로 흡사하다. 세친世親: Vasubandhu: 320?-400?은 『아비달마구사론』阿毘達磨俱舍論: Abhīdharma-kośa-śāstra에서 인공人空: pudgala-nairātmya을 말하면서 인간을 형이상학적 존재가 아닌 물질적 요소와 심心적 요소의 결합물로 파악한다. 75법이 그것으로, 부처가 말한 오온의 상세판인 것이다. 세계는 추상적으로 존재하는 것이 아니라 그것을 받아들이는 인간의 감각과 깊은 관련을 맺는다.

치밀한 이론을 강구하는 『구사론』의 장점에도 불구하고,[4] 유론은 기

---

3   라다크리슈난 저, 이거룡 역, 『인도철학사』 II, 177쪽, 원주 76).

4   세친의 저작은 설일체유부의 구조 위에서 그것을 비판적으로 이해한 것이기 때문에, 그의 이론은 설일체유부의 비판에도 쓰이지만, 중현衆賢의 『아비달마순정리론』(阿毘達磨順正理論)에서처럼 옹호에도 쓰임을 기억하자. 세친의 이러한 이중성에 집중하여 『구사론』의 세친과

본적으로 부처가 말하는 무실체성과 반대된다. 법이 있음法有은 제법무아諸法無我 이론과 정면으로 대치되기 때문이다.

여기서 우리가 극심하게 조심해야 할 것은 '실체'에 대한 정의이다. 사물의 본질로서 실체라 하면 그것은 본체svabhāva: essence로, 여기저기 우리가 마주하는 개체dravya: things와는 다른 것이다. 우리의 용어로 실체라고 말할 때 이 둘을 구별하고 쓰지 않을 때가 많은데, 그것은 서양철학 개념 자체가 혼동스럽기 때문이기도 하지만,[5] 우리의 번역이 그것을 잡아내지 못하는 데도 문제가 있다. 서양의 실체substance는 후대로 갈수록 본질을 가리킬 때가 많아지지만, 초기에는 '기체'基體: hypokeimenon라는 번역어가 시사하듯 존재물 자체를 가리켰다. 그러나 인도에서 그것은 확연히 구별되어 본체는 형이상자이고 개체는 그 반대의 것이다. 바이셰시카는 개체주의자이지만 본체주의자가 아니고, 유론은 본체주의자로서 개체 속에 그것의 항상성을 유지시키는 무엇인가가 있다고 믿는다. 따라서 원시불교의 입장에서는 정체성을 옹호하는 주장은 붓다의 깨달음과 상당히 어긋나있다고 보게 되는 것이다. 여기에서 경량부經量部: Sautrāntika가 탄생한다. 같은 상좌부 철학에 기원을 두지만, 유무의 문제에서 서로 대립하는 것이다. 길희성은 다음과 같이 지적한다.

– **설일체유부** : 설일체유부의 철학은 제법의 실체svabhāva와 현상現相

유식학의 세친이 같은 인물인지를 따지는 학자도 있다. S. Dutt, *Buddhist Monks and Monasteries of India* (London, 1962), pp. 280-5, 길희성, 『인도철학사』 (서울: 민음사, 1984/2007), 160쪽에서 재인용.

5   플라톤의 실체는 하늘에, 아리스토텔레스의 [제1] 실체는 땅에 있는 것과 같다.

lakṣaṇa을 구별하여 제법의 현상은 순간적으로 변하나 실체는 영원한 것으로 간주하는 일종의 다원적이고 실재론적인 사상이다. 이것은 제법의 무아와 무상을 강조하는 원시불교의 현상주의적인 철학과는 상당한 거리가 있는 것으로서, 변하는 것 가운데 변하지 않는 것을 찾는 인간의 또 하나의 갈망의 표현이라 볼 수 있다.[6]

- **경량부** : 열반뿐만 아니라 일체의 모든 법은 경량부에 의할 것 같으면 실체적인 것dravya-dharma으로 볼 것이 아니라 단지 이름에 지나지 않는 가명적인 것prajñapti-dharma일 뿐이다. 이와 같이 볼 때 경량부는 실로 불타의 무상의 가르침을 다시 한 번 확인하면서 유부의 실재론적인 철학을 거부하고 유명론적인 입장을 철저히 고수한 것이다.[7]

그런데 경량부가 말하는 '실체적인 것'은 눈으로 보고 만질 수 있는 실재적인 것을 가리키는 것이며 현실적인 존재물인 이것저것dravya을 뜻하는 것으로, 설일체유부가 말하는 사물의 본질로서의 '실체' 또는 본체 svabhāva와는 다르다.[8] 경량부에 따르면, 사물의 법칙dravya-dharma은 정말 있는 것이 아니라 이름만 있는 것이기에 가명적假名的 법칙prajñapti-dharma 이다.

이런 식의 논쟁은 정말 오래된 것이다. 이를테면 오늘날에도 과학의

---

6   길희성, 『인도철학사』, 70쪽. 그러나 '現相'은 아무리 불교적 '相'을 강조한다고 하더라도 '現象'이 옳아 보인다. 현상(現相)은 우리말이 아니다.

7   길희성, 『인도철학사』, 71쪽.

8   설일체유부의 '삼세실유'(三世實有)는 당연히 두 번째 실체의 의미에서의 실유(實有)로 과거, 현재, 미래에 걸쳐 항존하는 고정불변의 그 무엇이다.

법칙이 실제로 존재하는지 아니면 이름뿐인지 아직도 논쟁하고 있고, 그
것은 서양 중세의 보편자논쟁과도 맥을 같이해서, 과학의 법칙이 실재한
다고 믿는 것을 과학적 실재론scientific realism이라고 부르고, 그것은 이름
뿐이라 믿는 것을 유명론唯名論: nominalism의 전통에서 과학적 도구론
scientific instrumentalism이라고 부른다. 이러한 구분으로 보자면, 설일체유부
는 실재론에, 경량부는 명목名目론에 속한다. 그렇기 때문에 유부의 철학
은 바이셰시카 학파의 다원론적 실재론과 통한다는 것이다.[9] 실체substance
또는 실재reality를 말할 때, 이 개념적 이중성이 늘 존재하기 때문에 깊은
주의를 요한다.

본체svabhāva는 '체성'體性으로 번역되기도 하지만,[10] 실체라는 말의 양
의성이 혼란을 불러일으키기 때문에, 그것보다는 불교의 전통적인 용법
에 따라 자성自性으로 쓰는 편이 나을 듯하다. 자성은 불변하는 고유의 성
질이기 때문에 사물에 부가된 고유성을 받아들이지 않는 경량부에 의해

---

9 좀 더 현대적인 용어로는 서양철학 맥락을 계속 밀고 나간다면, 설일체유부는 관념론(idealism)
   이고 경량부는 소박한 실재론(naive realism)에 속한다. 그러나 해밀턴(Hamilton)처럼 경량
   부를 '가설적 이원론 혹은 우주적 관념론'으로 이해한다면 서로 모순되어 보인다. 라다크리
   슈난 저, 이거룡 역, 『인도철학사』, II, 494쪽. 그러나 이를테면 과학적 다원론이라는 것도 원
   자라는 개념을 바탕으로 하는 관념론으로 이해될 수 있음을 생각한다면 그다지 놀랄 일이 아
   니다. 경량부가 부정하는 것은 사물을 법칙적으로 이해하는 것이지 사물 그 자체가 아니다.
   게다가 경량부를 유식의 전초단계로 보고자 하는 선판단이 끼어들기 쉽기 때문에 이러한 이
   원론적 관념론으로 보는 태도가 발생한다. 라다크리슈난도 "경량부는 외적 대상이 없다면 대
   상에 대한 감각적 지식이란 결코 있을 수 없는 입장을 견지하면서도, 외적 대상이 단지 순
   간적이라고 주장한다."(493-4쪽)면서, "유부 및 중관학파의 입장과는 반대로, 경량부는 마음
   이 그 자체를 생각할 수 있다고 보며, 우리는 자의식을 지닐 수 있다고 주장한다. 비록 손가
   락의 끝은 그 자체를 만질 수 없다 할지라도, 등불은 다른 대상뿐만 아니라, 또한 그 자체를
   비춘다. 이 이론은 실재론과 전적으로 일치한다."(497쪽)고 설명한다. 다른 곳에서도 유부와
   경량부는 외부세계의 실재를 인정한다(486쪽)고 말한다.
10 길희성, 『인도철학사』, 68쪽.

서 부정되는 것이다.

경량부는 상좌부의 전통을 이어받아 부처의 가르침에 좀 더 충실하려고 한다. 경량부Sautrāntika는 율장이나 논장이 아닌 붓다의 설법으로 이루어진 경장經藏: sūtra에 집중하기 때문에 경부라고도 불리며, 사물의 자성을 상정하는 설일체유부의 주장이 초기불교의 무아나 무상론과 상치됨을 논증한다. 본질이 있다는 것은 변하지 않는 것이 있다는 것이고, 그러면 부처의 제1의인 무아와 부딪힌다. 싯다르타의 깨달음은 '내가 있는 줄 알았는데 나는 없다'는, 달리 말해, '멈춰있는 나는 없고 흐르는 나만 있다'는 반본체주의적 사고로, 서구적 맥락에서는 반실체주의적 입장인데, 자성을 내세우면 그 반대가 되기 때문이다.

사실 상좌부 별파에 의해 무아설은 종종 부정되기도 했다. 대표적인 분파가 정량부正量部: Sammatīya로 그들은 심각하게도 무아설을 배제하고 사람들이 개체로서의 자아성을 갖고 있음을 내세웠다. 아쉽게도 그들에 대한 정확한 자료는 남아있지 않다. 게다가 부처를 인간이 아닌 신으로 이해하는 무리도 초기불교에서 생겨났는데 그들이 바로 출세간부出世間部: Lokottaravādin로 붓다는 현실loka을 넘어선uttara 존재라는 것이다. 그들을 상좌부나 대승 이전의 불교에서 파생된 것으로 언급하기도 하지만,[11] 대체로는 불교를 현실화시킨 대중부의 지류로 본다.

---

11 Sue Hamilton, *Indian Philosophy* (Oxford: Oxford University Press: 2001), pp. 85-6.

3. 의식의 탄생

상좌부의 철학은 실체론에서 극명하게 대립하지만, 그들이 공통적으로 제기한 문제가 있었다. 그들은 공통적으로 석존의 분석적 사고vivhajjavāda를 이어받았으며, 그것을 자신들 학문의 목적으로 삼았다. 따라서 그들의 작업은 매우 정교하고 치밀하다. 그런데 문제는 바로 무아와 업설을 연결시키는 것이었다.

설일체유부가 자성을 제기하는 것도 겉으로는 없어보여도 뭔가 있어야 행위의 기능과 효력을 설명할 수 있지 않느냐는 물음이었다. 모든 것이 찰나적으로 사라지면 업이랄 것도 존재할 수가 없기 때문이다. 그러나 경량부는 그렇게 자성을 내세우면 상좌부가 대전제로 내세우는 석존의 말씀인 무아론과 부딪히므로 자성은 없어야 했다. 업의 순간성 속에서 업의 법칙성을 말할 수는 없는 것일까?

유부는 업의 작용을 위해 무표색無表色: avijñaptirūpa이라는 개념을 제시한다. 그것은 현상계[色]의 것이기는 하나 행위 후에도 남아있는 보이지 않는 미세한 물질이다. 이것이 있어서 업의 인과를 유지시켜준다. 『구사론』의 75법은 유위법saṃskṛta-dharma인 11개 색법色法: rūpa, 1개 심법心法: citta, 46개 심소법心所法: caitta, 14개 심불상응행법心不相應行法: citta-vipriayukta-saṃskāra과, 3개의 무위법無爲法: asaṃskṛta-dharma으로 나뉘는데, 무위법을 제외한 72법은 모두 오온의 체계로 설명이 된다. 그 가운데 특색 있는 역할을 하는 것이 심불상응행법으로 이것은 심, 곧 의식에 영향을 주면서도 심소처럼 의식이 생각하지 못하는 것이다(의식에 딸려있기 때문에). 영향을 끼치나 알 수 없는 그 무엇을 세친은 장황한 심소에 대한 설명과 더불어 제시한다.

유부를 반대한 경량부는 순간적인 존재만 인정하므로 우리가 마주하고 있는 세계는 그것들의 연속일 뿐 실체성이 없다고 생각한다. 그러나 그들은 객관세계의 실재성에 대해서 긍정한다.[12] 말씨로 어떤 사람의 지식을 추론하고 표정으로 감정을 추론하는 것과 같다. 의식이 어디서나 동일하고 그것이 전부라면 세계는 하나일 것이지만, 우리는 청색, 적색 등 차별된 색깔을 만나기 때문에 여러 대상이 그 자체로 차이가 있다는 것이다.[13] 여기서 유식학의 중심 개념인 알라야식ālayavijñāna(또는 아뢰야식阿賴耶識)이 제시된다. 그것은 바로 주체에 대한 인식이다. 그러나 유식학과는 달리, 파랑, 빨강 등은 객체로부터 주어진 지식pravṛttivijñāna이고, 따라서 세계의 실재성은 인정되어야 한다고 주장한다.[14]

경량부는 여기서 멈추지 않고 업의 주체에 대해서 고민한다. 실체가 없다면 법의 일관성이 무너지고, 법의 일관성을 내세우면 무아설이 깨지기 때문이다. 여기서 제시하는 것이 사람의 밑바탕āśraya 이론으로 그것은 근본온根本蘊 또는 일미온一味蘊이다. 이런 사상은 완전히 유식사상과 일치한다. 근본온은 가장 미세한 의식으로서 우리가 벌이는 선악의 종자bīja를 담고 있다. 종자는 우리의 행위에 훈습薫習:vāsanā되어 마침내 우리에게 과보로 나타난다. 그런데 종자라 해서 변하지 않는 실체성을 갖고 있는

---

12 경량부의 실재론에 대한 논의는 주 9)를 볼 것.
13 라다크리슈난 저, 이거룡 역, 『인도철학사』 II, 492-3쪽.
14 라다크리슈난 저, 이거룡 역, 『인도철학사』 II, 493쪽. 반면, 길희성은 경량부의 외계의 인식 가능성에 대한 회의가 나중에 외계의 실재성까지도 부인하는 유식철학으로 발전한다고 주장한다. 길희성, 『인도철학사』, 71쪽.

것이 아니라 우리의 행위에 따라 계속 변하면서 끊임없이 이어지고 있는 것이다.

이러한 난제에 대해 독자부犢子部: Vātsīputrīya는 푸드갈라pudgala라는 기발한 관념을 제시한다.[15] 그들은 이 이론으로 유명해서 푸드갈라파라고 불리기도 한다. 한마디로 빗대어 말하자면 그것은 불의 이론이다. 불은 나무 없이 타지 못하지만, 그렇다고 해서 나무가 곧 불은 아니다. 불은 재료이면서도 재료가 아니다. 불은 물질적 화합물이 아니면서도 물질적 화합물이다. 이렇듯 푸드갈라는 오온이 아니면서도 오온이다. 따라서 푸드갈라는 비즉비리온非即非離蘊으로 일컫는 업보의 주체가 된다. 그것은 오온과 같은 유위법에 속하지도 않고, 오온이 아닌 무위법에 속하지도 않는다. 물질성과 비물질성을 동시에 갖고 있다. 푸드갈라가 오온이라면 그것의 일관성이나 영속성이 설명될 수 없고, 그것이 오온이 아니라면 불변의 독자적인 실체를 인정하는 꼴이 된다. 따라서 푸드갈라는 유위도 무위도 아니며, 오온에 머물지도 오온을 떠나지도 않는다. 이 이론은 업보의 주체 설정 문제에도 자주 거론되기도 한다.[16]

---

15 푸드갈라(pudgala)는 자이나교에서는 미세한 물질, 불교에서는 미세한 자아를 가리킨다.

16 그러나 그것이 곧 윤회를 정당화시키지는 못한다. 분명히 설명된 것은 업보로서 내 행위의 지속성과 그 결과의 수용에 관한 이론이지, 전생과 내생이 선천적으로나 후천적으로 존재함을 말하는 것은 아니기 때문이다. 그것이 대승불교에 이르러서 윤회의 문제에까지 적용되는 것은, 윤리적 행위의 일관성 문제가 천당과 지옥의 존재론적 문제로 과장되면서 벌어진다. 푸드갈라는 사실상 자아의 물질적 조건과 그 조건의 변화에도 일관되는 자아성의 문제에 대한 설명으로 국한되어도 좋다. "푸드갈라라고 불리는 자아는 인격적인 생명의 어떤 요소들과 다른 어떤 존재도 지닐 수 없다. 개인이라는 복합체는 정신적 상태들의 끊임없는 흐름에 대한 허구일 뿐이다. 이 이론은 자연주의적인 가정에 의지하며, 엄격히 따질 때 그 논리적 귀결은 유물론 혹은 감각론이다."(라다크리슈난 저, 이거룡 역, 『인도철학사』 II, 486쪽.) 그러나 여기에 자아가 아닌 자아의 집합개념으로서 언어나 문화를 대입하면, 반드시 물질주의적인

무아의 원칙은 지켜져야 했다. 그러나 윤리적인 불교는 업보의 일관성도 설명해야 했다. 인과응보의 법칙은 찰나라고 해서 사라질 것이 아니고 우리가 의식하든 그렇지 않든 이어져야 했다. 이후 무아와 업보의 문제는 줄곧 불교의 골칫거리로 등장한다. 결국, 위에서 제시된 알라야식, 근본온, 종자, 푸드갈라 등의 개념이 그 문제의 해결사로 참여하는 것이다.

그런데 유식학은 이런 이론을 받아들이면서, 아예 세계의 실재성을 부정하는 과감한 입장을 취한다. 만일 세계가 찰나라서 매우 짧은 순간들의 단순한 연속이라면 우리는 어떻게 세계를 이해하며 그 세계를 이해하는 나를 어떻게 규정해야 하는가? 유식학파들은 그것을 정신적인 것으로 받아들인다. 그렇기 때문에 외재대상이 송두리째 부정되는 것이다. 그것이 이른바 '유식무경'唯識無境의 세계관으로, '식'(의식세계)만 있지 '경'(외부세계)은 없다는 주장이다. 객관적 사물과 그것의 조건들을 부정했다는 점에서 유식론은 주관적 관념론으로 분류된다.

유식의 식은 인식하는 것vijñāna을 말하거나 인식된 것vijñapti을 말한다. 내가 어떻게 세상을 바라보느냐는 물음에 그것은 나의 식에 의해서라고 말할 때가 전자의 유식vijñāna-mātrāta이고, 그렇다면 세상은 어떤 것이냐는 물음에 그것은 내 식에 의해 드러난 표상表象일 뿐이라고 말하면 후자의 유식vijñapti-mātrāta이다.[17] 유식학은 두 관점을 혼용해가면서 자신들의 논지를 펴나간다. 이를테면 세상이 모두 식에 의존한다고 할 때는 우

결론에 떨어지는 것은 아니다.

17 쇼펜하우어의 『의지와 표상으로서의 세계』는 이런 맥락에서 '인식하는 의식과 인식된 의식으로서의 세계' 곧 'vijñāna와 vijñapti로서의 세계'라 부를 수 있지 않을까?

리들이 잘 쓰는 '마음'과 같은 뜻으로 이때 식은 심心: citta과 같아 유심론citta-mātrātā이라 불러도 좋다. '삼계가 모두 마음이다'三界唯心거나 '모든 것이 마음으로 만들어졌다'一切唯心造라고 할 때, 마음은 곧 식을 가리킨다. 그런데 세상이 마음으로 이루어졌음을 인식주체 중심으로 말하는 것이 아니라 세상은 본디 없음을 피인식객체 중심으로 말하면 유식 이외에는 아무것도 없게 된다. 그것이 곧 유식무경의 유식vijñapti-mātratā이다.

식밖에 없다고 한다면 식이 마치 자아ātman로서 여겨지기 쉬운데, 유식학에서 식은 고정된 마음cit이 아니라 변화 중인 마음임을 알아야 한다. 이른바 흐름saṁtāna이다. '흐르고 있는 마음'은 유식학이 내세우는 주체의 연속성으로, 업보의 일관성을 보장해준다.[18]

유식철학은 미륵존자彌勒尊著: Maitreyanāta, 무착無着: Asaṅga, 그리고 무착의 동생인 세친에 의해 완성되며, 대승불교의 색채가 강하게 실리면서 그것의 이론적 근거가 된다. 유식학이 내세우는 자기연속성이 불성佛性으로 이해되면서 내 마음 속에 있는 불성의 완성으로 열반에 이를 수 있다고 믿게 되는 것이다. 대승불교의 발전과정 속에서 부처를 신격화시키지만 내 마음 속에 불성이 있음으로 해서 내가 신의 지위에 오를 수 있다는 깨달음의 교설을 다시금 확인시키는 것이다.

유식학이 다른 불교학파와 확연히 구별되는 것이 바로 실천론이다. 유식학은 요가라는 수행방식을 대동하기 때문이다. 그래서 유식철학은

---

18 나의 입장에서는 업보의 일관성을 보장한다는 것이 반드시 윤회의 주체를 상정하는 것은 아니라고 보인다. 각각의 유식학자들의 주장이 업의 일관성 지지로 족한 것인지, 반드시 윤회를 전제해야 하는 것인지는 좀 더 깊은 연구를 요한다.

유가행파瑜伽行派: Yogācāra라고도 불리며 한자문화권을 제외하면 그 호칭('요가차라')이 오히려 더 일반적이다. 유식이 어떻게 요가와 연결되는가? 유심론적인 유식이 어떻게 육체의 훈련을 내세우는 요가와 어떤 관련을 맺을 수 있는가?

요가에도 많은 계열이 있고 고대요가는 선정에 중점을 두었으며, 하타Hatha 요가 계열만이 육체의 훈련을 통한 심신의 조화를 강조했다. 쿤달리니Kundalini 요가는 신경력을, 만트라Mantra 요가는 발성을, 박티bhakti 요가는 감정의 순화를, 라자Rāja 요가는 심리를, 카르마Karma 요가는 행동규제를, 탄트라Tantra 요가는 욕정통제를 주장했고, 심지어 지나나Jñāna 요가는 지식을 앞세웠다. 그러나 요가는 모두 수행의 이론을 내세우고 있었다. 방법은 달랐지만, 수행을 통한 해탈에로의 길을 제시했던 것이다.

이렇듯 유식학파들은 수련할 대상을 명확하게 찾은 것이다. 그것이 어떤 모습이건 간에, 흐르지만 늘 있는 그 무엇을 중심으로 수행이 가능해졌다. 거꾸로 말하자면, 자기완성을 위한 강도 높은 노력을 강조하던 종교적 전통에서 수행의 주체와 수양의 대상을 찾지 못하다가 유식철학의 등장으로 일념처一念處를 발견하게 된 것이다.

많은 경우, 요가유가瑜伽학파에서는 이슈바라Īśvara라는 인격신을 모셨다. 그것이 수행론으로서 유가행파에 들어오면서 인격신으로서의 부처를 상정하게 된다. 부처는 큰 부처도 작은 부처도 있으며, 둘 사이에는 깨달음과 어리석음이라는 건널 수 없는 간극이 있지만, 미망의 인간에게도 불성이 있다는 전제가 사람들로 하여금 수행하게 하는 것이다. 가능성이 있을 때와 그것조차 없을 때는 완전히 다른 태도를 낳는데, 유식불교와 그 이후의 발전과정을 통해 그 가능성은 매우 광범위하게 확대된다.

매우 관념적인 유식학이 바로 요가와 같은 실천론의 근거가 되거나 그러한 수행법을 접수한다는 것은, 그것의 의미가 단순한 세계에 대한 이해만이 아니라 그를 통한 인격의 완성을 목표로 삼았음을 보여준다. 이런 관점이 비록 지나치게 탈관념화시키는 것일지는 몰라도, 나는 유식학을 마음에 대한 지식론만 아닌 실천론으로 보는 것이 그것에 대한 이해를 더욱 깊게 해줄 수도 있다고 생각한다. 이를테면 '다 마음먹기 달렸다'는 권고는 매우 인식론적이지만 다른 한편으로는 매우 실천적이다. 세계가 내 마음이라는 것은 결국 내 마음을 얼마나 잘 간수하느냐에 따라 나와 세계의 관계가 엄청나게 달라질 수 있음을 가르친다. 유식학은 유심론이기 때문에 마음이라는 분명한 수행 대상을 마련해주고 있다. 세계를 마음속으로 끌어옴으로써 세계를 통제할 수 있게 되는 것이다.

　　대승불교에서 유식학의 역할은 막대하다. 실제세계의 실상을 부정하는 유식불교가 민중의 구원을 약속하는 대승불교의 핵이 될 수 있었던 것은, 유식학의 주관적 관념론 때문이 아니라 그것이 보장하는 마음과 그에 바탕한 해탈에로의 이념이 있었기 때문이다. 석존에 대한 신격화를 말하면서도 내가 곧 부처가 될 수 있다는 구원에 대한 약속은, 자아에 대한 확신과 절대자에 대한 신앙을 동시에 충족시키고 있었다. 그 매개체가 바로 마음이었다.

4. 중론

중관中觀철학은 유식철학과 더불어 대승불교의 양대산맥을 이룬다. 시기적으로는 중관의 탄생이 유식학의 절정기보다 앞선다. 유식학의 대부인 세친을 4~5세기경 인물로, '중론'中論: Madhyamaka-śāstra의 제창자인 용수龍樹: Nāgārjuna를 2~3세기경 인물로 보기 때문에, 인물과 그의 철학을 앞세운다면 중관에 이어 유식학의 발전이 나오게 된다. 실제로도 유식의 발전에 중관사상이 크게 영향을 미친다. 그러나 유식에 대한 논리적 반박이 중관에 근거해서 이루어지기 때문에 유식에 이어 중관을 다룰 수 있는 것이다. 용수의 논리로 유식학의 주된 교설이 반박되기 때문이다.

용수의 철학을 중론 또는 중관中觀이라 부르는 까닭은 그의 기본적인 교설이 중도中道를 설파했기 때문이다. 용수는 말한다.

온갖 인연으로 생겨난 법을 나는 무라고 말하네. 그것은 가명일 뿐, 그것이 중도라네. (衆因緣生法, 我說卽是無, 亦爲是假名, 亦是中道義.)

이를 삼제게三諦偈[19]라고 부른다. 이를 통해 그는 무와 가명과 중도를 말했다. 무는 세계가 고정된 실체를 지니지 않았다는 것이고, 가명이란 개념이나 이론은 그저 빌린 것이므로 무 또한 가탁에 지나지 않는다는 것이고, 따라서 세계와 그것에 대한 이해를 모두 중도로써 설명해야 한다는 것이다. 왜 그러한가? 그것은 연기緣起: pratītya-samutpāda이기 때문이다. 만물이 홀로 있지 않고, 이것으로 저것이 일어나고 저것으로 이것이 일어나는 연기법이 곧 우주의 법칙이다. 고정불변의 실체성이 아니라 상호관

---

19 나카무라 하지메(中村 元) 저, 김용식, 박재권 공역, 『인도사상사』(서울: 서광사, 1983/1985), 108쪽.

216
윤회와 반윤회

련의 관계성을 말하는 것이 바로 연기이다.

용수의 불교철학사에서의 위대함이 바로 여기에 있다. 그는 석가의 기본 가르침에 충실했다. 불교가 불교일 수 있는 가장 중요한 요소인 연기법을 자기 철학의 근본으로 삼았다. 일체만물은 연기하기 때문에, 고정된 실체성이 없고, 따라서 자성이라는 것은 있을 수 없으며, 그것을 한마디로 공空: śūnyatā이라고 불렀던 것이다.

지금껏 우리는 자성에 대해 말했다. 그러나 용수 이후부터는 무자성을 말할 수 있게 되었다. 붓다가 최초에 한 설법인 무아의 원칙이 다시금 천명되는 것이다. 용수는 무아를 설명하기 위해 역시 붓다가 최초에 설법한 연기를 강조한다. 내가 어떤 것에 의해 이루어졌고, 나는 또한 어떤 것을 이루고 있는데, 거기에 나라는 것은 있을 수 없었다. 실체가 있다는 것은 환상이고 미망이다. 우리에게 주어진 것은 연기라는 흐름뿐이다. 전통적으로 늘 인용되는 것은 아래의 구절이다.

> 이것이 있기에 저것이 있고, 이것이 일어나니 저것이 일어난다. (此有故彼有, 此起有彼起.)[20]

> 이것으로 저것이 있으니 이것이 없으면 저것도 없다. 이것이 생기니 저것이 생기고, 이것이 없어지니 저것이 없어진다. (因此有彼, 無此無彼, 此生彼生, 此滅彼滅.)[21]

---

20 『잡아함경』, 권12.
21 『중아함경』, 권42.

이것이 이것으로 고정되어 있는 것 같지만, 이것은 저것에 의해 생긴다. 반대로 이것이 있어서 저것이 있고, 이것이 없으면 저것도 없다. 이 단순한 진리가 바로 연기이다. 나는 나로 있지 않고 너로부터 있다는 것, 나는 나와 온갖 것으로 이루어져 있다는 것, 나는 사라져도 많은 것을 이루고 있다는 것, 너는 내가 이루고 있다는 것, 너는 나와 다르지 않다는 것, 나는 없지만 너에게 있고, 너는 없지만 나에게 있다는 것, 이것이 연기법이다.

석가가 줄곧 우리들에게 강조한 것은 괴로움이고 그것으로부터의 탈출이다. 이른바 '사성제'四聖諦가 그것으로, '고집멸도'苦集滅道라는 네 가지 진리이다. 세상은 괴로움뿐이라는 것, 그것은 뭔가 붙들고 있어서 그렇다는 것, 그것을 놓아버리거나 없애버리리라는 것, 그러면 깨달음이 온다는 것이다. 실천을 위해서는, 고통을 보고見苦, 집착을 끊고斷集, 그것이 없어질 것이라는 것을 믿고證滅, 열심히 바른 길을 가야 한다修道. 고통에는 생로병사가 있고, 집착은 욕심으로부터 나온다. 따라서 팔정도八正道라는 수행과정을 통해 고통을 소멸하고 열반에 이르라. 이것이 불교의 기본 가르침이다.

괴로움이 생기는 까닭, 그것은 바로 연기를 모르기 때문이다. 나를 집착하기 때문에 괴롭다. 나를 버려라. 그런데 왜 집착하는가? 그것은 내가 항시 고정불변의 자아로 있다고 생각하기 때문이다. 나는 없다. 나는 더불어 생긴 것이고, 더불어 사라진다. 생기고 사라지는 데 나라는 것이 있을 수 없다. 나는 연기하고 있을 뿐이다. 이것이 석존의 해결책이었다. 괴로움은 있지만, 그것은 가짜라는 것이다. 내가 없는데 무슨 괴로움이 있냐는 것이다.

인간은 오온의 결합일 뿐이다. 오온이라는 물질적 조건은 늘 흩어지고 뭉친다. 그런데 오온을 나라고 생각하는 것이 집착의 원인이다. 오온에는 내가 없다. 오늘날의 표현으로 하자면, 내가 원자로 이루어져 있을지라도 원자 속에 내가 있다고 생각하지 않는 것과 같다.

연기는 곧 법이고, 법은 곧 연기이다. 연기는 진리로서, 석존 이전에도 있었던 우주의 실상이고, 이후에도 있을 실상이다. 그렇기 때문에 연기는 업에 대한 설명을 가능하게 해준다. 자아는 없지만 자아 이전과 이후에도 업은 남는다. 따라서 선악에 대한 윤리적 판단이 성립되는 것이다. 내가 짓지 않았어도 나의 부모가 지은 것일 수도 있고, 오온의 잘못된 결합으로 내가 그 업보를 받을 수도 있으며, 나는 얼떨결에 죄업을 짓고 그것을 나의 미래나 나의 후손에 미치게 할 수도 있다는 것이다. 이른바 업력의 존재가 무아이면서도 인정되는 까닭이 여기에 있다. 그러나 업 또한 공이라는 해석이 등장하게 된다.

용수는 『중론』(근본중송根本中頌: Mūlamadhyamaka-kārikā) 등의 저작을 통해 불교해석에서의 중심적 지위를 확고히 한다. 특히 구마라집鳩摩羅什: Kumārajīva에 의해 중국어로 번역되면서 그 영향력은 막대해진다. 4세기부터는 유식학파에 의해 중관사상이 크게 연구되는데, 6세기에 이르러서는 크게 두 입장으로 나뉘어진다.

첫째는 불호佛護: Buddhapālita 계통으로, 그를 잇는 월칭月稱: Candrakīrti은 『정명구론』淨明句論: Prasannapadā이라는 주석서를 중심으로 다른 주장을 소극적으로 논파하는 입장을 취한다(Prāsaṅgika학파). 티벳불교가 이 줄기에 서 있다.

둘째는 청변清辯: Bhāvaviveka 계통인데, 그는 『반야등론』般若燈論: Prajñāpradīpa

이라는 주석서를 통해 자신들의 입장을 분명히 전개한다(Svātantrika 학파). 특히 7세기의 지광智光, Jñānaprabha은 유가행 학파에 대항하여 공사상의 우위성을 주장한다. 그에 따르면, 소승은 사성제를 통하여 심경구유心境俱有 (마음과 현실 모두 실재성)를, 유가행파는 만법유식설을 통하여 경공심유境空 心有(현실은 없고 마음만 있음)를, 그리고 중관철학은 제법개공諸法皆空의 이치를 통하여 심경구공心境俱空(마음과 현실 모두 없음)을 주장했다는 것이다.[22]

여기서 우리가 주의해 볼 것은 유식설을 비판하기 위해서 이렇게 공사상이 논리적 매개로 쓰인다는 점이다. 용수의 학설은 유식보다 먼저 있었지만, 그것은 유식을 비판하기 위해 가장 좋은 논리를 제공하고 있었다. 공사상에 따르면, 유식은 공의 모든 이치를 깨닫지 못한 하등의 발전 단계에 머물고 있었다. 과연 중관사상이란 무엇인가?

한마디로 그것을 표현하는 구절이 바로 위에서 말한 삼제게이다. 좀더 풀어서 말해보자.

온갖 인연으로 생겨난 법을 나는 공이라고 말하네. 그것은 거짓 이름일 뿐이라네. 그것이 중도의 뜻이라네. (衆因緣生法, 我說卽是空, 亦爲是假名, 亦是中道義.)

그러나 위의 인용과는 다르게 '무'를 '공'으로 썼는데, 그 이유는 초창기 공사상은 무로 이해되다가, 공으로 자리 잡기 때문이다. 공은 한마디로 유도 무도 아니다. 고정된 성질이 없다는 뜻에서의 무본체성 곧 무자

---

22 길희성, 『인도철학사』, 143-4쪽.

성nihsvabhāva이다. 그런데 본체가 없다는 것은 사물이 없다는 뜻이 아니다. 자성이란 말이 뜻하듯 그것은 사물의 본질적인 면을 가리키는 것이지, 우리 눈에 보이는 이러저러한 사물을 가리키는 것이 아니다. 본질이 없다고 물체가 없는 것은 아니다. 따라서 물체는 여러 가지 이름으로 존재한다. 그렇다고 해서 항상성이 있는 것이 아니므로 그 사물과 그것의 이름은 가짜일 수밖에 없다. 그래서 가명假名: prajñapti이라고 한 것이다. 그렇다고 해서 없지도 않기에, '진공묘유'眞空妙有라고 하는 것이다. 공하지만 존재하는 세계, 이른바 공즉시색空即是色의 세계이다.

　　우리가 잘 아는 『반야심경』般若心經의 '색즉시공, 공즉시색'의 논법은 위의 논지를 한마디로 축약하고 있다. 사물의 본질이 없다는 점에서 색은 공이지만, 본질이 없다고 해서 사물이 없는 것은 아니다. 이런 논의의 개념화가 바로 중관사상인 것이다. 이렇듯 중관사상은 불교사상사적인 입장에서 유론과 무론을 모두 지양하고, 나름의 공론으로 통합했다는 점에서 대단한 영향력을 지닌다. 여기서 유론과 무론을 좁게 보자면 유론은 설일체유부의 철학을, 무론은 경량부의 철학을 가리킨다.[23] 따라서 유론이란 실재가 있다는 것이 아니라 본체가 있다는 것이며, 무론이란 본체란 없고 가명만 있다는 것이다. 서양철학에서도 이러한 개념의 전도현상이 나타나지만, 불교에서도 마찬가지로 유는 본체의 있음을, 무는 그것의 없음을 가리킴을 주의해야 한다. 불교에서 말하는 색은 색을 지닌, 다시

23　그러나 실제적으로는 설일체유부의 비연기적인 본체설을 비판했다고 볼 수 있다. 왜냐하면 경량부의 가명설은 접수되기 때문이다. 그런 점에서 원시불교의 모습으로 돌아가자는 의도에 충실한 것이 중관사상이기도 하다.

말해, 내가 보고 만지고 냄새 맡을 수 있는 이것저것을 가리킨다. 사물 속에 본체는 없지만, 본체가 없다고 해서 사물이 없는 것은 아니다. 본체가 없음이 사물이 없음을 뜻하는 것이 아닌 것처럼, 사물이 있음이 본체가 있음을 뜻하는 것도 아니다.

이렇게 이것도 저것도 아니라는 주장에서 중관의 사상이 도출된다. 생겨나거나 사라지는 것도, 이어지거나 끊어짐도, 같거나 다름도, 오거나 감도 모두 부정된다. 그것의 중도만이 참이다. 이것을 이른바 팔부중도八不中道라고 부른다. 불생不生, 불멸不滅, 불상不常, 부단不斷, 불일不一, 불이不異, 불래不來, 불거不去가 그것이다.

생겨나지도 않고 사라지지도 않는다.
늘 그렇지도 않고 끊어지지도 않는다.
같지도 않고 달라지지도 않는다.
가지도 않고 오지도 않는다.
(不生不滅, 不常不斷, 不一不異, 不去不來. 「中論頌」)

여덟 개를 말했다 해서 그것만을 가리키는 것은 결코 아니다. 대표적인 논쟁거리를 말하는 것일 뿐이다. 팔부중도가 뜻하는 것은 모든 언어적 개념의 상대성이다. 그리고 그 상대성에 갖춰진 우리 인식의 한계이다. 그렇기 때문에 용수는 세계를 언어의 세계와 비언어의 세계로 나눈다. 언어의 세계는 일상의 세계로 속제俗諦: saṁvṛtti-satya이고, 비언어의 세계는 진리의 세계로 진제眞諦: paramārtha-satya이다. 우리가 이렇게 언어로 말하는 것은 진리에 접근하기 위해서인 것이지 진리 그 자체가 될 수 없다. 언어는 상대적이기 때문이다. 그렇다고 해서 언어가 없이 진리의 세계로 갈 수 있지도 않다. 우리는 언어라는 방법, 즉 전통적인 용어로는 방편이 필요하기 때문이다. 진제의 세계는 공의 세계이다. 그러나 공의 세계조차 언어로 이루어져 있는 한, 또다시 부정되어야 한다. 그것이 공공空空의 이론이다. 이러한 부정의 부정은 세계를 하나로 보게 만든다. 그것이 불이不二: advaya의 이론이다. 둘로 나누어지지 않는다는 견지는 마침내 진제와 속제의 구별도 없애고, 유와 무, 생멸과 반야, 중생과 부처의 구별조차 없애는 일대원융一大圓融의 세계를 구축한다. 그것을 용수는 일체무소득一切無所得: anupalabdhi의 세계라 부른다.

용수의 중관철학이 대승불교에서 원용되는 까닭이 바로 여기에 있다. 그는 세계의 한쪽을 잡지 않고, 두 쪽을 다 잡았다. 한쪽만이 있다는 주장을 버리고 둘 다 공의 방식으로 있음을 주장했다. 실체가 없으므로 존재가 아니며, 실체가 없다고 존재가 아닐 수도 없다는 주장이다. 현실에서 영원불멸의 자아성은 없으며, 마찬가지로 그러한 자아성이 없다고 해서 현실의 내가 없는 것도 아니다. 용수는 이를 통해 진리의 세계와 세속의 세계를 모두 받아들인다. 용수가 대승불교의 중추적 역할을 하게 되는 까닭이 바로 여기에 있다. 그는 세계의 양면적 모습을 받아들이면서도 그 어느 하나도 버리지 않았다. 오히려 둘 가운데 하나를 고집하는 철학을 비판했다. 그럼으로써 우리 삶의 세계에 진정성의 의미를 부여한 것이다. 대승불교가 이 세상을 떠나지 않고 사람의 삶에 치중하게 되는 이론적 근거가 마련되는 것이다.

연기야말로 용수 철학의 출발점이었다. 모두가 연기인데 무슨 고정된 실체가 있느냐는 질문이다. 붓다의 최초의 설법과도 통하는 것이었다.

공은 연기이고, 무자성이며, 중도라고 용수는 설파한다. 무자성은 무아의 원칙을 재차 확인하는 것이었다. 내가 없다면서 자성이라는 본체를 상정하는 것은 어불성설이었다. 용수의 논법에 따르면, 연기 그 논법도 공이다. 연기가 부처 이전이나 이후 내려온 세계의 실상이라 할지라도 그것이 연기라는 표현으로 드러나는 한, 언어적 속박에서 벗어나지 못한다. 그러나 연기는 세계의 실상 그 자체이다. 실체 없는 실상, 개념으로 규정되지 않은 세계의 진상, 그것이 바로 연기인 것이다.

5. 유일불

붓다가 깨달은 사람이라면 그는 하나인가? 석가는 자신의 각성을 유일화시키지는 않았다. 그는 신보다는 사람의 지위를 택했다. 그가 힌두교의 신들을 부정한 것을 보면 그의 철학적 배경이 무신론에 가까운 것을 알 수 있는데, 그 부정 위에서 자신이 신이라고 나설 수는 없는 노릇이다. 그러나 부처는 점차 신으로서의 지위를 갖는다. 그는 보통사람이 아닌 대원인大原人으로서 마하푸루샤mahāpuruṣa라는 것이다.

　대승불교라는 것이 대승쪽 입장에서 소승을 비판하기 위한 자의적인 어휘임을 감안하면 '큰 수레'mähayäna가 뜻하는 것이 무엇인지 분명히 할 필요가 있다. 큰 수레에 많은 사람을 싣고 가겠다는 것인데, 어디로 가려고 하는지 물어봐야 하기 때문이다.

　대승이 남을 구원하겠다는 것은 깨달음이라는 기준에서는 상당히 곤란한 점이 많다. 왜냐하면 사람이 남을 대신해서 해줄 수 없는 것이 있기 때문이다. 먹는 것, 싸는 것, 깨닫는 것은 결코 남이 해줄 수 없는 것이다. 그런데도 대승은 같이 가잔다. 어떤 근거로 같이 가자는 것인가? 대승의 이념은 그런 점에서 몇몇 특징을 지닌다.

첫째, 부처를 신격화한다. 소승에서 보기에는 가당찮게 보일 정도로 부처는 이제 신이 된다. 부파불교가 전개되면서, 상좌부는 철학적 문제에 보다 많은 관심을 기울이지만 대중부는 불교의 종교화에 크게 기여한다. 대중부 가운데에서도 설출세부說出世部: Lokottaravādin가 붓다를 인간이 아닌 신으로 규정한다. 말 그대로 석존은 이 땅을 떠나있는 초월자라는 주장이다. 그런 점에서 붓다의 신격화는 불멸佛滅 직후부터 시작된 일임을 알 수 있다. 그러나 철학적인 불교학파인 상좌부에서는 이것에 대해 매우 회의적인 시각을 갖고 있었다. 대중부라는 이름처럼 일반 민중에게는 부처가 신격화되는 것이 그들의 삶에 오히려 도움이 된다는 생각이 대승의 이념과 통하는 것이다. 대승불교를 통해 이루어지는 부처의 신격화 과정 속에서, 인도에서는 부처의 힌두신화를 통해 불교의 쇠퇴를 가져오고 타지역에서는 절대자의 옹립으로 불교의 융성을 가져오는 상반된 결과를 낳는다.

둘째, 부처가 민중의 구원자로 상정된다. 신이 된 석가는 구세제민救世濟民의 역할을 담당하게 된다. 초창기 불교의 융성에 왕조의 지원이 있었던 것은 이러한 불교의 역할이 매우 중요한 인수로 작용했으리라 쉽게 짐작된다. 통치자의 지복을 위해서뿐만 아니라 통치의 수단으로도 부처는 널리 이용되었다. 기독교식으로 말하면 석가가 메시아의 역할을 맡게 되면서 정교政敎 일치의 국가가 성립되는 것과 비슷하고, 조선초기의 상황으로 빗대면 새로운 왕조의 권위와 위대성을 불교를 통해 전달하려는 것과 닮았다.[24] 한국불교에서 미륵彌勒: Maitreya 신앙의 유행은 이러한 대승불교의 토착화 과정에서 필연적인 것이다. 유가행 철학의 근본사상을 정립한 미륵존자의 이름이 미래불사상과 결합되는 까닭을 생각해보자.

셋째, 부처와 나와의 공통점이 있다. 석가가 신격화되었다고 해서 그것이 곧 나와 석존과의 거리를 고착화시키는 것은 아니다. 이 점이 여느 종교와 크게 구별되는 부분이기도 한데, 불교는 석가를 신격화했음에도 불구하고 나와 석존과의 거리를 크게 두지 않는다. 붓다 스스로 깨달은 사람임을 자처했기 때문에 아무리 그를 신성시할지라도 사람이라는 원초적 의미에서 벗어날 수는 없었기 때문이다. 인도의 전래사상이 '범아일체'梵我一體를 말하고 있는 것도 큰 영향이었을 것이다. 그런 점에서 불교를 『우파니샤드』의 승계나 재해석이라고 보는 견해도 있다.[25] 그런데 여기에는 유식학의 공헌이 지대하다. 내가 갖고 있는 항구불변의 그 무엇으로서의 알라야식의 전제는 나와 부처의 끈을 이어주는 매체가 되기 때문이다. 그것이 바로 불성佛性: Buddhahood론이다. 나도 불성이 있기에

---

24 조선은 유교국가라는 틀이 초창기 왕실에서는 예외였음을 기억하자. 태조의 무학대사와의 밀접한 관계와 세조의 불경의 우리말 번역 사업을 생각해보자.

25 라다크리슈난은 "대승불교에 관한 한, 사실상 그것은 『바가바드기타』의 종교와 아무런 차이도 없다."고 단언한다. 그는 초기 불교를 설명하면서도 그것이 단지 우파니샤드의 사상을 새로운 관점에서 재해석한 것에 불과하며, 불교는 적어도 그 기원에 있어서 힌두교의 한 분파라고 지적한다. 이렇게 보면 그는 소승이나 대승불교 모두 우파니샤드의 영향 아래 나왔다는 것이다. 우파니샤드에 대한 어떤 특정한 언급이 없음에도 불구하고, 붓다의 가르침은 아래와 같은 이유로 우파니샤드의 상당한 영향을 받았다고 주장한다. "베다의 권위에 대한 냉담, 제의식적인 경건에 대한 무관심, 업설과 재생에 대한 믿음, 열반을 얻을 수 있는 가능성에 대한 확신, 그리고 세계와 자아의 무상성에 대한 교의는 우파니샤드와 붓다에 공통적이다." 라다크리슈난 저, 이거룡 역, 『인도철학사』Ⅱ, 156-7, 464, 560-1쪽. 그러나 내가 보기에는 우파니샤드는 브라만을 말하지만 불교는 다르마를 말하기 때문에 근본적으로 다르다.

부처가 될 수 있다는 것이다. 다시 말해, 사람에게는 누구나 여래가 될 수 있는 여래장如來藏이라는 맑고 깨끗한 자성自性淸淨心이 있다는 주장이다. 알라야식을 창고store의 뜻인 장식藏識이라고도 함을 기억하자. 대중부는 일찍부터 중생이 부처가 될 수 있음을 상정했다.[26]

넷째, 부처와 나 사이에 길을 이끌어주는 사람이 있다. 소승불교에서는 붓다에 이르는 길이 무조건 자기에 딸렸다. 과정이 있고 모습이 있다. 나한 또는 아라한阿羅漢: arhat의 위치가 그것이다. 그들은 존경을 받는 성자이다. 부처는 아닐지라도 부처에 가깝다. 깨달음의 과정에 있으며 따라서 그 모습은 신에 가깝다. 그러나 아라한은 나에게 어떤 도움을 주지는 못한다. 그들은 숭배와 추앙의 대상이며 내가 가야할 길이지 나를 이끌어주지는 않는다. 대승불교는 이와는 달리 보살菩薩: Bodhisattva을 상정한다. 보살은 부처가 될 수 있지만 마지막 사람 하나가 부처가 될 때까지 세속에 머물기로 염원念願 또는 願: praṇidhāna을 세운다. 심지어 그는 중생을 이롭게 하기 위해 열반을 포기하고 악취惡趣인 짐승이나 아귀로 태어기도 한다. 남을 위해서 자신을 완전히 희생하는 이타주의의 화신으로 그는 자비慈悲: karuṇā의 표상인 것이다. 보살은 중생의 주변에서 머물며 그들이 깨달음을 얻도록 도와준다. 보살은 보리살타菩提薩埵(살타sattva는 유정有情의 존재 곧 사람을 가리킴)의 줄인 말로, 보리심을 가짐發: boddhicittotpāda으

---

26 대중부의 철학에서 설일체유부가 인정하는 삼세실유와 같은 유위법은 받아들이지 않지만, 연기나 팔정도 등을 무위법으로 받아들임으로써 영원한 본체의 영역이 좀 더 넓어진다. 여기서 말하는 유위법은 존재방식을 말하는 것이고, 무위법은 존재를 뛰어넘는 원리를 가리킨다. 유식사상을 법체항유 관념의 맥락에서 이해하면 대중부의 근본입장과 모순될 수 있지만, 무위법에서 바라보면 어우러질 수 있다. 상좌부는 열반만을 무위법으로 받아들인다.

로써 출가자나 재가자나 상관없이 보살행을 실천할 수 있다. 소승불교의 승려집단이 출가자 위주의 생활방식으로 민중과 유리되었다면 대승불교는 이러한 문제를 인지하고 매개자를 설정하는 것이다.[27]

대승의 이러한 방향설정은 실로 소승과는 다른 길을 가게 한다. 가장 큰 변화는 자력신앙에서 타력신앙에로의 변화이다. 불교는 근본적으로 자력의 길을 권한다. 남이 해줄 수 없는 것이 있다. 그럼에도 대승은 남이 도와줄 수 있다는 여지를 남긴다. 심각하게는 불교가 더 이상 깨달음을 믿는 종교가 아니라 깨달은 이를 믿는 종교가 된다. 진리를 믿는 종교가 아니라 진리를 깨달은 인격체를 믿는 종교가 되는 것이다. 대승불교에 나오는 수많은 보살이 그 역할을 해주고 있다. 우리에게 익숙한 관세음보살觀世音菩薩: Avalokiteśvara, 문수보살文殊菩薩: Mañjuśrī, 보현보살普賢菩薩: Samantabhadra, 대세지보살大勢至菩薩: Mahāsthāmaprāpta 등이 바로 그들이다. 인도에서는 남성이었지만 한국에 오면서 점차 여성화되는 보살의 이미지는 그들의 자비가 여성성과 통한다고 생각되었기 때문이다.

여기서 부처가 세 몸을 가졌다는 삼신三身: trikāya설을 소개할 필요가 있다. 첫째는 법신法身: dharmakāya으로 자성신自性身이라고 번역되기도 하는데, 그것은 표현상 몸이지 진리 그 자체를 뜻한다. 깨달음의 세계로 무형태의 것이다. 둘째는 수용신受用身: saṃbhogakāya으로 보신報身이라고 번역되기도 하는데, 그것은 법신이 드러나는 모습으로 진리를 실천하는 역

---

27 조성택은 보살의 탄생에 대하여 아쇼카왕(circa 272-232 B.C.) 이후 인도 사회에서 더 이상 특권적 위치를 누리지 못하면서 존립의 위기를 맞이한 불교가 자신들의 시대가 무불(無佛)의 시대(Buddhas in Buddhaless times)임을 절감하면서 보살사상을 등장시켰다고 풀이하고 있다. 석학과 함께 하는 인문강좌, 학술진흥재단, 강의요강(2008.8.9.)

할을 한다. 아미타불阿彌陀佛: Amitābha이 대표적으로, 보살행의 결과로 얻어진 신적 형상이다. 셋째는 변화신變化身: nirmānakāya으로 응신應身이라고 번역되기도 하는데, 그것은 역사적 인물로서의 석가를 가리킨다.[28] 고통받는 중생을 위해 이 땅에 깨우침을 주기 위해 온 석존이다.

이렇게 보면, 법신은 진리나 원리이기 때문에 인격화되지 않지만, 수용신과 변화신은 천상에서나 지상에서 인격화된다. 아미타불은 보신이고, 석가모니불은 응신이다. 부처는 예전에도 많았고 앞으로도 많을 것이다. 석가모니불은 가장 대표적인 부처의 하나로 역사의 한 부분을 차지하며 세상에 왔다. 그리고 아미타불은 서방정토에서 우리를 극락으로 인도해준다.[29] 우리는 아미타불을 마음을 다해 부름으로써 죽은 다음 이상향에 갈 수 있다. 아미타불은 염불念佛신앙을 대표한다.

대승불교의 삼신설은 불상의 유행을 가져다준다. 우리가 잘 아는 삼존불을 생각하면 이해가 빠르다. 법신의 화신으로 역사적인 붓다인 석가모니여래를 가운데 놓고 그를 중심으로 좌우에 아미타여래와 약사여래를 배치하는 형식이다. 변화신이 가운데 있고 수용신이 양쪽에 있는 모

---

28 조성택은 '역사적 붓다'(Historical Buddha)가 근대불교학이 재구성한 붓다의 모습이라면 '붓다'(The Buddha)란 다양한 경전에서 나타나는 붓다의 모습이라고 정의하면서, 붓다가 세상을 떠난 이후 그는 제자들의 기억을 통해 전승되면서, 그의 삶과 가르침을 바탕으로 '스승'으로서의 붓다가 '초인간적 존재'로 만들어진다고 한다. 다양한 전통의 불교 경전은 이러한 역사적 과정을 잘 반영하고 있다는 것이다. 석학과 함께 하는 인문강좌, 학술진흥재단, 강의요강(2008.8.2.)

29 조성택은 아미타불과 미륵불(보살)이 '경쟁'하면서 인도에서 중앙아시아를 거쳐 동아시아에 이르기까지 변모해오고 있다고 풀이한다. "경쟁하는 '붓다들': 미륵과 아미타불(Competing Buddhas: Maitreya vs. Amitabha)" 석학과 함께 하는 인문강좌, 학술진흥재단 강의요강(2008.8.16.)

습이다. 법신은 형태를 갖지 않으므로 표현되지 않는다. 수용신은 여러 모습으로 드러나는데, 관세음觀世音: Avalokiteśvara도 그 가운데 하나로 믿는 자에게 자비를 베푼다. 이렇게 여러 모습으로 나타나는 부처의 특징 때문에 대승불교는 여느 종교와도 잘 어울리며 토착화한다.

여기서 우리는 대승불교의 부처가 하나인지, 여럿인지 생각해보아야 한다. 삼존불에서 볼 수 있는 것처럼 부처는 여럿이다. 붓다는 깨달은 이를 뜻하고, 따라서 부처는 다수성이 보장될 수밖에 없다. 그런데 대승불교에서 말하는 부처의 다수성에는 독특한 전제가 있다. 민중을 구원하는 주체인 부처는 곳곳에서 시시때때로 나타난다. 때로는 부처로, 때로는 보살로 우리 주변에서 나타나 곤란에 빠진 우리를 구해주고 육체와 정신의 평온을 가져다준다. 이것이 화신化身의 관념인데, 위에서 말한 대로 하나의 법신이 있고 그를 실천하는 보신이나 증명하는 응신이 있다는 일종의 유출설이다.

서양에서 말하는 유출설은 플로티노스학파의 것처럼 일자一者가 있고 그것에서부터 만물이 나왔다는 주장인데, 대승불교는 이와 유사하게 유일불唯一佛: Ādi Buddha 관념을 제시하고 그 아래 여러 모습으로 현현하여 우리를 도와주는 부처나 보살을 그려내고 있다. 부처가 많아지면서 오히려 그것의 원형原型: prototype으로서 유일불을 상정하는 것이다. 삼존불을 설명하면서 셋이면서 하나라는 이야기를 많이 듣게 되는데 그것이 바로 유일불 관념에서 나오는 것이다. 다시 서양신학적 개념으로 보자면 삼위일체三位一體: the Trinity와도 닮았다. 하느님 아버지(성부)와 예수(성자) 그리고 천사(성신聖神)가 세 꼴이지만 하나라는 주장과도 같이, 석가모니불이건 아미타불이건 약사불이건 하나라는 입장이다.

신이 없던 종교에서 석가가 신격화되고, 이어 많은 부처가 등장하면서 그 모든 것을 통일시켜줄 수 있는 원리나 규칙으로서의 신성이 필요했던 것이다. 그러나 그 유일성은 서양과는 달리 타자를 배격하기 위한 것이 아니라 오히려 타자를 수용하기 위한 것이었다. 내가 다른 모습으로 현신現身할 수 있다는 것은 겉으로는 이런저런 모습이지만 속으로는 하나라는 관점이 있기 때문에 합리화가 된다. 서양의 삼위일체는 셋이라는 다른 모습에 주목하여 문제를 풀고 있기 때문에 이론적으로 셋 이상의 숫자로 나가지 못하지만,[30] 불교의 유일신은 하나라는 관점에 집중했기 때문에 부처가 무궁무진할 수 있다는 생각으로 확대되는 것이다. 화신化身: incarnation이라는 개념은 기독교나 불교 모두가 갖고 있는 것이지만, 서구 문명에서 하느님의 화신으로 예수와 성령(천사)만을 상정하는 반면, 불교에서는 석가모니만이 아니라 온갖 것들이 신성을 지니고 나타난다. 기독교가 한정판 레코드를 찍어내는 매트릭스라면, 불교는 소스가 개방된 무한정판 레코드용 매트릭스인 것이다. 또한, 기독교의 매트릭스는 인격성이 있지만, 불교의 그것은 법으로 무인격적이다. 법, 즉 다르마가 인격화된 것이 바로 부처이다.

유일신의 관념은 간다라미술 등과 같은 불교조상彫像의 발전을 가져다주고,˙ 탑신塔神: stupa 신앙의 유행을 불러일으킨다. 나아가 회향回向: pariṇāmanā 같은 관념은 업을 개인적으로 해석하지 않고 나의 공덕을 남에게 넘겨줄 수 있다는 것으로 자비의 확대재생산 가능성을 크게 열어주고

---

30 사실상 (수호)천사는 복수이기 때문에 다수라고 볼 수 있겠지만, 형식상 세 지위만을 인정하는 까닭을 생각해보자.

있다. 남 대신 내가 업을 씻어줄 수 있다는 명제는 대승불교의 종교화에 큰 기여를 한다. 그것은 업조차 고착화시키지 않는 대승불교의 경향을 드러내는 것이기도 하다.

6. 대승불교의 자연사

머니어 윌리엄스Monier Williams에 따르면 불교는 인도에서 자연사했다.[31] 자연사라는 표현은 불교가 힌두교나 이슬람교의 퇴치에 의해 박멸된 것이 아니라, 스스로 사라져버렸음을 뜻한다. 이 관점은 정확하다. 불교의 쇠퇴는 석존의 신격화와 더불어 불교가 힌두교화하면서 일어난다. 만신들 가운데 하나가 부처라면 굳이 불교라는 정체성을 갖지 않아도 되는 것이다. 불교가 힌두교의 전통에서 녹아버리고 마는 것이다.

그렇다면 인도 외의 지역에서 신격화되었지만 살아남은 까닭은 무엇인가? 그것은 힌두교라는 모태가 없었던 곳에서는 불교의 정체성이 다른 종교와 뒤섞이기 어려웠기 때문이었을 것으로 보인다. 오히려 삼신설에 바탕한 불교는 어느 종교와도 잘 어울렸고 토착종교를 흡인해 버렸다. 기존의 숭배대상이 부처의 다른 모습이라고 생각하면 문제가 될 것이 없었다. 이를테면 우리의 산신각山神閣을 생각하면 불교의 토착화 과정을 쉽게 이해할 수 있다. 어느 절에도 대웅전에 이어 세우는 것이 바로 산신

---

31 *Buddhism*, 제2장, 라다크리슈난 저, 이거룡 역, 『인도철학사』, Ⅱ, 474쪽, 원주(69)에서 재인용.

각 또는 삼신각三神閣이다. 산신 신앙에 바탕한 민족종교를 불교가 적극적으로 흡수통합해버린 좋은 예이다.

그러나 인도에서는 달랐다. 인도 불교 천년의 역사는 브라만을 용인하는 과정이었다. 처음에는 그들을 비판했지만 서서히 힌두교와 동질시되는 불교, 그리하여 자신조차 상실되는 불교, 그것이 인도에서의 불교발전과정이었고 대승불교의 사망과정이었다. 힌두교와 불교가 하나가 되면서 부처는 힌두신의 하나가 되고 말았다. 손님에 안방을 내주고 마침내는 주인도 바뀌는 꼴이었다. 아예 쫓겨나거나 문간방 하나 얻어 살게 된 것이 불교의 모습이었다.

자연사의 과정에서 우리는 『바가바드기타』와 불교의 관계를 심각하게 연결시켜 볼 필요가 있다. 불교가 『바가바드기타』의 재판으로 해석되면서 불교는 자신의 정체성을 잃어버리기 때문이다. 『바가바드기타』는 불교의 힌두화의 매개체 역할을 한다. 원리적으로는 대승불교가 『바가바드기타』의 사상을 접수하면서부터 불교는 스스로에게 사망선고를 내리게 되는 것이다. 라다크리슈난의 긴 설명을 들어보자.

인도 정신의 완고성은 철학에서의 일원론적 관념론과 종교에 있어서 숭배의 자유로 나타났다. 대승불교의 형이상학은 불이일원론Advaita의 형이상학과 유신론에 상응한다. 다수 대중의 필요에 기여하는 가운데, 그것은 『바가바드기타』의 아류가 되었다. 지적인 흡수작용과 변형은 대승불교가 단지 위대한 비슈누교 운동의 종파적인 한 단계에 지나지 않는다는 이론을 묵인할 수 있을 정도로까지 진전되었다. 보다 금욕적인 성격의 소승불교는 쉬바(시바)교의 한 종파로 간주되기에 이른다. 불교는 그 자체의 가르침이 지니는 어떤 독특성도 보이지 않았다. 바라문교 신앙이 보편적 사랑과 신에 대한 헌신을 강조하는 동시에 붓다는 비슈누의 화신이라고 주장했을 때, 인도에서 불교의 장송곡이 울려퍼졌다. 불교는 힌두교의 결점뿐만 아니라 장점을 거듭하여 가르쳤다. 적합한 상상과 고유한 믿음으로 충만한 이루 헤아릴 수 없이 풍부한 과거의 전통은 다시 나라 전체를 장악했으며, 불교는 힌두교에 동화되는 가운데 점차 사라지고 말았다.[32]

위에서 언급했듯이, 라다크리슈난은 대승불교를 『바가바드기타』와 동일시하고 있다. 불교가 가지고 있던 독자적인 성격이 대승불교에 이르러 『바가바드기타』의 사상과 별반 다르게 되지 않게 되었다고 한다. 위에서 말하듯이, 대승불교가 마침내 『바가바드기타』의 아류가 되었다는 것이다. 금욕적인 특색을 지닌 소승불교조차 남성기(링가)를 모시는 시바교의 한 종파가 되었을 때, 그것은 더 이상 무신론적인 윤리적 세계를 유지하기 어렵게 되었다. 남성기에 대한 숭배는 대승불교에 와서 성적인 교합을 정신적 해방의 상태로 보는 좌도 밀교의 모습과도 통한다. 이제 불교는 힌두교가 되었다. 불교는 힌두교도에 적대적이지 않고 오히려 그들을 유혹했다. 바라문교의 우상과 그들이 만들어내는 설화는 더 이상 불교의 배척대상이 아니었다. 힌두교의 사회의식과 질서를 받아들이는 순간, 불교는 더 이상 불교일 수 없었다. 석존이 강조한 평등의 세계를 후대 불교는 스스로 거부하고 포기하고 만 것이다. 라다크리슈난이 든 예를 보자.

---

32 라다크리슈난 저, 이거룡 역, 『인도철학사』, II, 474쪽.

불교가 비슈누교로 전이했다는 흔적은 오리사Orissa 주의 푸리Puri에 있는 사원에서도 찾아볼 수 있을 것이다. 본래 가우타마 붓다에게 봉헌된 이 사원은 현재 '세상의 주'Jagannātha로서의 크리슈나가 안치되어 있다. 우리가 여기서 발견하는 유일한 불교유적은 모든 계급의 사람들이 신전에서 만들어진 음식을 함께 먹었다는 사실이다.[33]

나는 현장과 혜초가 걸었던 길을 걸으면서 이런 느낌을 떨쳐버릴 수가 없었다. 그들조차 이런 비애감을 느끼면서 그 길을 걸었는지, 아니면 그것이 곧 불교의 모습이라고 생각하면서 걸었는지는 알 수 없다. 불교의 모국을 찾아와서 만나는 불교의 종말과정을 그들은 어떻게 받아들였을까? 그것을 불교의 종교적 발전이라고 생각하지는 않았으리라 싶다. 불법에 귀의하고 불타의 고향에 찾아온 그들을 반겨주는 것은 불교가 아닌, 비슈누교, 시바교, 탄트라 신앙이었고 그것은 불교의 본의와 거리가 멀다는 것을 모를 리 없었기 때문이다.

불교 승려들은 이전의 사도적인 열정을 잃어버렸다. 불교의 승원 제도는 다른 어떤 것 못지 않게 부패했다. … 불교의 삶은 일단의 미신과 이기심, 그리고 그것을 둘러싸고 있는 감각적 쾌락으로 억눌려버렸다. 현장이 인도를 방문했을 때 보았던 것처럼, 그 결과는 쓰레기 같은 신화와 전설의 늪에 빠져 허우적거리는 근본불교의 실상이었다.[34]

---

33   라다크리슈난 저, 이거룡 역, 『인도철학사』 II, 474쪽, 주(68).
34   라다크리슈난 저, 이거룡 역, 『인도철학사』 II, 473쪽.

현장에게 대승불교의 미신을 타파하는 방법은 외재세계를 부정하는 유식학밖에는 없다는 판단을 가져다주지 않았을까? 그리하여 마음으로, 마음으로 파고드는 세계관을 지니게 되지 않았을까? 덕분에 중국과 동아시아의 불교는 대승의 틀 속에서도 참다운 것은 신이 아니라 나라는, 제신諸神은 허상일 뿐이고 참다운 것은 나와 너 그리고 부처 속에 담겨진 불심 또는 불성이라는 판단을 다행스럽게 얻을 수 있지 않았을까?

대승불교는 바라문교의 신성을 받아들임으로써 그들의 관념과 체제도 받아들였다. 브라만들에게 부처는 비슈누의 권화였고, 불교에서 비슈누는 관세음보살Avalokiteśvara(연화수보살Padmapāṇi)이 된다. 부처가 비슈누의 화신이라는 믿음은 현대 인도에까지 이어질 정도로 확고한 것이었다. 석존은 더 이상 존재하지 않는다.

비록 불교가 인도사상에 금욕주의적이고 윤리적인 세계관을 제시하고, 이후 바라문교는 비합리적인 요소를 제거하려고 노력하게 되었지만, 그 둘은 계급제도와 관련해서는 결코 만날 수 없었다. 모든 사람이 더 이상 신전에서 밥을 먹을 수 없게 되었다. 사성계급이 모여 둘러앉아 밥을 먹은 것은 역사가 되었고, 신전은 더 이상 천민들에게 개방되지 않았다. 불교가 인도에 가져다준 사회적 영향력 가운데에서 가장 중심이 되는 계급철폐는 더 이상 주장되지 않았다. 부처를 신격화하는 과정에서 덧붙여지는 미신과 신비화는 불교 고유의 윤리성을 방기하고 말았다.[35]

이와 같은 인도에서의 불교쇠퇴는 우리에게 보여주는 바가 많다. 한

35　라다크리슈난은 이를 '병적인 상상의 압도적인 영향'이라고 표현하고 있다. 라다크리슈난 저, 이거룡 역, 『인도철학사』 II, 472쪽.

마디로 불교도들이 불교와 힌두교를 혼동하는 한, 구체적으로는 대승불교와 『바가바드기타』를 동일시하는 한, 불교가 설 자리는 없다는 것이다. 뿐만 아니라, 불교가 강조했던 평등의 이념도 사라져 흩어져버리고 만다. 남는 것은 운명이고 신의 구원이고 신비한 세계일뿐이다. 평등에 기초한 철저한 인간적 세계관은 신의 장난과 계급의 고착화로 붕괴되고 만다. 하는 일이 아닌 가진 마음에 따라 귀천이 나뉜다는 석존의 가르침은 더 이상 설 자리를 잃고 만다.[36]

---

36 불교의 무신론과 『바가바드기타』의 유신론에 대한 연구는 이를 뒷받침해줄 것이다. 아울러 『우파니샤드』는 불살생의 원리를 말하면서도 늘 그러한 것은 아니며, 권장은 하지 않았더라도 기본적으로 카스트 제도를 인정하고 있다는 점에서 불교와 대별된다. 석가는 스스로 새로운 종교의 창시자로 여기지는 않았지만 '세습적인 성직 대신에 영성에 토대한 수행자 집단, 출생에 따른 신분 차별 대신에 개인적인 능력, 베다의 계시 대신에 논리적인 이성, 제의식상의 경건 대신에 도덕적인 삶, 그리고 베다의 신 위에 완성된 성자를 놓음으로써' 힌두교 사제들을 격노하게 했고, 그들은 붓다를 반사회적인 세력으로 간주했으며, 불교도들의 사회개혁에 대한 주장을 이교도의 것으로 여겼다. 라다크리슈난 저, 이거룡 역, 『인도철학사』 II, 581쪽.

제5장

암베드카르의 신불교운동

한국인들에게 생소하지만 인도 민권운동의 기틀을 세운 암베드카르를 소개하고, 그의 신불교 Neo-Buddhism 운동의 의미를 정리한다. 천민으로 태어나 입법위원과 초대법무장관까지 올랐던 그는 신분제를 옹호하는 힌두교를 버리고 불교도로 개종할 것을 인도인들에게 호소했다. 간디만큼이나 영향력이 있었던 그는 현대 인도불교의 아버지로 추앙된다. 인도의 불교사원이나 불교도는 불상과 검은 뿔테의 그의 사진을 배향하는 경우가 많다. 인도인에게 암베드카르는 신분제 타파와 만인의 평등을 주장한 제2의 석가이다.

(http://www.ambedkar.org)

1. 암베드카르와의 만남

불평등의 기원을 찾아서 떠난 인도 방문이었지만 바바사헤브 암베드카르Babasaheb Ambedkar: 1891-1951 cf. Mahatma Gandhi: 1869-1948는 나에게도 생소한 인물이었다. 도대체 그가 누구이기에 사람들에게 존경을 받고, 인도의 많은 길에 그의 이름이 붙여져 있는가? 하다못해 불교문화에 친숙한 우리가 즐겨 찾는 아잔타의 중심대로는 암베드카르 대로였다. 그의 흔적을 찾기로 했다.

　　암베드카르는 뭄바이(봄베이)에서 학교를 다녔다.[1] 그는 뭄바이 시내 중심가의 신학의 전통을 지니고 있는 대학을 졸업했다. 천민으로 태어나

1　뭄바이는 영어식 봄베이의 바로 잡은 말로 최근의 공식 지명은 힌두어로 자리 잡고 있다. 이를테면, 캘커타는 더 이상 캘커타가 아니라 콜카타로 불린다.

영국교육을 통해 법학박사를 취득했기에 인도인들은 모두 그를 암베드카르 박사라고 부른다. 간디와 마찬가지로 법률가로서 일했고, 정치에 뛰어들어서는 의회에까지 입성한다.

그러나 암베드카르는 의회에서 앉지 않았다. 자기가 앉을 자리가 없다는 이유에서였다. 그것은 하나의 항의시위로 인도사회에서 천민이 앉을 자리가 없음을 비꼬는 것이었다. 그의 호소 이후 인도사회는 하나의 제도가 자리 잡는다. 그것이 바로 인도식으로는 '레제르베이션'Reservation으로 불리는 '예약제도'이다. 여기서 예약이란 우리의 노인석처럼 그들에게 이미 예약되어 있음을 가리킨다. 뜻으로 본다면 '선점제'로, 우리 제도로는 '할당제'가 이에 해당한다. 공직사회에서는 분야마다 10%가 넘는 할당을 정해놓고 있지만, 거리에서 태어나 거리에서 죽는 천민들이 기본적인 조건조차 갖추기는 불가능하기에 비율을 맞추는 곳은 거의 없다. 암베드카르의 절실한 느낌처럼, 빈자리가 있지만 앉을 수 없는 것이 인도의 천민들이다. 자리를 마련해놓아도 그 자리에 맞는 천민을 구하기는 하늘의 별따기만큼 어려울지도 모른다. 거리의 아이들은 그만한 최소한의 교육을 받기도 어려움을 반증한다.

암베드카르가 졸업한 대학은 현재 국가문서보관소로 쓰이고 있었다. 인도의 관료주의도 만만치 않고, 관리들도 비교적 딱딱한 편이지만, 나는 암베드카르의 유고를 보고 싶었다. 불친절한 관리의 손에 들려져 나에게 턱 던져진 것은 원본이었다. 이는 어쩌면 암베드카르와 그의 업적이 아직 국가적 차원에서 보관, 관리되고 있지 않음을 뜻하기도 했다. 내가 본 것은 그의 저작 가운데 가장 중요한 『신불교론』Neo-Buddhism이었다. 원고는 타자본이었는데 군데군데 만년필로 교정을 본 흔적이 있었다.

필체는 단아하고 자신감이 넘쳤다.

인도의 많은 길은 간디대로로 시작한다. 교차하는 지점에 네루가 있기도 하지만, 국부 간디의 중심성은 굳건하다. 그러나 아잔타만큼은 중심대로에 암베드카르의 이름을 붙였다. 그곳이 그래도 불교유적지라서 그러하리라고 짐작된다. 아잔타에는 우리에게 회화의 중심지로 잘 알려져 있는 말발굽 모양의 협곡 우측의 석굴군 말고도 곳곳에 불교석굴이 남아있는데, 그 근처에는 현대적 의미의 불교사원이 초라하게 유지되는 경우도 종종 있다. 그곳에서 검은 뿔테 안경의 암베드카르는 부처에 버금가는 성인으로 숭배된다. 인도 불교도들 사이에서 그의 위상을 잘 알 수 있는 예이다.

그러나 잊지 말자. 인도의 불교도는 1%도 되지 않는다. 자이나교도보다 숫자가 적은 것이 불교도이다. 인도는 결코 불교의 나라가 아니다. 과거에 불교의 나라였다고 해서 오늘날도 그러리라는 착각은 빨리 버리면 버릴수록 좋다. 암베드카르는 한마디로 인도 평등 운동의 지남指南으로 불려도 좋을 듯하다. 그의 방법론은 '이교척교'以敎斥敎로 종교로써 종교를 대신하는 것이었다. 평등의 종교인 불교로 불평등의 종교인 힌두교를 몰아내자는 방안이었다.

암베드카르가 불교를 절대자가 있는 종교로 생각했는지 그렇지 않은지는 좀 더 많은 논의가 필요하다. 인도에는 무신론적인 종교와 그 전통도 없지 않다. 만일 암베드카르가 같은 유신론적인 종교로 생각했다면, 동양식의 '오랑캐로 오랑캐를 몰아내자', 즉 서양문명을 서양문명으로 몰아내자는 사상인 '이이제이'以夷制夷와 많은 유사점을 갖는다. 반대로 그가 힌두교의 신을 부정하는 장면은 곳곳에 나온다. 그리고 많은 인도인들이 생각하듯 부처를 비슈누의 화신化身으로 여기는 것을 강력하게 거부한다.

민중에게는 신이 필요했을 듯하다. 부처를 선택하는 순간, 암베드카르가 원했듯이, 인도인들은 적어도 신 앞에서의 평등은 얻을 수 있었다. 그러나 법 앞에서의 평등은 멀고, 관습 앞에서의 평등은 더 멀었다.

2. 50만의 개종

1956년 10월 14일, 그리고 그다음 날까지, 세계 종교역사상 유래를 찾아볼 수 없는 대규모 종교집회가 있었다. 종교집회라고는 하지만 50만 명의 개종의식이라는 점에서 세계사적인 의미를 지닌다. 인도 나그푸르 딕샤 부미에서 벌어진 힌두교로부터 불교에로의 개종식이었다. 그 중심에 암베드카르 박사가 있었다.

암베드카르는 불가촉천민인 달리트Dalit이었다. 달리트는 현재 인도인들의 공식용어로는 '지정 카스트'scheduled castes: 줄여 SCs라고 불린다. '지정 카스트'라는 용어가 인도인들과 이야기할 때 낯설 텐데, 그것은 카스트 가운데 안배된, 배려된, 예정된, 고려된 카스트라는 뜻으로 천민에 대한 호의적인, 적어도 중립적 표현이다. 자칫하면 기재된 관리 대상의 카스트라는 뜻으로 들릴 수 있어 주의해야 한다. 암베드카르를 지지하는 달리트들은 지정 카스트 또는 후진 카스트other backward castes: 줄여 OBCs라는 용어도 거부하고, 본래 의미대로 달리트 곧 '억압된'the depressed이라는 용어를 쓰고 있다.

달리트 출신으로는 인도위계질서에서 가장 높이 올라간 인물이 바로 암베드카르이다. 어쩌면 영국의 제도이었기에 가능했던 출세였다. 그렇기에 그에게는 영국에 대한 반감보다는 계급간의 차별이 더 심각하게 느껴질 수 있었을는지도 모른다. 계급의 차이는 한 나라 안에 다른 나라를 만들고 있었다. 우리식으로 말하면, 양반의 나라, 상놈의 나라, 그들의 나라, 서울공화국, 재벌민국처럼 말이다.

암베드카르는 간디처럼 변호사로 시작했지만, 교수, 장관을 거친 사회운동가였다. 그에게 종교지도자보다 사회운동가라는 표현이 어울리는 까닭은, 불교를 통해 영적인 깨달음이나 부흥을 전하고자 하기보다는 그것에 의존해 인도의 계급질서를 타파하고자 했기 때문이다. 그는 인도 정부의 초대 법무부장관으로 평등에 기초한 헌법초안을 작성했다. 그러나 헌법과는 따로 노는 인도의 현실을 그도 어쩌지 못했고, 마침내 인도인들이 힌두교에서 불교로 개종할 것을 권유한다.

그런데 나의 암베드카르에 대한 인상은 정작 하나의 학자와 같은 느낌이다. 그는 버트란트 러셀의 사회 개조the reconstr-uction of society에 적극 동의한다. 러셀이 그랬듯이 암베드카르의 사회운동론도 상당히 논리적이고 의문추구형이다. 그는 마르크스주의와 불교를 비교하기도 하면서 힌두교의 문제점을 지적한다. 암베드카르도 러셀처럼 논설문으로 사람을 설득하려 한다. 러셀이 인류역사상 최초의 반핵운동을 주도했다면, 암베드카르는 인도 최초로 카스트 제도의 문제점을 종교와 더불어 지적했다. 러셀이 '나는 왜 기독교인이 아닌가?'를 물었듯이, 암베드카르는 '나는 왜 불교도가 되어야 했는가?'를 말했다.

암베드카르는 불교의 가르침을 이야기하면서도 교훈적이라기보다는 논리적 일관성, 전대 사상과의 관계를 따지는 데 많은 시간을 할애한다. 이를테면 '영혼이 없다면서 어떻게 윤회를 말하는가? 그렇다면 브라만들이 말하는 업이나 윤회와는 다른 뜻이 아닌가? 만일 당시 브라만들의 뜻과 같다면, 심각한 모순은 피할 수 없지 않은가? 이 문제는 풀려야 한다'면서 불교를 설명한다. 무아를 '영혼soul의 없음'으로 받아들이는 암베드카르의 해석이 논란이 될 수 있겠지만, 내가 말하고자 하는 이 글의 주제와도 상통한다.[2] 그런 점에서 그의 글은 상당히 철학적이다. 좀 더 거슬러올라간다면, 석가의 논리적 추구나 비판과도 태도상 상당히 비슷해서, 바라문에 대한 비난을 암베드카르는 '반브라만교'anti-Brahmanism로 현대적으로 표현할 뿐이다.

암베드카르는 이러한 학술적 기반을 바탕으로 신불교운동을 주창할 수 있었다. 그의 글이 주해가 자세히 달린 학술논문은 아니지만, 당시의 많은 지식인들이 자신의 주장을 펴듯이, 의문을 제기하고 명제의 참과 거짓을 간략하고 단순한 방식으로 논하여 많은 추종자들을 얻을 수 있었다.

---

2   이것은 암베드카르가 제기한 세 번째 불교에 대한 물음이다. 그는 불교의 윤회(saṁsāra, 그
    는 sansara로 쓴다)는 '생명의 이동(transmigration)'이 아니라 '생명의 재탄생(rebirth)'이라고
    주장한다(*Buddhism and his Dhamma*, vii, §2, (iv) "Transmigration (sansara) was replaced by
    the doctrine of re-birth."). 우리식으로 말하면, '갱생'(更生) 즉 거듭남으로 풀 수 있는데, 이
    점은 이 글의 전반적인 입장과 일치한다. 유행가의 가사처럼, '나홀로 재생의 길 찾으며, 외로
    이 살아 가네'라고 할 때의 '재생'(再生)이다. 그가 이런 뜻으로 썼다는 것은 불교 서약 제21항
    에서 '재생하고 있음'이라는 진행형 문장에서 분명하게 드러난다. 그는 불교가 영혼을 부정
    했다고 이해하고 있었기 때문에 윤회의 초신비적인 주체를 설정하지 않았다. 그런데 현대 영
    어에서 윤회는 'transmigration'으로도 'rebirth'로도 쓰인다.

3. 불교 서약

불기 2500년을 기념하여 1956년 10월 14일 암베드카르와 그의 부인, 그리고 50만 명이 참여한 수계식에서 선언한 불교입문맹세 22개 항은 다음과 같다. 힌두교에 대한 거부감과 불교의 평등의식이 그 골자를 이루고 있다. 왜 그가 신불교론을 제창하고 있는지 잘 보여준다.

1. 나는 브라흐마, 비슈누, 마헤슈와라를 믿어서도 절해서도 안 된다. (I shall have no faith in Brahma, Vishnu and Mahesh nor shall I worship them.)

2. 나는 라마와 크리슈나를 신의 화신化身으로 믿어서도 절해서도 안 된다. (I shall have no faith in Rama and Krishna who are believed to be incarnation of God nor shall I worship them.)

3. 나는 가우리, 가나파티, 그리고 힌두 신전의 남신과 여신을 믿어서도 절해서도 안 된다. (I shall have no faith in Gauri, Ganapati and other gods and goddesses of Hindus nor shall I worship them.)

4. 나는 화신을 믿지 않는다. (I do not believe in the incarnation of God.)

5. 나는 붓다가 비슈누의 화신이라는 것을 믿지 않고 믿어서도 안 된다. 나는 그것이 아주 미친 짓이고 잘못된 선전이라고 믿는다. (I do not and shall not believe that Lord Buddha was the incarnation of Vishnu. I believe this to be sheer madness and false propaganda.)

6. 나는 조령제祖靈祭를 지내서도 제물을 올려서도 안 된다. (I shall not

perform 'Shraddha' nor shall I give 'pind-dan'.)

7. 나는 붓다의 원리나 교의에 어긋나는 어떤 풍습도 따라서는 안 된다. (I shall not act in a manner violating the principles and teachings of the Buddha.)

8. 나는 브라만에 의해 이루어지는 어떤 의식도 받아들여서는 안 된다. (I shall not allow any ceremonies to be performed by Brahmins.)

9. 나는 인류의 평등을 믿어야 한다. (I shall believe in the equality of man.)

10. 나는 평등을 이루기 위해 애써야 한다. (I shall endeavour to establish equality.)

11. 나는 붓다의 8정도를 따라야 한다. (I shall follow the 'noble eightfold path' of the Buddha.)

12. 나는 붓다가 가르친 10도(바라밀)를 따라야 한다. (I shall follow the 'paramitas' prescribed by the Buddha.)

13. 나는 모든 생물에 동정심과 사랑스런 친절을 베풀고, 그들을 보호해야 한다. (I shall have compassion and loving kindness for all living beings and protect them.)

14. 나는 훔치지 않아야 한다. (I shall not steal.)

15. 나는 거짓말을 해서는 안 된다. (I shall not tell lies.)

16. 나는 육체적 죄를 범해서는 안 된다. (I shall not commit carnal sins.)

17. 나는 술이나 마약 같은 중독물을 취해서는 안 된다. (I shall not take intoxicants like liquor, drugs, etc.)

18. 나는 일상생활에서 8정도를 따르려고 애쓰고, 동정심과 사랑스런 친절을 베풀어야 한다. (I shall endeavour to follow the noble eightfold path and practise compassion and loving kindness in every day life.)

19. 나는 인간성에 해가 되며, 인간성의 진보와 발전을 저해하는 힌두교를 그것이 불평등에 기초하기 때문에 부인하고, 불교를 나의 종교로 받아들인다. (I renounce Hinduism which is harmful for humanity and impedes the advancement and development of humanity because it is based on inequality, and adopt Buddhism as my religion.)

20. 나는 붓다의 가르침이 유일한 참된 종교라고 확고히 믿는다.
    (I firmly believe the Dhamma of the Buddha is the only true religion.)

21. 나는 거듭나고 있음을 믿는다. (I believe that I am having a re-birth.)

22. 나는 붓다와 그가 가르친 원리와 교리에 따라 나의 삶을 이제부터 이끌어야 함을 엄숙히 선언하고 확인한다. (I solemnly declare and affirm that I shall hereafter lead my life according to the principles and teachings of the Buddha and his Dhamma.)

암베드카르의 서약문은 몇 가지로 요약될 수 있다.

첫째는 힌두신의 거부이다. 힌두신들의 현실적 신성인 비슈누, 크리수나 등을 믿어서는 안 된다는 것이다. 힌두교도들이 열광하는 남성기(링가)로 상징되는 시바가 빠져있는 것이 이상하긴 하지만 그의 처인 가우리가 들어갔을 뿐만 아니라, 제3항에서처럼 힌두교의 남신이건 여신이건 믿지 않겠다는 것을 분명히 하고 있다(제1, 2, 3, 6, 8, 19항).

둘째는 힌두 교리의 거부이다. 힌두교의 특징은 '화신'化身 사상으로 암베드카르는 기독교식 성육신成肉身: the Incarnation으로 설명하고 있다. 신이 있고 그 신은 여러 다른 모습으로 드러난다는 것이다. 그러나 기독교가 천상의 신이 지상의 인간으로 육화肉化되었음을 강조하는 반면, 힌두교는 천상의 신이 여전히 여러 다른 신의 모습으로 변신한다는 점에서 많이 다르다. 또한, 기독교가 예수만을 육화된 신성으로 여기는 것과는 달리, 힌두교의 신성은 수없이 변신을 한다. 한마디로 힌두교의 화신 사상은 A라는 신의 a, b, c, d…에로의 변신은 물론, A라는 신 말고도 B, C, D 신의 또다른 a, b, c, d…에로의 변신을 인정한다는 점에서 기독교와는 완전히 다르다. 물론, A, B, C, D…와 각자에 따른 a, b, c, d…가 모두 브라흐마의 화신이라고 한다면 일신론에 근접하기 때문에 조금은 더 비슷한 점을 찾아볼 수는 있다. 힌두교의 화신사상은 인도를 신들의 천국, 만신의 나라, 나아가 신의 포화상태로 만들었고, 그것은 만사를 종교적으로 푸는 폐단을 낳았다. 화신을 거부하지 않는 한, 힌두의 신들로부터 벗어나는 것은 불가능했다(제2, 4, 5항).

셋째는 불교의 독립이다. 불교가 독립된 종교가 아니냐는 의문은 인도인들에게는 통하지 않는다. 부처도 여러 힌두신 가운데 하나일 뿐이다. 때로는 힘이 세고, 때로는 아무것도 아닌 신의 화신일 뿐이다. 비슈누의 화신이라는 것은 나름대로 부처에게 지위를 부여하는 것이지만, 반대로 부처의 독자성은 부지불식간 사라지고 만다. 그래서 암베드카르는 먼저 힌두교의 화신 사상을 부정하면서, 따라서 석가모니가 힌두신의 화신이 아님을 말하고 있는 것이다. 암베드카르가 강력한 어조로 '붓다를 비슈누의 화신으로 보는 것은 완전히 미친 짓이고 거짓 선전'이라고 말하는 것을 보자. 그의 논리는, '화신은 없다, 따라서 붓다도 화신이 아니다'라는 서순을 밟고 있다(제4, 5항).

넷째는 불교의 계율을 지키라는 것이다. 팔정도八正道와 십바라밀十婆羅蜜(우리에게는 육六바라밀로도 잘 알려진)을 따르고, 동정심과 사랑스런 친절로 만물을 대하고 만사를 행하라는 것이다. '동정심과 사랑스런 친절'이란 개념의 선후만 바꾸면 '대자대비'大慈大悲의 뜻이 된다. 자비심과 자애심을 갖고 생명체와 일상사를 대하라는 것이다. 게다가 중독성 물질을 피하고 육욕을 억제하고 거짓말과 도둑질을 하지 말라고 한다. 불교는 명시적인 수행목표와 방법이 정해져 있는 종교이다. 암베드카르는 팔정도와 십바라밀을 우선으로 내세우면서 비윤리적 행위를 하지 말 것을 구체적으로 권고한다(제7, 11, 12, 13, 14, 15, 16, 17, 18, 20항).

다섯째는 힌두교는 불평등의 종교이고 불교는 평등의 종교라는 천명이다. 암베드카르가 왜 힌두교를 버리고 불교를 따르라고 하는지 그 까닭이 드러난다. 힌두교를 믿으면 그 불평등의 구조에서 벗어날 방도가 없다. 따라서 평등의 종교인 불교를 믿어라. 힌두교는 인류의 불평등을 심화시키는 비진보적이고 비발전적인 종교이다. 인간은 평등하며, 그것은 실현되어야 한다. 불교는 인간의 평등함을 믿고 그것을 실현하려 한다(제9, 10, 19, 20항).

여섯째는 불교를 받아들이면서 내가 거듭나고 있음을 믿으라는 것이다. 암베드카르는 불교의 윤회는 갱생이라고 해석한다. 이른바 자력갱생自力更生이다. 힌두교적인 업에 따른 숙명론을 버리고, 스스로 업을 쌓거나 씻어가는 윤리적 재탄생을 이루어야 하며, 이루고 있음을 믿어야 한다. 암베드카르는 '이제부터'hereafter 나의 삶을 붓다의 가르침에 따라야 한다면서 '내가 거듭나고 있음'I am having a re-birth.을 현재진행형으로 선언하고 있다(제20, 21, 22항).

이상이 암베드카르의 불교 서약의 요지이다. 한마디로 불평등의 힌두교를 버리고, 평등의 불교를 믿으라는 것이다. 힌두교를 믿으면 영원히 계급의 굴레에서 벗어나올 수 없지만, 불교를 믿고 그 가르침을 따르면 새롭게 살 수 있다. 암베드카르가 말하는 재생이 단순한 도덕적인 재무장을 말하는 것은 아니다. 그는 세대와 세대를 잇는 생물학적 재생(그는 과학적이라는 표현을 선호하지만)을 인정한다. 많은 불교학자들은 연기설이 과학적이라는 주장을 펴는데, 그와 비슷하다. 그러나 특기할 만한 것은, 이 서약에서 암베드카르는 불교의 연기설(그의 다른 문장에서의 표현에 따르면 인과설)에 대해서 언급하고 있지 않다는 점이다. 논리적 복잡함 때문인지, 연기설이 자칫하면 윤회설처럼 거듭남에 방해가 된다고 생각했는지는 모를 일이다. 그는 전반적으로 연기설에 대해서 중점을 두고 있지 않다.

4. 산적 여왕

1998년과 2007년에 걸쳐 엘리자베스 여왕을 소재로 두 편의 영화 〈Elizabeth〉, 〈Elizabeth: The Golden Age〉(아카데미 7개 부문 노미네이트)를 만들어 최근에 할리우드에서 각광을 받고 있는 세카르 카푸르Shekhar Kapur 감독은 미국에서 영화를 만들기 전에 인도를 배경으로 한 편의 영화를 만들었다. 실화를 바탕으로 말라 센Mala Sen이 원작을 썼다. 이 영화는 우리나라의 주말의 명화에도 방영이 된 적이 있다. 인도에서 상영금지가 되었으니 우리가 인도보다 빠르게 개봉된 셈이다.

그 영화는 〈밴디트 퀸〉Bandit Queen(1994)으로 제목의 번역 없이 소개되었다. 우리말로는 〈산적 여왕〉 또는 〈여산적〉이다. 산적이 된 후 그녀가 늘 빨간 두건을 두르고 있어 홍건적처럼 느껴진다. 우리나라에서 '밴디트'(산적)가 '밴디드'(띠 두른: banded)로 잘못 불린 까닭도 여기 있을 것이다.

인도에는 아직도 산적이 있다. 유랑민들이 무장하면 산적이 된다. 그들이 고속도로나 기차를 막고 재물을 털면 곧 산적이다. 독립 이전의 인도 자체가 통일되지 않았던 지방국가, 부족국가 형태였음을 생각하면 산적이 산채를 짓고 산다는 것이 그다지 신기한 노릇도 아니다. 그 산적의 지도자로서 풀란 데비Phoolan Devi라는 천민 여인이 있었다. 가난한 부모에 의해 자전거 한 대와 암소 한 마리에 팔려간 열한 살의 소녀는 온갖 학대 속에서 도망을 나오지만, 그녀를 기다리고 있는 것은, 여전히 마을 청년들과 경찰에 의한 학대와 강간이었다.

경찰에서 풀려난 후 산적의 성노리개 생활을 하다, 젊은 산적의 사랑과 믿음으로 두목으로 거듭난다. 그녀의 활동은 인도 북부 마디아프라데시에서 2년 동안 지속되었고, 그녀를 강간한 약 22명의 남성을 살해하는 등 공포의 대상이 된다. 마침내 동지들의 안전과 천민들의 권리 그리고 상류층의 천민 여인에 대한 강간방지 등을 조건으로 수상과의 협상을 통해 1983년 자수한다.

영화는 여기까지지만 현실은 그 이상이다. 말라 센은 11년 동안의 복역기간 동안 풀란 데비의 역정을 『인도의 산적 여왕』(1991)이라는 책으로 그려내고, 출옥 후 풀란 데비는 하원의원에 당선되어 정치가로서 활동하는데, 2001년 7월 25일 반대자들에 암살당한다.

풀란 데비는 과연 의적일까? 법철학자 박홍규에 따르면 그녀도 의적이다.[3] 그는 한국의 홍길동, 일지매, 임꺽정, 영국의 로빈 후드, 프랑스의 루팽, 멕시코의 쾌걸 조로, 이탈리아의 줄리아노, 중국의 양산박 108인, 러시아의 스텐카 라진, 그리고 인도의 풀란 데비 등을 거론하고 있다. 그런데 한국도 그렇고, 영국, 프랑스, 멕시코 그리고 중국의 『수호지』까지 허구성이 짙은 인물이지만, 줄리아노, 라진, 풀란 데비는 그렇지 않다. 법으로부터는 저주받았지만, 인민들은 그들을 환호했다. 줄리아노는 이탈리아 안의 식민지인 시칠리아를 위하여, 라진은 지주들에 항거하여, 풀란 데비는 천민이기 때문에 무장한다. 데비는 천민에 여자라는 조건까지 덧붙여져 최악이었음에도 불구하고 산적의 여왕으로 등극한다.

5. 달리티즘

인도 천민에 대한 많은 용어가 있다. 먼저 우리가 자주 혼동하는 부분이 있는데, 그것은 카스트에 속한 천민과 그렇지 않은 천민이다. 카스트의

---

3   박홍규, 『의적, 정의를 훔치다』(서울: 돌베개, 1995).

최하층은 노예라 취급되는 수드라이지만, 그곳에도 속하지 못하는 천민이 있다. 그래서 그들을 '카스트 밖', 곧 '아웃 카스트'out caste라고 부른다. 이들이 곧 불가촉천민이다. 이들은 나름대로의 이름이 있고 모여 산다. 어떻게 보면, 다른 신분만이 아니라 다른 종족이나 이방인처럼 취급된다. 그런 점에서 불가촉에 대한 차별은 단순한 신분제에 의한 구별만이 아니라 종족주의racism의 경향이 강하다. 백인이 흑인을 노예로 생각했던 것처럼, 그들은 다른 종이다. 수드라만 하더라도 원인原人인 푸루샤의 발에서 나오지만, 그들은 그곳에도 속하지 않는다. 때로 '카스트 아래'sub-caste라고도 쓰인다.

고급 카스트일수록 하얗고, 저급일수록 검다는 주장도 있지만, 그것은 현실적으로 맞지 않는다. 아리안이 백인이었고 드라비다인이 흑인이었기 때문에 그렇다고 설명하지만, 피부 색깔로 인도인의 계급을 나누는 것은 거의 불가능하다. 남쪽으로 갈수록 검어지는 경향이 있지만, 그렇다고 남인도에는 천민만 사는 것이 아니기 때문이다.

불가촉에 대한 정부측 공식 용어는 '지정 카스트'scheduled caste이다. 이때 지정의 의미는 계획적으로 고려된 사람들로 정부의 보호를 받음을 가리킨다. 영어에서의 '불가촉'the untouchables은 그들에 대한 문화적 편견을 그대로 표현하는 것이다. '하리잔'은 신의 아들딸을 뜻한다. 간디가 그들을 그렇게 부르기를 좋아했다. 그러나 결코 그 신은 평등의 신은 아니었다. 불가촉만의 신이던지, 아니면 그들을 불가촉으로 만든 신이었다.

달리트는 억압받은 사람이라는 뜻으로, 일반적으로 쓰는 표현이다. 그런데 인도의 천민들은 달리트를 공식적 용어로 선택했다. 우선은 억압받은 자임을 분명히 강조하고 싶은 것이었고, 둘째는 자기 처지를 스스로 극복하겠다는 의지를 담은 것이다. 정부가 계획해서 될 것도 아니고, 힌두신에 의해 안배되어서도 안 된다. 달리트는 자신들의 의식과 문화가 있다. 그들의 이러한 정치운동을 달리티즘Dalitism이라고 부른다.

달리티즘은 달리트를 자랑스러워하자는 것이다. 마치 '검은 것은 아름답다'Black is beautiful.고 선언하는 것과 같다. 달리트는 '달'dal이라는 어근에서 나오며 그 형용사가 달리트이다. 달은 '깨지다, 부서지다, 흩어지다, 쪼개다'를 뜻한다. 그런 점에서 달리트는 억압 받는 자로서 단순히 자신들만이 아니라 억압받는 소수 전체를 가리키면서 민권운동으로 승화된다. 그러면서 말한다. 이 오래된 땅의 원주민으로서 우리와 우리의 문화를 자랑스러워하자고, 고개를 들고 걷자고.

달리티즘은 힌두교를 반대하는 것이다. 힌두교는 달리트의 적임을 분명히 한다. 브라만 숭배는 파괴와 매장의 대상이다. 달리티즘은 혁명 철학이고 행동지침이라고 선언한다. 인도에는 두 세상이 있었다. 하나는 달리트들의, 다른 하나는 아리안들의 문화였다. 종교는 전통이라는 이름으로 통치계급만을 살찌울 뿐이었다. 암베드카르에 의해서 깨어난 달리트들은 이제 자신들의 세상을 만들어야 한다. 달리트에게 근대성이나 마르크스주의도 허울일 뿐이었다. 20세기가 간디즘의 무대였다면 21세기는 암베드카리즘의 무대이다.

이상이 달리트들의 잡지인 『달리트 소리』(마치 함석헌의 『씨을의 소리』를 닮았다)에 실린 달리티즘에 대한 편집인의 설명이다.[4] 1981년 7월 1일

---

4   V. T. Rajshekar, *What is Dalit and Dalitism?*, 〈Dalit Voice〉, 1983.6.1.-15. 격주간.

발행되었으나, 정부에 의해서는 1981년 10월 15일 정식 등록된 달리트들의 대변지이다.

달리트들을 위해 암베드카르가 선택한 것은 불교였지만, 달리트 해방운동의 초기에는 불평등을 인정하지 않는 시크교에로의 개종이나, 심지어 회교도에로의 개종도 고려 대상이었다. 달리티즘은 신분제로부터의 도피, 억압으로부터의 탈출, 불평등으로부터의 해방을 목적으로 하는 민권운동인 셈이다.

6. 한용운의 불교유신론

여기서 우리에게는 암베드카르같은 인물이 없었는가 되돌아볼 필요가 있다. 1972년대 이후 시월유신의 망령이 거리에 가득할 때, 내가 만난 유신은 '메이지이신'明治維新이 아니라, 오히려 한용운의 『불교유신론』이었다. 일본의 유신은 어차피 정치적인 것이라서 우리의 유신과 그다지 달라 보이지 않았고, 적어도 『대학』大學의 '날마다 새롭자'日新又日新는 의미에서 유신은 한용운의 것이 진정할 것 같았다.

만해 한용운은 〈조선독립의 서〉만을 쓰지 않았다. 불교의 개혁을 위해 『불교유신론』을 1910년에 탈고하고 1913년 출간했다. 그는 승려로서 불교 내부의 부조리와 모순을 잘 알고 있었고, 따라서 의식과 조직 등 불교제도에서부터 승려의 결혼문제에 이르기까지 모두 17장을 통해 한국불교를 신랄하게 비판했다. 그는 철저한 파괴를 통해 한국불교의 재건을 원했다. 한용운의 의미에서 유신이야말로 '날마다 새롭자'는 뜻과 부합하는 것이었다.

　유신이란 무엇인가, 파괴의 자손이요, 파괴란 무엇인가, 유신의 어머니다. 세상에 어머니 없는 자식이 없다는 것은 대개 말들을 할 줄 알지만, 파괴 없는 유신이 없다는 점에 이르러서는 아는 사람이 없다. 어찌, 비례比例의 학문에 있어 추리해 이해함이 이리도 멀지 못한 것일까. 그러나 파괴라고 해서 모두를 무너뜨려 없애 버리는 것을 뜻하지는 않는다. 다만 구습舊習 중 시대에 맞지 않는 것을 고쳐서 이를 새로운 방향으로 나아가게 한다는 것뿐이다. 그러므로 이름은 파괴지만 사실은 파괴가 아니라고도 말할 수 있다. 그래서 보다 유신을 잘 하는 사람은 파괴도 잘 하게 마련이다. 파괴가 느린 사람은 유신도 느리고, 파괴가 빠른 사람은 유신도 빠르며, 파괴가 작은 사람은 유신도 작고, 파괴가 큰 사람은 유신도 큰 것이니, 유신의 정도는 파괴의 정도와 정비례한다고 할 수 있다. 유신에 있어서 가장 먼저 손대야 하는 것이 파괴임이 확실하다.[5]

　그는 유신이 되기 위해서는 파괴가 되어야 함을 주장한다. 1500년의 역사를 지닌 한국불교가 파괴를 두려워하다가는 새로워질 수 없다. 고름 짜내는 것을 겁내면서 새살 돋기를 바라서는 안 된다는 말이다.

　한용운은 운명론적인 해석을 철저히 부정한다. '일을 꾀하는 것은 사람에 있고, 일을 이루는 것은 하늘에 있다'는 전통적인 사고도 비판한다. 성공과 실패는 모두 사람에 딸렸다. 사물은 스스로 자립하지 못하니

5　한용운, 『불교유신론』, (서울: 匯東書館, 1913).

성패는 모두 사람의 책임이다. 게다가 그렇지 않다면 사람에게 자유란 없다. 사람에게 주어진 자유는 없어질 것도, 없어져서도 안 된다. 형이하의 하늘이라면 유형물 가운데 하나에 불과하고, 형이상의 하늘이라면 이치를 뜻하는 것인데 성공과 실패 모두 스스로의 힘으로 이룰 뿐이다.

이런 한용운식의 사고는 결정론을 철저히 거부하는 것이다. '되고 안 되고'가 운명에 의한 것이라면 한용운 식의 사고는 자리 잡기 힘들다. 하늘이나 신이 일의 성공과 실패를 가를 수는 없다. 성패는 철저히 사람의 노력에 따라서 이루어지는 것이다. 사람은 자유롭다. 사람의 노력이나 의지가 빠진 결정된 업이란 없다. 하늘의 도리라는 것도 사실 진리라는 뜻에 불과하다. 진리란 내가 할 만큼 했으면 되고, 그렇지 않으면 되지 않는 것이다. 거기에 하늘이 제멋대로 할 바는 없다.

모든 학술도 유신되고, 종교도 유신되고, 모든 방면이 유신된다. 형이상의 것도 유신되고, 형이하의 것도 유신된다. 그런데 왜 불교만은 유신되지 않는가? 한용운은 여기서 묻는다. 유신될 것이 없는가, 아니면, 유신할 만한 것이 못되나? 앞의 말은 완벽하다는 뜻이지만, 뒤의 것은 그럴 가치조차 없다는 뜻이다. 그는 이런 질문을 통해 불교의 유신을 천운天運이나 남에게 맡기는 태도를 버리고 자신에게 돌린다. 불교가 유신되지 못하는 것은 내 탓이고 자신의 책임이다. 살을 베고 피를 빼내야 불교의 병든 종기를 치료할 수 있다. 폐단이 폐단을 낳아 이제는 극치에 달했으니 피상적인 개량으로는 불가능하다. 보수파들은 이 점을 반드시 알아야 한다.

한용운은 제도개혁에 많은 관심을 보였다. 그러나 그의 운명에 대한 거부와 인간 역할에 대한 긍정은 윤회와 업에 대한 새로운 해석의 가능성을 열어놓고 있다.

7. 민족모순과 국제모순

여기서 민족모순이란 대내모순을, 국제모순이란 대외모순을 가리킨다. 국가 내부의 모순해결이 우선일 수도, 국가 외부의 모순해결이 우선일 수도 있다. 우리의 경우, 이른바 프롤레타리아파^{PD}와 레닌파^{NL}가 오랫동안 이념상 각축해왔다. 국내에서 벌어지는 자본가와 민중의 모순을 먼저 해결할 것인가, 아니면 반식민지 상태의 국가에서 벗어나는 것을 우선으로 삼을 것인가? 우리는 국토까지 분단되어 있어서 이 문제가 더욱 복잡해진다. 민족통일이 우선인가, 아니면 강대국으로부터의 자립이 먼저인가? 민족통일을 우리 힘으로 하고 싶지만 강대국이 꼭 끼고, 강대국으로부터 자립하자니 민족통일이 되어야 하고, 이렇게 문제가 꼬리에 꼬리를 물고 착종되어온 것이 우리 학생운동의 현실이었다. 이런 구도로 인도를 바라봐 보자.

간디는 국제모순을 무엇보다도 우선시했다. 영국으로부터의 독립이 급선무였다. 그러나 암베드카르는 국내모순을 철저히 인식했다. 달리트의 해방 없는 인도의 독립은 힌두교에 의한 억압을 고착화시키는 것이었다. 따라서 암베드카르는 간디와 사사건건 부딪히게 되는 것이다.

인도를 한 나라로 볼 수 있는가? 공식어만도 15개인 나라를 인도 또는 힌두로 묶는 것이 옳은 일인가? 그리고 신분만이 아니라 부족에 대한 차별이 엄존하는 나라를 힌두이즘으로 묶을 때, 그들의 이데올로기는 더욱 강화되지 않겠는가? 파키스탄과 방글라데시의 인도로부터의 독립은 어쩔 수 없었나? 현대정치에서 인도를 하나의 민족개념으로 설정하는 BJP당은 우파독재의 가능성이 없는가?[6]

암베드카르의 의미는 파키스탄과의 카시미르 분쟁 외에는 대외모순이 사라진 오늘날 더욱 부각될 수도 있다. 인도 내부의 문제가 심각하게 취급될 시점이 되었기 때문이다. 게다가 인도의 카스트는 단순한 신분제가 아니라 타 종족에 대한 핍박으로 이해해도 될 만큼 우려할 만한 것이다. 나치에 의한 유태인, 집시, 군 징집반대자에 대한 집단적인 박해와도 비교되어야 한다. 독일의 역사적 반성과 참회가 반세기 동안 이루어진 오늘에도 벌어지고 있는 인도 안의 학대에 대해서 우리는 알아야 한다.[7]

그럼에도 인도인들은 왜 불교로 개종하지 못 하는가? 21세기에 들어 10억을 넘어선 인도인들이 살 방법은 계급질서의 공고화밖에는 없는가? 곳곳에서 평등의 기치를 들고, 시크, 무슬림, 기독교가 소리쳐도 인도인들이 힌두교를 버리지 못하는 까닭은 무엇일까? 도대체 인도가 불국토와 멀어지게 된 까닭은 어디에 있는가?

석가는 개나 돼지보다 못한 달리트인 수니타의 귀의를 받아들였다.

---

6 힌두보수당인 BJP(Bharatiya Janata Party)는 1925년 민족의용단 RSS(Rashtriya Swayamsevak Sangh)으로 시작하여 장상당(Jan Sangh Party)과 자나타당(Janata Party)을 거쳐 오늘날의 모습을 갖추게 되었다. 간디 암살과도 역사적으로 관련이 있었지만, 인도의 극우민족주의화를 힌두이즘과 결합하여 최근 들어 선전하고 있다. 1984년에는 의회 2석, 1989년은 88석, 1991은 120석, 1998년에는 마침내 집권한다.

7 교황은 독일의 학살과 관련되어 유태인에 대해서는 사죄의 뜻을 밝혔지만, 집시나 여호와의 증인은 아직도 보이지 않는 존재일 뿐이다. 달리트의 인권을 고발 받는 단체의 기록에 따르면, 그들에 대한 폭행과 강간은 아직도 성행하고 있다(http://www.ambedkar.org).

힌두교는 천민을 받아들일 수 있을까? 힌두교도 유신이 가능할까? 결국 타종교에로의 개종밖에는 해결책이 없는가? 남편이 죽으면 평생 색깔 있는 옷을 입지 못하고 시댁에도 친정에도 돌아가지 못하고 죽음을 기다려야 하는 여인을 보면서 우리는 관습이라는 이유로 그것을 받아들어야 할까? 그래도 남편을 화장할 때 산 여인을 함께 불태우던 뱅골지역의 악습인 사티가 사라졌다고 안위해야 할까? 기억하자. 석가는 여인의 출가도 받아들였다.

간디는 돈 있는 상인의 아들로 학업을 이루었지만, 암베드카르는 아버지의 군역으로 생계를 유지하고 독지가의 도움으로 대학을 나올 수 있었다. 간디는 뭄바이에서 이름 없는 변호사 생활을 그만두고 남아프리카에서 20여 년간 변호사 생활을 하다 귀국(1915년)하지만, 암베드카르는 줄곧 인도의 계급제에 대해 문제의식을 갖고 공부하다 귀국(1917년 1차: 컬럼비아대학 박사 후/ 1923년 2차: 런던정경대학원 박사 후)한다.[8] 간디는 힌두교로 통일된 인도를 꿈꾸며 '람' 신을 부르면서 죽었고(1948년), 암베드카르는 힌두교의 예법을 기록한 마누법전을 불태운 적이 있으며(1927년),[9] 50만 천민과

---

8 1916년 5월 9일 암베드카르는 컬럼비아대학 인류학세미나에서 「인도의 카스트: 구조, 기원, 전개과정」을 발표한다. 컬럼비아대학의 박사논문은 「인도의 몫-역사적 분석적 연구」(1916년 제출, 1917년 학위취득; 이 글은 1925년 영국에서 「영국통치하 인도에서 지방금융의 진화과정」으로 출판)이고, 런던정경대학원박사논문은 「루피화의 문제-그 기원과 해법」이다.

9 "바바사헤브(암베드카르)는 『마누법전』을 비난했다. 1500년 전에 쓰였다는 이 경전은 대대로 힌두교도들의 율법과 일상생활을 지배해왔다. 이른바 상층 카스트 힌두교도들이 떠받드는 이 책에 달리트들은 치를 떨었는데, 베다를 듣거나 읽는 불가촉천민의 귀에 납물을 부어야 한다고 적어 놓은 바로 그 책이기 때문이다. 바바사헤브는 『마누법전』이 상층 카스트 힌두교도에게는 권리장전일지 몰라도 불가촉천민에게는 노예장부라고 생각했다. 그는 그것이 힌두교도 간에 존재하는 억압의 상징이라고 비난한 후, 공개적으로 불태울 것을 주장했다." 나렌드라 자다브 지음, 강수정 옮김, 『신도 버린 사람들』(서울: 김영사, 2007), 56쪽. 이 책은

함께 불교로 개종을 한 후 두 달만에 죽는다(1956년). 만일 싯다르타가 살아 있다면, 누구를 지지할까? 석가는 힌두교를 떠나 평등의 교설을 편 사람이다.

암베드카르에 의해 깨인 아버지와 아들(경제학 박사, 푸네 대학 총장)인 자신의 이야기를 적고 있다.

제6장

무아와 윤회 논쟁

21세기 첫머리에 한국철학계에서 불교에 관련된 논쟁이 있었다. 그것은 윤회를 인정하면 자아를 인정하게 되어 모순이 되지 않느냐는 물음에서 비롯되었다. 불교 탄생 이래로 오래된 문제였지만, 한국에서 이것에 대한 심각한 논쟁이 붙은 것은 여러 가지 이유에서 의미가 있다. 모순될 수밖에 없다는 입장과 그렇지 않다는 입장이 맞붙어서 좋은 논의를 이끌었다. 나는 이 문제를 무아윤회와 유아윤회의 입장에서 바라보기보다는 무아연기의 철칙 아래 윤회를 부정하는 것이 근본적인 해결책이라고 생각한다.

1. 윤호진

무아와 윤회의 문제를 본격적으로 다룬 글은 윤호진의 책이 최초이다. 1981년 프랑스에서 학위논문으로 제출한 글이 10년이 지나 1992년 번역되어 나오면서 이 주제의 심각성이 제시되었기 때문이다.

완벽한 이론은 없다. 역설적이지만 완벽하지 않기 때문에 발전할 수 있다.[1]

---

[1] 윤호진, 『무아·윤회문제의 연구』(서울: 민족사, 1992), 머리말. 원제는 「나선비구경(那先比丘經)에서의 무아와 윤회문제」(*Le Problèm de l'anātman et du saṃsāra dans le sūtra du bhikṣu Nāgasena*, 소르본느대학, 1981)이다. 불광출판사에서 재간행(2015).

윤호진은 이 문제를 다루면서 머리말 첫 구절에 이렇게 썼다. 그의 표현에서 드러나듯이 윤회와 무아이론은 양립할 수 없다는 쪽에 손을 들어주고 있다.

> 무아이론의 입장에서는 윤회의 주체를 인정할 수 없다. 윤회의 주체를 인정한다는 것은 고정불변하는 실체적인 '나我'를 인정하는 것이 되고, 결국 무아이론을 포기하는 것을 의미하게 되기 때문이다.[2]

윤호진은 뿌생의 견해에 기초하고 있다.

> 나를 부정하는 것(무아), 그것은 과보와 윤회를 부정하는 것이다. 죽음은 바로 열반, 즉 다시 태어나지 않는 것이 될 것이다.[3]

그렇다고 해서 이 둘 가운데 하나를 버릴 수도 없어 양립시켜야 했다. 이것이 초기불교에서 후기불교까지 가장 어려운 문제였다는 것이다. 이 문제를 가장 잘 설명해놓은 것이 『나선비구경』이지만, 그 경전조차 정경正經도 아니고 후대의 것이라서, 초기불교의 이론과 정합성이 이루어지는지 논리적으로 일관되는지 따져보아야 한다는 것이다.

윤호진은 윤회사상이 『우파니샤드』에서 본격적으로 등장한다면서

---

2   윤호진, 『무아·윤회문제의 연구』, 13쪽.

3   Louis de La Vallée-Poussin, *Bouddhisme, opinion sus L'histoire de la dogmatique* (Paris: Beauchesne), pp. 56-7, 윤호진, 『무아·윤회문제의 연구』, 13쪽, 주 11)에서 재인용.

그 핵심적 요소로, 윤회의 주체인 아트만, 아트만을 윤회하게 하는 동력으로서 카르마(카르만, 업業), 직접적인 요소는 아니지만 윤회의 궁극적 목표인 해탈의 요소로서의 브라흐만을 꼽는다.[4] 카르마의 필연적인 귀결로 윤회신앙이 대두되므로, 힌두교에서 윤회와 카르마는 동의어로 쓰이기도 한다.[5] 그런데 불교는 무아를 가장 기본이론으로 삼고 있기 때문에 윤회를 받아들일 수 없다는 의견이 현대학자들에 의해 자주 제기되었다.

- 릴리얀 실번: 카르만 교리(업이론)와 윤회하는 사람의 무존재교리(무아이론)는 불교사상에서 함께 놓일 수 없다.
- 앙드레 바로: 이 모순들 가운데서 가장 중요한 것은 업보설과 (…) 무아설 사이에 있던 모순이었다.
- 뽈 올트라마르: 붓다의 설법들은 대단히 장황하지만 이 문제에 대해서는 분명하게 답한 적이 결코 없었던 것 같다.
- 루이 드 라 발레 뿌생: (불교 학자의 마지막 말은) 역사의 어떤 우연이 하나의 동일한 종교 속에 근원이 다르고 게다가 논리적으로 양립되지 않는 두 이론, 즉 윤회에 주체가 없다는 이론(무아이론)과 윤회의 책임성 이론(과보이론)을 모아놓았다는 것이다.

이런 의견과는 다르게 아예 문제를 피해가는 입장도 있다. 문제를 제기할 수 없는 것이라거나 신앙의 문제라고 이해하는 것이다.

---

4   윤호진, 『무아·윤회문제의 연구』, 51쪽.
5   윤호진, 『무아·윤회문제의 연구』, 57쪽.

- 뿔 뮈스: (뿌생의 의견에 반대하며) 처음부터 이 두 개가 양립되지 않는 것은, 실제로는 양립되고 있음을 보여주고 있다.
- 케른: 업법칙과 나의 부정은 신앙에 뿌리를 내린 하나의 계시된 신조 속에서 양립한다.[6]

이 문제가 정말 어려운 것이었음이 이상과 같은 주장과 입장 속에서 드러난다. 이 문제의 해결방법에 따라 교단도 나뉘었을 정도이다. 윤호진은 이 문제해결을 위해 제시된 이론을 세 가지로 정리한다. 자아이론인 푸드갈라, 상속이론인 상타나Saṁtāna, 그리고 식識: Vijñāna이 그것이다.[7]

첫째, 푸드갈라는 사람人我으로 짐꾼을 생각하면 된다. 오온이 짐이라면 그것을 짊어지고 있는 짐꾼이 푸드갈라이다.[8] 불교의 오온론에 따르면 그것이 전부이고 자아는 오온의 결합체이기 때문에 무아이론이 성립된다. 그런데 여기서 제기된 푸드갈라士夫는 실체성을 지님으로써 업이나 윤회의 주체가 되는 것이다. 결국, 푸드갈라는 오온이면서도 오온이 아니다. 이런 애매한 정의를 뿌생은 '잡종정의'une définition hybride라고 부른다.

둘째는 식이론이다. 식은 아트만이나 지바와 같이 상주하는 것은 아니지만 순간적으로 일어났다 사라지는 현상으로 일반적으로 해석되는데, 초기경전에서는 윤회의 주체로 여기는 경우가 있었다. 식이 어머니

---

6   윤호진, 『무아·윤회문제의 연구』, 103-4쪽에서 재인용.
7   윤호진, 『무아·윤회문제의 연구』, 105-12쪽.
8   『잡아함경』, 3권 73.

뱃속으로 들어간다든지, 열반 얻기 전에 죽은 사람의 식을 마라魔羅가 낚아채간다든지 하는 것들이다. 주로 『아함경』에 나오는 표현이다.[9]

셋째는 상속이론으로, 이어지는 것이나 과보를 받는 것은 '어떤 것'이 아니라 '흐름' 그 자체라는 것이다. 그것을 상속전변相續轉變: saṁtati-pariṇāma이라고 불렀다. 불교는 '어떤 영혼이나 어떤 정신과 물질의 요소도 이생에서 저 생으로 가지 않는다'는 것을 분명히 한다. 그러나 개울물은 다른 물이면서도 쉼 없이 흘러간다. 헤라클레이토스가 말하듯이 '우리는 같은 시냇물에 발을 담글 수 없다'지만, 시냇물은 줄곧 이어지고 있다. 사람에 초점을 둔 것이 헤라클레이토스라면, 냇물에 초점을 두는 것이 상속이론이다.[10] 이를 잘 표현하는 것이 바로 "업과 과보는 있지만, 그것을 짓는 자는 없다. 이것이 사라지면 다른 것이 잇는다."有業報而無作者, 此陰滅已, 異陰相續[11]는 경전의 말이다.

그 가운데에서 가장 완전해 보이는 것은 상속이론이었다. 이는 우유의 비유로 잘 설명된다. 우유가 치즈가 되고 버터가 되지만, 우유가 치즈나 버터는 아니다. 그러나 좋은 우유에서는 좋은 치즈와 버터가 나오고 나쁜 우유에서는 나쁜 치즈와 버터가 나온다.[12] 독자부와 정량부는 푸드갈라 이론을 내세우고, 경량부는 상속이론을 받아들인다. 설일체유부는 상속이론에 가깝지만 이미 사물의 본체를 긍정한다는 점에서 경량부와는 다르다. 상좌부는 대체로 식 이론에 근거하지만, 식의 개념이 모두 층

---

9   『중아함경』, 24권, 97/ 『증일아함경』, 49권 51/ 『잡아함경』, 47권, 1265.

10 사실 헤라클레이토스가 불을 말할 때는 이와 같은 맥락이다.

11 『잡아함경』, 13권, 335의 제일의공경(第一義空經).

12 『장아함경』, 17권, 28.

차가 같은 것은 아니다.

　독자부와 정량부가 주장하는 푸드갈라 이론에 대해 당시의 모든 부파는 그들이 자아를 인정하는 외도의 사상을 펴고 있다고 반대했다. 그러나 현실에서는 푸드갈라를 인정하는 부파도 많은 세력을 얻었다. 『나선비구경』에서는 푸드갈라를 인정하려는 밀린다와 그것을 단호하게 반대하는 나가세나의 토론이 기록되어 있다. 밀린다는 그런 인격적 개체가 없다면 누가 수행을 하며, 아울러 선악의 과보가 있을 수 없다고 주장한다. 이에 나가세나는 눈이나 코를 빼낸다하여 우리 안에 들어있는 푸드갈라가 더 잘 보고 잘 들을 수 있겠느냐고 반문하면서 인식은 대상과의 관계에서 발생함을 설명한다. 『나선비구경』의 나가세나는 수레가 그 전체로 존재하는 것이 아니라 바퀴, 굴대 등이 모여 있는 집합체에 불과함을 예로 들어 아트만과 같은 것은 없다고 설명한다.[13] 우리의 육체가 오온의 집합체라는 주장과 같다.

　윤호진에 따르면 푸드갈라 이론은 『나선비구경』에서 가차 없이 배척되었고, 식 이론은 팔리어본에서는 받아들여지고 있지만 후기에 첨가된 부분에서 받아들여지고 있다고 한다.[14] 결국 두 이론은 『나선비구경』에 의해 받아들여지고 있지 않은 것이다. 남은 것은 상속이론인데, 『나선비구경』은 등불에서 등불로 불이 옮겨가듯, 스승의 시가 왕에게 옮겨지듯, 사실상 옮겨간 것이 없지만 불꽃과 지식의 계승이 있다고 한다. 또 남과 결혼한 나의 약혼녀, 망고를 훔쳐 그 씨앗으로 또 다른 망고를 얻은 망

13　윤호진, 『무아·윤회문제의 연구』, 246-55쪽.
14　윤호진, 『무아·윤회문제의 연구』, 260쪽.

고도둑 비유를 들어 좀 더 명확하게 설명한다. 그 모두 같은 것도 아니고 다른 것도 아니다.[15]

그러나 문제는 업을 어떻게 설명하느냐에 있었다. 왜냐하면 불교의 특징은 업을 두 가지로 엄격하게 구별하여, 의도된 것과 의도되지 않은 것으로 나누기 때문이다. 일반적인 표현으로는 늘 하던 일skillful job과 그렇지 않은 일unskillful act로 구별하는데, 늘 하던 일은 업을 짓지 않는다는 것이 불교의 기본 설정이다. 내가 직업상 하던 일 때문에 내가 업을 짓지는 않는다는 이 주장은 계급으로 인한 불평등과 불합리를 부정하는 것으로 불교 윤리의 핵심이기도 하다. 따라서 의도되지 않은 것은 업을 짓지 않는다. 그러나 의도된 것은 업을 짓는다. 불교에서 의도cetanā와 업karma은 함께 다루어진다. 이런 불교의 관점은 부파불교에서 공통적인데, 화지부化地部: Mahīśāsaka에서는 신업身業과 구업口業도 없고 의도만이 있다고 하며, 상좌부에서는 부모를 죽일지라도 의도가 없었으면 죄가 아니라고 하며, 설일체유부는 의도는 업, 곧 의업意業: manokarman이라고 하며, 경량부는 더욱 과격해서 신업은 존재하지 않는다고 하며, 비유사부譬喻師部: Dārstānt-ika는 신업, 구업, 의업은 의도에 불과하여 의도를 제외하면 과보의 원인은 없다고 한다.[16] 불교의 이러한 도덕적 관점이 힌두교와 엄격하게 구별짓게 하는 것이다. 불교의 이런 논리는 상당히 윤리적 일관성을 보장하는 것으로 나도 모르는 업 때문에 내가 죄를 덮어쓰지는 않는다.

---

15 윤호진, 『무아·윤회문제의 연구』, 265-7쪽.

16 A. Bareau, *Les sectes bouddhiques*, p. 188, 236, 148, 157-8, 161&165와 L. de La Vallée-Poussin, *La morale bouddhique*, p. 125, 윤호진, 『무아·윤회문제의 연구』, 273쪽에서 재인용.

그런데『나선비구경』은 이러한 의도와 업을 일치시키는 관념을 뒤집는다. 나가세나는 밀린다에게 악행을 알고 지은 사람과 모르고 지은 사람 가운데 모르고 지은 사람이 더 큰 화를 당한다고 말한다. 마치 불에 단 쇳덩이인 줄 모르고 잡은 사람이 더 데듯이 말이다. 팔리어본 제2편에서 나가세나는 위의 설명에서 더 나아가 업보는 의도에 달린 것이 아니고 업 자체에 달렸다고 주장한다. 독약은 내가 그것이 독약인 줄 알든 모르든 사람을 죽이고, 불은 내가 알든 모르든 데이며, 독사는 내가 그 놈을 죽일 생각이 없었는데도 나를 죽인다는 것이다.[17] 이런 해석은 의도와 업을 분리시키고 업 자체의 존재를 수용하는 것이다. 이에 대해 윤호진은 다음과 같이 강하게 반발하고 있다.

　　업과 의도의 관계에 대한『나선비구경』의 이와 같은 위치는 정통불교의 입장과는 상반되는 것이다. 우리가 지금까지 보아온 것처럼, 이와 같은 견해는 초기불교나 부파불교에서는 용납될 수 없다. 초기불교와 부파불교에서는, 업의 원인으로서 의도가 있어야 한다고 주장했다. 즉 '의도' 없이는 업은 과보를 맺지 않는다. 그런데『나선비구경』에서는 이와 반대로 의도 없이 업은 과보를 초래할 수 있다고 말하고 있는 것이다.[18]

　　『나선비구경』의 이런 입장은, 윤호진에 따르면 불교와 상반되고 중요한 경쟁자였던 자이나교와 같은 것이다. 자이나교는 의도가 있든 없든

17　윤호진,『무아 · 윤회문제의 연구』, 274쪽. 주로 Finot와 Demiéville의 해석을 따랐다.
18　윤호진,『무아 · 윤회문제의 연구』, 274-5쪽.

업을 짓는다고 생각했다. 살생은 살생인 것이지 의도성과 비의도성이 구별되지 않는다는 것이다. 그래서 자이나교의 성직자는 책장을 넘길 때도, 걸을 때도, 남이 준 음식에서도 살생이나 육식을 철저히 멀리하는 것이다.[19]

업에 대해 이렇게 설명되는 순간, 불교는 불교가 아닌 자이나교가 되고 만다. 불교와 자이나교의 엄청난 유사성에도 불구하고 그들이 독자성을 지닐 수 있었던 까닭이 분명히 존재할 터인데, 이러한 습합과정은 상당히 조심스럽지 않을 수 없는 것이다.

윤호진에게 윤회에 대한 설명이 불만족스러운 것은 업만이 아니다. 열반에 대한 해석도 초기경전과 많이 달라진 『나선비구경』의 모습은 윤회를 설명하기에는 매우 모순적이었다. 라모트Lamotte에 따르면 열반은 '소멸상태로서의 열반Nirvāṇa Anéantissement과 '존재하는 상태로서의 열반Nirvāṇa Existence으로 구별되는데, 윤호진은 붓다는 섶이 있는 곳에서만 불이 있듯이 소멸상태로서의 열반을 말하면서도 불사不死라는 표현도 쓰기 때문에 어느 정의에도 집착하지 않았다고 한다.[20] 그런데 부파불교에서는 분명하게 두 집단으로 나누어져 소멸열반을 지지하는 설일체유부와 경량부, 그리고 존재열반을 주장하는 독자부와 정량부로 나뉜다는 것이다. 그리고 『나선비구경』은 열반을 존재로 단언한다는 것이다. 밀린다가 '정말로 열반은 있습니까?'라고 묻자 나가세나는 '그것은 정말로 있다'

---

19 이를테면, 육식을 멀리하거나 특정 고기를 먹지 않는 나라에서 우리나라에 온 사람들이 모르고 그런 고기를 먹었음을 알고 손을 넣어 토하는 광경을 볼 수 있는데, 이런 관점과 유사한 것이다. 거꾸로, 스리랑카의 스님들은 버젓이 고기를 먹는데, 그 이유는 탁발승이 얻어먹는 음식에서 고기를 빼라고 할 수 없다는 이유에서이다.

20 윤호진, 『무아·윤회문제의 연구』, 275-6쪽.

고 답한다(王復問那先: 審有泥洹無, 那先言: 審有.).

열반에 대해 『나선비구경』이 직접적으로 말하고 있는 구절은 오로지 이 한 문장인데, 팔리어본의 제2편에서 열반의 존재를 구체적이고 명확하게 설명하는 구절이 나온다. 윤호진은 리즈 데이비즈에 의거하여 그 가운데에서 두 가지 예를 든다.[21]

열반은 모든 강들의 물이 그곳으로 흘러들어가도 결코 가득 채워지지 않는 바다大洋와 같다. 그것처럼 열반은 거기에 들어가는 존재들에 의해서 절대로 가득 채워지지 않는다.

다른 설명에서는 열반을 바람으로 비유하여, 그것은 두께나 길이, 색깔이나 꼴을 말할 수 없지만, 분명히 존재하는 것이라면서 나가세나는 아래와 같이 결론을 내린다.

대왕이여, 바로 그렇습니다. 열반은 그 색깔이나 형태로써 왕에게 보여줄 수 없지만, 그것은 존재합니다.

『나선비구경』의 열반은 이처럼 분명히 존재하는 어떤 것이다. 바다처럼 모든 것이 모이는 것이든지, 바람처럼 보고 말하기 어렵지만 우리 곁에 늘 있는 것이다. 이렇게 본다면 열반은 깨달은 자들이 가는 어떤 곳으로서 장소와 같은 것으로 이해되는 것이다. 이런 견해는 푸드갈라의

---

21 Rhys Davids. 윤호진, 『무아 · 윤회문제의 연구』, 277-8쪽.

존재를 부정하면서도 유사한 존재를 인정하는 꼴이 된다.

　　열반에 대한 이와 같은 『나선비구경』의 견해는 푸드갈라의 존재를 인정하는 부파들, 즉 독자부와 정량부의 것과 같은 것이다. 이것은 의외의 일이 아닐 수 없다. 왜냐하면 무아이론과 상속이론을 가르치고 있는 『나선비구경』이, 열반 후에 존속할 푸드갈라와 같은 존재는 단호하게 물리치고 있으면서 열반은 '존재하는 어떤 것'처럼 생각하고 있기 때문이다. 푸드갈라와 같은 '어떤 것'이 없다면, 열반 후에 무엇이 존재할 수 있는가. 그리고 어떤 것이 들어갈 수 있는 장소 같은 것이 무엇 때문에 필요하겠는가. 무아이론과 상속이론을 인정한다면 논리상으로도 열반은 '소멸'과 같은 것으로 생각되어야 할 것이다.[22]

　　푸드갈라를 배척하는 『나선비구경』이 열반에 이르러서는 그것이 무엇으로서 존재한다고 한다는 것은 모순이고 앞의 주장과 일치하지 않는다는 것이다. 윤호진은 열반을 구체적으로 존재하는 일종의 장소로 이해하는 『나선비구경』의 견해가 매우 기이하다고 평가한다. 결론에서는 더욱 강력하게 주장한다.

　　이와 같은 『나선비구경』의 입장은 의외이다. 무아이론을 극력 주장하는 『나선비구경』이 취할 입장이 아니다.[23]

22　윤호진, 『무아·윤회문제의 연구』, 278쪽.
23　윤호진, 『무아·윤회문제의 연구』, 288쪽.

위에서 보듯이, 불교의 업이 자이나교의 입장과 같아지고, 열반이론이 무아이론과 모순되는 형국이 『나선비구경』에서 벌어지고 있는 것이다. 의도 개입의 문제가 사라지면 업과 윤회는 같은 것이 되고 말아 불교와 자이나교의 차이가 사라지며, 열반이 어떤 것이 윤회하거나 어떤 곳으로 윤회하는 것임을 받아들이면 무아와 모순된다. 이것은 한마디로 윤회가 불교의 근본사상과 불일치함을 뜻하는 것과 다르지 않다.

불교는 윤리적인 종교이다. 따라서 불교에서 업과 의도의 문제는 불가분의 관계를 맺는다. 의도가 없으면 업을 짓지 않는다. 그것은 인간의 행위에 따라 업이 결정된다는 매우 도덕적인 판단이다. 설령 부모를 죽이더라도 의도가 없으면 업을 짓지 않는다는 것이 불교의 입장이었다. 그런데 힌두전통에서 업은 인간의 행위와는 다르게 독립적으로 존재하는 것으로 여겼고, 따라서 인간의 도덕성을 뛰어넘는 업 자체의 흐름이 인간의 운명을 좌지우지하는 것으로 보았다. 자이나교는 비록 그 업을 뛰어넘기 위한 불살생이라는 철저한 윤리적 강목을 제시하여 해탈의 가능성을 열어주었지만, 의도와 비의도를 구별하지 않음으로써 결과만을 중시하고 동기를 배제하는 형국을 낳았다. 오늘날의 법관념으로 보면, 살인이나 과실치사나 마찬가지인 꼴이 되고 말아서, 동기주의적 윤리관이 끼어들 여지가 없게 된다.

불교의 윤리적 입장이 더욱 분명해지는 것은 연기설이다. 우리가 윤리적 관점에 서 있을 때, 윤회는 모두 연기로 설명이 된다. 나의 업보라는 의식적이고 동기적인 의미 때문에 우리가 받아들이고 나아가 사회적 정당성을 갖게 되는 것이다. 업 자체가 나를 규정짓지 않고 내가 업을 쌓고 있기 때문이다. 업이 나를 만들지 않고 내가 업을 만든다. 연기란 그렇게 존재들이 연속되어 있음을 가리키는 것으로, 존재의 항상성과 고정성을 부정하는 것이다. 그런 점에서 연기는 윤리적인 것일 뿐만 아니라 세계에 대한 어떤 분명한 관점이다. 세계는 이렇게 흐르고 있어 실체성이 없다. 따라서 나도 없다. 내가 없는데 윤회가 있을 수 없다. 윤회는 연기의 힌두적 상상력에 불과하다. 윤회가 신화적이라면 연기는 철학적이며, 윤회가 종교적이라면 연기는 논리적이다. 연기는 윤회를 설명하며 포용하며 흡수한다. 연기 앞에 윤회가 설 자리는 없다.

윤호진은 연기가 윤회를 설명할 수 있다는 점을 인지하면서도 연기로 이 문제를 명확하게 해결하는 데는 불충분한 것처럼 보인다는 입장을 취한다. 왜냐하면 자료상의 문제도 있고 붓다는 연기보다는 오히려 '오온은 내가 아니다'라고 답하기 때문이다.[24] 그러나 내가 보기에는 '오온은 내가 아니다'라는 주장은 소극적인 태도로 윤회의 주체를 부정하는 것이라면, '윤회는 연기로 대체된다'는 주장은 적극적인 태도로 윤회 자체의 불합리와 모순성을 지적하는 것이다. 왈폴라 라훌라가 이런 태도를 갖는다.

붓다 그 자신만큼 이 문제에 더 잘 대답할 수 있는 사람은 없다. 한 비구가 그에게 이 문제를 제기하자 붓다는 말하기를 '비구들이여, 나는 너희에게 어디서나 어느 것에서나 연기를 보라고 가르쳤다.'[25]

---

24 윤호진, 『무아·윤회문제의 연구』, 103-4쪽.

25 W. Rahula, *L'enseignement du Bouddha*, p. 95, (Paris, Seuil: 1961); *Majjhimanikāya*, III, p. 19; *Saṃyuttanikāya*, III, p. 103, 윤호진, 『무아·윤회문제의 연구』, 103쪽에서 재인용.

278

윤회와 반윤회

나는 라훌라의 태도에 적극 동의한다. 윤회는 연기의 신화적 표현 또는 문학적 표현에 불과하다. 윤회는 당시 사람들에게 익숙한 전통적이고 종교적인 관념이었고, 석존은 이에 빗대어 연기를 설명한 것이다. 좀 더 강력하게 말한다면, 연기는 힌두교의 윤회설에 대해 반대하기 위해 제기된 주요 관점이었고, 무아는 그 이론적 출발점이었던 것이다.

아울러 나는 윤호진의 논리에 찬동한다. 무아와 윤회의 문제를, 비록 프랑스에서 수입해오긴 했지만, 『나선비구경』에 나오는 여러 주장 가운데 업에 대한 설명이 자이나교와 같다는 점, 열반을 어떤 존재의 상태로 보면 앞에서 부정된 푸드갈라 이론과 모순이 된다는 점을 들어 양립하기 어렵다는 것을 한국불교계에 천명하고 있다. 직접적인 표현은 조심스러워하고 있지만, 무아설의 입장에서 업을 윤회와 같이 보거나 열반을 윤회의 어떤 장면이나 단계로 보는 것을 그는 냉철하게 비판하고 있다. 다만, 연기로 윤회를 설명해내는 시도를 하고 있지 않은 점은 아쉬움으로 남는다. 무아이론과 윤회이론이 불교라는 건축물을 세우고 있는 두 개의 큰 기둥이라서 윤회이론을 제거해 버릴 때 불교라는 구조물은 붕괴되기 때문에 포기할 수 없다[26]는 입장을 십분 이해하지만, 윤회이론은 한 기둥의 색깔과 같은 것일 뿐 지지대의 역할을 하고 있는 실상은 연기이기 때문이다. 불교는 무아이론과 윤회이론이라는 흑백의 다른 색으로 칠해진 기둥으로 버티는 부조화스런 건물이 아니라, 무아이론과 연기이론이라는 같은 재질의 기둥으로 이천 년을 버텨온 완정한 고건축물이다.

---

26   윤호진, 『무아·윤회문제의 연구』, 12-3쪽.

2. 정승석

윤호진에 이어 전반적인 시각에서 무아와 윤회의 문제를 본격적으로 다룬 학자가 정승석이다. 그는 「샹캬철학의 전변설 연구 - 불교에서 유관한 사고와의 대비를 중심으로」라는 학위논문으로 수론數論: Sāṁkhya의 이원론과 불교적 사유의 연관성을 추구한 적이 있다.[27] 정승석의 이러한 학적 맥락은 그가 인도철학과 불교의 영향관계에 많은 관심을 기울이고 있음을 보여준다. 윤호진에게는 불교가 우선관심사라면, 정승석에게는 학적 기초에 인도철학이 사유의 근간을 이루고 있음을 알 수 있다. 정승석은『윤회의 자아와 무아』라는 방대하고 체계적인 논저를 통해 이 문제를 폭넓게 다루었다. 윤호진이『나선비구경』에 집약된 논의를 하고 있는 반면, 정승석은 이 문제를 인도와 불교철학 전반에 걸쳐 다루고 있다.

  자아와 무아, 업과 윤회는 불교 교리 연구의 역사에서 가장 대표적인 주제로서 논의되어왔다. … 보다 일반적인 경향은 무아설이 불교의 본질이자 원의를 대변하고, 윤회설이 대중 구제의 방편으로 설시되었다는 것이다. … 윤회설과 무아설의 양립은, 윤회의 주체로서 인격의 동일성을 담보하는 자아가 항존함을 인정해야만 윤회도 성립할 수 있다고 전제하는 데서 문제가 된다. 이에 따라 불교에서 윤회설은 무아설과 상충한다는 점이 쟁점으로 부각되어 왔다. 그러나 이 쟁점에는 앞서 말한 윤회의 전

---

27 학위논문은 아래의 책으로 출간되었고 이 글에서도 수론을 언급할 때 다룬 바 있다. 정승석, 『인도의 이원론과 불교』(서울: 민족사, 1992).

제가 불교의 경우에는 통용되지 않는다는 사실이 간과되어 있다. 불교의 윤회설은 상주하는 자아를 필수 조건으로 요구하지 않는다.[28]

정승석에 따르면, 윤회설에는 상주불변하는 자아가 있어야 윤회가 이루어진다는 견해와, 그런 자아가 없어도 윤회가 이루어진다는 두 가지 견해가 있는데, 앞의 것은 힌두사상 일반의 윤회설이고, 뒤의 것은 불교의 윤회설이라는 것이다. 힌두교의 것을 '유아有我 윤회', 불교의 것을 '무아無我 윤회'라고 부르자는 것이다. 결국, 한마디로 요약하자면, 무아와 윤회는 상충되지 않고 양립된다는 주장이다. 특히 불교의 윤회설은 사후 세계의 양태를 관심의 주목적으로 삼는 것이 아니라 '현세에서 살고 있는 인간의 자기 개조 또는 변신을 권유하는 인과의 논리'이다.

이 점에서 윤회는 막연히 기대해도 좋을 믿음의 대상이 아니라, 삶의 질과 양태가 변하는 일상 현실에서도 인간이 직접 체험으로 겪고 있는 사실이다. 여기서는 인간의 업, 더 구체적으로 말하면 자기 자신의 의식이 윤회의 다양한 양상을 결정한다.[29]

정승석이 이해하는 윤회는 매우 윤리적인 것으로 불교의 근본 가르침에 정확히 일치한다. 신앙의 대상이 아니라는 것, 따라서 우리의 행위에 따라 현실에서도 체험하고 있다는 것, 마침내 나의 윤리적 판단이 후

---

28 정승석, 『윤회의 자아와 무아』(서울: 장경각, 1999), 4-5쪽.
29 정승석, 『윤회의 자아와 무아』, 6쪽.

과를 결정한다는 것이 불교의 교설과 맞아떨어지기 때문이다. 그가 말하는 '자신의 의식', 곧 '자기'라는 것도 바로 윤리적 주체로서의 자아이다. '어떠한 존재로서의 자기를 지향해야 바람직한 삶을 영위할 것인지를 가르치는 것이 윤회설의 취지'라는 것이다.

정승석의 이러한 논지에도 불구하고 우리는 몇 가지 문제를 분명히 할 필요가 있다. 그의 윤회관이 불교의 윤리로 잘 포장되어 있지만 그러기 위해서는 기본적인 조건이 요구되기 때문이다.

첫째, 엄격한 숙명론을 거부하는가? 나도 알지 못하는 윤회는 숙명적이지 윤리적이지 않다. 그것은 단지 신앙의 깊이에 의해서만 접수된다. 만약 윤회가 위에서 말한 것처럼 자기의식과 결부된 것이라면, 막연한 믿음의 대상이 아니라 우리가 체험하는 것이어야 한다. 우리는 그렇게 이루어진 공동체를 윤리적 규칙과 관계로 이루어진 사회라고 부른다. 이를테면, 신분이나 성별과 같은 숙명이 윤회설로 옹호되는 한, 윤회는 윤리적 주체를 애매하게 만드는 관습적이고 비인간적인 관념일 뿐이다. 석존은 힌두교와는 달리 신분제를 철저하게 반대했다.

둘째, 인간과 사물의 비실체성을 인정하는가? 석가의 가르침은 온갖 것을 실체화시키는 힌두교의 자기집착을 깨부수고 있다. 그의 깨우침이 만인에게 설득력을 얻을 수 있었던 것은 바로 이와 같은 참신성에 기초하기 때문이며, 따라서 불교는 힌두교나 그 일파가 아닌 그것에 대치되는 체계를 세웠다. 과연 윤회를 받아들이면서도 실체가 없다는 불교의 정체성을 지킬 수 있는가? 실체에 대한 논쟁이 불교사의 태반을 차지함을 잊지 말자.

셋째, 이론적 교설을 신앙과 합치시키는가? 윤회는 없는데 불교적 삶을 실천하게끔 하려고 일반대중에게 방편적으로 윤회설을 말했다는 견해는 지식을 공유하는 현대사회와 어울리지 않을 뿐만 아니라 계급을 부정하는 불교의 기본입장과도 맞지 않는다. 세상에 똑똑한 사람과 어리석은 사람이 있다면 마찬가지로 참과 거짓도 있다. 거짓으로 참을 말할 수는 없다. 많은 불교적 논의를 이른바 무기無記라는 석존의 말하지 않음에 빗대어 설명하는 것은 문제를 단순화시키거나 생략해버리는 오류를 범하기 쉽다.

적어도 이 세 가지 기준에 어긋나지 않으면서도 윤회설이 성립되어야 불교의 근본취지에 맞는다. 대승불교가 부처를 신격화했다는 후대의 사실이 곧 석존이 당시의 신격神格들을 받아들였음을 결코 뜻하지 않는 것과 같다.

우선, 정승석은 무아가 비아非我로 해석될 수 있음을 거론한다. 한역 『아함경』에서도 비아로 번역되는 경우가 무아에 못지 않다고 한다. 대정신수대장경의 색인에도 무아와 비아의 중요한 출처는 각기 40곳과 34곳으로 약간의 차이만 있을 뿐이라는 것이다. '안아트만'anātman은 '나는 없다'가 아니라 '나는 아니다'라고 해석된다.[30] 이런 해석이 불교에서 자아를 상정하게 만든다.

같은 원어가 이처럼 달리 번역된 것은 분명히 원문에 대한 해석상의

---

30 정승석은 이 문제를 일찍부터 알고 있었다. 그는 이 같은 견해를 바탕으로 불교와 상캬철학을 연관짓고 있다. 그러나 이 견해가 불교학에서 전적으로 통용되는 것은 아니라고 부기하고 있다. 정승석, 『인도의 이원론과 불교』, 87쪽, 주 18).

차이에서 기인한 것이겠지만, 불교의 전통적인 무아설을 이해하는 데 하나의 장애가 되지 않을 수 없다. 특히 '비아'라는 표현은 어감상 '아'를 전제한 것이어서 불교가 윤회의 주체를 상정해야 하는 윤회설을 수용한 것과 유관할 것이라는 견해를 낳을 수 있다.[31]

정승석은 그럼에도 불구하고 '비아와 무아는 서술상 다르게 표현될지라도 그것이 지향하는 의미 내용은 동일하다'[32]고 결론을 내린다. 이것은 어법이나 용례의 차이는 있을지라도 불교의 무아라는 근본사상을 흔들 수는 없음을 뜻한다. 그러나 그는 여전히 윤회설은 불교의 본질적인 교의가 아니라고 인정하는 일반론에 비판적이다. 윤회설이 브라만교에서 나온 것일지라도, 윤회설에서 말하는 영혼이라는 불멸의 본체를 무아설에서 수용하지 않더라도, 윤회설은 신자의 삶을 지탱하는 힘으로 기능해왔다고 주장한다.[33]

정승석의 이런 견해는 위에서 말한 세 번째 기준과 충돌한다. 윤회설이 불교의 비본질적 교의임을 알아차리면서도, 무아와 주체의 문제가 모순됨을 알면서도, 윤회설이 신앙과 신자에 필요하기 때문에 받아들이자는 주장은 학리적인 일관성을 강조하는 불교학에서 그다지 정당해 보이지 않는다. 이른바 신앙을 위해 요청된다는 것인데,[34] 알다시피 요청은

---

31 정승석, 『윤회의 자아와 무아』, 18쪽.
32 정승석, 『윤회의 자아와 무아』, 41쪽.
33 정승석, 『윤회의 자아와 무아』, 82쪽.
34 이러한 주장에 바탕해서 윤회가 요청되었다는 주장을 하는 학자도 있다. 김호성, 김진의 「서구적 불교해석의 유용성에 대하여」에 대한 논평, 제17회 한국철학자대회, 대전: 한남대, 2004.10.29-30. 김진, 「한국불교의 무아윤회 논쟁」, 53쪽.

최후에 어쩔 수 없이 제기되는 논리적 일탈이지 처음부터 하나의 원리로 삼을 수는 없는 것이다.

이렇게 한 발 두 발 물러서게 되면, 결국 아트만의 존재까지도 받아들이는 형국을 낳게 된다. 이를테면, 불교에서 말하는 '참 나'眞我가 아트만이라는 것이다. 정승석은 인도의 샤르마의 주장을 인용한다.

무아설의 불교는 순수 의식이자 유일한 실체인 순수 자아, 즉 순수한 아트만我의 존재를 부정하지 않는다.[35]

불교에서 '참 나'로서의 여러 나의 모습을 말하는 것은 우파니샤드의 전통과도 맞는다. 이른바 범아일체로서의 나이다. 논리적으로도 깨닫지 못한 나와 깨달은 나 사이에는 엄격한 구별이 있기 때문에 '작은 나'와 '큰 나'는 구별된다. 그러나 불교에서 강조하는 것은 '참 나'와 '큰 나'의 영원불멸한 실체성이 아니라, 오히려 자아의 무실체성이었다. 그런 무실체성의 체득이 깨달음의 실상이었던 것이다. 그러나 아트만을 인정하면, 불교는 자신의 정체성을 잃어버리고 만다.

정승석은 이와 같은 주장은 무아설과 윤회설이 양립할 수 없다는 기본 인식에서 비롯된 것이고, '그래서 인도의 정통파의 입장을 견지하는 학자들은 윤회설이라는 기반 위에서 무아설의 취의를 해석하려 한다'고 파악한다. 따라서 많은 근대의 힌두 사상가들이 '초기 불교의 베단타화'

---

35 Chandradhar Sharma, *A Critical Survey of Indian Philosophy* (Delhi: Motilal Banarsidass, 1960), p. 325, 정승석, 『윤회의 자아와 무아』, 84쪽에서 재인용.

를 지향하고, 바르마는 아예 '불교 전체의 베단타화'로 나아간 것으로 지적하는 것이다.[36]

색다르게는 불교가 윤회를 수용하는 것은 문화적 전통 때문이었다는 주장도 있다. 민중에게 윤회 관념은 당시 절대적이었다는 것이다.

첫째의 이론적 차이는 불교가 인간의 영혼에 대한 일원론적이고 본체론적인 견해를 인정하지 않고 윤회의 관념을 내세우는 것이 터무니없는 듯하다.…영혼에 대한 영적인 본체론적 견해를 거부한 후에도 불교가 윤회 개념을 수용한 것은 문화적 전통에서 수용되어 온 개념들이 거대한 힘으로 존속함을 입증한다. 윤회 개념의 영향력은 불교가 어떤 식으로든 변형된 형태로 수용하지 않을 수 없도록 당시의 북인도 국민을 압도했음이 틀림없다.[37]

바르마의 이러한 견해는 어쩌면 불교가 당시 힌두교와 어떤 방식으로도 교섭했음을 드러내는 것이다. 그러나 정승석은 불교가 힌두교의 영향을 받은 것으로 보기보다는 오히려 처음부터 무아가 윤회와 양립이 가능하다고 보면, 이렇게 무아설을 망가뜨리거나 윤회설을 끼워놓는 설명은 불필요하다고 여긴다. 그는 '석가모니의 무기無記(말없음)' 때문에 상반

---

36 정승석, 『윤회의 자아와 무아』, 84쪽. 초기 불교의 베단타화를 경계한 것은 바르마라고 한다. V. P. Varma, *Early Buddhism and its Origins* (New Delhi: Munshiram Manoharlal Publishers, 1973), pp. 144 ff.

37 V. P. Varma, *Early Buddhism and its Origins*, pp. 164-5, 정승석, 『윤회의 자아와 무아』, 85쪽에서 재인용.

된 추리가 가능했다는 것이다.

위와 같은 무기의 이면에는 무아와 윤회의 양립이 내재되어 있다고 보
는 것이 타당하리라고 생각한다. 무기의 태도는 중도와 연기에 기인한 것
임이 석가모니의 설법에 드러나 있기 때문이다.[38]

내가 보기에 정승석의 이러한 주장은 타당성이 있음에도 그가 중도
와 연기에 집중하지 않고 오히려 윤회의 종류를 나누어 해결하려는 것은
아쉬운 일이다. 중도와 연기는 무실체성의 이론이고 마침내는 세계와 언
어의 공성으로 이론이 발전되는 것이기 때문에, 무아 이론에 충실할 수 있
기 때문이다. 정승석도 연기로 윤회가 설명 가능함을 잘 인식하고 있다.

불교는 영혼과 같은 윤회의 주체를 인정하지 않으면서 윤회를 인정한
다. 이런 윤회설을 무아설과의 양립 불가라고 논란하기보다는 불교의 윤
회설로 그 특수성을 인정해야 한다. 연기적인 세계의 생성 · 변화 과정은
어떤 기체基體로서의 아가 존재하지 않더라도 설명이 가능하다. 다시 말해
서 윤회는 아가 없더라도 가능하다. 그러나 현실의 범부 의식에서는 아를
상정함으로써 심리적 집착에 의해 고통의 세계를 연출하므로, 아는 부정되
고 윤회는 극복의 대상이 되는 것이다. 결국 불교에서의 무아설과 윤회설
은 그 취의가 동일하며, 이런 의미에서도 무아설과 윤회설은 양립한다.[39]

---

38 정승석, 『윤회의 자아와 무아』, 88쪽.
39 정승석, 『윤회의 자아와 무아』, 121쪽.

이와 같은 정승석의 태도는 무아설을 결코 버리지 않으려는 의지를 엿보게 해준다. 그러면서도 불교 탄생과 동시에 논의되어온 윤회설이 무아와 모순되지 않음을 보여주려 한다. 그것이 바로 그가 말하는 무아윤회와 유아윤회의 상통이다. 이를 위해서 그는 자신의 저서의 대부분에서 광범위하면서도 자세하게 미세신微細身, 오온의 상속, 중유中有 또는 中陰: antarā-bhāva, 신의 이름인 간다르바Gandharva, 여래장 그리고 알라야식 등으로 설명하고 있다. 그리고 윤회의 주체가 불교의 통념에서는 '간다르바 → 중유 → 식 → 알라야식'으로 변천한 것처럼 보이지만, 이는 문헌상의 비교에 따른 것뿐이지 시대적 추이를 명확하게 적용한 것이 아니므로, 사실은 아래와 같다고 정리한다.

식識(그릇된 견해라고 질책된 윤회의 주체) → 간다르바 → 중유 → '식 = 알라야식'[40]

주관적 관념론으로 평가되는 유식학에서도 버리지 못하는 것이 바로 알라야식이다. 세계가 이 식밖에 없다는 것은 식만이 실재함을 뜻한다. 알라야식은 때로 훈습薰習, 습기習氣, 종자種子: bīja 등의 개념과 통용된다. 정승석에게 알라야식은 논리적 모순 해결을 위한 불가결한 요소이다.

이 점에서 알라야식은 불교 사상에서 무아설과 윤회설의 상충을 해소할 수 있는 최후의 보루로서 그 의의와 가치가 정립되어야 한다. 알라야

---

40 정승석, 『윤회의 자아와 무아』, 190쪽.

식은 상반하는 기능이나 작용을 하나로서 발휘하는 원동력이다. 그러므로 알라야식이 윤회의 주체라고 말하는 것은, 알라야식이 해탈의 주체라고 말하는 것과 동일하다.[41]

이러한 개념조차 불교의 반실체관과 상충될 수 있음은 이미 자세하게 말한 바 있다. 다시 말해, 정승석이 이런 어휘들에 주의를 기울이는 것은, 그만큼 그의 불교 이해가 실체적인 관념과 밀접함을 뜻한다. 이에 대한 논쟁이 전인도불교사를 꿰뚫고 있음에도 불구하고 개념이나 사물의 실체화가 끊임없이 제기되는 것을 보면, 무엇인가 항구불변의 것을 찾고자하는 것은 인간의 본능적인 속성에 가까울지도 모르겠다. 이 점은 위에서 제시한 두 번째 기준인 실체성의 부정과도 맞지 않는다.

더욱 문제가 되는 것은 윤회를 인정하다보면 업의 윤리성도 어느덧 사라질 수 있다는 점이다. 윤회가 업의 과정이라 보고, 내가 알지 못하는 전생과 내생이 이미 주어져 있다고 본다면, 그것 앞에서 내가 할 일은 너무도 적기 때문이다. 게다가 업이론은 인도사회에서 줄곧 불평등의 기제로 사용되어 왔음을 잊어서는 안 된다. 업 곧 행위의 이론과 윤리성은 곧잘 분리되어 부정적으로 나타난다. 업이 숙명과 혼동되는 것이다. 정승석도 이 점을 간파하고 있다.

사회학적으로 적용된 업의 이론이 인도에서 하층 계급의 사회적 하락과 경제적 억압을 정당화시키는 데 이용되었다는 견해 또는 업의 이론에

---

41 정승석, 『윤회의 자아와 무아』, 308쪽.

의해 차별적 신분 제도인 카스트 제도의 사회적 관습이 강화되었다는 견해에서 업설에 어떤 문제점이 내재되어 있음을 느낄 수 있다.[42]

업에 대한 호평은 막스 베버의 인도종교론 이후에 종종 등장하던 것이었지만, 그것은 불교와 힌두교를 엄격하게 구별하지 못하는 태도에 기인한다고 보아도 큰 무리는 없을 듯하다. 인도의 하층민은 업설 때문에 정말로 고통에서 헤어나오지 못하고 있다. 정승석은 업설의 양면성을 지적한다. 행위에는 능동성과 수동성이 있는데, 능동성은 자유의지의 실천으로, 수동성은 숙명론으로 상반되게 나타난다는 것이다. 따라서 '업의 이론이 반드시 숙명론적 사고를 전제하지 않음에도 업설은 자칫 숙명론으로 유도'되는 것이 문제점이라고 한다.

업설의 이러한 양면성은 그 사상적인 전개나 적용에서 여러 가지 방향으로 상반된 결과들을 파생시킬 수 있으며, 또 파생시켜 왔다. 업설의 근본 취의에 입각하여 이론적으로 아무리 부정한다 하더라도, 업설 적용이 실제에서는 그것을 받아들이는 사람들이 현실의 고통을 극복하려는 의지적인 노력의 측면보다는 불가항력의 법칙성에 순응하여 막연히 미래를 기약한다는 숙명론으로 기울어져 갔음을 부인하기 어려운 것이다. 이런 의미에서 업설은 그 자체에 커다란 모순을 안고 있는 것처럼 보인다.[43]

---

42 앞의 견해는, B. G. Gokhale, *Indian Thought through the Ages* (Bombay: Asian Publishing House, 1961), p. 113, 뒤의 견해는 J. H. Hutton, *Caste in Indian*, 4th ed. (Bombay: Oxford Univ. Press, 1963), p. 125, 정승석, 『윤회의 자아와 무아』, 222쪽.

43 정승석, 『윤회의 자아와 무아』, 223쪽.

정승석은 이와 같이 업설의 문제점을 여실히 직시하고 있다. 특히 '업을 곧바로 숙명론이나 결정론인 것처럼 오해하는 것은 업의 본질과는 전연 무관하다'는 사사키 겐준의 지적에 그는 동의한다.[44] 불교 업설의 특징이 바로 이것이다. 숙명론적 성격에서 완전히 탈피하는 것이 불교의 업이론으로 종래 힌두 전통에서 말하는 업과는 다른 내용을 담고 있었다. 그런데도 날이 갈수록 업은 힌두 전통이나 다른 종교의 영향을 받으면서 그 독자성을 잃는다. 사사키의 지적처럼 현대불교의 여러 분파에 이르러서도 그대로 의연하게 일관되게 이어오기도 했지만, 오늘날 승려들의 사고 속에 이러한 의식이 분명하게 있는지는 의심해볼 필요가 있다. 숙명론을 받아들이는 순간, 그 업은 불교와는 다른 길을 걷게 된다. 앞에서 제시한 기준에 따르면 첫 번째 조건인 숙명론의 거부를 만족시키지 못하기 때문에 불교와 멀어지게 된다. 정승석은 대승불교의 변천과정에서 숙명의 의미를 담은 업설을 주의하고 있다.

> 그러나 불교에서도 후대의 대승불교처럼 석가모니 또는 다른 제불諸佛 자체를 절대적 구제자로 신앙할 경우에는, 일반 신도에게 업설은 힌두교의 경우와 마찬가지로 숙명론적 인과율로서 통용되었음을 부인하기 어렵다.[45]

불교 업설에 대한 숙명론적인 설명은 사실상 자이나교도들의 그것

---

44 佐佐木現順, 『業論の研究』 (京都: 法藏館, 1990), p. 13, 정승석, 『윤회의 자아와 무아』, 223-24쪽.
45 정승석, 『윤회의 자아와 무아』, 248쪽.

과 매우 닮아있다. 자이나교가 말하는 업론은 매우 윤리적이면서도 의도의 중요성을 배제하기 때문이다.

업의 기능을 절대화하는 브라만교는 인간만이 아니라 신조차 그것에서 벗어나지 못한다는 사고를 지니고 있다. 신에 대한 헌신은 늘 강조되는 제일 덕목이다. 그러나 불교에서 신은 제외된다. 그럼에도 이타주의적 보살행은 선업을 짓는 것이므로 윤리적 행위의 중요성은 어느 학파보다 강조된다. 정승석은 이를 대사회적인 무아의 업설이라고 정리한다. 요약하면 아래와 같다.

① 불교의 기본 입장인 무아: 고정불변의 실체로서 영혼(아트만)과 같은 것은 없다.

② 유아의 업설(힌두교): 범부는 행위의 주체로서 업의 인과를 연결하는 영혼이 있다고 생각한다. 나의 영혼에 집착하기 때문에 이기적이다.

③ 무아의 업설(불교): 영혼과 같은 실체는 없고, 업의 인과를 연결하는 것은 육체와 정신의 온갖 기능의 집합이다. 자아라고 표현되지만, 실제로는 가아假我이다. 일상의 자아를 가아로 인식할 때 대사회적 행위 또는 이타의 자비행이 발생한다.[46]

아비달마 불교에서 개인이 받는 업과 사회 전체가 받는 업을 정리하는데, 정승석은 자신의 분류에 따라 ②가 부공업不共業이고 ③이 공업共業이라고 한다. 부공업은 자신의 업을 자신이 받는 것이지만, 공업은 사회

---

46 정승석, 『윤회의 자아와 무아』, 260쪽.

공동의 업으로 연대책임이 주어진다고 한다.[47] 이처럼 불교에서 업은 숙명으로 한정되지 않고 윤리적 행위의 문제에까지 확대, 전개된다. 업은 나의 의지와 행위에 따라 바뀌며 운명이 개척된다. 정승석은 마침내 윤회의 주체를 이러한 업으로 파악함으로써 불교에서 말하는 특별한 윤회의 의미를 강조한다.

> 업은 윤회의 원인이므로 동시에 윤회의 주체이기도 하다. 업에 의한 윤회는 어떠한 경우에도 결코 피할 수 없는 인과의 법칙이며, 이것은 또 세속의 인과율을 연기라는 보편적 이법에 적용하여 설명한 것일 뿐이다.[48]

여기에서 불교의 주요 관념들이 연결되고 있음을 볼 수 있다. 업이 있기에 윤회가 있고, 윤회는 인과의 법칙이며, 인과율은 연기의 이법에 종속된다. 이러한 논법에 따르면, 연기가 최상위에, 그 아래 인과의 법칙이, 그리고는 윤회가 있고, 업이 있는 것처럼 보이지만, 사실상 유사 개념을 반복하여 최상 개념으로 나아가고 있음을 알아차릴 수 있다. 윤회는 업을 주체로 삼고, 업은 인과의 법칙을 만들고 있으며, 그 법칙을 일반화시킨 것이 연기라는 것이다. 그 모두 연기라는 이법 아래 포섭되는 작은 법칙이며 현실의 규율이다. 흔히들 생각하는 무지막지한 규모의 윤회가 아니다. 윤회는 연기의 울타리 안에서 노는 작은 인과율일 뿐이다. 게다가 윤회를 규정하는 것도 윤리적인 업보에 기반한다. 신의 의지가 끼어

---

47 정승석, 『윤회의 자아와 무아』, 261-2쪽.
48 정승석, 『윤회의 자아와 무아』, 274쪽.

들 자리가 없으며 사회적 부조리가 설칠 구석도 없다.

이렇게 보았을 때, 윤회는 업에 종속되고, 연기의 개체적이거나 사회적인 적용에 불과하다. 윤회는 있어도 그만이고 없어도 그만이다. 오히려 거추장스러운 가설에 불과해진다. 이는 불교의 윤리적 업이론에 따른 자연스러운 추론이다. 그럼에도 불구하고 힌두교와 불교의 윤회를 같이 보는 것은 상당한 문제를 야기한다.

영혼을 윤회의 필수 전제로 생각하는 힌두교의 경우도 결국엔 불교적 관점에 도달하게 된다. 힌두교의 윤회관에서 윤회의 주체라고 생각하는 것은 결코 순수한 영혼이 아니라, 업이라는 여력이 부착해 있는 영혼이다. 힌두교에서 영혼 자체는 영원히 변하지 않는 실체라 간주하기 때문에, 윤회가 실제로 의미하는 것은 '영혼의 변화'가 아니라 '육체의 변화'이다 불교적으로 말하면 5온의 변화이다. 그래서 힌두교에서도 윤회의 주체를 순수한 영혼을 뜻하는 '아트만'이 아닌 다른 여러 가지로 지칭한다. 힌두교에서도 윤회를 이끄는 실질적인 원인을 업이라고 생각한 것이다.[49]

그러나 여기서 말하는 힌두교는 우리가 상식적으로 알고 있는 그것과는 몹시 다르다. 그것은 오히려 인도의 여러 유물론자들이나 철저한 이원론자들과 유사하다. 윤회의 주체를 정신이 아닌 육체로 설정하기 때문에 그것은 유물론자의 사고와 닮았으며, 육체로 설명하면서도 그것을 완전히 벗어난 정신의 세계를 상정한다는 점에서 엄격한 이원론의 성격

---

49 정승석, 『윤회의 자아와 무아』, 275쪽.

을 갖는다. 모든 것이 물질적인 것의 조합이라고 생각하는 것은 유물론자들이며, 따라서 물질의 세계를 떠나 순수한 정신의 세계로 가자는 것이 이원론자들이다. 유물론자들 가운데 극단적인 입장을 취한 학파는 윤회와 업을 부정하기도 했지만, 인간이 물질적 조건에서 유전되고 있음은 인도철학자들에게 폭넓게 받아들여졌다. 오온五蘊: five skandhas(혼성물)[50]과 같은 표현은 인도철학의 물질주의적 해석의 틀 가운데 아주 작은 범주에 불과하다. 특히 이원론에 이르러서는 정신이나 영혼에 상비되는 물질이나 육체에 대한 전문어(guṇa: 質; rūpa: 色; prakṛti: 自然, etc.)가 극도로 발달한다. 만일 '윤회가 실제로 의미하는 것이 영혼의 변화가 아니라 육체의 변화'라고 한다면, 이것은 매우 유물론자들의 사고에 근접하는 것이다. 그러나 힌두교에서 이러한 경향은 배척되기 일쑤였다. 이원론이 제시되는 것은 바로 이러한 물질의 세계에 상반되는 정신의 세계를 그려내기 위해서였다. 게다가 '윤회의 주체조차 순수영혼이 아닌 다른 것'으로 본다면 물질과 정신은 엄격하게 나뉠 수밖에 없다. 물질의 세계는 윤회의 세계이고, 정신의 세계는 윤회와 무관한 세계가 된다. 윤회를 물질의 세계와 분리시키는 순간, 윤회는 더 이상 영혼을 간섭하지 못한다. 윤회를 말하면

---

50 'skandha(s)'를 번역할 때마다 만족스럽지 못한 점이 있다. 그것이 혼합물, 혼성, 집합체, 집성, 총계, 혼합재(aggregate)라 부를수록 오히려 추상화되어 물질성에서 멀어지는 느낌을 받기 때문이다. 그러나 스칸다는 한마디로 물질적 조합으로 '짬뽕'과 같이 이러저러한 것이 뒤섞여있는 것이다. 그러니까 시멘트(cement)나 콘크리트(concrete)와 같이 물질이 섞이면서 한 덩어리를 이루는 것을 가리킨다. '시멘트'는 접합이나 응고된 것을 뜻하며, '콘크리트'는 응고된 구체물을 뜻한다. 우리말의 번역에서도 '5온'이라고 하면서, 다섯 가지 재료의 분리된 양태보다는 뭉쳐진 모습을 가리킨다면 '5'가 갖는 분리의 의미를 잃어버리기 쉽다. '인간은 오온이다'는 말은 '사람은 다섯 가지 물질의 집합이다'는 의미이며, '사람이 별 수 있나, 살과 피로 이루어진 고기 덩어리이지'라는 인식이 들어가 있는 것이다.

서 늘 물질과 정신을 오가는 물질적이지도 않고 정신적이지도 않은 어떤 것을 상정하는 까닭이 여기에 있다.

정승석이 하고 싶은 말은 '윤회의 주체로 업을 상정하자'는 것으로 이해된다. 무아와 모순되게 인간이 가진 속성이나 그 속에 숨어있는 어떤 것에 매달리지 말고, 업이 그 자체로서 능동적인 주체의 역할을 하게 하자는 것이다. 업은 불교에 따르면 행위의 윤리적 결과이므로 윤회를 말하면서도 윤리의 역할이 십분 강조될 수 있다는 논지이다. 그러나 아쉽게도 힌두전통은 이러한 사고에 정말 인색하다. 기껏해야 『바가바드기타』에서 단초를 찾을 수 있을지 몰라도, 그 속의 유신론적 색채는 불교의 반신화론과 정면 대치된다.

유물론자인 차르바카 학파는 그래서 아예 윤회와 업을 부정했다. 승론으로 불리는 바이셰시카 학파는 원자론적 사고의 틀 아래 초기 사상에서는 신적인 존재를 부정했다. 자이나교도들에게서 발견되는 철두철미한 이원론은 윤회를 떨쳐버릴 공간의 설정을 위한 것이었다. 과연 업과 윤회에 대한 물질주의적 이해가 힌두사상의 정통에 설 수 있을까? 답은 부정적이다. 인도인들에게 정통은 신이 있는 세계이며, 신과 인간이 하나가 될 수 있는 일원론적 세계야말로 완전한 세계라는 의식이, 『베다』이후 늘 그들의 사고를 지배해오고 있었다. 윤회를 이끄는 힘이 신의 의지와는 무관한, 인간의 의도적 행위와 연결되고 있다는 사고는 힌두전통과는 그다지 어울리지 않는다.

인도의 많은 학파는 육체의 윤회에서 벗어나기 위해서 수행을 통해 정신의 고양을 지향한다. 마침내 육체라는 물질적 조건에서 탈각脫殼하는 순간, 해탈을 얻는다. 불교도 윤회를 벗어버리는 것을 목표로 삼았으니 윤회론은 분명 불교의 반명제였고, 따라서 불교가 말하는 윤회는 지양되어야 할 관념으로 그 체계 속에서 완전하다는 설명은 아무래도 궁색한 변명처럼 들린다. 나쁜 씨앗은 처음부터 심지 말아야 하듯이, 없어져야 할 것은 처음부터 없어져도 좋다.

업과 윤회설이 종횡무진 판을 치는 오늘날 인도의 현실은 어떠한가? 윤회가 제공하는 업 때문에 신분의 질곡에서 벗어나오지 못하고 고통 받고 있는 천민들에게 종교가 과연 무엇을 가져다주는가? 오늘날도 그러할진대 석존의 시대는 어떠했을까?

붓다는 따라서 신의 의지가 아닌 인간의 행위에 초점을 맞추어 업을 설명했다. 업은 또한 연기라는 보편원리에 의해 움직인다. 윤회는 연기의 대중적이고 습관적이고 일상적인 표현일 뿐이다. 그렇다고 해서 수용되어야 하는 것이 아니고 대체되어야 하는 것이다. 연기라는 큰 이법 아래 앙탈을 떠는 작은 이법이 바로 윤회인 것이다. 정승석도 윤회가 세속적 차원에서 제시되었음을 곳곳에서 지적한다.

윤회의 세계란 세속의 범부들이 스스로 지은 업의 과보로서 전전하는 세계이다. 그러므로 세속의 차원에서는 그 업을 영혼이라는 대명사로 지칭하는 것도 인정할 수 있다.[51]

윤회설은 깨달음의 세계를 경험하지 못한 범부의 세계를 반영하는 것이다. 바로 이 차이로 인해 목표와 취지가 동일하더라도 그것은 다른 방

---

51 정승석, 『윤회의 자아와 무아』, 274쪽.

식으로 표현될 수밖에 없다. 적어도 불교 내에서는 윤회설과 무아설의 상충이라는 문제도 여기서 비롯된다고 말할 수 있다. 범부가 이해하고 구사하는 방식이나 언어로써 무아의 진실을 전달하는 것이 윤회설이다. 그러므로 무아설과 윤회설은 일맥 상통하며 양립할 수 있다.[52]

그러나 이 세계는 이미 범부, 그것도 지적 수준이 높은, 정보교환이 자유로운 보통사람들의 세상이 되었다. 범부와 범부가 아닌 사람을 나눈다는 것은 그 기준에서부터 여간 어려운 일이 아니다. 이론과 신앙이 유리되는 것은 어떤 의미에서도 바람직하지 않다. 범부와 비범부의 계층적 차이에 대한 인정도 불교가 내세우는 것이 아니다.

정승석의 무아윤회라는 개념의 제시는 한국의 불교연구사에서 의의가 크다. 그는 불교학자답게 결코 무아설을 버리고자 하지 않는다. 윤회를 위해 무아를 포기할 의도도 전혀 없다. 그것은 그가 연기설을 숙지하고 있기 때문이다.

불교학의 역사적 추이를 살펴보면, 불교는 '아트만에 의한 윤회의 성립'이라는 완강한 고정 관념의 벽에 부닥쳐 그 기본 입장을 철회하거나 유아윤회관과 절충한 것으로 보인다. 그러나 어떠한 경우에도 불교가 연기법이라고 불리는 자연의 법칙, 즉 우주와 인간의 운행 법칙을 철회하거나 포기한 적이 없다. 오히려 석가모니의 설법 이래 개진된 모든 이론들은 그 연기법을 나름대로 더욱 충실하게 해석하려는 데서 정립된 것들이

---

52   정승석, 『윤회의 자아와 무아』, 301쪽.

다. 연기법을 근본 진리로 고수하는 한, 아트만과 같은 불멸의 존재는 아무데서도 원칙적으로는 인정될 수 없다. … 불교는 그 같은 불변 불멸의 주체가 없이 윤회가 진행되고 있다고 주장한다. 이러한 윤회는 무아윤회라고 불린다. 유아윤회라는 기존의 전통적 관념에서 보면, 무아윤회는 파격이고 획기적인 발상의 전환이 아닐 수 없다.[53]

연기법으로 보면 무아의 원칙을 지키면서도 존재의 흐름을 설명할 수 있다는 큰 장점이 있다. 주체는 없지만 상속은 있다. 나무는 타 없어지지만 불은 남는다. 정승석은 왜 연기법으로 윤회를 설명하고, 나아가 아예 포섭하려들지 않는 것일까?

윤회에 집착하는 것은 인도의 전통에서 불교를 바라볼 때 일어나는 현상이다. 무아를 비아로 보아 진짜 나와 가짜 나를 구별하여 말하는 것도, 깨달은 이로서의 육체적 삶을 이야기할 때만 가능한 것이지, 생사를 뛰어넘어 존재하는 나를 인정하고자 하는 것이 아니다. 그것은 힌두교에로의 복귀를 선언하는 것으로, 불교의 각성과 의미를 이어나가는 것이 아니다. 대승불교에서 불성론이 제기되면서 나의 불성이 강조된 것은 사실이다. 그러나 그 불성은 내가 신성神聖性과 합체될 수 있는 가능성을 열기 위한 것이지 나를 실체화하여 영원불멸의 것으로 만들고자 함이 아니다.

반불교적인 상키야 철학에서는 미세신微細身에 의한 유아윤회를 말하고, 불교의 『구사론』에서는 중유中有의 상속에 의한 무아윤회를 말한다고 해서, 그 둘이 모두 윤회에 동조하고 있다거나 심지어 반불교적 시

---

53 정승석, 『윤회의 자아와 무아』, 284-5쪽.

각으로 불교적 시각을 드러내고 있다고 보는 것[54]은 동조하기 어렵다. 인도철학적 입장에서 인도사상과 불교의 교섭과 그 연속성을 강조하는 것은 연구자들의 오랜 습관이긴 하지만, 불교의 요지를 잘 드러내기 위해서는 인도와의 차별화를 추구하는 것이 좀 더 나아 보인다. 불교는 '중유'라는 실체를 인정하기 어렵기 때문에 중유에 '상속'相續: saṁtāna이라는 어휘를 덧붙여 실체성보다는 그것의 흐름을 부각시키고 있다. 유식론적인 언설을 빌리자면, 씨앗에서 씨앗으로 이어지는 것이 '상속'saṁtāti이고, 상속 과정에서 늘 바뀌게 되는 것이 '전변'pariṇāma이며, 마침내 좋은 열매를 맺는 것이 '차별'viśeṣa이다.[55] 중요한 것은 연결이고 변화이지 씨앗 그 자체가 아니다. 그렇기 때문에 불교가 힌두교와는 달리 지독하게도 철저히 윤리적인 것이며, 나아가 씨앗에 따른 신분이나 계급의 설정 또한 받아들일 수 없는 것이다.

'참 나'는 내가 없음을 아는 나이다. 그러나 '참 나'는 참으로 있는 것이 아니라 없다. 그렇기에 나는 '큰 나'이다. '큰 나'는 내가 없기에 큰 것이다. 내가 있으면 작은 내가 되고 만다. 나는 흐름 속에 있다. 나도 흐른다. 그리고 흐름을 만드는 것은 흐르고 있는 나이다.

---

54 정승석, 『윤회의 자아와 무아』, 305쪽.

55 정승석, 『윤회의 자아와 무아』, 294-6쪽. 그러나 전변설(pariṇāmavāda)은 모든 존재가 브라만의 자기 전개에 불과하다고 여기기 때문에 불교와는 대립될 수 있다.

3. 김진

윤호진과 정승석에 의해 제기된 무아와 윤회의 문제, 나아가 윤회의 자아성과 무아성의 문제는 매우 적실하여 불교계의 큰 반향을 일으켰다. 무아와 윤회에 대해서 윤호진은 모순을 드러내는 작업에 충실했고, 정승석은 그것이 양립할 수 있음을 증명하는 데 기여했다. 이어 이 문제에 대해 김진이 논리의 포문을 열었다.

정승석은 사실상 윤호진의 문제제기에 적극적으로 대응한 것처럼 보이지는 않는다. 윤호진의 서적을 참고자료로 인용하면서도, 스스로 이 문제에 대한 본격적인 연구가 없다고 말한다.

무아설과 윤회설의 양립을 직접적으로 취급하여 보다 선명한 견해를 제시한 연구는 드물다. 특히 국내에서는 이 문제에 중점을 두어 심도 있게 고찰한 연구가 거의 없는 편이다. 이 점에서는 국내의 연구동향이 난해한 문제를 방관하고 있다고 지적받을 만하다.[56]

윤호진의 문제제기가 프랑스적 시각에서 이루어졌다고 보았는지, 정승석이 그를 직접적으로 다루지 않은 것은 큰 아쉬움으로 남는다. 윤호진이 무아와 윤회가 모순되고 있다고만 밝힐 뿐 이후의 해결책이나 대안을 제시하지 않았기 때문에, 말하지 않은 것에 대해 정승석이 답할 수는 없었다고 볼 수도 있겠지만, 어쨌든 전문가끼리의 학리적인 토론은 활

---

56 정승석, 『윤회의 자아와 무아』, 4쪽.

발히 이루어지지 않았다. 사실상 윤호진도 『나선비구경』의 몇몇 주장이 초기불교의 원의와 대치되고 모순된다고 말하는데 그치고, 과연 불교의 근본사상이 무엇인지는 구체적으로 밝히지 않아, 문제의 해결에는 적극적이지 않았다.

김진이 이와 같은 논쟁의 답보상태에서 이 문제를 본격적으로 제기한 것은 연구사적인 의미에서 매우 가치 있는 일이었다. 게다가 그는 무아와 윤회가 양립불가능하기 때문에, 무아윤회는 불가능하다는 입장을 천명함으로써 많은 불교학자들의 반향을 일으켰다. 반향의 내용은 거의 부정적인 것이었지만, 문제가 있음에도 문제를 덮어놓고 있었던 불교계를 환기시키는 데 김진은 그 역할을 톡톡히 한다.

먼저 김진의 의견에 충실해보자. 그는 저서에서 「무아와 윤회설의 문제」에 한 장을 할애해서 다루고 있다. 문제의 출발점이나 논거도 거의 윤호진과 정승석에서 나오고 있는데, 다만 그는 불교계가 이 문제를 모순되지 않은 것으로 보려한다고 지적한다.

불교계에서는 석가의 무아설과 연기설이 상호 모순되지 않는다고 해석하려는 경향을 보이고 있다. 어쩌면 그것은 너무나 당연한 귀결인지도 모른다. 만일 불교 안에서 그 두 가지 이론이 모순된다는 사실을 인정하게 되면 종교로서의 불교는 결코 성립될 수 없을 것이기 때문이다. 그럼에도 불구하고 불교계 안에서는 암묵적으로 두 이론 사이의 모순 관계를 극복하기 위한 교의 체계 구축에 적지 않은 노력을 경주해왔던 것이 사실이며, 그것이 바로 불교교리사의 핵심을 이루고 있다.[57]

김진의 입장에서는 문제를 문제로 끄집어내놓자는 생각이다. 서구의 학자들이 그래왔듯이, 인도와 일본의 학자들이 그래왔듯이, 무아와 윤회의 문제를 정면에 놓고 문제제기를 할 필요를 그도 느낀 것이다. 윤호진과 정승석의 탐구에 이어 그는 이런 논의에 적극 참가하고자 한다.

김진은 칼루파하나는 '중도적 무실체성nonsubstantiality의 주체'를, 마사오 아베는 '해탈을 지향하는 자유로운 주체'와 같은 개념을 제시하지만, 이 같은 설명은 전혀 새로운 것이 아니라는 것이다. 석가 이후의 불교계에서는 무아와 윤회의 모순을 극복하기 위해 이론적 보완작업으로 '중관사상, 중도주의, 유식사상, 여래장사상' 등을 이론명제로서 제시했지만, 그럼에도 불구하고 김진이 불만족스러워 하는 것은 불교의 초기사상과 맞아떨어지느냐는 것이다.

> 그러나 이러한 후대의 해석들이 석가의 초기 불교사상의 근본정신과 일치할 수 있는가는 여전히 논란의 불씨를 안고 있다.[58]

나카무라 하지메 이후 무아를 비아로 해석하는 경향이 있었다. 일본의 경우, 도겐道原 선사도 이와 같은 입장의 고봉에 서 있다. '자기를 움직여서 만법을 수증修證하는 것을 미망이라 한다. 만법을 갖고서 자기를 수증하는 것은 깨달음이 된다'거나, '불도를 배우는 것은 자기를 배우는 것으로, 자기를 배우는 것은 자기를 잊는 것이며, 자기를 잊는 것은 만법을

---

57 김진, 『칸트와 불교』(서울: 철학과현실사, 2000), 135-6쪽.
58 김진, 『칸트와 불교』, 138쪽.

증하는 것이다'라는 도겐의 주장은 자아론 성립에 영향을 미치며, 후대 학자 히라카와 아키라도 자기로부터의 초출超出이 불도라고 정의한다. 이런 관점은 우리에게까지 영향을 미치지만, 김항배는 이를 바탕으로 좀 더 명확하게 의견을 제시하고 있다.[59]

불교는 순수현상이나 진아에 대한 모든 독단적 견해를 비판할 뿐만 아니라 어떤 결정된 '법'에 대한 관념도 부정한다.… 자아에 대한 제반관념도 '상相'이며, 객관적 사물에 대한 모든 관념도 '상'이다. 그러므로 '아상'我相·'법상'法相이라는 용어가 있다. 그런데 불타는 모든 '상'을 놓아버리라…설사 자아의 본질과 우주의 본질이 일치하는 존재에 대한 형이상학적 관념일지라도 '상'임에는 마찬가지다. 불교의 이런 입장이 바로 우파니샤드의 범아일여적 형이상학적 사변철학과 다른 점이다.

김항배는 무아가 곧 진아라는 입장에 서있다. 그러면서도 인도사유와는 다른 불교의 특색으로서 형이상학적 관념으로 성립하는 아상이나 법상을 모두 버리라는 점을 들고 있다. 이는 일본의 학자들이 대체로 망아忘我설에 치중하는 무아설이라면, 김항배는 한걸음 더 나아가 망아로 얻어지는 진아의 의미를 강조한다. 위에서 말하는 아상은 아집我執과 같은 것이다.

김진은 이러한 진아설 또는 반야의 체험적 실증에서 확립되는 진실의 주체를 말하는 반야법신주체설이 무아설의 취지를 상대화하고 은유

---

59 김항배, 「진아와 진아의 문제에 대한 연구」, 『철학』 58, 1999 봄, 74-5쪽.

화한다고 주장한다. 그리고 이 경우에만 무아와 윤회의 양립설이 성립될 수 있다는 것이다. 왜냐하면 무아설이 상대화됨으로써 윤회설이 들어설 수 있는 자리를 만들어준다는 것이다.[60] 이러한 그의 견해는 한마디로 '윤회 및 연기적 주체의 관점에서 보면 무아설이 들어설 자리는 사라지게 된다는 것'[61]이다. 내가 보기에 연기적 주체라는 말이 윤회설과 혼동되는 것이 안타깝지만, 김진은 열반주체라는 말을 윤회주체와 더불어 쓰고 있다.

이처럼 윤회주체와 열반주체의 설정은 무아설을 위태롭게 하기에 충분하고, 그와 반대로 우리가 만일 무아설에 집착하게 되면 구원론적 주체 개념의 설정을 포기할 수밖에 없게 된다. 이 두 가지 명제 사실을 화해시킬 수 있는 방식 중에서 가장 쉽게 연상할 수 있는 것은 무아설의 주장을 상대화시키는 방식이다. 그래서 석가 이후의 불교사상가들은 무아설의 근본주장을 여러 형태로 변형시키려고 시도했던 것이다.[62]

김진에 따르면, 정승석의 경우는 '윤회의 주체를 상정하기 위한 변형된 무아설이 아니라, 어떤 가능한 형이상학적 주체도 철저하게 배제한 순수한 무아설을 견지하고 있는 것'이라면서, '무아의 절대성은 인정하되 윤회설의 의미를 약화시켜서 무아·윤회설을 정당화하려는 그 중심에' 그가 서 있다는 것이다.

---

60   김진, 『칸트와 불교』, 141쪽.
61   김진, 『칸트와 불교』, 163쪽.
62   김진, 『칸트와 불교』, 163-4쪽.

김진은 이러한 아포리아의 해결책으로 칸트의 요청이론을 적용한다. '칸트는『순수이성비판』을 적고 나서『실천이성비판』을 적을 때 바로 수천 년 전에 석가가 직면한 문제에 빠지게 되지만, 요청이론을 도입하여 실천적 이성 사용에서 제기되는 모순들을 극복하려 했다'는 것이며, 따라서 그는 칸트의 요청이론으로 '석가가 이론적으로 부정했던 형이상학적 실체 문제와 실천적으로 전제하고 있는 윤회와 해탈의 주체 문제가 매개될 수 있다'고 믿는다.[63] 그는 이어 말한다.

> 다르마 이론과 카르마 이론에서 본 무아설로부터 필연적으로 제기되는 모순은 항상 존립하고 있으며 계속적으로 자아 동일성(Ich-Einheit)을 가지고 있는 – 이론적으로는 그 존재를 증명할 수도 반박할 수도 없으면서 실천적으로는 요구되는 – 이론적 명제를 요청함으로써 해소될 수 있을 것이다. 그것은 다르마적인 측면에서는 그 이론적 증명이 부정되었으나, 카르마적인 측면에서는 필연적으로 전제되는 자아 및 영혼의 통일성이 요청되어야만 석가에 의하여 완결되지 않은 실천철학적 변증론이 구축될 수 있음을 뜻한다. 자아 통일성은 요청 개념이기 때문에 이론이성의 규제적 사용에 어긋나지 않으며 실천이성의 요구를 동시에 만족시킬 수 있다.

김진은 이렇게 '자아 통일성의 요청'Postulat der Ich-Einheit으로 모순을 해소하고자 한다. 이와 더불어, 인간이 자기를 구원할 수 있는 자유가 요청되고, 개인적 최고선을 사회적 최고선으로 넓히기 위한 열반의 확장이

---

63   김진,『칸트와 불교』, 242쪽.

요청된다는 것이다. 그는 앞의 요청을 '진지로부터의 (자신을 해탈하게 할 수 있는) 자유의 요청'Postutat der Freiheit aus Wissenheit이라 일컫고, 뒤의 요청을 '니르바나적 세계질서의 무한확장 요청'Postutat einer unendlichen Erweiterung der nirvanischen Weltordnung이라 부른다. 줄이자면, 진아, 자유, 니르바나적 세계의 무한확장이다. 내 식대로 간단히 표현하자면, 자기동일성, 자유의지,[64] 속세열반이 요청된다는 것이다.

김진의 불교해석은 개념의 정치함에도 불구하고 문제설정의 방식에서 몇 가지 의문을 낳는다.

무엇보다도 먼저, 우리는 그가 윤회와 연기를 구별하는가를 물어야한다. 석존이 깨닫고 말하려 한 것은 연기이지 윤회가 아닌데, 그의 글에서는 윤회가 연기를 개념상으로도, 논리상으로도 앞지른다. 이와 같은태도는 윤호진, 정승석에게서도 전혀 보이지 않는 것은 아니지만, 그 둘에게 연기는 오히려 무아와 윤회의 문제를 설명하면서도 해결해주는 도구인 데 반해, 김진에게 연기는 윤회와 같은 의미선상에 놓여있는 것으로비춰진다.

둘째, 윤회와 연기를 구별하지 않은 까닭에서 비롯되겠지만, 그에게는 윤회가 오히려 무아보다 더 막중한 관념으로 이해되고 있는 듯하다. 윤회가 연기를 설파하기 위해 처음부터 제시되기 때문에 윤회는 불교의본래 사상이라는 의견도 있지만, 많은 경우 윤회는 불교의 입장에서 볼

---

64 그러나 서양철학적 전통과는 달리, 이곳에서는 선을 향한 자유의지이지, 신의 전지전능 속에서 벌어지는 악을 설명하기 위해 고안된 자유의지가 결코 아니다. 그런 점에서 '선의지'라는 표현이 낫다.

때는 전통 힌두사상에서 유입된 외래사상으로 본다. 따라서 무아와 윤회의 문제에게 하나를 버리라고 한다면 윤회를 버릴 일이다. 그런데 김진은 윤회를 사상적 비교순위에서 우선시함으로써 무아 개념의 이해에 소극적이다.

셋째, 무아설을 아예 연기설과 대립시키고 있지는 않은지 궁금하다. 실체가 없고 연기만이 있기 때문에 무아가 성립되는 것인데, 연기가 성립되기 위해서는 무아설이 아닌 실체설이 필요하다고 보고 있는 것은 아닌지 묻고 싶다. 인과를 위해서는 주체가 있어야 한다는 것이 김진의 설명인데, 불교에서 말하는 것은 주체는 없고 인과만이 있다는 것이기 때문이다. 이른바 '업보는 있지만, 업을 짓는 이는 없다'는 『제일의공경』第一義空經의 주장이 나오는 까닭도 여기에 있다. 김진은 이러한 측면을 잘 이해하면서도, '연기설은 무아적인 측면도 있지만 윤회설을 가능하게 하는 조건'[65]이라고 해석하고 있다. 이런 사고 때문에 윤회와 연기가 구별되지 않는 것일지도 모른다.

김진은 개념의 축을 무아와 윤회에만 맞추는 바람에 연기의 철학적 지위를 소홀히 한 듯하다. 위의 질문은 무아와 윤회라는 양가兩價적 판단에 윤회라는 제삼의 값을 넣어볼 때 생기는 의문점이다. 만일 이치二値(예, 아니요) 논리로 보려 한다면, 윤회에 연기를 동치시키기보다는 무아에 연기를 대입시키는 것이 옳아 보인다.

불교에 대한 일반적인 이해에서 무아는 연기설의 필연적인 결론이

---

65 김진, 『칸트와 불교』, 168쪽.

다. 삼라만상은 이것이 있기에 저것이 있고, 이것이 없어지면 저것도 없어진다는 연기법을 벗어날 수 없다. 인간도 마찬가지이기 때문에 무아설이 성립되는 것이다. 사물을 실체로서 보는 것이 아니라 맥락이나 유전流轉으로 인식하는 것이 불교적 세계관의 특징이다. 그런데 연기의 주체를 설정하면 연기설과 정면으로 충돌되는 것으로 보인다. 잘 알다시피, 연기緣起: pratītyasamutpāda란 '~때문에'pratīya '만들어짐'samutpāda을 가리킨다. 나는 내가 아니라 어떤 것 때문에 만들어지는 것이므로 내가 없다는 것이다. 따라서 연기를 통해 무아가 아닌 유아를 발견하는 것은 불교적 상식에서는 벗어난다. 그것은 연기 자체를 실체화시키는 것이다. 김진은 연기가 무아설을 전적으로 지지하지 못한다고 주장한다.

> 연기법은 무아설의 한 측면을 설명하는 계기는 될 수 있을지라도 연기설 그 자체가 무아설을 확정하지는 못하는 것이다. 연기설의 해체적 측면은 무아설의 입지를 강화하는 것처럼 보이지만, 반대로 연기설에서의 구성적 측면은 윤회적 주체의 성립을 가능하게 하기 때문이다.[66]

무아설과 윤회설이 모순된다는 것은 받아들일 수 있는 일이다. 그러나 무아설과 연기설이 모순된다는 것은 쉽게 이해되지 않는다. 연기설이

---

66 김진, 『칸트와 불교』, 168-9쪽. 그는 이어 "이 두 가지 측면을 동시에 드러나게 하는 현대적 개념이 바로 차연(差緣)이다"라고 하는데, 앞에 제시된 해체라는 관점에 따르면 차이와 연기(延期)를 뜻하는 '차연'(差延: defferánce)이 되어야 옳을 듯하다. 이렇게 본다면 불교의 전반적인 사상을 해체주의로 이해하는 것도 문제가 생긴다. 왜냐하면 주체의 부정이 아니라 성립을 강조하는 사고가 되기 때문이다. Jin Y. Park, *Buddhism and Postmodernity: Zen, Huayan, and the Possibility of Buddhist Postmodern Ethics* (Lanham: Lexington Book, 2008).

주체를 성립시킨다면, 무아설은 연기를 옹호하기는커녕 배척하게 되는 형국이 되고 말기 때문이다. 연기와 무아를 사상적으로 동질적인 범주에서 취급하던 불교의 논법이 무너지고 마는 것이다. 마침내는 연기와 무아가 각자 서로 정반대 방향으로 길을 걷게 된다.

그러나 김진의 이러한 주장은 오히려 우리들에게 많은 것을 시사하고 있다. 그가 연기를 윤회로 해석하는 데에는, 우리 불교계의 오랜 습관이 끼어들고 있는 것이다. 그것은 바로 연기와 윤회를 같은 개념틀 안에서 보는 태도로, 이러한 불명확함이 불교 해석에서 독특한 결과를 낳게 되는 것이다.

칸트의 요청론 자체도 상당한 논리적 결함을 지니고 있는 것이다. 그의 이른바 3비판서란 우리 인식의 한계를 명확히 하는 것으로, 그것을 넘어서는 것에 대해서 '요청'하자는 것이다. 그런데 이러한 태도가 불교에서도 통하리라고 생각하는 것은 지나친 낙관에 가깝다. 불교는 신을 요청하지도, 영혼을 요청하지도, 구원을 요청하지도 않는다. 윤호진이 강조한 이른바 소멸로서의 열반은 불필요한 상상과 신화적 낭만을 더욱 요청하지 않는다. 인간이 오온의 집합에 불과하다는 것도 그것의 이합집산에 초월적인 의지의 개입을 요청하지 않겠다는 의지의 표현이다. 업조차 신의 뜻이 요청되지 않는다. 그런 점에서 불교는 잔인할 정도로 이성의 한계 내에서 올바른 인식을 강력하게 추구하고 있는 종교이다.

김진의 세 가지 요청은 철학적으로 의미가 깊다. 자기동일성이 불교의 제1원칙과 충돌하고 있지만, 나머지 자유의지와 속세열반이라는 두 요청은 불교에서도 적극적으로 옹호된다. 신이 아닌 인간에 의해 만들어지는 업에는 자유의지가 반드시 필요하며, 깨닫지 못하는 사람을 바라보는 연민에 고통스러워하는 보살은 속세에 있으면서도 열반에 들고 있다. 자유의지는 이른바 의도의 개입여부와 직결되며, 보살의 속세열반은 저 세상을 가지 않고 이 세상에서 극락을 구하는 대승적 사고를 현시한다. 만일 자기동일성이 진아 또는 대아의 의미에 한정된다면, 그것조차 대승 불교에서 포용할 수 있는 여래사상과도 통한다.

그런 점에서 김진의 세 요청은 요청되지 않고도 현현되고 있는 불교 내부의 사상으로 보아도 무방할 것이다. 어쩌면 그의 요청은 소승불교가 기다리고 있었던 대승불교와 적확히 맞아떨어지는 것일지도 모른다. 소 승불교의 한계에서 요청된 것들이 대승불교에서 고스란히 만들어지기 때문이다. 윤회가 불교의 주된 관념으로 포용된 것도 주체성에 대한 부 득이한 강조를 담고 있는 대승의 여래장 사상과 밀접하며[자기동일성], 업보의 씻음도 누구에게나 부여된 불성에 근거하여 자기의 결단과 수양 의 결과로 얻어질 수 있으며[자유의지], 그럼에도 불구하고 세속에서 고 통 받고 있는 민중을 위해 평화와 안락의 세계로 접어들기를 포기하는 무 한한 자비심을 가진 보살이 출현한다[속세열반]. 김진 식의 표현으로도 대승불교에 이르러, 자아는 나름대로의 통일성을 유지하며, 참다운 앎을 향한 개인의 자유의지는 보장되며, 열반의 세계는 무한히 확장되어 현실 에까지 이른다. 한마디로 말하자면, 소승이 대승을 요청하고 있는 것이다.

'소승이 대승을 요청한다.' 만일 근본분열의 시대의 상좌부의 입장에 서 본다면, 소승은 대승을 요청해서는 안 되었다. 그럼에도 대중부와 부 파불교는 신성뿐만 아니라 자성을 요청함으로써 대승불교의 시대를 열 었다. 이것이 불교사에 적용되는 요청의 실상이다. 무상한 유위법이 상 주하는 무위법으로 변환되는 과정에서 우리는 수많은 요청을 만나게 된다. 철학이 신앙을 요청하고, 이론이 실천을 요청하는 것이다.

　김진의 큰 장점은 모순을 회피하지 않고 정면돌파를 꾀하는 태도이다. 그가 아니었다면 무아와 윤회가 모순된다는 것조차 문제의 수면 위로 떠오르는 데 시간이 지나치게 오래 걸렸을지도 모른다. 나는 기본적으로 무아와 윤회는 모순된다고 파악한 김진의 주장이 시사하는 바가 크다고 생각한다. 다만, 무아와 연기는 모순될 수 없다는 점에서 그와 의견을 달리한다. '유아윤회'는 힌두교에서, '무아윤회'는 불교에서 거론되고 있지만, '유아연기'라는 표현은 성립되지 않는다.

4. 한자경

김진과 한자경은 학적으로 비슷한 길을 걷고 있다. 둘 다 독일에서 칸트를 전공했지만, 불교에도 조예가 깊다. 둘 다 경험 이전의 세계를 추구하는 초월철학 내지 선험철학의 경향이 매우 짙다. 김진은 칸트의 요청이론에, 한자경은 유식학에 오랜 관심을 기울여 왔다.

　김진과 한자경의 논쟁의 발발은 김진의 저서인 『칸트와 불교』(2000)에 대한 한자경의 서평(2001)에서 비롯되었다. 『오늘의 동양사상』 제4호의 서평란에서 한자경이 김진의 책에 대해 「불교의 자아관에 대한 기독교적 접근의 한계」라는 제목으로 기독교적인 접근으로는 불교의 자아관을 이해할 수 없다는 시각에서 서술한 것이 발단이었다. 이후 김진은 『철학비평』에 한자경의 서평에 대해 강한 반론을 싣고, 한자경이 재비평을 실으면서 논쟁은 심화되었다.

여러 사람이 의견을 낸 지상 토론의 과정이 복잡해 보이지만, 요약하면 모든 사람들이 김진을 공격하는 데 주저하지 않은 듯하다. 김진은 토론자 가운데 이덕진이 '중립적인 시각에서 정리 소개'[67]하였다고는 하지만, 이덕진의 글은 논쟁에 직접적으로 뛰어들기보다는 김진의 표현처럼 논쟁을 정리하고 소개하는 데 충실하다. 『오늘의 동양사상』 제8호에 초청된 이덕진 이외의 나머지 김종욱, 최인숙, 조경택은 모두 무아와 윤회는 양립가능하고 무모순적이라고 주장함으로써 김진을 반박하고 있다.[68] 이덕진조차 비록 다른 사람의 주를 달고는 있지만 아래와 같은 표현으로 볼 때, 김진은 홀로 악전고투하고 있는 셈이다.

붓다는 어떤 신비한 마음의 실체에서 나오는 형이상학적 자아를 찾고자 한 것이 아니라 연기하여 일어나는 모든 사태를 편견 없이 바라보고자 했다. 붓다에 의하면 모든 고통苦은 편견을 가지고 세상을 고집하는 데서 생긴다. 다시 말해서 구체적인 개체들은 스스로 독립적인 존재가 아니다. 그렇기 때문에 상호의존을 통해 비로소 '자아'라는 개념이 성립된다는 것이 붓다가 본 자아관이다. 즉 아我라는 절대적 개체가 있어 삶이 진행되는 것이 아니라 온蘊들이 응집되어 아라는 현상적 개체가 생긴다. 그런 의미에서 '연기성공'緣起成空이요, '제법무아'諸法無我이다. 이는 경험아일 뿐이다. 그렇기 때문에 만일 우리가 무아와 윤회의 문제를, 해결되어져야 하는 문제가 아니라 해석되어져야 하는 문제로 보고, 존재론적인 문제가

---

67 김진, 「한국불교의 무아윤회 논쟁」, 『철학』 83, 여름, 2005, 43쪽.

68 『오늘의 동양사상』 8, 2003, 이덕진(118-33쪽), 최인숙(134-47쪽), 김종욱(148-62쪽), 조경택(163-89쪽).

아니라 인생론적인 문제로 여긴다면, 무아와 윤회의 문제는 상충되는 이론이기보다는 차라리 보완가능한 문제가 된다.[69]

이와 같은 의견이 김진을 향해 반복적으로 제기되고 있다. 논쟁의 전체 양상은, 김진의 논문 「한국불교의 무아윤회 논쟁」(2005)에서 상세히 소개되어 있다.[70] 이 글에서 김진은 김호성의 비판적 논평에 대해서도 답하고 있다.[71] 2000년에 제기되어 5년간에 걸쳐 토론되고 있는 것이다. 그러나 토론의 주체는 주로 김진과 한자경이었고, 나머지 사람들은 두 사람의 논의를 바라보는 평자의 입장이었기 때문에, 토의된 내용은 비교적 간단히 요약될 수 있다. 한자경의 서평에서 제기된 세 가지 문제를 보자.

첫째, 석가는 오히려 연기설로 무아를 정당화하고 있다. 이 점은 나뿐만이 아니라 거의 모든 사람이 함께 지적할 수 있는 점이다. 그런 점에서 김진은 연기설이 어떻게 무아를 부정하고 고정된 실체를 보장하는지 상세하게 논증하는 데 토론의 초점을 맞출 필요가 있다.

현상적 자아의 연속성과 행위의 책임성, 나아가 윤회 주체의 연속성조차도 실체적 자아의 자기 동일성을 전제할 필요 없이(무아론), 연기적 인과 연속성(연기론)만에 의해서도 성립한다는 것을 논하는 것이 바로 불교의 무아론적 윤회론의 핵심인 것이다. … (40년 전의 내 몸과 오늘의 몸이라는) 현

---

69   이덕진, 「무아와 윤회 논쟁에 대해서」, 『오늘의 동양사상』 8, 2003, 126-7쪽.

70   김진, 「한국불교의 무아윤회 논쟁」, 『철학』 83, 2005, 35-59쪽

71   김진의 「서구적 불교해석의 유용성에 대하여」에 대한 김호성의 논평, 제17회 한국철학자대회, 대전: 한남대, 2004. 10. 29-30.

상적 두 자아를 하나의 자아라고 말할 수 있기 위해 반드시 자기 동일적 실체가 있어야 하는 것은 아니다. 연기에 의한 인과 연속성만 있으면 하나의 자아를 말할 수 있다는 것, 그것이 무아를 근거 짓는 연기설의 핵심인 것이다.[72]

사실 나의 입장에서는 '윤회론'이라는 말만 없다면 한자경의 어휘는 조금도 어색하지 않다. 문맥상으로도 스스로 무아론과 연기론을 연속되는 개념항으로 설정해놓고 논리적 결론으로 '무아론적 윤회론'을 꺼내는 것은, 그만큼 우리 불교계가 윤회와 연기를 동일시하고 있다는 반증이기도 하다. 이 글에서 '무아론적 윤회론'을 '무아론적 연기론'으로 대치한다고 해서 문맥이 달라지지 않는다. 이 문구는 오히려 연기를 설명하고 있지 윤회를 설명하고 있지 않다.

둘째, 요청된 참된 자아란 과연 어떤 존재인지 그에 대한 설명이 없다. 일상의 자아가 무엇이고, 깨닫고 실현시켜야 할 불성이나 진여가 무엇인지 분명하지 않다면, 자아가 있느냐 없느냐의 논의는 말장난에 지나지 않는다는 것이다.

석가는 업과 윤회를 말하고 해탈을 말하면서도 무아를 주장하였다. 아니 오히려 해탈 자체가 무아의 깨달음에서 비로소 시작된다고 보았다. 자아가 없다고 깨닫는 순간 부처, 각자覺者, 즉 진정한 자아가 되는 것이다. 그러나 불교는 그 깨달음의 주체를 자아라고 규정하지 않는다. 깨달음이

72 한자경, 「불교의 자아간에 대한 기독교적 접근의 한계」, 『오늘의 동양사상』 4, 2001, 308-9쪽.

바로 자아가 없다는 것을 깨닫는 것이기 때문이다. 그 깨달음이 무엇을 의미하는지, 그 깨달음의 주체를 왜 자아로 규정하지 않고 오히려 공空으로 규정하는지를 먼저 진지하게 생각해 봐야 한다.[73]

참다운 자아란 곧 무상성을 깨달은 나라는 것이다. 만일 진아가 무아의 성질이 없이 불변의 실체성을 지닌다면 그것은 불교에서 정의하는 진아가 아니게 된다. 진아는 다름 아닌 무아의 각자이다. 한자경에 따르면 김진은 그저 진아를 요청할 뿐 진아의 위상이나 내용에 대해서는 정작 말하고 있지 않다는 것이다. 그것은 진아를 실체적 존재로 상정하기 때문에 발생되는 현상이다. 김진의 진아는 공하지 않고 자기동일성을 유지한다. 윤회의 주체를 상정하기 때문에 진아는 무아의 성질을 뛰어넘는 것이다.

셋째, 불교의 관점은 칸트의 기독교적 설명방식과 다르다. 칸트에게는 신이 존재하지만 불교에서는 신도 영혼도 없다. 그런데 김진은 불교와 기독교의 근본적인 차이점을 간과했다. 불교에서 인간의 의식, 적어도 석가나 깨달은 자의 인식은 무한하며, 기독교에서처럼 신에게만 전지전능의 역할을 부여하지 않는다.

기독교에서 인간과 신의 차이가 불교에 있어서는 범부와 각자의 차이가 되는 것이다. 칸트의 요청은 유한한 인간이 그 한계 밖의 것을 모르기에 마치 존재하는 듯이 믿는다는 뜻이다. 그러나 불교에서 윤회나 니르바

---

73   한자경, 「불교의 자아간에 대한 기독교적 접근의 한계」, 310쪽.

나는 그 실상을 모르는 범부에게는 요청일 수 있지만, 깨달은 자에게는 아니다. 전생의 자신을 보는 것은 요청이 아니고 현생적 한계를 넘어선 직관이며, 행복한 니르바나 즉 불국토 역시 요청해야 할 바의 것이 아니라 깨달은 중생들이 무아적 삶을 통해 실현하고 현실화 해야 할 바의 것이다.[74]

김진은 불교의 윤회하는 주체를 기독교적 영혼불멸에, 불교의 열반을 기독교의 신에 대응시켰다. 칸트가 영혼불멸의 여부와 신의 존재 여부를 모르기 때문에 그것들을 단지 요청으로 설명할 수밖에 없었듯이, 김진은 참된 자아의 정체를 모르기 때문에 그것을 요청으로 설명한다는 것이다.

한자경의 이러한 세 관점은 서평의 제목에서도 드러나듯이 기독교적 세계관을 불교에 적용할 수 없다는 관점으로 모아지고 있다. 그러나 이런 결론을 김진이 받아들이기는 어려워보인다. 김진은 불교를 기독교로 설명하려는 것도 아니고, 더욱이 그 둘의 유사성을 주장하려는 것도 아니다. 비교철학에서 늘 발생하는 문제이긴 하지만, 체계의 상이성이 개념의 적용가능성을 불용하지는 않는다. 만일 이렇듯 엄격해야 한다면 동서의 비교는 물론, 같은 언어권 내의 다른 체계조차 비교가 불가능해진다. 따라서 비교철학은 기본적으로 '접고 들어가야 하는 점'이 있다. 포용적 이해가 필요한 것이 바로 비교철학이고, 그것이 곧 비교철학 이해의 가장 중요한 태도이기도 한 것이다. 김진이 불교와 기독교의 차이를 모

---

74 한자경, 「불교의 자아간에 대한 기독교적 접근의 한계」, 310쪽.

를 리는 없다. 김진은 불교자체의 모순적 논리를 목도했고 그것을 해결하기 위해 칸트의 요청개념을 또다시 요청했을 뿐이다.

한자경이 말하듯이, 김진이 석가를 범부의 수준으로 이해했다면,[75] 그는 불교에 대해 어떤 흥미도 갖지 못했을 지도 모른다. 김진은 마르크스주의적인 입장에서 요청이론을 해석하는 블로흐도 잘 알고 있으며, 그가 말하는 '무신론적 요청주의에 입각한 희망의 철학'[76]을 곳곳에서 설명한다. 블로흐는 칸트와는 달리 신 존재의 요청이 '하느님 없는 하느님의 왕국'Reich Gottes ohne Gott으로 대체되고 영혼의 불멸성 또한 '인간의 집단적 연대의식' 또는 '죽음이 들어설 자리가 없는 실존의 원핵'으로 설명되며, 따라서 블로흐의 희망철학은 '요청적 무신론'postulatorischer Atheismus으로 불린다는 것이다.[77] 내가 보기에는, 사실 블로흐가 요청하는 '신 없는 신의 나라'가 오히려 불교와 닮았다. 블로흐는 영혼의 불멸성도 불교처럼 인정하지 않을 뿐만 아니라, '집단적 연대의식'이라는 설명을 통해 그것이 전달 내지 계승되고 있음을 시사한다(불교의 상속이론을 생각해보자). 칸트에서 블로흐에 이르는 요청이론의 대가인 김진은 줄곧 칸트의 요청이론을 불교의 논리적 정합성을 위해서 원용하고 있지만, 내심 블로흐가 그리는 '극락세계'를 받아들이고 있지 않았을까 추측해본다. 블로흐 식의 설명방식이야말로 김진이 제3의 요청으로 제시한 '니르바나적 세계질서의 무한

---

75 한자경, 「불교의 자아간에 대한 기독교적 접근의 한계」, 311쪽.

76 김진, 『칸트와 불교』, 209쪽.

77 '요청적 무신론'의 개념은 R. Schaeffer에 의해 제시된다. 블로흐는 초기 저작인 『유토피아의 정신』에서는 영혼의 불멸성을 요청하고 있으나 『희망의 원리』에 이르러 이와 같이 바뀐다. 김진, 『칸트와 불교』, 218쪽, 및 219쪽 주 24).

확장 요청'과 상통하기 때문이다.

무아연기를 위해서 불교가 제시한 관념 가운데 가장 설득력 있게 받아들여진 것이 상속이론이었다. 윤호진, 정승석, 그리고 한자경에 이르기까지 문제의 해결을 위해 상속설이 줄기차게 강조된다. 그것은 찰나적인 것들의 무한한 연결을 설명함으로써 업의 상속이 가능하다는 이론이다. 한자경은 아래와 같은 도식으로 이를 명확하게 표현하고 있다.[78]

• **찰나적 존재: 유형1**

t1	t2	t3
x1의 생	x2의 생	x3의 생
x1의 멸	x2의 멸	x3의 멸

• **찰나적 존재: 유형2**

t1	t2	t3
x1의 생	x1의 멸: 업	
	x2의 생: 보	x2의 멸: 업
		x3의 생: 보

한자경에 따르면 불교가 말하는 찰나적 존재는 유형2에 해당한다. 그런데 김진은 유형1로 해석하기 때문에 상속론조차 실체론적 틀에 따라 읽고 있다는 것이다. 유형2를 좀 더 구체적으로 그려보자.

---

78 한자경, 「무아와 윤회 그리고 해탈」, 『오늘의 동양사상』 7, 2002, 21-2쪽.

· **찰나적 존재와 상속**

t1	t2	t3
x1의 생 ·····························x1의 멸: 업		
	x2의 생: 보 ·····························x2의 멸: 업	
		x3의 생: 보

이런 식으로 보았을 때 업보는 있지만 작자가 없다는 불교의 이론에 맞는다. t2의 찰나 속에 x1이 멸하고 x2가 생하는 것이지, x1이나 x2가 동시에 멸하고 생하는 것이 아니다. 상속은 x1과 x2로 자기동일성이 없어도 업과 보를 통해 이어진다. 따라서 업과 보는 이어지고 있지만 주체는 찰나 속에서 사라지고 있다 – 즉 주체는 없다. 한자경의 표현대로라면 '전생의 오온이 지은 업의 힘(업력)이 현생의 오온을 형성하는 것'이 불교의 무아윤회의 핵심이다.

> 무아윤회는 가능하다. 가아假我(오온)는 존재하고, 하나의 가아가 지은 업이 남긴 업력이 다음 가아를 형성하면, 그 가아들 간의 연속성을 윤회라고 하는 것이기 때문이다. 이처럼 윤회는 오온(가아)과 업만으로서도 충분히 설명될 수 있다. 무아윤회론은 바로 이 점을 밝히는 것이라고 본다.[79]

한자경은 이런 태도를 정승석에게까지 적용하고 있다. 정확하게 말하면, 정승석을 위한 서평(1999)이 김진을 위한 것(2001)보다 앞서고 있으니, 정승석에 대한 비판적 해석이 더 본래적이다. 한자경은 정승석의 무

---

79 한자경, 「무아와 윤회 그리고 해탈」, 23쪽.

아윤회의 관점을 받아들이면서도 그가 '무아론을 자성청정심自性淸淨心이나 일심一心까지도 부정해야 하는 것으로 보는 것'을 문제 삼는다. 재밌게도 그 둘의 입장 차이로부터, 불교에서 윤회가 본질적이지 않거나 시각의 차이에 따라 부정도 되고 긍정도 될 수 있음이 자연스럽게 드러나고 있다. 정승석에 대해 한자경은 다섯 질문을 하지만 중요한 것은 아래의 세 가지이다. 1999년으로 돌아가 보자.

첫째, 자기동일성 없이도 '업의 상속'으로 윤회가 이루어진다고 하지만, 그것은 '오온의 상속'과 같은 것이 아닌가? 물질적 집합인 오온이 파괴되더라도 연기에 의해 가아인 오온이 다시 형성된다면서 중유中有의 존재를 설정하지만, 그것과 오온과의 층차 구별이 되지 않는다는 것이다.

문제는 내가 죽어 나의 오온이 흩어져 버릴 경우, 그 오온이 남긴 업력은 과연 어디에 존속하는가이다. 사망해도 오온이 다 흩어지지는 않고 업력이 담긴 부분은 중유로 남아 있다가 그다음 생의 오온으로 이어지는가? 그렇다면 그것은 오온 자체가 상속한다는 말과 무엇이 다르겠는가? 아니면 오온은 멸하고 그 오온이 남긴 업 자체만이 그 자체의 힘으로 떠돌다가 또 다른 오온을 형성하는가? 남겨진 그 업력(종자)의 총체를 유식은 일체종자식 또는 아뢰야식(심)이라 부른다. 그러므로 유식에 있어 윤회란 곧 아뢰야식의 윤회, 심의 상속이 된다.[80]

---

80 한자경, 「믿음과 확실성」, 『철학연구』 46, 1999, 285쪽.

이어 좀 더 명확해지겠지만, 한자경은 줄곧 '마음'을 등장시켜 '심의 상속'의 의미를 부각시킨다. 논리적으로 보았을 때, 유식이 말하는 마음의 상속이나 종자의 윤회가 오히려 무아윤회의 문제를 해결해줄 것이라는 믿음이다.

정승석이 업의 상속을 주장하면서 오온이나 심을 말하지 않은 것은 아니다. 그러나 그는 '오온이나 심 자체가 상속한다는 의미가 아니라, 오온이나 심이 남기는 업력이 상속한다는 의미로 이해해야 한다'[81]고 분명히 함으로써, 오온이나 심의 불연속성을 언급한다. 만일 '오온을 상주·불변하는 본질적 자기로서 자아라고 집착하는 나는 오온에 따라 윤회'[82]할 수밖에 없어 해탈에 이르기 어렵다는 것이다. 그러나 한자경은, 살아있을 때는 나의 오온이 연기적 인과계열로서 이어지므로 업의 상속이 이루어지지만(현생에서의 오온의 상속), 죽어서는 나의 오온이 흩어져버려 업의 상속이 있을 데가 없어짐을 들어(내생에로의 오온의 불상속) 윤회의 일관성이 깨진다고 보는 것이다.

한자경의 이런 지적은 그가 유식학으로 돌아가고자 하는 숨은 의도가 있음을 쉽게 발견하게 해준다. 알라야식만이, 이른바 일심만이 상속의 일관성을 좋게 해준다는 주장이다. 그런데 정승석은 오히려 좀 더 철저해서 알라야식이나 유식도 무아의 진실을 드러내기 위한 '언어적 구상'이거나 '방편적 구상'일 뿐, 실체성을 띠지 않는다고 못 박는다. '알라야식은 찰나적으로 상속하는 습기일 뿐이므로 불변하거나 불멸하는 본체가

81　정승석, 『윤회의 자아와 무아』, 117쪽.

82　정승석, 『윤회의 자아와 무아』, 93쪽.

아니다.'[83] 따라서 찰나적인 의식의 연속적인 흐름을 가리키는 상속에 의한 윤회가 가능하다는 것이다. 심의 상속을 명백하게 생각하고 있는 한자경과는 자못 구별되는 이해방식이다.

한자경이 보기에는, 정승석이 실체성이 없다는 말을 반복하고 있긴 하지만 무엇인가 물질적인 것의 연속성을 전제하는 것 같아 불만족스러운 것이다. 아예 식만이 있다고 하면 송두리째 해결될 것을 말이다. 정승석의 입장에서는 업을 오온과 같은 물질의 총합으로 이해하는 한자경의 생각이 얼토당토않게 느껴질 수도 있겠다. 자이나교의 용어로 말하면, 정승석은 업을 정신적인 업bhāvakarma으로 이해하고 있는 반면, 한자경은 육체적인 업dravyakarma으로 이해하고 있는 것이다. 정승석의 업은 업을 만들어내는 의업意業에 가깝고, 한자경의 업은 그 업이 달라붙는 업신業身에 가깝다.

인도의 극단적인 유물론자들인 차르바카 학파는 이런 모든 것을 물질로 이해했기 때문에 윤회를 부정한다. 만일 한자경이 말하는 업이 육체적인 업에 국한된다면, 윤회는 자연스럽게 사라져버리고 단순한 물질의 순환만이 남게 될 수도 있다. 그런 점에서 오온의 상속이라는 것도 오늘날로 말하자면 원자의 집적과 해산이라는 물리주의적인 세계관으로 이해될 수 있고, 따라서 그것을 좌지우지하는 의지로서의 신 또는 현생과 내생을 연결하는 윤회의 주체는 존재하지 않게 된다. 한자경이 정승석의 '업의 상속'을 '오온의 상속'과 같은 것으로 보면, 그 개념의 틀이 유물론적

---

83   정승석, 『윤회의 자아와 무아』, 213쪽.

으로 변질되어 윤회가 고스란히 사라질 수 있음을 잊지 말아야 한다. 위에서 제시한 표현을 쓰자면, '현생에서의 오온의 상속'은 보장되어도 '내생에로의 오온의 상속'이 보장되지 않아 윤회설이 깨지게 된다(내생에로의 오온의 불상속론). 따라서 한자경의 기본구상은 '오온의 상속'이 아닌 '심의 상속' 쪽으로 크게 기울고 있는 것이다. 그때 윤회란 알라야식의 윤회, 곧 마음만의 윤회가 된다. 그러나 정승석의 기준에서는, 한자경이 알라야식이나 심을 개념적 방편으로 보지 않고 지나치게 실체화시키는 허물을 짓고 있는 것으로 보일 것이다. 물론, 한자경은 마음이 실체화될 수 없는 것이기에 이런 걱정이 필요 없다고 답하겠지만 말이다.

둘째, 무아윤회가 가능하다면 무아해탈도 가능한가? 윤회를 벗고 해탈하는 주체가 따로 있는 것이 아니라면, 오온이 흩어지는 죽음의 순간, 모든 것이 말 그대로 끝이 아니냐는 물음이다. 무아가 무화라면 해탈일 수 없으므로, 문제는 '무아와 윤회의 양립'이 아니라 '무아와 해탈의 양립'이라는 것이다. 한자경의 이러한 물음은 논리적이라기보다 종교적 감성에 호소하고 있지만, 실로 감동적이다.

윤호진의 경우는 라모트의 구별법인 '소멸 상태로서의 열반'과 '존재 상태로서의 열반'을 제시하면서, 초기 경전을 검토해 볼 때 때로는 소멸로, 때로는 존재로 설명되고 있지만, 어느 것도 붓다 자신이 하고자 한 진정한 정의가 아니었다고 한다.

그것은 오히려 그의 '응병여약식'應病與藥式(병에 따라 약을 주는 -인용자)이라는 설명방법과 관계되는 것이었다. 열반을 '소멸'처럼 생각하고 싶어

하는 사람들에게는 그들의 고정관념을 사라지게 하기 위해서 '존재하는 것'으로 설명하고, 그와 반대로 열반을 '존재하는 것'으로 생각하는 사람들에게는 동일한 목적에서 '소멸'과 같은 것으로 가르쳤던 것이다.[84]

그럼에도 윤호진은 '소멸상태로서의 열반은 가장 잘 알려진 정의이며, 열반이라는 말 자체가 소멸이라는 생각을 가지게 할 뿐만 아니라, 무아이론과 열반을 생각할 때에는 이 정의가 가장 합당한 것이다'[85]라거나, '무아이론과 상속이론을 인정한다면 논리상으로 열반은 소멸과 같은 것으로 생각되어야 한다'[86]고 주장한다. 『나선비구경』이 푸드갈라의 존재는 물리치면서 열반이 실제적이고 구체적으로 존재하는 어떤 것으로 여기는 것은 앞뒤가 맞지 않는다는 것이 그의 견해이다. 이런 경향은 정승석에게도 보인다.

원래 근본불교에는 무여의열반이라는 관념이 없었다고 한다. 열반은 현세에서 얻어지는 것이라고 생각하고 있었다는 것이다(나카무라 하지메-인용자-). 『상캬송』 제67송의 표현을 빌면, 신체를 지니고 살아가면서도 지혜의 증득에 의해 열반을 얻는다고 생각한 것이다. 이것은 후대의 불교가 말하는 '생존의 근원根元이 남아 있는 열반', 곧 유여의열반有餘依涅槃: sopadhiśeṣanirvāna이다. … 그래서 붓다의 죽음을 무여의열반無餘依涅槃: nirupadhiśeṣanirvāna에 들었다 하고, 그 이전의 붓다가 도달한 경지를 유여의열반이라 했다. 이런

---

84 윤호진, 『무아·윤회문제의 연구』, 125쪽.
85 윤호진, 『무아·윤회문제의 연구』, 123쪽.
86 윤호진, 『무아·윤회문제의 연구』, 278쪽.

구분은 해탈을 추구하는 일반 수행자에게도 적용된다. 『상캬송』에서는 세계의 전변轉變에 대해 완전한 지혜를 증득하면 해탈의 경지에서 존속하지만(제67송), 육신이 멸할 때서야 보다 완전한 해탈獨存[87]에 도달한다(제68송)고 생각한다. 그러나 후대의 불교에서 붓다의 죽음과는 무관하게 열반을 다양하게 구분하듯이, 다양한 인간이 고苦라는 현실을 염리厭離하면서도 살아 있는 존재로서 추구할 수밖에 없는 열반의 질을 구분하는 것은 합리적인 생각일 것이다.[88]

비록 『상캬송』과 불교를 비교하는 것이긴 하지만, 정승석은 그 둘의 공통점을 지적하고 있다. 『상캬송』이 이러한 불완전한 해탈을 상정하는 것은 신체가 존속하는 한은 업력도 존속한다고 생각했기 때문이라면서, 불교에서 번뇌漏가 남아있기 때문에 유여의열반이라고 설명하는 것과 유사한 관점이라고 주장한다. 이처럼 불교의 열반은 살아생전의 유여의열반에서 얻을 수 있는 경지를 가리키기도 하고, 죽어 육체를 버린 열반을 가리키기도 하는 것이다. 불교에서 열반은 소멸도 중요하다. 왜냐하면 육체가 주는 고통에서 벗어날 수 있을 뿐만 아니라, 무아의 각오覺悟를 통해 윤회에서도 벗어날 수 있기 때문이다.

그러나 한자경은 소멸상태로서의 열반은 해탈의 의미가 없다고 본다. 불교가 말한 해탈이 소멸 내지 무화, 다시 말해, 영혼도 남아있지 않은 완전한 유물론적인 죽음에 불과하다면 해탈을 바랄 것도, 애쓸 것도

---

87 '독존'(kaivalya)은 『상캬송』의 고유용어로 일반적인 개념으로는 해방이나 해탈을 뜻하는 'mokṣa'에 해당한다.

88 정승석, 『인도의 이원론과 불교』, 62-3쪽.

없으며, 그저 죽음을 기다리면 되는 것 아니냐는 지극히 실존적인 질문이다. 따라서 우리가 물어야 할 것은, 오히려 '무아와 해탈의 양립'이 되는 것이다.

이 주제는 정말 심각하게 고려해보아야 할 또 다른 철학적 명제이다. 김진 식이라면, 열반은 소멸되는 것이 아니라 '존재하는 상태로서의 열반'Nirvāṇa-Existence으로 요청되어야 불교의 실천체계가 존속될 수 있을지도 모른다. 이 문제에 봉착할 때 칸트 식의 요청은 정말 절실해 보인다. 실천적 수양을 위해서도 그 이념이나 목표는 필요하기 때문이다. 그러나 윤호진과 정승석이 보여주듯 많은 불교인은 그럼에도 불구하고 존재를 요청하기보다는 소멸을 접수하는 태도를 취했다. 한자경은 이 부분을 꼬집는다.

> 이처럼 무아윤회에 있어 윤회는 사후의 문제까지 포괄하는 것으로 보면서 해탈은 단지 현생적 삶의 태도의 문제로만 간주할 경우 이상한 문제가 발생하게 된다. 즉 오온으로 존재하면서 그 안에 상일주재의 자아가 존재한다고 믿고 살면 그 자아의식의 힘에 의해 오온이 윤회하게 되고, 즉 내생에 다시 태어나게 되고, 만일 그런 믿음 또는 그런 자아의식을 갖지 않으면 내생에 어딘가에 다시 태어남도 없고 그렇다고 태어나지 않고 열반에 이르는 것(소위 윤회를 벗어나는 해탈)도 없고 그저 그렇게 끝일 뿐이라면(3장), 정말 그런 것이라면, 자아의식이라는 것이 그렇게 죽음과 더불어 사멸할 것들을 죽지 않게 하여 존재를 재생시키고 상속시키는 마력적인 힘, 신적임 힘을 가진 것이란 말인가? 정말 그렇다면 인간의 위대함은 바로 그 자아의식에 놓여있는 것이 될 것이다. 실재 있지 않은 허구와 가

상을 창출해내는 힘, 그리하여 우리를 끝없이 살아 숨쉬게 하는 힘이 될 것이기 때문이다. 정말 그런 것이라면, 왜 우리가 우리를 무로부터 구원해줄 우리의 자기의식을 버려야 한단 말인가?[89]

한자경의 이 긴 주장은 한마디로 자아의식 때문에 윤회가 생긴다면 자아의식은 얼마나 위대하며, 그 덕분에 비록 윤회 속이지만 영생할 수 있지 않느냐는 다소 냉소적인 반문이다. 열반이 무화되는 것이라면, 차라리 무화되지 않는 윤회 속에서 사는 것이 낫지 않겠냐는 태도이다. '윤회의 고리를 벗어 자유를 경험하게 되는 어떤 절대의 경지가 아니라, 단지 이 세상 삶에 있어 무아를 깨달아 아집을 버리고 고통으로부터 자유로워지는 그런 달관의 경지'라면, '해탈을 죽음 이후의 일이 아닌 현생에서의 자기변신, 자기개조, 삶의 태도의 질적인 변화'에 불과하다면, '죽음은 윤회할 자기의식조차 없기에 그대로 무화될 수밖에 없는 그냥 모든 것의 끝'이 되고 만다는 것이다.

한자경의 이런 태도에 우리는 함께 죽음을 또다시 슬퍼해야 할지도 모른다. 그의 물음은, 열반이라더니 우리에게 가져다주는 것이 기껏 자아의식의 소멸과 죽음으로 오는 무화라니, 너무 허망하지 않느냐는 탄식에서 온다. 그러나 석존은 삶을 괴로움^{苦: duḥkha}으로 보고 그것의 제거에 모든 것을 걸고 있음을 잊어서는 안 된다. 죽음은 그것으로부터의 탈출이고, 탈출 그 자체로 해방이다. 살아서도 질적인 변화를 통해 괴로움에서 벗어나고, 죽어서는 육체로부터 해방되어 다시는 고통의 윤회에 떨어

89 한자경, 「맞음과 확실성」, 286쪽.

지지 않는다면, 이처럼 기쁜 일이 어디 있겠느냐고 생각하는 것이다. 괴로움은 자기집착 곧 아집에서 온다. 따라서 무아를 깨닫는 순간, 우리는 괴로움에서 해방되어 현세에서의 열반을 얻는다. 거꾸로 사람에게 죽음만큼 무서운 것은 없지만, 죽음이라는 것이 자기의식이 사라진 완전한 무화라는 것을 체득할 때 더 이상 괴롭지 않아 죽음과 더불어 열반에 든다. 나의 없음을 깨닫는 것은 이처럼 삶의 괴로움과 죽음의 두려움에서 벗어나는 길이다. 우리는 무아의 각성을 통해 생사의 고통과 외구畏懼를 물리치는 것이다.

정승석은 철저하게 무아론을 밀고 나갔다. 그러나 그의 태도는 한자경에게 다소 허무하게 느껴졌던 것 같다. 추측하자면, 한자경은 열반을 무화無化가 아니라 심화心化하고 있는 듯 보인다. 불교를 무의 나락으로 떨어뜨리지 않으려고 마음의 절대왕국으로 인도하고 있는 것이다.

철저한 무아론에 따르면, 존재로서의 열반이 없듯이 윤회의 존재라는 것도 있을 수 없다. 깨달음의 경지에서는 자아가 없기 때문에 윤회가 사라지고, 죽음의 결과로 보자면 열반과 동시에 윤회도 없어진다. 신도 없고, 영혼도 없고, 자아도 없다. 따라서 윤회도 없다. 윤회는 '실재 있지 않은 허구와 가상'일 뿐이다. 자아의식은 '사멸할 것들을 죽지 않게 하여 존재를 재생시키고 상속시키는 마력적인 힘, 신적인 힘'이었지만, 그것이 사라짐으로써 더 이상의 마술과 신화는 존재하지 못한다.

셋째, 해탈뿐 아니라 윤회 역시 사후의 문제가 아니라 현세적 삶의 태도에 관한 문제였다면, 불교는 처음부터 종교가 아니라 단지 집착제거의 윤리설 또는 고통극복의 심리설에 지나지 않는가? 만일 불교가 이와 같이 현세적 인간의 자기개조 또는 자기변신의 가르침일 뿐 사후세계를 논하는 것이 아니라면, 무아와 윤회의 양립이 문제로 성립하지 않았을 것이라는 질문이다. 그러나 정승석의 입장은 명확하다.

불교의 관점에서 보면 윤회는 사후세계의 문제가 아니다. 그것은 현세에서 살고 있는 인간의 자기 개조 또는 변신의 문제이다. 이 점에서 윤회는 막연히 기대해도 좋을 믿음의 대상이 아니라, 축소된 현실에서 인간이 직접 체험으로 실증하고 있는 사실이다.[90]

정승석은 사후세계의 문제는 불교 본연의 관심사가 아니라고 한다. 윤회는 내생을 위해 전제되는 것이 아니라 현생을 살고 있는 인간의 문제라는 것이다. 그러나 한자경은 어떻게 사후의 문제가 현존하는 인간의 욕구가 극복되면 저절로 해소되느냐고 반문한다. 종교성과 윤리성은 다른 차원의 것이고, 무명無明을 벗는 해탈이란 우리의 삶과 죽음 너머에 대한 지혜라는 것이다.

우리가 어디에서 와서 어디로 가는지, 신神이나 알 수 있을 것 같은 그 지혜를 증득했다고 하기에, 고통 속에서 그 지혜를 갈구하는 또 다른 많은 사람들이 불교에 매료되는 것이 아니겠는가?[91]

---

90 정승석, 『윤회의 자아와 무아』, 278쪽.
91 한자경, 「맞음과 확실성」, 287쪽.

정승석도 윤회를 사실로 받아들인다고 해서 손해 볼 일이 없을 것임이 확실하기 때문에 주저할 것 없이 믿는 것이 현명하다는 입장이라서, 한자경의 표현과는 달리 막상 둘의 생각은 비슷하다. 모두 종교적 차원을 긍정하는 것이다. 그러나 또한 차이는 명료해서, 정승석이 윤회를 '통속의 관념'으로 취급하는 데 반해, 한자경은 '경계 너머'의 어떤 증득의 실재를 긍정한다. 정승석이 세속의 차원에서 윤회를 말하는 데 반해, 한자경은 초월적 차원의 지혜를 인정한다는 점에서 둘의 입장은 갈리는 것이다. 정승석에게 윤회는 현실을 위한 방편설에 가깝고, 한자경에게 그것은 현실 너머에 있는 지혜의 사실로 받아들여진다.

윤회를 자기개조의 가능성을 자각시키기 위한 '세속의 통념'으로 여기는 것은, 그만큼 윤회가 불교의 중심이론이 아니라 세속을 위한 전도용임을 시인하는 것과 같다. 업의 전환을 통해 자기변화를 시도하라는 권고를 하기 위해 윤회설이 설시設施되었다는 말이다. 요청된 것은 자아설이 아니라, 천국과 지옥 그리고 인간세를 그리는 윤회설이었다. 도덕적 실천의 동기로, 행위 전환을 유도하는 목적으로 윤회가 그려내는 세계는 유효했다.

게다가 한자경이 원성을 터뜨렸지만, 불교를 '집착제거의 윤리설 또는 고통극복의 심리설'로 보는 것은 크게 무리가 없으리라고 보인다. 만일 여기에서 윤회설이 빠지면 더욱 완전한 윤리설이나 심리설이 된다. 불교의 윤리적 특색은 어떤 인도의 종교보다 강렬했다. 심리설도 고통극복이라는 목적이 있는 한 윤리설과 통한다. 불교의 무신론적인 성격이 이를 더욱 지지한다. 인간이 추출해낸 도덕률을 지고의 가치로 여기는 윤리성은 불교의 특징이다.

윤리설의 핵심은 행동의 책임성과 자아의 변혁성에 있다. 행동은 사회적 행위이기 때문에 그것의 책임을 집단이나 조직 속에서 물으며, 자아는 개인적 판단의 중심에 있기 때문에 그것의 변혁이 무엇보다도 요구된다. 서구의 윤리설이 사회적 책임을 강조하는 정의론이었다면, 동양의 윤리설은 개인적 변혁에 주목하는 수양론 또는 공부론이었다. 불교는 이 둘을 만족시킨다. 개인의 소승적 변혁을 통해 사회의 대승적 책임을 이루고자 한다. 학습과 수행을 통한 인간과 세계에 대한 인식은 곧이어 사회를 현실적으로 개선하거나 구제하는 결과를 낳는다. 구체적으로 말해, 자아의 변혁은 무아에 대한 자각으로 주어졌으며, 사회적 책임은 업 또는 공업共業의 과보로 드러냈다. 연기설은 무아와 업의 제일원리 역할을 한다. 여기에 결정론적 윤회설이 낄 자리는 없다. 윤회가 들어오면, 윤리적이었던 불교가 갑작스레 신학적으로 바뀌면서, '신이나 알 수 있을 것' 같은 그 '너머'의 이야기가 침입하게 된다. 석존에, 그의 지혜에, 그 지혜로 이루어진 이성적 종교에 힌두교의, 브라만의, 『베다』와 『우파니샤드』라는 감성적 조건이 끼어들게 되는 것이다.

한자경이 말한 바의 우리가 매료되었던 불교의 중핵은, 신화의 홍수 속에서 신상이 넘쳐나는 힌두교의 윤회가 아니라, 그런 것을 거부하고 나와 사물을 흐름으로 보는 연기였다. 한자경의 글에서도 윤회설이 연기설로 대치되고 있거나, 대치될 수 있는 경우를 종종 볼 수 있다. 윤회설을 추상화시킬 때 등장하는 것이 연기설이다.

자기동일적 핵이 존재해야만 한다고 주장하는 것이 실체론이라면, 그런 실체 없이도, 아니 오히려 실체가 없어야 그런 관계가 성립한다는 것

(공이어야지 연기가 성립한다는 것), 나아가 우리가 근원적 실체라고 생각하는 것조차도 실은 그런 관계 안에서 성립된 것에 지나지 않는다는 것(아도 공이고, 법도 공이라는 것)을 논하는 것이 바로 불교의 연기론이다.[92]

그런 점에서 한자경이 말하는 '무아윤회'는 '무아연기'로 바뀌어도 무방하다. 정승석은 해탈을 현생에서 자족적으로 이해한다는 점에서 윤회를 신앙을 위한 세속적 관념으로 보았고, 윤호진은 무아와 윤회가 모순되는 것을 철저하게 지적함으로써 윤회설의 불교에서의 지위를 흔들었다. 그런데 무아윤회라는 대립항이 아닌, 무아연기라는 지지항을 앞장세운다면, 셋의 문제는 의외로 쉽게 풀릴지도 모른다. 셋의 견해는 모두 의심 없이 연기라는 대전제를 입론의 중심에 세우고 있다. 불교사의 어느 부분에서도 윤회는 떠나야 할 것, 버려야 할 것으로 해탈의 반대쪽에 자리 잡고 있다. 열반은 윤회의 방기를 필수조건으로 한다.

한자경의 정승석에 대한 질문은, 학리적이라기보다는 실천적인데 치중을 했다. 석가의 증득證得, 무화의 허무, 소멸되는 열반, 윤회하지 않고 정말 죽음, 죽음 앞에서의 절망과 고통, 진정 고통인 것이 삶이 아니고 죽음이라는 것, 경계 너머 등의 관념이 한자경의 질문의 모태가 되고 있다. 불교를 '생전이나 사후문제가 아닌 현세적 삶에 관한 윤리적 차원의 논의로 국한'(제4질문)[93]하거나 '석가가 지혜와 선정으로써 윤회를 벗어 해탈에 이를 것을 권고하는 것을 폄하하는 것'(제5질문)[94]은 온당치 못하다는

---

92 한자경, 「무아와 윤회 그리고 해탈」, 19-20쪽.
93 한자경, 「맞음과 확실성」, 287쪽.

견해이다. 정승석처럼 본다면, 죽으면 그로써 끝이라는 것을 알뿐 죽음의 고통은 해결되지 못하고, 해탈을 지향하는 철학적 성향은 소극적이고 이기적인 삶의 태도에 불과해서 선행으로 행복을 지향하는 윤리적 태도보다 못한 것이 되고 말 것이라고 우려한다.

나는 무아론이 불성 또는 일심 사상과 서로 모순적이라고 생각하지 않으며, 정승석 교수와 같은 무아론적 관점에서 해탈을 실존적 자기 변혁만으로 해석할 경우 석가의 깨달음, 불교의 깨달음의 깊이가 다 드러날 수 없다고 생각한다.[95]

한자경은 일심의 인정이 무아의 부정이 아니라는 사고 아래, 자성청정심이나 일심의 깨달음은 곧 공의 깨달음이며, 무아의 깨달음이라고 생각한다. 따라서 불성 사상과 무아론의 양립이 성립되기 위해서는 '불성이나 일심이 왜 자아라고 불릴 수 없는지, 불교의 무아론에서 일심이 브라만교의 아트만(자아)과 어떻게 다른지 밝혀져야 한다'고 말한다.

사실 정승석이 무아론을 자성청정심이나 일심까지도 부정하는 것으로 보았다는 한자경의 이해는 논지를 정확히 드러내려는 것이긴 하지만, 그다지 옳아보이지는 않는다.

정승석은 '자성청정심이 곧 원시 불교에서 진불眞佛인 〈나〉aham의 당체當體일 수밖에 없다고 결론적으로 주장함으로써 비아와 무아의 문제

---

94 한자경, 「맞음과 확실성」, 288쪽.
95 한자경, 「무아와 윤회 그리고 해탈」, 24쪽.

를 하급차원으로 격하'[96]시켜 버렸고, '진아론의 견해가 진불眞佛이라는 관념을 부각시켜 오히려 비아론자의 주장을 정당화해 준 데에 불과'[97]하다고 분명히 지적한다.

이러한 관점이 타당함을 불성과 여래장이라는 대승불교의 관념을 통해 입증해 가면서, 끝으로 인도의 정통 사상과의 연관에 대해서는 원시불교 그 자체가 고래로부터 바라문 사상의 배경 아래 성립했음을 인정하면서, '바라문의 아트만 사상이 범아로서 먼저 범梵에 비중을 둔 데 대해 불교에서는 진불인 아我에 중점을 둔다'고 양자를 차별한다.[98]

내가 줄곧 비판하고 있는, 바라문 사상의 연관 아래 불교를 바라보는 이러한 태도를 그도 못마땅해 한다. 범아일체론에서 범이 아닌 아를 강조했다는 주장은 고양이가 쥐 생각해주는 관점으로 비쳐진다. 아가 진불을 뜻하는 한, 내용상으로는 곧장 범이 되어버려, 불교와 힌두교의 차이가 사라지고 말기 때문이다. 정승석이 주의하는 것도 이러한 무아설의 변형이나 왜곡이다. 그러나 아가 실체성이 없는 것임을 분명히 한다면, 일심이나 자성청정심까지는 아닐지라도 불성론은 수용할 수 있는 것이다.

불교가 아我를 상정하고 있는 듯한 개념으로 표현될 수 있다. 예를 들

---

96   정승석, 『윤회의 자아와 무아』, 35쪽.
97   정승석, 『윤회의 자아와 무아』, 36쪽.
98   정승석, 『윤회의 자아와 무아』, 35-6쪽.

어 '진정한 자아', 진불, 불성 등이다. 그러나 이는 결코 형이상학적 실체의 개념은 아니다. 왜냐하면 이것의 의미는 석가모니의 자각 체험의 내용에서 파악될 것인데, 그 내용은 결국 연기와 중도로 귀결될 것이기 때문이다.

결국 『무아상경』無我相經의 비아非我 표현을 형이상학적 실체로서의 아를 긍정적으로 승인하고 있는 것으로 해석할 수는 없다. 혹자는 그런 아의 부정이 인간의 주관적 주체성을 부정하는 것으로 연결되지 않느냐고 반문할지 모른다. 그러나 이런 반문은 근거 없는 비약이다. 이미 언급했듯이 『무아상경』은 소아小我의 삶이 주체적 삶을 영위하는 인간의 보편적인 심정이고 생존의 모습임을 인정하고 있기 때문이다. 우리는 소아적으로 살면서 주체적으로 대아를 추구하고 있다. 이는 각성의 문제이며, 석가모니의 교설은 이런 각성을 우선적으로 촉구한다.[99]

그럼에도 불구하고 정승석과 한자경 사이에서 벌어지고 있는 관점의 분명한 차이는 바로 마음에 대한 이해에서 벌어지고 있다. 정승석은 유식의 마음이 유아설로 오해될 수 있다고 보는 반면, 한자경은 그것이야말로 무아론의 완성이라고 여기기 때문이다.

 － 정승석: 유식설의 기본 명제인 소위 '유식무경'唯識無境은 '존재하는 것은 식識의 현상일 뿐이고 이 밖에 식과는 별개로서 존재하는 대상은 없다'라는 취지를 표방한다. 이 같은 주장은 대상의 실체성을 부

---

99   정승석, 『윤회의 자아와 무아』, 58쪽.

정한다는 점에서 무상과 무아라는 불교의 기본 입장에서 벗어나지는 않는다. 그러나 그 주장은 존재의 근거로서 인정되는 식이 유아론자가 내세우는 아에 상당할 것이라는 오해를 낳기 쉽다./ 유식학에서 고찰하는 여러 식들 중에서도 특히 근본식根本識으로 불리기도 하는 알라야식ālaya-vijñāna, 藏識, 宅識은 그 오해의 정점에 있다. 예를 들면 소위 여래장如來藏 사상을 형성한 여래장이라는 개념은 힌두 사상의 아트만我과 다를 바 없는 것처럼 보이기도 한다.[100]

- **한자경**: 불교의 무아론에 따르면 업력에 의해 형성되는 오온의 현상 세계는 모두가 가假일 뿐이며, 가 너머에는 실아實我(자아)도 실법實法(세계)도 없기에 아공我空 법공法空일 뿐이다.(…)그런데 중요한 것은 불교에 있어서 일체를 포괄하는 그 공은 단순한 빈 허공, 무無의 빈 공간이 아니라 바로 유정의 마음이라는 것이다. 일체를 포괄하는 단 하나의 존재 사실로서의 그 공이 성자신해性自神解를 가지고 허령불매虛靈不昧하기에 심心이라고 하며, 그것이 일체를 포괄하는 단 하나의 것이기에, 따라서 각각의 유정에 있어 모두 같은 마음이기에 일심一心이라고 하는 것이다. 아와 법이 연기에 의해 성립하는 가假라는 것을 아는 것이 곧 공의 깨달음이며, 그 공의 깨달음이 곧 일심의 자각이고 또 스스로 일심이 되는 해탈을 의미할 것이다.[101]

정승석과 한자경의 이러한 유식에 대한 접근태도와 결론이 그들 사유의 차이를 낳고 있음을 잘 알 수 있다. 유식의 알라야식이나 그 속에 용

---

100 정승석, 『윤회의 자아와 무아』, 182-3쪽.
101 한자경, 「무아와 윤회 그리고 해탈」, 25쪽.

해된 여래장 사상에 대한 성격판단 문제는 여기서 다루지는 못하지만, 이후의 연구에서 반드시 지적되어야 할 부분이다. 그것은 자성과 무자성의 개념의 혼효混淆 문제에서 시작하여 불교의 실체관에 대한 전반적인 탐구를 요구한다. 불교의 공이 무 또는 허무가 아니고, 실체성과 언어의 한계를 해석해주기 위한 개념이었음을 분명히 하는 것이기도 하다. 그것을 '마음'이라고 할지, 아니면 '마음 없음'이라고 할지 우리는 기로에 서 있다. 이번 논쟁에서 윤호진과 정승석은 무심無心 쪽으로, 한자경은 일심一心 쪽으로 방향타를 설정하고 있다는 느낌을 지울 수 없다.[102] 용수가 볼 때는 '유심이 곧 무심이요, 무심이 곧 유심이다'唯心則無心, 無心則唯心라고 할 테

---

102 일찍이 한자경에 대해 써놓은 글을 덧붙임으로써 나의 방향을 조심스럽게 고백해본다. - 한자경의 공성은 마음이고 눈으로, 형이상학이다. 그러나 나의 공성은 형이상학을 버린, 세계 그 자체이다. 세계를 인식하는 그 의식의 절대성을 버린다고 해서 우리가 곧 상대적으로 나가거나, 그 상대성에 겁먹어 신이나 그 반대에 있는 물질을 객관화시키고 그것에 절대권력을 줄 것이라는 우려는 기우이다. 세계는 그저 그렇게 존재할 뿐이지, 우리가 상대화하거나 객관화한다고 해서 우왕좌왕할 물건이 아니다. 그 세계의 발견이 곧 선학의 요체이다. 한자경은 실로 절대적 관념론자로 꽃 피고 새 우는 사물(사건과 물건) 그 자체를 떠나있다. 그런 점에서 그녀가 유식론자임은 분명하며 그 속에서 원융구족하다. 그러나 불교, 특히 선학이 바라는 것은 그것과는 다른 것이다. '말로써 말 낳으니 말 말을까 하노라.' 이것이 선학이다. 한자경의 우려처럼, '공공'(空空)은 '공성도 비었다'면서 아무 것도 없이 상대화(정확히는 허무화)시키는 것이 결코 아니다. 공공이란 '공성이란 말을 떠나라'는 뜻에서 공을 비우라는 것이다. 언어화나 관념화에서 자유로워지라는 것이다. 관념과 언어를 객관화하거나 실체화하라는 것이 아니라 그것을 버림으로써 그것이 주름잡지 못하는 실재의 세계를 바라보라는 것이다. 바람이 불면 부는 것이지, 그것을 좋은 바람 나쁜 바람, 더 나아가 더운 바람 추운 바람으로 나누지 말라는 것이다. 그런 점에서 나는 형이상학자는 아니다. 나는 수많은 자연의 의미 가운데 가장 원초적이고 시원에 가까운 자연주의자이다. 동양식의 낭만주의자도 아니며, 서구식의 동물주의자는 더욱 아니다. 내가 바라보는 자연은 완전함에 가까운 자연이다. 그러나 그 완전함이 절대성을 지니지는 않는다. 절대화된 자연은 전체주의화한다. 반대로 상대화된 자연은 허무주의화한다. 나의 자연은 그저 그렇다. 언어와 관념을 떠난 실물로서의 자연이다. 그 속에 절대와 상대가 낄 자리는 없다. 그것이 여여(如如)이고, 진여(眞如)이고, 진상(眞相)이다. 나의 깨달음 공부는 거기서 비롯된다.

지만, 그의 주된 관심은 공과 색의 문제(실체문제)로 유무의 문제(주체문제 또는 존재문제)[103]를 구체화시키지는 않았다는 점에서 앞으로의 토의는 적실하며 개방되어 있다. 중론은 유식의 비판도구로서 애용되고, 유식은 이런 과정을 통해 중관 사상을 수용한다. 이것이 우리가 잘 알고 있는 불교의 역사이다. 윤회개념은 이러한 장래의 좋은 토론을 위해서도 오히려 방해꾼으로 작용하지 않을까 걱정스럽다. 윤회가 상위개념인 연기로 통합되는 것이 무아론 이해뿐만 아니라 유심론 해석을 위한 진일보된 접근방법으로 보인다. 김진이 '불교에서 무아설과 윤회설의 철학적 근거는 바로 이 연기설에 있다'면서, '연기적 무아설'은 형이상학적 실체를 부정하지만 '연기적 윤회설'은 그것의 존재를 이미 전제한다[104]는 통찰과도 통한다. 비록 그는 나와 다르게 윤회를 버리지 않고 오히려 무아를 버렸지만, 모순의 인식은 공감할 수밖에 없다. 그들의 훌륭한 논쟁 속에서 내가 부탁하고 싶은 것은 단 하나, 무아와 윤회를 양립시키기보다는 무아와 연기를 합일시키고 과감하게 윤회를 버려달라는 것이다. 설령 방기나 퇴출은 여러 가지 이유에서 어렵더라도 여러 학자들이 줄곧 지적하듯이 윤회가 바라문교의 사상을 확대재생산하거나 유신론적인 업의 숙명론으로 자리

---

103 세계의 실재성 문제, 세계의 무한성 문제, 그리고 보편성 문제. 한자경이 제기한 문제로 한정 짓는다면, '인간 그 자체가 바로 일심'이라는 주장은 세계의 실재성 문제에, '일심이라 불리는 일원론적 절대적 무한'의 긍정은 세계의 무한성 문제에, '일심은 개체적 유정이면서도 그를 초월한 보편적 마음'이라는 태도는 보편성 문제에 해당된다. 한자경, 「무아와 윤회 그리고 해탈」, 26-7쪽.

104 김진, 「한국불교의 무아윤회 논쟁」, 42쪽. "선 수행의 궁극적 목표로 설정된 무아에의 깨달음은, 무아를 추구하는 자아를 상정하는 사실에서 무아설을 위협한다." 반대로, 한자경은 "궁극적 주체는 일심일 뿐, 자아라고 말하지 않는다"고 한다. 한자경, 「무아와 윤회 그리고 해탈」, 27쪽. 그런 점에서 토론은 끝나지 않았다.

매김하거나 엄격한 결정론의 관점에서 윤리적 결단을 배제하는 데 기여하는 것은 불교의 이름으로 분명히 거부되어야 한다. 내가 거듭 강조하듯, 윤회설이 성립하는 곳에 평등론이 자리 잡을 곳은 없다.

5. 최인숙

최인숙은 제목에서 '김진 교수와 한자경 교수 사이의 논쟁에 대한 한 입장'이라는 부제를 달고 있긴 하지만, 스스로도 마치는 말에서 밝히듯이 한자경의 입장에 동조하게 되었기 때문에, 직접적으로 둘의 논쟁에 직접 끼어들진 않았다. 이어 말할 조성택과 같이, 김진에 대한 논평으로 자기 의사를 표현하고 한자경에 대해서는 별다른 의견을 내지 않았기 때문에, 둘 다 비교적 짧게 정리될 수 있다.

최인숙의 김진에 대한 입장은 한마디로 불교의 관점에서는 처음부터 인간에게는 불성이 갖추어져 있기에 그 불성을 '요청할' 필요가 없다[105]는 것이다. 스스로 갖추어진 것을 자각하고 명경지수明鏡止水처럼 깨끗이 들여다보면 된다는 것이다. 최인숙은 '무아설(실체적 자아 부정)과 윤회설(실체적 자아 부정)'만이 아니라, '무아설와 해탈설' 간에도 모순이 없다고 주장한다.[106]

최인숙은 '칸트에서 인간의 존엄성은 영혼불멸과 신의 존재를 요청

---

105 최인숙, 「무아-윤회 양립설에 대한 해석」, 『오늘의 동양사상』 8, 2003, 146쪽.
106 최인숙, 「무아-윤회 양립설에 대한 해석」, 144쪽.

340
윤회와 반윤회

한 바탕 위에서 절대적 이성의 자유법칙에 따르는 도덕원리에 근거하지만, 붓다에서 인간의 존엄성은 현재의 나의 존재는 연기의 존재로서 무아인데, 이 무아의 존재가 동시에 불성을 지닌 존재라는 것을 자각하여 모든 존재들을 나와 차별 없이 대하는 데에 있다'[107]고 그 둘의 차이를 명확히 구분 짓고 있다. 신을 요청할 수밖에 없는 칸트철학과 단지 불성의 자각만이 필요한 불교는 다르다는 것이다. 나아가 나의 불성을 깨닫는 것으로 시작하여 모든 존재를 불성을 지닌 존재로 대하면, 차별이 없는 일심의 경지에 이를 것이라고 주장한다. 김종욱이 '칸트적인 이원성의 시각에서 비이원성의 구조를 가진 불교를 해석하는 것이 적절하지 않다'면서, 따라서 자아의 통일성을 '요청'할 필요가 없다는 주장과도 같다.[108]

최인숙의 주장에서도 사실 윤회와 연기는 반대명제('윤회한다'와 '연기한다')로 성립한다. 결국 중요한 것은 윤회가 아니라 연기임을 정확하게 지적하고 있다.

붓다의 근본 이론은 연기론이다. 자아는 단지 오온의 인연, 연기에 의한 것이며, 이것은 불교의 초기 경전에 따라 수레나 등불에 비유할 수 있다. 수레를 이루고 있는 재목들이 흩어지면 수레도 없고, 등불을 성립시키는 심지와 기름이 다하면 등불이 없어지는 것처럼, 현재의 자아를 이루고 있는 신체의 수명이 다하면 신체도 정신도 없어지는 것이다. 현상의

---

107 최인숙, 「무아-윤회 양립설에 대한 해석」, 145쪽.
108 김종욱, 「이원성과 비이원성의 구조에서 본 자아의 문제」, 『오늘의 동양사상』 8, 2003, 148-61쪽. 김진, 「한국불교의 무아윤회 논쟁」, 44쪽.

자아는 여러 가지 요소가 쌓여 일시적으로 하나의 모임蘊을 이루고 있을 뿐, 지속적으로 동일한 본질을 이루고 있는 실체적 자아가 아니다.[109]

연기론과 무아론이 필연적인 관계를 맺고 있다는 주장이다. 이런 입장은 사실상 연기론을 윤회론과 같은 맥락에서 다루는 김진 말고는 모두 동의하는 것이고, 무아의 이론적 근거로 연기를 제시하는 것은 매우 일반적이다. 그러나 김진은 무아를 제외하고는 연기, 윤회, 나아가 해탈설까지도 동일 층차에서 다루기 때문에, 문제가 발생하는 것이다. 최인숙은 윤회와 해탈의 층위를 확연하게 구별한다.

윤회는 현상적 자아에 관계한다면, 해탈은 오히려 현상적 자아를 뛰어넘음으로써만 가능하다. 그리고 더 이상 윤회하지 않는 상태로 되는 것이 해탈이다. 그러므로 필자는 윤회의 자아와 해탈의 자아는 서로 어떻게 구별되며, 또한 어떠한 관계에 있나를 물어야 한다고 본다.[110]

여기에 더 중요한 논쟁거리가 있다. 최인숙은 한자경도 이렇게 생각하고 있다고 주해에서 밝히고 있지만,[111] 이에 대한 심각한 토론은 진척되지 않았다. 위에서 이미 다루었지만, 한자경은 정승석에게 '무아와 윤회의 양립'이 문제가 아니라 오히려 '무아와 해탈의 양립'이 문제라고 한

---

109 최인숙, 「무아-윤회 양립설에 대한 해석」, 136쪽.
110 최인숙, 「무아-윤회 양립설에 대한 해석」, 138쪽.
111 최인숙, 「무아-윤회 양립설에 대한 해석」, 138쪽, 주 3).

바 있다.[112] 한자경은 해탈이 오온으로서의 자아의 소멸이라면 정말로 아무 것도 남게 되지 않는데, 그런 해탈은 너무 허무하지 않느냐는 입장에서 정승석에게 무아해탈의 의미에 대해 물었다. 비록 최인숙은 한자경과 같이 그 물음에 동참하긴 했지만, 최인숙은 '업과 보는 있으나 업을 지은 자는 없다'는 이유에서 무아와 윤회, 무아와 해탈이 모두 양립될 수 있다고 보고 있는 것이다.

6. 조성택

조성택의 글은 비록 무아와 윤회의 논쟁의 일환으로 쓰이긴 했지만, 초기 불교의 무아설을 체계적으로 정리한 거의 완전한 논문이다. 무아론을 연구하는 학자의 일독을 필히 권한다. 나카무라 하지메 이래로 일본에서 벌어진 '과도한 해석'에 따른 무아와 비아 논쟁의 불완전성[113]을 비롯하여, 윤회의 이론이 불교 밖의 이론이긴 하지만 그렇다고 해서 나중에 '도입'(윤호진, 1992)된 것이 아니라 무아설과 함께 공존했으며 붓다에 의해 선택적으로 수용되었다[114]는 주장 등은 앞으로도 많은 토의를 기다리고 있다.

---

112 한자경, 「맞음과 확실성」, 288쪽.

113 조성택, 「불교의 이론과 실천 수행 – 초기 불교의 무아설을 중심으로」, 『오늘의 동양사상』 8, 2003, 176쪽과 188쪽, 주 24). 그는 일본학자들의 과도한 철학적 해석의 이유가 대승불교를 초기 불교의 연속적 흐름으로 파악하려는 것이며, 따라서 여래장이나 선불교 전통에서의 무아 해석을 염두에 있는 것으로 보인다고 한다. 일본학자들이 답습한 19세기 말 유럽의 종교에 대한 역사주의적 관점이 불교사를 오히려 왜곡시켜왔음을 잘 보여주고 있다는 것이다.

114 조성택, 「불교의 이론과 실천 수행」, 186-7쪽, 주 3).

조성택은 그의 글의 제목에서 등장하는 '실천 수행'이라는 제목에서 알 수 있듯이, 기본적으로 무아와 윤회의 관계는 철학적으로 논증될 성질의 것이 아니라고 단언한다.

불교의 교리는, 특히 초기 불교의 교리들은 단지 이성적 사유의 산물이라기보다는 선정과 삼매라는 인도 고유의 명상 테크닉에 의한 초월적 경험의 산물이다. [115]

따라서 요청되어야 할 것은, 김진이 말하는 진아가 아니라 오히려 무아라고 말한다. 왜냐하면 무아의 진정한 의미는 오로지 깨달음의 경지에서만 경험될 수 있기 때문이다. 최인숙은 불성을 갖추었다는 이유에서 요청 자체가 불필요하다 했고, 김호성은 '무아설과 윤회설의 공존을 위해서 어떤 것이 요청되어야 한다면, 그것은 무아설과 배치되는 어떤 자아를 설정하는 것보다는 윤회사실 자체의 요청이 필요할 것'[116]이라 했는데, 조성택은 실천적 수행으로 얻어지는 무아 경험이야말로 논증되지 않으므로 요청된다고 하는 것이다.

조성택이 본 불교의 무아설은 두 종류이다.

첫째, 유신견有身見에 대한 정견으로서 무아설에는, 영속적이고 불변하

---

115 조성택, 「불교의 이론과 실천 수행」, 165쪽.

116 김호성, 김진의 「서구적 불교해석의 유용성에 대하여」에 대한 논평, 제17회 한국철학자대회, 대전: 한남대, 2004.10.29-30. 김진, 「한국불교의 무아윤회 논쟁」, 53쪽.

는 형이상학적인 '나'가 없다는 것이다. 이 무아는 유신견이라는 번뇌가 제거되는 견도見道의 단계에서 일단 이해될 수 있다.[117]

쉽게 말하자면, 영혼이 불멸한다고 하면 유신견이고, 사후 영혼은 없다고 하면 정견正見이 된다. 당시 대다수의 종교들은 영혼의 불멸을 믿었다. 요즘 식으로 말하자면, 유물론자들은 영혼의 존재를 믿지 않는다. 따라서 '유신견과 무아는 단순한 세계관의 차이이다.'[118]

둘째, 경험의 밖에 따로 '나'가 없다는 것, 즉 경험 그 자체가 우리의 존재일 뿐 '경험하는' 주체가 따로 있을 수는 없다는 것이다. 그럼에도 불구하고 '경험의 주체가 따로 있다'고 하는 것은 아만我慢이라고 하는 관념일 뿐으로, 이 아만은 깨달음의 단계에서 비로소 제거될 수 있다.[119]

줄이자면, 경험의 주체라든가, 변화 속에서도 찾을 수 있는 자기동일성은 실재가 아니라 단지 관념일 뿐이라는 것이다. 우리는 물질적 혼성물인 오온으로 이루어졌지만, 그것은 스스로 통제하거나 주재하지 못한다. 오늘날의 표현으로는, 우리는 나라는 총체가 아니라 원자라는 부분으로 이루어졌기 때문에 내가 없다는 것이며, 동시에 내가 원자를 주체적으로 어쩌지 못하기 때문에 나는 없다는 것이다. 조성택에 따르면, 이

---

117 조성택, 「불교의 이론과 실천 수행」, 182쪽.
118 조성택, 「불교의 이론과 실천 수행」, 171쪽.
119 조성택, 「불교의 이론과 실천 수행」, 182쪽.

는 일종의 해체전략으로, '우선 인간을 오온, 십이처, 십팔계 등으로 해체
해서 어느 한 요소나 경험도 단독으로 존재하지 않는다는 점을 보여줌으
로써 일차적으로 무아를 논증한 뒤, 다시 존재를 구성하는 그 각각의 요
소는 스스로를 통제하거나 주재할 수 없다는 점을 통해 무아를 재확인하
는 것'[120]이라고 한다.

　　결국 자기동일성이란 존재하지 않는다. 자아란 관념의 구성물일 뿐
이며, 불교식으로 말해 속제의 의미에서만 가능할 뿐, 진제의 의미에서는
불가능하다. 속제에서 말하는 바로 이 자기동일성attabhāva이 바로 관념적
구성물에 지나지 않는다고 보는 것이 무아설의 요체라는 것이다.

　　조성택은 이러한 논거를 바탕으로 '십이연기설은 무아설을 논증하
는 이론이 아니라 무아설을 전제로 하여 경험의 연속성을 설명한 것으로,
무아설의 한 적용 내지 보충 설명이라고 봐야 할 것'[121]이라고 설명한다.
그러나 불교경전에서 마치 십이연기가 무아설을 논증하는 것처럼 기술
하고 있는 이유는 '초기 불교의 전통에서는 십이연기가 바로 붓다의 깨달
음의 내용이라고 보고 있기 때문'[122]이라는 것이다. 따라서 십이연기의
깨달음으로부터 무아설을 발전시켜 갔다고 이해하거나, 십이연기가 무
아를 논증한다고 보아도 괜찮아졌다고 한다.

　　그러나 조성택이 걱정하는 것은 경험과 이론, 불교와 불교학, 깨달
은 자와 그렇지 못한 자의 근본적인 차이이다. 불교가 깨달음을 언어화

---

120 조성택, 「불교의 이론과 실천 수행」, 177쪽.
121 조성택, 「불교의 이론과 실천 수행」, 184쪽.
122 조성택, 「불교의 이론과 실천 수행」, 184쪽.

하고 이론화한 것이라면 결국 중요한 것은 깨달음이지 논리일 수 없기 때문이다. 따라서 첫 번째의 무아설은 단순한 세계관의 차이이지만, 두 번째 무아설은 '나'가 관념에 불과하다는 것을 깨달음의 경험을 통해서만이 확인되므로, 논증될 수 있는 성질의 것이 아니며, 결국 요청될 것은 '진아'가 아니라 '무아'라는 것이다.

7. 가명으로서의 윤회

불교에서 '가명'假名: prajñapti이란 진술이나 지시와 같이 언어로 표현된 것을 가리킨다. 한마디로 '이름뿐'임을 뜻한다. 가립假立, 건립建立, 가설假設 등으로 번역되기도 한다. 이름뿐이니만큼 그것은 임시로 시설한 약속에 불과하다. 이를테면, '가유'假有: prajñapti-sat는 '이름뿐의 존재'를 가리키는 것으로, 서양의 유명唯名론과 유사하다. '가아'假我 또는 '아상'我想, 我相이라는 표현도 '임시의 나', 오온화합으로 이루어진 이것을 억지로 이름붙인 나를 가리킨다.

윤회에서 물질적 결합물인 오온이 주체가 된다면, 그 속에서 윤회하는 자아란 이름만으로 남는다. 이름만이기에 거짓이라고 말하는 것이다. 그것이 가짜임을 알면 우리는 그것에서 벗어난다.

불교는 언어적 한계로부터의 초극을 석가 시대부터 주창해오고 있었다. '무기'無記: avyākṛta라는 말 없음, 말 못함, 이것도 저것도 아님, 탈언어적 교통을 말했다. 반대로 '방편'方便: upāya은 그래도 말해봄을 가리키는 것으로, 이를 위해 전통적 개념의 원용이나 비유가 이루어짐을 뜻한다.

무기는 말없음으로 말하는 것이고, 방편은 말함으로써 말하는 것이지만, 둘 다 말이 전부가 아니라는 인식이라는 점에서 상통한다. 모두 깨달음으로 가는 길이지만, 하나는 말 없는 길이고 다른 하나는 말 하는 길이다.

불교의 많은 개념들은 방편으로 제시되었다. 특히 후기의 선종에 이르면 언어적인 모든 표현이 방편설로 치부되면서 개념의 전도, 논리의 파괴가 벌어진다. 그러나 초기불교에서도 비유적 표현은 늘 등장하는 것이라서 '구상'構想이나 '가설'假說 등으로 불린다. 이런 관점에 충실하면, 심지어 '유식의 알라야식에 개입된 유아적 관념이나 개념도 무아의 진실에 접근하는 방편적 구상으로서만 용납된다.'[123] 이러한 기준에서 나는 윤회도 방편설이며, 언어적 구상이며, 나아가 '가명'假名으로 보는 것이 옳다고 생각한다. 윤회는 당시의 언어였고, 문법이었다. 윤회를 빌려, 존재의 실상을 말하고, 이를 바탕으로 연기를 말하는 것은 방법론적으로 가능했을 것이다. 지혜의 상하를 나눈다는 점에서 충분히 동의하지는 않지만, 윤회가 범부를 위한 방편설이라는 주장도 같은 맥락에서 나온다. 정승석도 무아설과 윤회설의 양립의 근거로, 각자들은 그 둘을 뛰어넘지만 범부는 그 세계를 경험하지 못했기 때문에 윤회설이 제시되었다고 말한다.

범부가 이해하고 구사하는 방식이나 언어로써 무아의 진실을 전달하는 것이 윤회설이라고 필자는 판단한다.[124]

---

123 정승석, 『윤회의 자아와 무아』, 215쪽.
124 정승석, 『윤회의 자아와 무아』, 218-9쪽.

그러나 현실의 범부 의식에서는 아를 상정함으로써 심리적 집착에 의해 고통의 세계를 연출하므로, 아는 부정되고 윤회는 극복의 대상이 되는 것이다.[125]

현상 세계의 진실을 자각하지 못한 범부의 인식에서 아는 다양하게 긍정된다. 이 아는 경험적인 아, 해탈 이전의 아, 윤회 상태의 아이다.[126]

무아와 윤회는 개념적으로 모순되지만, 층차가 다르다는 말이다. 깨달은 자의 입장에서 윤회는 범부를 위해 시설된 개념이고, 범부는 그릇된 인식으로서 존재하는 나에 매달린다. 이때 나는 가상假想으로서의 아상我想 또는 가아假我인데, 그것들은 물질적 집합체인 오온의 산물일 뿐이다. 윤회하는 것은 오온일 뿐이다.

여기서 우리는 좀 더 적극적으로 윤회조차 거짓이름으로 바라볼 수 있다. 윤회가 범부를 위해 마련된 개념틀이라면, 깨달은 이에게 윤회는 아무런 의미도 없다면, 윤회는 극복되어야 할 것이라면, 윤회의 주체는 물질일 뿐이라면, 그 윤회조차 가명으로 이해하자는 것이다. 가아가 움직이는 공간조차 가명으로 보자는 것인데, 그렇게 되면 우리를 괴롭히던 윤회의 주체 문제가 해소될 수 있다. 윤회가 없는데 어떻게 자아가 있을 수 있겠는가?

실로 윤회설은 무섭고 잔인하며, 강력한 도덕적 자극을 준다. 5도 윤

---

125 정승석, 『윤회의 자아와 무아』, 121쪽.
126 정승석, 『윤회의 자아와 무아』, 79쪽.

회는 초기불교에서, 6도 윤회는 대승불교에서 제시된다. 도道는 때로 취趣로 번역되기도 한다. 5도는 지옥, 아귀, 축생, 인간, 천으로 설정되고, 6도에서는 축생과 인간 사이에 아수라의 세계를 하나 더 넣는다.

> 지옥, 축생, 아귀, 인간, 천의 5취를 그려라. 아래쪽에는 지옥을, 양측에는 축생계와 아귀계를 그리고, 천계와 인간계는 위쪽에 두어라. … 중앙에는 탐·진·치를 두되, 탐욕貪은 비둘기의 형상으로 표시하고, 혐오瞋는 뱀, 무지癡는 돼지의 형상을 갖게 해라. 또 불상과 열반 만다라를 표시해라. … 이 그림有情 옆에는 12인연을 시작과 끝의 양쪽에서 관찰하는 방법이 눈에 띄게 해야 한다. 모든 것이 무상함을 이해하도록 해야 한다. … '생사의 군대를 항복시키기를 코끼리가 초가집을 부수듯이 하라' … '이 법과 율 속에서 나태하지 않고 실천하는 자는 생사의 윤회에서 벗어나 고통을 종식할 수 있으리라.'[127]

윗글은 윤회를 말하면서도 인연법을 제시하고 있다. 이것은 연기가 형이상학적 원리라면, 윤회는 그것의 구체적 형상화임을 드러내는 것과 다르지 않다. 정승석의 표현처럼 '불교 본래의 입장에서는 사후 존재의 유무가 일차적인 관심사가 아니기' 때문이다. 그에 따르면 이와 같이 윤회에 많은 설명을 할애한 것은, 대부분의 사람들이 '통속의 관념'을 버리지 못하고 있었고, 업의 전환으로 자기개조가 가능함을 '세속의 통념'으로 자각시키려는 이유에서였다.[128]

---

127 *Dvyāvadāna*, 300, 9-24. 정승석, 『윤회의 자아와 무아』, 277쪽, 재인용.

윤회는 지양되어야 할 것이지만, 연기는 자각되어야 할 것이다. 윤회가 부정적인 개념이라면, 연기는 긍정적인 개념이다. 윤회가 설 곧 설화라면, 연기는 법 곧 법리이다. 윤회가 연기의 은유metaphor라면, 연기는 윤회의 줄거리plot이다. 윤회는 있어도 되고 없어도 되는 필요조건이지만, 연기는 불교가 성립하기 위해 반드시 있어야 하는 충분조건으로, 무아연기는 불교의 필요충분조건이다. 윤회를 몰라도 연기만 알면 불교를 안다고 할 수 있지만, 그 반대는 성립하지 않는다. 자아개념 위에 윤회가 서 있다면, 연기는 무아론 위에 서 있다. 힌두교는 윤회의 종교이고 불교는 연기의 종교이다. 마침내 불교는 무아론과 연기설로 윤회를 반대하는 반윤회의 길을 걷는다.

윤회설이 있는 한, 그것이 사실이건 방편이건 간에, 공포의, 계도의, 보상의 역할을 한다. 힌두교에 반대하여 무신론 위에 불살생의 교리를 구축한 자이나교도는 윤회를 인정한다는 점에서 불교와 갈라진다. 그런 점에서 자이나교가 불교보다 좀 더 전통 관념에 의존적이며, 윤리적 결단보다는 신화적 세계관에 충실한 것으로 보인다. 만일 불교가 윤회를 받아들인다면, 그 순간 자이나교와의 변별성이 사라지고 만다. 자이나교는 의도 없는 업이 의도 있는 업보다도 죄가 많다고 하여, 행위의 윤리적 동기를 중시하는 불교에 반해 결과를 중시했다. 그들은 무아설이 없었기 때문에 윤회설을 받아들일 수밖에 없었고, 따라서 영혼의 자기동일성이라는 틀에서 벗어날 수 없었다. 그러나 불교는 무아연기를 주장함으로써

---

128 정승석, 『윤회의 자아와 무아』, 278쪽.

윤회의 굴레에서 벗어나올 수 있었다.

많은 불교연구는 윤회와 연기가 혼동되어 쓰이며, 윤회의 설화가 점차 연기의 형이상학으로 진행되는 것을 보여준다. 윤회와 연기의 가장 큰 차이는 바로 주체의 존재여부이며, 실체의 인정여부이다. 윤회는 주체를 상정하고 그것을 실체로 인정한다. 그러나 연기는 주체를 부정하고 실체가 없음을 확정한다. 양립불가능한 것은 무아와 윤회만이 아니라 연기와 윤회도 그러하다.

불교에서 윤회는 논리적으로는 부정되는 가명의 것이다. 윤회가 빈말이 아닌 실재로서 현실화될 때 불교는 더 이상 힌두교와 구별되지 않는다. 진아란 연기 속 자아로 무아를 가리킨다. 무아는 공이므로 더 이상 윤회하지 않는다. 윤회의 끝에서 연기를 만나고, 연기 속에서 무아를 만난다. 연기하고 있는 자아가 곧 부처이다. '무아를 본 자 연기를 보고, 연기를 본 자 부처를 본다.'

윤회가 가명일 때 석존의 가르침이 더욱 잘 드러난다. 그는 참다운 종교개혁가였다. 삶을 좌지우지하던 신도 없앴고, 영생불멸하는 영혼도 없앴다. 나의 운명을 결정해주던 주재신도 없애고 생사의 질곡에서 헤매는 영혼도 없앴다. 신이 없어지면서 업은 나의 의도와 직결되고, 영혼이 없어지면서 윤회는 나와 무관하게 되었다. 이런 불교의 신은 블로흐가 만난 희망의 왕국과 매우 닮았다. 그에게도 신도, 영혼도 없었지만, 희망은 있었다.[129]

---

129 희망 없던 1980년대, 블로흐의 '희망의 철학'이 얼마나 젊은이에게 위안이 되었던가를 생각해보자.

그러나 이와 같은 (칸트의) 요청내용들은 블로흐가 전제하고 있는 세계관적인 모순들의 제거를 위해서는 무기력하기 이를 데 없다. 왜냐하면 비록 인간의 자유가 요청된다 할지라도 인간 존재가 부정되어야 할 처지라면, 그 절대적인 절멸과 부정 앞에서 자유가 무슨 소용이 있겠으며, 그 현실적인 죽음의 공포 앞에서 영혼의 불멸성은 아무런 설득력을 가질 수 없기 때문이다. 이처럼 신의 현존 자체가 도덕적으로 극복되어야 할 과제라면 신의 요청은 오히려 도덕적 실천의 가능성을 차단하는 결과가 되지 않겠는가?[130]

김진이 대변하고 있는 블로흐의 철학은 석존의 보리수 밑에서의 정각을 떠올리게 한다. 석가도 세계관적인 모순 앞에 서 있었다. 블로흐가 마주한 '권총을 들이 댄 정언명령'kategorischer Imperativ mit Revolver은 석가 앞에 놓인 신들로 가득 찬 절대적 숙명론과 같았다. '거짓말을 하지 마라'는 정언명령에 권총을 들이대면 '까라면 까'라는 군대용어로 바뀐다. '신들에게 헌신하라'는 정언명령에 신분질서를 내세우면 '천민들이여, 복종하라'라는 계급론으로 바뀐다. 이런 부정과 공포 앞에서 싯다르타와 블로흐는 영혼의 불멸성과 신 존재를 버리고 도덕적 실천이 가능한 방향으로 길을 간다. 싯다르타에게 신의 존재는 모순의 생산이었으며, 블로흐에게 신의 존재는 폭력의 정당화에 불과했다.

블로흐에 의하면 이와 같은 물질운동은 역사의 종국상태에 도달하게

---

130 김진, 『칸트와 불교』, 221쪽.

되면, '모든 것'Alles을 이루거나 아니면 '아무것도 아닌 것'Nichts 가운데서 양자택일의 운명에 직면하게 된다. 다시 말하면 인간과 물질은 역사의 종국에 이르게 되면 유토피아적 고향상태Heimat, Totum가 아니면 절대적인 폐허상태Umsonst라는 매개 불가능한 양자택일의 극한상태에 이른다는 것이다. 우리는 역사 속에서 절대 절멸을 예고하는 수많은 참담함과 비참한 사실을 당하여 왔으나, 그럼에도 불구하고 우리는 아직까지 그 같은 절대적인 폐허 상태나 절멸을 경험하지 않았기 때문에 유토피아적인 실재의 실현을 희망할 수 있는 것이며, 이와 같은 유토피아적 전체로서의 '모든 것'의 실현은 결국 블로흐 철학에서 도덕적 실천 가능성의 필요 충분한 조건을 완성시킨다. 블로흐의 유토피아적인 전체는 유대교-기독교적인 메시아론과 마르크스주의적인 변증법적 유물론과 혁명이론을 메타이론화한 것으로서 '자유의 왕국'Reich der Freiheit 또는 '하느님 없는 하느님의 나라' 개념으로 설명되고 있다.[131]

석가는 유토피아로서의 니르바나를 설정했다. 그것이 도덕적 실천으로 다다를 궁극처였다. 범부에게는 윤회의 과정 속에서 언젠가 도달할 하늘나라 또는 극락이었고, 해탈한 이들에게는 자아란 완전히 소멸하면서도 인과는 남아있는 연기적 세계 속에로의 동참이었다. 역사를 통해 열반은 '아무 것도 아닌 것'으로 무화되기도 했고, 정반대로 너와 내가 한

---

131 김진, 『칸트와 불교』, 224쪽. 블로흐와 불교를 거칠게 비교하면 다음과 같다. 유대교-기독교적인 메시아론 vs. 힌두교의 범아일체론; 마르크스주의적인 변증법적 유물론 vs. 차르바카 유물론과 오온론 그리고 무신론; 혁명이론 vs. 자이나의 계급부정; 자유의 왕국 vs 업의 의도설 또는 무아설; 하느님 없는 하느님의 나라 vs. 해탈 또는 열반.

마음이라는 보편성 속에서 '모든 것'이 되기도 했다. 그러나 더욱 중요한 것은 숙명론적인 업을 도덕적 실천 가능성 속에서 재해석한 것이었다. 무아를 통해 업을 짓는 당사자의 번뇌는 없애주면서도 인과관계를 좀 더 철저히 함으로써 업력의 사회화에 성공했다. 생존을 위한 업은 죄를 짓지 않고, 욕망과 권력에 편승한 업만이 과보를 남김을 분명히 했다. 업은 더 이상 신이 노는 천국에 있지 않고 인간의 자유의 왕국에 있게 되어, 계급은 사라지고 개인의 윤리적 실천만이 남게 된다. 신과 영혼이 사라진 연기의 세계 속에서 자유로운 업의 실천을 통한 니르바나의 획득이 청년 싯다르타의 유토피아였다.

제 7 장

윤회를 넘어서

윤회는 힌두교의 것이고, 연기는 불교의 것
한국불교계에 고함

인도는 불평등의 국가다. 금세기에 아직도 계급이 남아 있는 독특한 나라다. 카스트가 그것인데 아무리 역할에 따른 분류라고 해도 주어진 직업을 자유롭게 선택할 수 없다는 점에서 그것은 신분제도이지 결코 능력이나 취향에 따른 천성이라고 볼 수 없다.

아직까지 인도가 불평등의 국가인 것은 그들이 힌두교를 믿기 때문이다. 불교가 극복하고자 한 바라문(브라만)교가 그것이다. 불교는 천 년 동안 점차 힌두화 되고 마침내 인도는 힌두교의 나라로 되돌아간다. 이는 다시금 카스트가 따리를 틈을 뜻한다. 그래서 암베드카르는 신불교론을 들고나와 힌두교에서 불교로 개종할 것을 주장한다.

불교에 들어 있는 윤회는 힌두교의 유산이다. 석존은 이를 연기로 대체한다. 연기야말로 젊은 싯다르타의 깨달음인 무아를 대변한다. 불평등으로부터의 탈출, 그것이야말로 싯다르타가 우리에게 건네준 한 소식이 아니었을까? 한국불교의 선학적 전통이 추구하는 바가 바로 그것이 아닐까?

윤회는 힌두교의 것이고, 연기는 불교의 것

남은 큰 문제가 있다. 자성을 실체라, 무자성을 무실체라 놓고 논의를 진행할 때는 일관된 입장이 있어 해석상의 어려움이 없다. 그런 점에서 대승불교의 꽃인 여래장 사상도 비록 아주 자그마한 것일지라도 실체성을 인정하기 때문에 비판의 여지가 있는 것이다. 그러나 자성이 곧 불성인 경우는 어떻게 해야 되는가? 그렇다면 무자성은 무불성론이란 말인가?

불성론은 불교이론의 또 하나의 핵심이다. 너와 내가 모두 불성이 있어 우리는 부처가 될 수 있다. 현대어로 바꾸면 너와 내가 모두 깨달을 수 있기에 우리는 깨달음을 얻는다. 실체가 없는 우리가 어떻게 깨달음의 씨앗을 갖는가? 실체가 없으면 씨앗도 없는 것 아닌가?

언뜻 눈치 챘으리라. '불성'이라 하여 고정된 명사형으로 문제를 받아들여 실체성을 부정하면 '우리에게 불성이 없다'는 명제를 얻겠지만,

'깨달을 수 있음'이라 하여 동사의 명사격으로 문제를 받아들이면 '우리는 불성을 얻을 수 있다'는 가능태의 명제로 바뀐다. 사실상 불성이란 가능성이다. 그리고 가능성에는 실체가 없다. 꽃을 피울 수 있다는 것이 모든 풀이 꽃을 피움을 가리키지는 않는다. 중간에 만나는 거센 바람이라든가, 동물의 학대라든가 그런 까닭에서 꽃을 피우지도 못하는 꽃도 있다. 거꾸로 어떤 꽃은 정말 예쁜 꽃을 피우기도 한다. 꽃을 피우는 일은 모든 꽃에게 주어졌지만 아무나 예쁜 꽃을 피우고 아무나 꽃을 피우지 못하는 것도 아니다.[1]

그런 점에서 불성을 가능성, 아리스토텔레스적으로 말하면, 가능태로 보면 좋을 것 같다. 가능태의 실현인 현실태는 곧 성불成佛이다. 아리스토텔레스는 가능태를 실체로 보았는가? 씨앗 속의 꽃을 피울 능력을 실체적인 것으로 보았는가? 그가 저 세계 속의 이데아가 아닌 우리 옆의 개체를 실체로 보려 했던 것은 유명한 사실이다. 그러나 그의 실체란 비

---

[1] '아무나 예쁜 꽃을 피우지 않는다'와 '아무나 꽃을 피우지 못하는 것도 아니다'는 문장은 실상 많은 토의 거리를 준다. 앞의 것은 비교적 화엄종의 성기(性起)설에 가깝고, 뒤의 것은 천태종의 성구(性具)설에 가깝기 때문이다. 이 많은 사람들이 짝을 찾아 아이를 낳는 것을 보라. 이렇게 보면 성구설이 옳은 것 같다. 그러나 아이를 잘 기르는 사람은 많지 않다. 이렇게 보면 성기설이 옳아 보인다. 예쁜 꽃을 피우는 것을 당연시하고 세계를 바라보는 것이 화엄이라면, 예쁘든 말든 이미 모두 자기의 꽃을 피웠다고 생각하는 것이 천태이다. 꽃밭을 보며 '똑같이 예쁜 꽃을 피웠구나'하고 느끼고 있으면 그는 화엄의 바다에 빠져있는 것이고 '이상한 꽃도 못생긴 꽃도 많지만 좋은 꽃밭이로다'라고 생각하고 있으면 그는 천태의 조화에 취해있는 것이다. 화엄에서 보면, 예쁘고 미운 꽃이 없이 하나하나 예쁜 꽃일 뿐이다. 천태에서 보면, 아무리 미운 꽃도 꽃밭의 아름다움을 더 해줄 뿐이니 미운 꽃도 예쁜 꽃이 된다. 화엄과 천태의 이러한 입장은 '완전한 세계란 무엇인가?'라는 질문과 관련되어 세계에 대한 여러 이해방식을 보여준다. 화엄의 입장에서 볼 때, 나는 꽃밭을 이루고 있으나 예쁜 꽃 사이에서 눈에 띄지 않고, 천태의 입장에서는 내가 말썽을 부리더라도 그 또한 아름다운 꽃밭이다. 그것을 개인과 사회라는 용어로 바꿔보면 문제의 심도가 곧바로 드러난다. '개인 없는 사회의 선함'과 '악한 개인의 선한 사회'를 우리는 어떻게 볼 것인가?

교적 물질적인 것으로, 불교에서 말하는, 자성과는 거리가 있다. 불성은 오히려 아리스토텔레스의 사원인설 가운데 목적인에 가까워보인다. 나무로 되어 있고(질료인), 집의 형태를 이루고(형상인), 목수가 일해서(작동인), 내가 살 집을 만들었다면(목적인), 불성은 물질과 연관을 맺는 형상인보다는 깨달음을 통해 대자유를 얻고자 하는 목적인과 통한다.

불성론은 유식과도 관련되어 동아시아 불교사, 특히 대승불교의 역사와 궤적을 같이한다. 유식종은 유가瑜伽종으로 불릴 만큼 요가라는 수행론을 배경으로 하는 학파이다. 깨달음을 향한 끝없는 노력은 자기희생의 이론으로 변환되면서 희생의 목표를 설정하게 된다. 이때 부처가 절대화된다. 나의 희생은 석가모니불을 위한 것이 되면서, 여래는 불성 그 자체가 된다. 그렇다면 나와 여래와의 관계는 어떻게 설정되는가? 그 끈이 바로 불성론이다. 나에게도 불성이 있어 부처가 될 수 있다. 달리 말하면, 나에는 작은 불성이, 그에게는 큰 불성이 있는 것이다. 나의 불성은 씨앗이나 가능성으로, 그러나 그의 불성은 열매나 완성된 형태로 있다.

이 씨앗이 자성인가? 아니면 불성인가? 그리고 그것은 실체인가? 이 씨앗이 불성인 것은 맞다. 그러나 이 씨앗이 자성을 갖지는 않는다. 왜냐하면 이 씨앗도 연기에 따라 생긴 것이고, 씨앗의 부모와 환경에 따라 그것은 다른 형태로 자라날 것이기 때문이다. 따라서 씨앗은 불성이지만 무자성이다. 더 나아가 불성이 곧 연기이기 때문에, 불성이 곧 무자성이다. 그런 점에서 씨앗은 실체성이 없다.

이렇게 물을 수도 있겠다. 아무리 부모와 환경이 달라져도 호박씨는 호박을 낳고, 해바라기씨는 해바라기를 낳지 않느냐고. 이렇게 보는 것이 유식종의 순수실체론, 곧 종자식種子識설이다. 그 순수종자의 대표가

제8식 알라야식 또는 아뢰야식이다. 사람은 흑백이 섞여도 사람을 낳는다. 사람과 돼지가 종간 생식으로 섞이지는 않는다. 가끔씩 노새처럼 암말과 수탕나귀의 만남처럼 종간 생식이 있어도 그들은 생식능력이 거의 없다. 그것은 부모와 환경이 아무리 달라져도 종은 변하지 않는다는 생각에서, 우리 인간의 가장 순수한 그 무엇을 설정하는 것이다.

이런 논의가 불교에서의 유무논쟁을 줄기차게 이끌어온 것이다. 무부와 유부의 대립이고 반복이다. 이런 문제의 해결에 크게 공헌했고 지금까지도 영향력이 가장 큰 것이 바로 공사상이다. 이것도 저것도 아니다. 유도 무도 아니다. 따라서 공이다. 이렇듯 불교는 공의 철학, 다시 말해 중관中觀이다.

이 글은 무자성론의 입장에서 쓰였다. 불성이 실체화되면서 대승불교가 꽃을 피웠다하더라도, 그것은 절대자의 실체와 그에 대한 예식을 인정하지 않는 석존의 깨달음에 비추어볼 때 앞뒤가 맞지 않는다. 불성이라는 것은 곧 자성이 없음을 뜻하는 것이다. 하다못해, 여래장도 연기에 의해 형성된 것이다. 따라서 유식사상은 공론과 어쩔 수 없이 상호 대립한다. 적호寂護: Śāntarakṣita가 유식종의 유행 이전의 용수龍樹: Nāgārjuna의 중론에 의거해 유식 사상을 비판하고 수용하여, 유가행중관파瑜伽行中觀派라는 후기 중관파의 학설을 수립한 것이 좋은 예이다. 그의 영향은 오늘날의 티벳불교에까지도 미친다.

그런데 유식과 대승불교에 대한 유도 무도 아니라는 해결은 사실상의 해결책이라기보다는 언어적 미봉책에 가깝다. 중관론은 줄곧 개념의 고착화 내지 양분화를 염려하고 그를 넘어선 해법을 제시하면서 말의 굴레에서 벗어날 것을 가르치기 때문이다. 용수와 적호가 참과 거짓과 관련된 세계의 설정에서, 늘 사실의 세계와 언어의 세계를 구별하려는 것이 좋은 예이다. 용수와 적호, 그리고 나의 글까지도 포함해서, 말과 뜻이 모두 언어와 개념으로 이루어져 있으니 어쩔 수 없는 일이다.

그러나 그렇다고 포기할 수도 없는 노릇이다. 사변적 사고에서 내가 생각하기에 가장 조심해야 할 점은 '이것도 저것도 아니다'라면서 생각하기와 말하기를 포기하는 일이다. 말하기는 버릴 수 있다. 그러나 말하기를 버렸다고 생각하기까지 버려지는 것은 아니다. 이것도 저것도 아니라면 그다음은 무엇이냐고 물을 수 있어야 한다. '이것도 저것도 아니라면 그다음은 무엇이냐는 물음도 버리라'는 것은 언어와 개념적 사고를 버리라는 점에서 옳지만, 붓다가 말한 버림으로 얻어지는 깨달음과는 거리가 있다. 석존 당시 그가 방기하고 항거한 기본적인 조목으로 돌아가 생각해보면 그것은 어렵지 않게 알 수 있다.

바라문교를 거부하면서 바라문교로 돌아갈 수는 없다. 신을 버리고 신으로 돌아갈 수는 없다. 제의를 버리고 제의로 돌아갈 수는 없다. 나를 버리고 나에게 돌아갈 수는 없다. 윤회를 버리고 윤회로 돌아가서는 안 된다.

아무리 이론적인 어려움이 있더라도, 아무리 종교적인 요청이 있더라도, 아무리 역사와 전통의 굴레가 강하게 남아 있더라도, 석가의 초기 깨달음과 가르침에서 멀어질 수는 없다. 왜 불교가 동쪽으로 오면서 선학禪學화했는가? 이유는 간단하다. 이런 식의 언어와 그 개념에서 벗어나 세계의 진정성을 보고자 했기 때문이다. 그래서 '말을 세우지 않았다'不立文字. 그리고 '마음에서 마음으로 옮겼다'以心傳心. 선학에로의 발전은 싯다르타의 깨달음에로의 돌이킴이라고 나는 믿는다.

여인에게 우유를 받아먹은 석가를 함께 수행하던 동료수행자들은 비난했다. 고행을 툴툴 털고 일어난 석존을 이해하지 못한 까닭이다. 불교이론에서 툴툴 털어야 할 것이 있다. 그것은 바로 윤회의 올가미이다. 연기면 된다. 윤회는 힌두교의 것이고, 연기는 불교의 것이다.

　　자아 없이 어떻게 윤회를 하는가? 힌두교는 자아윤회고 불교는 무아윤회라고 복잡하게 설명할 까닭이 없다. 자아가 없으면 윤회도 없고, 연기만 있기에 자아가 없다. 윤회는 브라만의 법이고 연기는 부처의 법이다. 이른바 연기법의 의타기성依他起性이란 어느 하나 홀로 있지 않고 남에 기대어 있다는 것이다. 그러니 자성이 부정된다. 나의 독립된 실체로서의 자아는 없다. 따라서 윤회의 주체도 없다.

　　윤회는 어리석은 민중을 위해서 말하는 것이고, 연기는 깨달음에 다가간 식자를 위해서 말하는 것이라고 차원을 나눠서도 안 된다. 민중과 식자를 나누는 것도 지적 오만함이지만, 어리석음과 깨달음을 나누는 것도 언어적 이분법에서 벗어난 것은 아니다. 불교의 방편설이란 언어적 함몰에 빠지지 않도록 경계하는 것이지, 잘난 내가 못난 너를 구원하겠다는 건방진 언사가 아니다. 수단은 목적이 있기 때문에 옹호되는 것이지, 목적 없는 수단의 옹호는 있을 수 없다. 게다가 방법은 그것 자체로서도 훌륭하고 탁월한 가치를 지니는 것이지, 거짓말이 방법론이 될 수는 없는 것이다.

　　현실세계에서도 물어보자. 석가의 고향 우리에게 인도란 무엇인가? 순결의 성지인가, 모순의 땅인가? 인도를 여행한 많은 사람들이 첫 번째로 느끼는 것은 수많은 거리의 빈자이다. 내 평생 본 거지를 인도에서는 한 번에 만나볼 수 있었다. 그들은 갈고리 의수를 한 상이군인과 헝겊으로 손을 감싼 문둥이의 기억을 떠올리게 했다. 나는 공항에 가기 직전 남방과 수건을 빨았다. 버릴 옷을 입고 인도를 갔지만, 그곳에서 그런 옷을 버리는 것은 사치였다. 아니나 다를까, 릭샤가 신호에 멈출 때마다 거리의 소녀에게는 수건을, 절름발이 거지에게는 남방을 건네줄 수 있었다. 내가 더 이상 쓰지 못할 것을 그들은 감사하게 받고 있었다. 나는 떠나오는 날까지도 불평등의 기원을 생각해야만 했다.

흔히 카스트는 직업에 따른 분류이지 신분이 아니라는 변명을 듣게 된다. 그러나 그것은 정말 틀린 말이다. 인도에는 천성을 뜻하는 바르나 varṇā와 색깔을 가리키는 자티jāti라는 말이 있다. 바르나는 직업에 따른 분류로, 브라만, 크샤트리야, 바이샤, 수드라가 그것이다. 그러나 이 4계급에도 속하지 못하는 자들이 바로 '카스트밖'outcaste 또는 '불가촉'the untouchables으로 그들은 '카스트힌두'에 속하지 못한다. 그들이 마을에 들어오면 목에 침통을 매달게 했고 공동우물도 쓰지 못했다. 하인조차 꿈꿀 수 없었던 것이다. 그런데 인도인들에게 카스트를 물으면, 그들은 바르나가 아닌 자티를 말한다. 자티는 종족개념으로, 출생과 더불어 주어진다. 시체를 치우는 일부터 빨래를 하는 일까지 수천 개의 자티가 있으며, 그것이 바로 카스트인 것이다. 그들이 그 직업을 벗어날 수 있는가? 법률적으로는 가능하다. 그러나 사회적으로 불가능하다. 자티는 바르나의 세분된 형태이며, 그것을 벗어나는 것은 사회적 매장을 뜻한다. 우리는 사회적으로 벗어날 수 없는 상태를 신분이라 부르지, 직업이라 부르지 않는다. 근대적 의미에서 직업은 선택의 자유가 필수적이다. 이상수는 인도의 정치학을 극명하게 말한다.

폭동이 종교적 외양을 띠는 순간 달리트는 자기를 주장할 무대를 잃어버린다. 폭동은 인도인을 분열시키고, 동시에 그들만의 인도인, 즉 힌두교도를 단결시킨다. 그러면 극우는 선거에서 승리한다. 극우가 아니면 적어도 우익은 승리한다. 이것이 폭동의 정치학이다. 우익의 승리는 카스트의 존속을 의미한다. 이것이 카스트의 정치학이다. 카스트의 승리는 상층 카스트의 승리다. 이것이 계급의 정치학이다. 이래서 폭동에 동원된 달리트는 승리한 측에 속하지만 역설적으로 바로 그 승리 때문에 자신이 패배자가 됨을 알아차리게 된다. 즉 달리트는 자신을 옥죄고 있는 카스트를 유지하는 전쟁에 동원된 것이다. 간디와 일부 우익은 불가촉제를 없애려는 노력은 했지만 카스트를 없애려고 하지는 않았다. 그들은 불가촉민을 제5의 바르나로 카스트에 편입시키려고 했을 뿐이다.[2]

간디는 나에게 답을 주지는 못했다. 그러나 간디 뒤에 암베드카르가 있었다. '인도'의 아버지는 간디지만, '천민'의 아버지는 암베드카르였다. 간디의 한계라고나 할까? 내가 인도에서 만난 간디는 천민 앞에서는 무기력했다. 함석헌이 왜 간디의 자서전을 번역했을까? 그에게 간디란 무엇이었나? 나는 대학 때 함석헌의 『장자』 강의를 들었다. 「재유」在宥편을 강의했는데, 그 내용은 오늘날의 표현으로 하자면, '내버려두라'Let it be.는 정신을 정치에까지 확대한 것이었다. '국민을 내버려두라.' 함석헌이 하고 싶은 말이었다. 함석헌은 『장자』도 좋아했지만, 『바가바드기타』도 역

---

2   이상수, 「옮긴이의 머리말」, 게일 옴베트(Gail Omvedt), 『암베드카르 평전』 (서울: 필맥, 2005), 22쪽.

주를 낼 정도로 좋아했다. 인도철학사를 쓴 라다크리슈난이 말하듯이 대승불교에 관한 한 불교와 『바가바드기타』 사이에는 아무런 차이가 없을까? 결국, 그런 무차별이 곧 불교를 자연사하게 만든 것이 아닌가? 나는 전쟁에서 슬프더라도 사람을 죽여야 하는가? 그것은 전사에게 주어진 일이기 때문에 치러야만 하는가? 아무래도 함석헌에게는 신이 필요했던 것 같다. 『바가바드기타』 또는 대승불교의 신만이 이런 고통의 운명에서 벗어나게 해줄 것이라고 믿었던 것이다. 그는 간디의 신을 사랑했다.

우리의 현대사는 자랑스럽다. 일본에서 한국을 말해야 하는 친구에게 전화가 왔다. 무엇을 자랑하여야 하느냐고? 나도 말하기 어려워, 한국 근대사를 전공하는 동료교수에게 물었다. 그의 반문이 곧 정답이었다. 왜 우리의 현대사를 자랑스러워하지 않느냐고?

나는 '행운스럽게도' 군부독재에서 민주사회까지의 변화를 경험할 수 있었다. 독재의 공기는 마셔보지 않은 사람은 모른다. 다방에서, 술집에서, 서울역 광장 앞에서의 얼어붙은 축제로 우리는 독재가 무엇인가 온몸으로 느껴보았다. 대만은 2.28학살에 대한 해결책을 광주 5.18에서 찾는다. 제주도의 4.3사건의 명예회복은 중문 주상절리 관광단지 입구에 기념비를 세움으로써 이루고 있다. 미국 원주민에 대한 복권은 메이플라워호가 도착한 플리머스에 그날은 인디언에 대한 폭력과 억압의 시작이었다는 글이 새겨진 자그마한 돌을 가져다놓음으로써 서서히 시작되고 있다.

계급이 아직도 냉엄하게 존재하는 인도, 그들에게 한국은 무엇인가? 인도인들의 관념 속에 한국의 불교도들은 어떤 모습으로 보일까? 양반 사회가 한국전쟁으로 완전하게 붕괴되고, 평등이념의 국가가 들어서면서, 과연 우리는 우리의 현 사회를 자랑스러워하고 있는가? 까놓고 물어보자. 우리에게 천민은 누구인가?

　일본의 대학생은 일본의 천민에 대해 연구하고 해결책을 찾는다. 일본에도 '부라쿠민'部落民이라는 천민이 존재하며, 그들은 이지메의 대상이다. 우리에게 천민은 누구인가? 노동자, 농민, 도시빈민인가, 아니면 학벌로 매겨진 계급인가? 그런 것은 계급이 아니라 계층이라고 항변하는 것은 무의미한 일이다. 학벌 때문에, 가난하기 때문에 결혼하지 못한다면 그것이야말로 분명한 태생적이고 운명적인 계급이기 때문이다. 계급은 혼인이라는 가장 명확한 바로미터에서 탄생한다. 혼인에 끼어드는 수많은 인수들이 바로 계급을 결정한다. 돈, 지역, 부모(장래에 문제가 될 다문화가정의 혈통을 포함하여) 그리고 '가방끈'으로 은유되는 학벌은 그러한 요소의 가장 대중적인 표준이다.

　평등은 이상일지도 모른다. 그러나 이상은 현실을 움직이게 만든다. 현실이 이상이 되지는 못하더라도, 현실은 이상을 닮아간다. 이상은 현실의 동인이고, 현실은 이상의 결과물이다.

　그런 이상을 말하는 것이 철학이고 종교이다. 종교는 현실화의 능력이 있기 때문에 철학보다 훨씬 영향력이 크다. 철학은 말뿐이지만, 종교는 나를 움직이게 만든다. 철학과 종교의 차이는 바로 이러한 실행력에 있다.

　나는 불교를 국보라고 말한다. 우리의 국보가 대부분 불교문화유산이기 때문에 그러한 표현을 쓰는 것이지만, 나는 덧붙여, 불교가 우리의 정신문화의 일정 부분을 차지하고 있다는 점에서 더욱 이 표현의 의미를 중시한다. 기독교도 미래의 역사에서 현대사의 일부로서 장차 국보가 될 것이다. 그렇기 때문에 우리는 이런 정신문화의 이념과 방향에 대해 발언하거나 문제 삼는 것에 주저하거나 인색해서는 안 된다. 내가 불교를 말한 까닭이 여기에 있다.

이 글에서 나는 불교의 무아의 평등론을 말했고, 그에 반하는 윤회설을 제외시키고자 했다. 나는 연기설을 통해 만민의 평등과 일심의 경지에 이르는 고매한 정신을 붓다를 통해 만날 수 있었다. 무아와 연기를 통해 불교는 오늘도 우리의 정신 속에서 강력한 메시지를 심어주고 있는 것이다.

성선설이 옳은가, 성악설이 옳은가? 나는 맹자의 성선과 순자의 성악 가운데 어떤 것이 옳은지를 따지는 데 시간을 보내는 것보다는, 그것의 사회적 의미를 밝히는 것이 더 중요하다고 생각한다. 성선 쪽으로 가면 학교를 세우고, 성악 쪽으로 가면 감옥을 세운다. 이번 무아와 윤회 논쟁에서도 생략되어 있는 부분이 바로 이것이다. 조성택의 무아와 윤회 논쟁에 대한 결어는 시사하는 바가 크다.

무아에 관한 의미 있는 철학적 작업이란 무아에 기반하여 전개되는 세계와 존재에 대한 이해가 우리의 삶에 어떤 의미를 던져 줄 수 있는가, 혹은 반대로 그것이 우리의 삶을 어떻게 왜곡시킬 수 있는가를 찾는 일일 것이다.[3]

---

3   조성택, 「불교의 이론과 실천 수행-초기 불교의 무아설을 중심으로」, 『오늘의 동양사상』 8, 2003, 188쪽.

한국불교계에 고함

마지막으로 승려와 승가, 불교학자, 그리고 식자들의 동의를 무릎 꿇어 빌면서, 다음과 같이 한국불교계에 열 가지 부탁을 드린다.

하나, 불교를 힌두교와 구별하라. 우리 불교는 인도의 전통 힌두교와 지나치게 뒤섞여 있다. 인도철학과 불교철학은 다르다. 불교를 인도철학으로 죽이지 마라. 나아가, 불교와 자이나교를 구별하라. 윤회가 있는 불교는 자이나교와 다르지 않다.

둘, 깨달음은 하나이다. 붓다는 하나이다. 화신化身으로 부처를 복잡하게 만들지 마라. 신상神像들은 나를 도와주지만 깨우치지는 않는다. 보살도 좋고, 미륵도 좋고, 아미타도 좋다. 그러나 그들이 깨달음이라는 하나의 마음에서 만난다는 생각을 잊지 말라.

셋, 계급을 타파하라. 백정의 계급이 사라졌듯이, 우리 사회에 남아 있는 최후의 계급도 없애라. 돈에 의한 계급이라면 돈을 평등하게 하고, 배움에 의한 계급이라면 배움을 평등하게 하라. 석존이 천민에게 베푼 평등을 생각하라.

넷, 윤회를 부정하라. 윤회는 힌두교의, 자이나교의 것이다. 윤회가 설명하는 것이 계급질서이고 태생의 한계이고 불가항력적인 것이라면, 그런 관념은 일찍이 버릴수록 좋다. 나도 모르는 윤회의 법칙은 거짓이다.

다섯, 연기를 긍정하라. 윤회의 언사를 연기의 관념으로 바꿔라. 연기는 윤회의 비운명적인 표현이다. 윤회는 신의 의지를 따르고, 연기는 도덕법칙을 준수한다. 연기는 무생물의 원리이자 생명의 법이다.

여섯, 무신론을 확립하라. 불교는 무신론이다. 대승불교의 유신론을 정당화하지 마라. 불교 고사의 원인이 바로 석가의 신격화 이후 벌어진 수많은 신들의 탄생과 직결된다. 석존의 신성을 믿지 않는 것이 곧 석가와 나의 불성을 믿지 않는 것은 아니다.

일곱, 선학의 전통을 세우라. 선불교는 전 세계에서 유일한 한국의 전통일 수 있다. 일본의 신도와 불교의 습합, 중국의 도교와 불교의 혼재 속에서 선학의 순수성을 유지하고 있는 곳은 이 땅이다. 언어와 관념을 벗어난 세계와의 합일이 선학에 있다.

여덟, 수행의 실천을 다양화하라. 좌선만이 아니다. 행선도 있다. 숨만 쉬지 말고, 걸어라. 말을 못하게도, 하게도 하라. 신도보다 못한 중의 지력을 퇴출하라. 사찰을 대학으로 삼으라. 대웅전을 본관으로, 요사체를 기숙사로 여기라.

아홉, 출가문화를 보편화하라. 출가는 집을 떠나는 일이다. 학생들과 일반인들이 집을 떠나게 도우라. 공양과 운수행각을 일상화하라. 아무 까닭 없이 밥을 빌어먹고 잠을 자게 하라. 가출문화의 선봉에 서라.

열, 불교유신의 세계관을 배우라. 한용운의 정신을 잇자. 많은 선사의 전통을 세우자. 불교는 역사이다. 역사만이 불교를 실증한다. 역사적 불교만이 대승에서 소승으로 되돌아 갈 수도, 다시 소승에서 대승으로 나갈 수도 있다.

간디와 인도에 대한 15가지 물음

― 간디박물관장과의 대화

이 글은 간디연구소장인 알루 다스투르 여사와의 면담록이다. 내 인도 여행의 주제는 '불평등' 이었고, 나는 간디를 통해 그 불평등의 역사가 조금이라도 해결될 가능성이 엿보이길 희망했다. 아직도 신분제로 고통 받고 있는 나라, 힘 있는 후진국, 지폐에만 15개 문자가 적혀 있는 복잡한 인구구성, IT 산업의 발달로 방갈로르 지역의 젊은이는 아버지 수입의 몇 만 배를 벌어들이는 곳, 그곳의 정신적 지도자인 간디를 인도인과 함께 만나보자. 생생한 전달을 위해, 방문 후 그날 저녁에 정리한 노트를 그대로 옮긴다.

이 공책의 겉은 어두운 자줏빛이다. 이 공책을 판 주인은 이 색깔을 스리랑카 색이라고 했다. 쑥색은 파키스탄이고, 인도는 주홍색이다. 나는 그에게 이 공책에 3시간 동안의 긴 대화를 쓸 거라면서, 내가 귀찮게 이것저것 뒤진 것을 양해해 달라고 했다. 당신 이야기도 쓸 거라면서. 빅토리아역 건너편 야채 햄버거를 파는 맥도날드 옆 골목의 길거리 문구상이다.

간디 박물관 및 연구소의 알루 다스투르 박사Dr. Aloo Dastur를 만나기 위해 아침에 전화를 했다. 늘 집에 있으니 언제라도 좋다는 것이었다. 두 시간 후로 잡았다. 이것저것 정리하고 이리저리 집을 찾다보면 도심 열차를 타고 가더라도 두 시간은 족히 걸릴 듯 했다. 아홉 시에 전화를 했으니 열한 시까지는 가야 했다. 서둘러 짐을 꾸려놓고 버스로 처치 게이트역Church Gate Station으로 나가 교외로 나가는 기차를 탔다.

어제 저녁에는 간디의 여러 사진을 보며 상념에 빠지다보니 새벽에야 잠이 들었다. 바삐 기차 안에서 15가지 물음을 마련했다. 열 가지는 간디에 대해서, 다섯 가지는 개인적인 질문으로 대강 적어보았다. 그러느라 목적지인 반드라Bandra역을 놓칠 뻔했다. 반드라 서편 쪽은 고급주택가이지만 동편 쪽은 길거리에서 볼일을 보는 세계 최대의 슬럼가가 있는 곳이다.

열한 시가 가까워지고 있었다. 오토 릭샤를 잡아타고 여사의 집을 찾았는데, 그녀가 가르쳐준 앤드류Andrew 교회 근처의 바울Paul 거리는 금방 다다를 수 있었지만, 지번 표시가 제대로 되어있지 않아 두어 번 오고가다 비로소 찾을 수 있었다. 물어보았을 때 모르면 가만히 있을 것이지 인도인 특유의 친절과 자만이 나를 고생시킨 것이다. 결국 우체부에게 물어보고서야 분명한 위치를 확인할 수 있었다.

교외 주택가의 영국식 2층집이었다. 아래층은 다른 사람이 살고 이층에 살고 있었다. 테라스가 넓고 응접실이 큰 그런 집이었다. 옆은 빌라형 저층 아파트로 많이 바뀌었지만, 그 집은 아직도 고색이 창연했다. 여사는 테라스에 편히 앉아 있었다.

나를 소개하자 반기며 맞아주었다. 집을 찾기 어렵지 않았냐고 물었고 그렇지 않다고 했다. 누가 주소와 전화번호를 가르쳐주었냐고 물어,

간디 박물관의 책임자가 말해주었다고 했다. 그리고 덧붙여 박물관 근처의 간디 서점에 들러 여사의 책이 있다면 우선 살펴보고 만나려고 했으나 찾을 수 없었다고 하자, 1978년에 은퇴하여 그 전의 저작은 쉽게 찾을 수 없었다고 했다. 9권의 인도정치와 민주주의에 관한 책이 있다고 했다. 여사의 전공은 정치학으로 인도의 현대정치가 주된 분야였다.

다스투르 남북한의 문제는 어떤가요? 인도와 파키스탄의 문제처럼 복잡하지요?

정세근 어쨌든 도와줘야 합니다. 식량이든 물자든 줘야 합니다.

다스투르 어째서죠?

정세근 배고프면 사람이 제대로 생각할 수 없어요. 배가 불러야 엉뚱한 짓을 하지 않지요. 김대중 대통령이 그 때문에 노벨평화상을 받았지만, 남북한 지도자가 같이 받을 수 있었다면 더욱 좋았겠지요.

다스투르 간디는 노벨평화상을 받지 못했어요. 노르웨이 아카데미의 몇몇이 그를 좋아하지 않았기 때문이기도 하지만, 무엇보다도 돈을 주어도 받을 방도가 없었지요. 간디는 은행을 이용하지 않았잖아요. 5번이나 후보로 거명되었지요.

정세근 그럼 간디는 어떻게 살았나요?

다스투르 남의 통장을 이용했지요.

정세근 그럼 그 통장으로 상금을 넣어달라고 하면 되잖아요? (웃음)
(시끄러워 거실로 옮기자고 내가 제안했다. 릭샤 소리 때문에 도저히 대화를 나누기가 힘들었다.)

다스투르 미국의 프랭클린도, 남아공의 만델라도 대통령을 했지요. 오로지 권좌에 오르지 않은 사람이 간디예요.

정세근　김대중도 대통령을 하지요. 그런데 간디를 만나보셨나요?

다스투르　다섯 살 때 어머니 손을 잡고 멀리서 바라본 적이 있어요. 개인
적으로는 아니지만 그게 처음이죠. 우리 집은 간디와 안면이 있
어요. 우리 오빠도 세 번이나 옥살이를 했지요.

정세근　오빠요? 아직 살아 계세요?

다스투르　네.

정세근　장수집안이네요.

다스투르　1914년생이니까. 87살이지요.

정세근　우리 아버지가 1928년생이시니까, 잘하면 할머니뻘이 되겠군요.

다스투르　(웃음) 당신은 너무 젊었어요.

정세근　제가 15가지 질문을 가져왔어요. 대략 열 개는 간디에 대해서,
다섯 개는 개인적으로 묻는 것입니다.

　　　　　(다과가 나왔다. 인도인들이 즐기는 생강 맛이 진하게 나는 단 홍차였다.)
저는 이 생강 맛이 참 좋아요. 차라는 말은 세계 공용어지요. 지
금 인도에서는 '짜이'라고 하지만, 한국은 '차', 중국은 '차아',
일본도 '오차', 즉 모두 /차/이지요.

다스투르　그렇습니까?

정세근　그건 그렇고 제가 인도에 온 것은 한 주제 때문이었습니다. 바로 불
평등의 문제입니다. 미국식으로 말하자면 '기회균등'equal opportunity
일 수도 있겠고, 좀 더 구체적으로는 '정치적 정당성'political correctness
일 수 있지요.

　　　　　(정치적 정당성이란, 이를테면 미국 내의 유럽 중심적 교육에 대해 동

양에 관한 과목도 개설을 요구하는 것 같은, 정치적 균형을 위한 정정 요구를 가리킨다.)

/ 첫 번째 물음 /

정세근 첫 번째 질문으로 들어갑니다. 간디주의란 무엇입니까?

다스투르 무엇이 주의인지는 몰라도 간디주의에는 중요한 몇 가지가 있지요. 무엇보다도 비폭력ahimsa: non-violence입니다. 그런데 그것은 적극적인 태도이자 실천적인 활동입니다. 비록 네루는 그것에 부정적이었지만, 간디는 매우 실천적인 사람이었지요. 그 영향 때문인지, 인도는 파키스탄과의 위기에서도 바라만 보지 총을 쏘지 않잖아요. 1930년에는 소금 행진도 했고요. 스물 닷새를 걸었어요. 도대체 왜 소금을 법률로 제재하는 겁니까?

(그녀는 간디주의의 실천성을 강조했다. 악법의 타파를 위해 간디가 주도한 소금 행진이 갖는 의미 같은 것 말이다. 그러나 소금은 이른바 성경의 '빛과 소금'처럼 역사적으로 고대 사회부터 전매해오던 것이며, 간디주의는 여느 주의보다 비교적 소극적인 것이 사실이다. 네루가 그까짓 소금 갖고 뭘 그러느냐는 것도 그러하고, 간디의 정적이었던 암베드카르의 혁명적 주장도 그러하다. 간디는 그의 특유한 수구주의 때문에 암살당했던 것이다.)

네루는 '소금이 뭐라고'라며 회의적이었지만 중요한 것은 법을 고치는 것입니다.

정세근 그렇다면 비폭력도 행위의 일종으로 볼 수 있겠네요?

다스투르   그렇지요.

/ 두 번째 물음 /

정세근   간디주의는 아직도 세계 속에서 보편성을 지닐 수 있습니까?

다스투르   돈의 문제나 무기의 문제에서 의미를 지닐 수 있습니다. 절검
정신이나 반전 정신이 바로 간디주의로부터 나올 수 있지요. 게
다가 간디주의는 정부가 잘못된 방향으로 나가는 것을 막아줍
니다. 또 경제적으로는 국산품 애용이라는 명제를 주었죠.

정세근   세계는 무역해야 살아남을 수 있는데, 국산품 애용은 시대에 뒤
떨어진 이야기 아닙니까?

다스투르   네, 문제는 인도면을 수입해서 다시 인도인에게 되파는 식의 것
은 안 된다는 것입니다. 간디는 남아프리카에서도 변호사로 돈
을 벌 수 있었지만, 다시 돌아와서 이 운동을 벌였습니다.
(그녀의 생각으로는 자급자족이 왜 나쁘냐는 것이었다. 더욱이 원료를
사가서 되파는 식의 무역은 자못 비도덕적이라는 것이었다. 그러나 그
것이 바로 현대의 무역업이다. 그것이 비록 미국식 경제논리에 의한
것일지라도.)

/ 세 번째 물음 /

정세근   간디주의가 비록 세계에 많은 영향을 끼쳤어도 실상 인도에서
는 성공적이지 못한 듯합니다만.

다스투르   중요한 것은 인간의 존엄성human dignity입니다. 간디는 무엇보다

도 그것을 강조했지요. 비록 암베드카르는 계급적인 운동을 통해 그것을 완성하려 했지만요. 인도사회는 분명한 불가촉집단 the untouchables이 있었어요. 암베드카르는 천민 출신으로 영국식 교육을 인도에서 받고 유학도 갔지요. 그의 방법은 매우 극단적이었습니다. 그러나 간디는 남아프리카의 일등석 열차에서 쫓겨나고, 그때부터 이러한 차별이 있어서는 안 된다고 굳게 믿었지요. 암베드카르는 간디가 죽은 후에는 그에게 동의했어요.

(암베드카르는 봄베이에서 학교를 졸업하고 유학을 떠났다. 그는 제헌 의원이 되었지만 천민을 위한 자리가 없다면서 의회에서 앉지 않았다. 불가촉들에게 힌두교에서 불교로 개종할 것을 권유하기도 했다. 죽은 다음의 동의가 얼마나 의미를 갖는지는 자못 궁금하다.)

/ 네 번째 물음 /

정세근 비록 간디가 불가촉들을 '태양의 자식'Harisan이라 부르면서 올려주긴 했지만, 그는 여전히 불평등을 긍정하지 않았나요? 카스트 제도 말입니다.

다스투르 글쎄요. 간디는 카스트를 반대했어요. 안티 카스트anti-caste이지요. 간디는 말했습니다. 청소하는 사람이 따로 있느냐고요. 누군가는 청소를 해야 할 것 아닙니까? 사제의 아들이라고 해서 사제의 영혼을 지닌 것은 아니잖아요? 문제는 그의 타고난 재능genius이지 신분이 아닙니다. 디자인하고 싶으면 디자인을 하는 겁니다. 그것은 단순한 구별division입니다.

(이 글을 쓰고 있는 이곳 식당에서도 식판을 가져다주는 것이 마치 자기의 일을 빼앗기는 양 나서서 일을 하는 청년들이 있었다. 그런 의미에서의 분업이라면 긍정될 수는 있겠지만, 아직도 미진한 것이 사실이다. 재밌는 것은 이곳 물가에 비해 결코 싸지 않은 맥도날드는 손수 가져다 먹고 치워야 한다는 것이다. 그것도 미국식이라 좋아하고 따라 하는 것인가?)

정세근　디자인은 어느 카스트에 속하는지요?

다스투르　글쎄요. 어떤 디자인이냐에 달렸지요.

정세근　어제 저녁에 저는 도비 가트Dobhi Ghat에 갔었어요. 참 도비가 무슨 뜻이죠?

다스투르　세탁하는 사람을 가리킵니다.

정세근　저는 그 냄새와 어둠을 기억합니다. 옷을 삶기 위해 장작이 뜨겁게 불타고, 양잿물 냄새가 코를 찌르고, 아이들은 그 사이사이에서 뛰어놀고, 가족들은 밥을 먹으며 작은 흑백 텔레비전을 보고. 세대를 잇는 과정을 엿볼 수 있었습니다. 들어가 보고 싶으십니까?

다스투르　(단호하게) 아니요.

정세근　나는 그들과도 인터뷰를 하고 싶은데 그들이 영어가 되어야지요. 영어가 되는 대학생들은 들어가길 원치 않고.

다스투르　꼭 학생일 필요 있나요? 누군가를 찾아보세요.

(청소, 세탁하는 사람은 매우 낮은 카스트에 속한다. 우리가 고기 먹는 사람 따로, 소 잡는 사람 따로 있어 임꺽정과 같은 백정을 불가촉으로 여긴 것과 같다. 그녀의 태도로 보아 도비 가트에 들어간다는 것은 불

가능해 보였다. 그녀는 이미 죽음이 가까워진 세대이다.)

정세근 그렇다면 어떻게 세탁물을 나르지요? 누군가는 갖다 주어야 할
텐데요.

다스투르 심부름할 사람이 있지요. 아니면 늘 그들이 찾아오거나. 나도
있어요. 비록 도비 가트는 아니지만.

(도비 가트는 세계 최대의 빨래터이다. 그들은 거기에서 빨래를 하고
거기에서 생활을 한다. 내가 만난 청년은 크리스천 미션 스쿨을 다닌
적이 있어 유일하게 영어가 되던 친구였다. 그러나 결국 그도 그곳을
벗어나진 못했다. 차이가 있다면 출퇴근으로 바뀌었을 뿐이다. 빈곤은
세습된다.)

/ 다섯 번째 물음 /

정세근 어떻게 간디주의의 보수성을 극복하지요? 경제적인 문제나 사
회적인 문제가 산재한데, 어떻게 구체적으로 적용시키지요?

다스투르 어떻게 극복하느냐? 그럼 미국의 흑인 문제를 어떻게 풀지요?
과학적 민주주의를 내세우는 미국도 풀지 못하는 것인데.

(여기서부터 네 번째 문제와 혼동되는 듯 했지만, 나의 지적에도 아래
의 이야기를 계속했다.)

마틴 루터 킹 목사를 알지요? 그가 한 것이 바로 흑백 분리의
버스를 타지 않는 것이었습니다. 처음에는 몇몇이 통근했지만
나중에는 모두 걸어 다녔습니다. 그것이 현실적인 운동입니다.

(점차 많은 흑인들이 걸어다니자, 그들을 하인으로 쓰는 백인 가정에

서 문제가 생기기 시작했다.)

정세근   아주 좋은 예입니다.

다스투르   영화관의 자리도 따로, 밥 먹는 곳도 따로였지요. 샌드위치를 먹어도, 물을 마셔도 달라야 했습니다. 크리스마스의 선물을 사는 가게도 달라야 했지요. 킹 목사는 간디 우소寓所였던 박물관에서 하룻밤을 묵기를 바랐어요. 당시 좋은 닷지Dodge 호텔이 있었지만 박물관에서 매트리스를 깔고 잤지요.

정세근   간디박물관의 책자에서 봤어요. 저도 그러고 싶군요. 나는 킹 목사의 연설을 기억합니다. '나는 꿈이 있다'I have a dream.로 시작되는 그 유명한 연설 말입니다. 우리는 모두 꿈이 있습니다. 그러나 어찌됐던 비폭력주의도 너무 이상적인 것 아닙니까?

다스투르   외국인이 쓴 것이라고 간디의 부인이 청소하기 싫어한 적이 있지요. 간디는 그러지 말라고 설득했어요. 오늘날도 일등석과 이등석은 있습니다. 흑백의 문제가 아니지요.

(나의 계속된 추궁에 그녀는 다른 이야기로 설명하려는 듯 보였다. 그 것이 간디주의의 한계일 수도 있었다. 그러나 간디는 복잡한 우리의 경제적이고 사회적인 현실을 목도하지 못하고 죽음을 맞이했다.)

/ 여섯 번째 물음 /

정세근   현재에도 많은 간디주의자가 있는데, 그들이 반드시 도덕적이지는 않습니다. 술과 여성의 편력으로 유명한 큐슈완트 싱의 예를 들어볼 수 있겠습니다. 간디주의는 반드시 도덕적이어야 합니까?

다스투르 그가 간디주의자입니까? 간디주의자라는 것은 누구나 덮어쓸
수 있는 그런 것입니다. 정치적으로 간디주의를 이용하는 것은
늘 있었던 일입니다.

(이때 무엇을 더 먹겠느냐고 했고, 나는 차를 한잔 더 달라고 했다. 나
는 현대의 간디 지도자에 대해 알고 싶었다. 그들의 행동양식을 통해
간디주의의 미래를 점쳐볼 수 있었기 때문이다.)

/ 일곱 번째 물음 /

정세근 간디주의는 현실에서 성공할 때도 있지만, 성공하지 못할 때도
많습니다. 폴란드 바웬사의 '연대'solidarnosc나 남아공 만델라의
'비폭력'을 성공한 예로 들 수 있겠습니다. 그러나 미얀마의 수
치나 코소보의 루고바는 실패했습니다. 아버지 아웅산의 위업
을 이어받은 수치는 독재정권을 타도하지 못했고, 그리스 정교
도들인 세르비아의 압제로부터 루고바는 회교도인 알바니아인
들을 해방시키지 못했습니다.

(부기: 이브라함 루고바는 2001년도 말 총선을 거쳐 2002년 3월 코소
보의 초대 대통령으로 선출되고, 아웅산 수치는 2015년 12월 실질적
으로 정권을 잡았으나 실각한다.)

다스투르 많은 상황이 있을 수 있습니다. 그러나 간디주의의 독트린은 존
재합니다. 인간성, 도덕성이 정치와 경제에서 실현되어야 한다
는 것입니다. 그가 버킹검 궁전을 방문했을 때, 영국의 복장은

세 벌이 하나의 정장이 됨에도, 늘 그러하듯 인도의 전통 숄만을 걸치고 들어갔습니다. 그것이 그들에게는 예의에 어긋나는 것일지는 몰라도 간디의 원칙에는 충실한 것이었습니다. 어쩌면 그것은 하나의 유머 감각sense of humour이었습니다.

정세근 그것은 유머라기보다는 저항resistance인데요. (웃음) 그런데 나치가 다시 와도 싸우지 말라고 유태인들에게 말할 건가요? (웃음)

다스투르 그럴 것입니다. 그것은 소금을 얻는 것과 같습니다. 우리는 소금을 얻기 위해 독립되어 있는 존재입니다. 그리고 올림픽 게임과 같은 것이 있지 않습니까? 나치 시대 베를린 올림픽 당시의 제시 오웬의 예도 있고.

(종족주의자 히틀러 앞에서 금메달을 딴 '검은 주자'Negrospeedster라는 별명의 흑인선수를 말한다.)

정세근 그런 것이 연대일 것입니다. 그러나 나의 어머니와 아이들이 죽는다면 어떻게 할 것입니까? 그것이 문제입니다.

다스투르 그러나 복수는 안 됩니다.

(다시 가져온 차는 매우 뜨겁고 달아, 말라오는 목을 축이기에 좋았다. 차를 가져온 가정부를 가리키며)

원래 불가촉이었어요. 그런데 불교로 개종했지요.

정세근 그럼 암베드카르가 원한 것 아닙니까? 이름이 뭐지요?

다스투르 미세스 바우아르Wawar입니다.

정세근 '미세스'Mrs.라는 칭호를 붙이시는군요. 당신은 정말로 카스트를 부정하는 듯싶습니다. (웃음) 나는 연대가 정말 중요하다고 생각합니다. 연대는 단결uniformity(통일성)과는 다르죠. 연합과도 다르고. 독립적이지만 소통 가능한 것이 연대입니다.

다스투르 동의합니다. 연대는 단결에서 나오지만 다른 것입니다. 연대는 우정이 전제되어 있지요. 그리고 그것은 삶의 하나의 양식a pattern of life입니다. 비평화적인 것은 실패합니다.

(연대라는 단어는 '사랑의 연대'와 같이 추상적이고 이념적인 표현이 가능하다. 그러나 단결은 문학적 표현이 불가능해서 '전 세계의 노동자여, 단결하라'와 같은 공산당 선언식의 표현만이 가능할 뿐이다. 정말 중요한 것은 '고통의 연대'이다. 그것이야말로 남의 배고픔과 아픔을 받아들이는 불평등에 대한 이해이다.)

/ 여덟 번째 물음 /

정세근 요한 갈퉁 박사는 평화학의 창시자입니다. 그도 간디박물관에 들르면서 방문어록에 글을 남겼더군요. 박물관 안내책자에서 보았습니다. 그는 워싱턴의 정책에 대해 격렬하게 비난하던데요.

다스투르 나는 그를 모릅니다. 평화학이라! 간디는 인권에 대해서 루즈벨트와도 교감이 있었습니다. 테러리즘도, 테러리즘에 대한 전쟁도 간디는 당연히 반대했겠죠.

정세근 갈퉁은 워싱턴의 정책에 대해 반대하니 노벨평화상은 못 받을 겁니다. (웃음)

(갈퉁은 2001년 9월에 충북대학교 50주년 기념학술회의에서 미국의 이른바 '대對 테러 전쟁'에 대해 신랄한 비난을 했다. 그는 '미국'이라는 표현보다는 '워싱턴'이라 좀 더 줄여 말하기 좋아했으며, 워싱턴의

공격으로 죽은 숫자도 무시할 수 없다고 했다. CIA가 남미등지에서 정부전복과 같은 사업을 꾀하고, 가다피의 손녀가 죽은 것을 포함하여 북아프리카에서의 공작을 포기하지 않는 한, 국제사회의 적이 될 수밖에 없다고 주장했다. 이스라엘을 제외한 전 세계가 바라는 미국의 역할은 경찰로서의 역할이지, 구약적인 전능한 아버지의 역할이 아니라는 것이다.

당시 대인지뢰 반대운동 단체(ICBL)를 이끌어온 공로로 노벨평화상을 받은 여성운동가 조디 윌리암스도 초청되었는데, 그녀의 주안점은 지뢰가 능동적이지 않은 수동적인 무기라는 데 있었다. 지뢰로 말미암는 무고한 시민의 상해를 없애자는 것이다. 이 점에는 쉽게 동의할 수 있지만, 방어defense적 개념에서 전쟁을 정의하는 나라에서 지뢰는 어쩔 수 없이 필요하다는 점에서 그녀의 문제제기의 취약점이 있다. 미군이 아프가니스탄의 지뢰를 걱정하는 것과 같은 이치가 되는 것이다. 그녀는 MND와 같은 미사일 문제에 대해 말하지 않는다. 그것이 그녀와 워싱턴의 기가 막힌 조화인 것이다.)

/ 아홉 번째 물음 /

정세근 간디의 비폭력ahimsa에 대해서는 잘 알아요. 그의 무소유fakir에 대해서는 잘 모릅니다. 설명 좀 해주시죠?

다스투르 예? 뭐라고요? '파키르'는 걸인begger을 뜻하는 힌두어인데요. 아! 간디가 아무것도 갖지 않는 것을 말하는군요.

정세근 파키리즘Fakirism이라고 불러도 되지 않을까요?

다스투르 괜찮네요. 그것은 참으로 개인이 해야 할 일이지요. 무소유이지요. 모든 소유욕을 벗어난 절대 무소유 말입니다.

정세근 반쯤 벗은 성자가 세계를 구원할 수 있을까요? 그런데 한국은 너무 춥습니다. (웃음)

(파키리즘은 걸인 정신이자 탁발 정신이다. 성직자들의 탁발의 전통은 인도에서 온 것이다. 서양의 성직자가 밥을 빌러 다니는 것을 생각할 수 있겠는가? 그들은 일반적으로 권력 위에서 품위를 지키려는 사람이지 거지처럼 낮은 데로 임하는 정신은 없었다. 『금강경』의 첫머리에 나오는 부처의 탁발 과정은 자못 장엄하기까지 하다. 구걸이 수도의 과정으로 떠오르는 순간이 아닐 수 없다. 인도에서 구걸은 자신을 위한 것이기도 하지만 남에게 선행을 베풀게 해주는 또 다른 선행이기도 하다.)

/ 열 번째 물음 /

정세근 신부의 지참금dowry도 문제이고, 죽은 남편을 따라 죽는 부인의 문화적 자살sati: sutteesm도 문제입니다. 어떻게 생각하십니까?

(순부殉夫: 비교해 볼 때 순장殉葬은 피동적이지만 순부는 능동적이기 때문에 다르다. 그러나 결과적으로는 문화적 반강제라는 점에서 다르지 않다.)

다스투르 순부殉夫는 지금은 매우 드문 풍습입니다. 100년 전에나 성행하던 것이지요.

정세근 서부 사막지역에는 아직도 간혹 있다고 하던데요.

다스투르 글쎄요. 그런데 지참금 문제도 많이 바뀌고 있어요. 신부가 능력이 많은데 오히려 돈을 주고라도 데려가려고 하지 않겠어요?
（신부가 능력이 많다는 것은 그만큼 사회구조가 서구 자본주의에 맞게 변하고 있다는 것이며, 따라서 인도도 자본주의의 질서에 편승하고 있는 것을 여실하게 엿볼 수 있다. 한국도 지참금 아닌 지참금인 예물이 존재하지만 남자가 집을 구한다는 점에서 자못 다르다. 분가하지 않는 경우, 한국도 엄연히 지참금이 남아있는 곳이다.）

/ 열한 번째 물음 /

정세근 신자유주의라고 들어보셨는지요? 하이에크가 대부격입니다. 경제에서의 국가 개입을 인정하는 케인즈를 반대하며 나온 것입니다. 어떻게 생각하십니까?

다스투르 세계화globalization로 이해하면 됩니까?

정세근 예, 같은 맥락이지요.

다스투르 이제는 잘사는 것과 못사는 것이 자꾸만 나뉘게 됩니다. 빈부차가 유동적이지 않고 고착화되며 더욱 격심해지는 것입니다. 제한적으로 허락하지 않으면 안 됩니다. 보십시오. 영국은 유럽연합에 참가하지 않잖아요.

정세근 인도에 미국 콜라는 1995년에야 들어왔지요?
（인도는 코카나 펩시 등 미국 콜라 수입을 금지시켰다. 대신 자국의 캄파 콜라를 팔았다.）

다스투르 목화를 사가서 되파는 것을 반대한 간디처럼 반대해야 합니다.

정세근 한국은 IMF 체제 때문에 고생을 했습니다. 김대중 대통령이 당선 후 국제적으로 처음 만난 인사가 바로 퀀텀펀드의 이사장 조지 소로스Gorge Soros였습니다. 민주지도자가 대금업자에게 살려 달라고 애걸하는 꼴이지요.

다스투르 파키스탄에도 미국이 돈을 줘서 정권을 유지시킵니다.

정세근 그들을 따라 해야 돈을 버니, 그것이 문제입니다. 역시 파키리즘(걸인 정신)이 필요할 때인지도 모르겠습니다.

('신자유주의'란 개념이 국제적으로 통용되는 개념은 아니다. 우리나라에서 특별히 일반화되었을 뿐이다. 영국은 고집스럽게 EU와 다른 길을 걷는다. 프랑스의 TGV가 리옹을 거쳐 땅밑 바닷길을 20분 만에 달려와도 영국의 철도사정 때문에 소용없는 상황을 생각해보라. 파리에서 바다까지는 너무 빨라 전신주도 보이지 않지만, 일단 도버해협을 건너면 유로스타Eurostar도 영락없는 완행열차처럼 달달거리며 달릴 수밖에 없다.

이 세계에는 분명 세계화에 반대하는 세력이 비정부단체NGO로 많이 있으며, 그들이 모일 때마다 미국의 세계적인 기업인 맥도날드 햄버거 가게 유리창이 깨지고 있다.

얄궂은 것은 조지 소로스가 열린 사회open society를 주창하는 철학자 칼 포퍼Karl Popper의 열렬한 지지자라는 점이다. 김대중은 그 정신을 어쩔 수 없이 찬동했지만 인도네시아의 마하티르는 그를 적극적으로 반대했다. 소로스에게 자유는 곧 개방이고, 개방은 곧 자유이다.)

정세근   중복되지만 중요한 문제입니다. 카스트 제도가 없어질 수 있나
                요? 시대를 잇는 빈곤의 세습과정을 저는 도비 가트에서 목도
                할 수 있었는데 어떻게 이런 인생 유전을 극복할 수 있을까요?

다스투르   이것은 정치적인 문제가 아니라 사회학적 문제입니다. 그러니
                정치적으로 해결되는 것이 아니라, 사회학적으로 꾸준히 연구
                되어야 할 부분이지요. 그들이 가트에서 나오면 그만입니다.

정세근   그러나 문제는 쉽사리 가족으로부터 독립하지 못하는 데 있습니
                다. 어떻게 그들이 독자적인 경제를 영위할 수 있단 말입니까?
                교육도 받지 못하는 그들인데 무엇으로 먹고산단 말입니까?

다스투르   네, 가족으로부터 독립도 문제이지만, 좀 더 크게 가정의 독립
                도 문제입니다.

정세근   경제적으로 점차 사라질 수 있다는 말씀입니까?

다스투르   네.

정세근   그렇다면 50년 후, 아니 100년 후에는 카스트 제도가 없어질
                것이라고 생각하십니까?

다스투르   누가 압니까? 영원히 사라지지 않을지도. 그러나 요즘은 카스
                트 간이나 종교 간의 결혼이 많아졌습니다.

정세근   그러면 높은 쪽으로 됩니까? 아니면 낮은 쪽으로 됩니까?

다스투르   부계 전통입니다. 어머니가 수드라라 할지라도 아버지가 브라
                만이면 브라만이 됩니다.

정세근   한국은 그렇지 않습니다. 너무 많은 양반의 수 때문에 그러했지요.

다스투르 힌두교도와 기독교도는 회교도나 불교도와 결혼하고 있습니다.

정세근 누가 자식을 이기겠습니까? (웃음) 그리고 저는 교수라서 브라만이라 할 수 있습니다만, 가난한 브라만에 불과합니다(웃음).

다스투르 우리는 교수의 월급이 가장 높아요. 정부 관료의 수준에 맞추지요.

(그녀는 카스트 제도의 존망을 정치적인 관점에서 보려는 것을 한사코 거부하려 했다. 빈곤은 임금님도 못 고친다고 한다. 그렇다면 카스트를 정치적으로 해결하려들기보다는 차근히 사회학적 접근을 시도하여 그 해결책을 강구하는 것이 무엇보다도 필요한 시점인 것이다. 정치적 접근은 일정한 이기적 목표를 향해 나가는 것이지만, 사회적 접근은 그들에 대한 이해를 무엇보다도 상세하게 해주어 사람들에게 고발과 직시의 효과를 줄 수 있기 때문이다.

카스트 제도의 소멸, 그것은 너무도 요원한 이야기일지도 모른다. 그러나 철저히 자본주의화해 가는 인도의 모습에서 돈이 곧 계급이 되는 우리 사회의 일면을 조금이나마 엿볼 수 있지 않을까? 중국이 개혁개방을 외치면서 관료가 곧 부자가 되는 현상은 우리의 개발독재시절에도 많이 있었다. 도장 이른바 관허官許가 곧 돈이 되기 때문이다. 인도가 비록 그러하진 않더라도 곳곳에서 벌어지는 관료의 부패는 심한 것이었다. 경찰에게 돈을 집어주던 것이 바로 어제 일이었던 우리를 생각하면 이해가 쉽다. 인도의 군인과 경찰은 돈을 공식적으로 요구하기도 한다.

한국 대학교수의 월급은 그렇게 이상적이지 못하다. 그 전에는 좋았을지도 모르지만 사기업이 계속 월급을 올리는 동안에 대학은 그렇지 못했다. 품위를 유지할 수 있는 대학교수의 월급은 몇몇 사립대학에나 해당된다. 연구비라는 것이 있지만 국립대학 교수의 월급은 공무원의 수당체계와 같다. 인도 길거리의 '가난한 브라만'은 행인들에게 축복을 내려주며 잔돈과 함께 존경이라도 받지만, 한국의 대학교수는 품위 유지도 못한다. 나도 하루에 삼천 원짜리 구세군 기숙사에서 매트리스도 없이 버그와 함께 세월을 보내고 있지 않은가? 결국, 비참하게도 '신분'이 아닌 '경제'가 인도를 포함하여 이 세계의 기준이 되고 있는 것이다. 고매한 영혼이란 도대체 어떻게 보장될 수 있는 것인가? 데카르트도 그것이 인간에게 가장 중요하다고 했는데.)

/ 열세 번째 물음 /

정세근 프랑스의 문명비판가로 소르망이라는 작가가 있습니다. 그는 『인도의 정신』Le Génie de l'Inde, 2000이라는 책을 썼지요. 이게 한국어 번역본2001입니다. 번역제목은 『간디가 온다』로 했어요. 작은 절의 제목을 책의 얼굴로 삼은 것이지요. 어쨌든 그는 간디야말로 인류의 미래라고 생각합니다. 세계에는 서양의 신마키아벨리즘과 동양의 간디주의가 있다는 것입니다. 신마키아벨리즘은 소수를 위한 것으로 비도덕적이지만, 간디주의는 다수를 위한 것으로 도덕적이라는 말과 함께 말입니다. 어떻게 생각하십니까?

다스투르 좋은 말이군요. 나는 그를 모릅니다.

(이때부터 그녀는 기침이 많아지기 시작했다. 대화가 벌써 두 시간을 넘고 있었다. 과연 소르망이 인도를 잘 이해하고 있는가는 또 다른 문

제이다. 그것은 나처럼 원조 밀가루를 먹어본 경험이 있는 후진국의 인민이 갖고 있는 어떤 세계에 대한 동경과 원망을 그는 모르기 때문이다. 줄여 말하면 우리는 미국에 대해 희망과 의뢰라는 그런 이중적인 감정을 늘 지녀왔다. 마치 한국의 가부장적 사회 속에서 벌어지는 맏아들에 대한 바람과 기댐처럼. 선진국 시민인 소르망의 입장에서 카스트는 그 많은 빈민이 살아갈 수 있는 어쩔 수 없는 후진국의 방도처럼 보일지 모르지만, 나의 눈에는 벗어나야 할 질곡에 불과한 것으로 보이는 것이다. 우리는 모두 가난으로부터 탈출하고 싶어 하지 않았는가?)

/ 열네 번째 물음 /

정세근 1930년에 사바르카르Savarkar는 힌두성Hindutva을 내세우면서 인도인의 정체성을 강조했습니다. 현 집권당인 힌두당BJP이 곧 그것의 화신이지요. 어떻게 생각하십니까?

다스투르 예, 힌두당은 간디를 좋아하지 않습니다. 그들의 전신이었던 RSS는 매우 극단적인 보수주의를 택했습니다.

정세근 교조적이라고도 할 수 있죠. 힌두 민족주의Hindoo Nationalism라고도 할 수 있겠죠?

다스투르 예. 우리가 기억해야 할 것이 있습니다. 나의 조상이 위대하다고 해서 내가 위대한 것은 아니라는 것입니다. 그들은 점성술을 이용하기도 합니다.

정세근 그렇다면 그것은 미신superstition 아닙니까?

다스투르 그렇죠. 그들은 민중grassroots을 고무하고 흥분시켜 그들의 목적을 달성하지요. 매우 정치적인 목적을 지니고 있어요. 그런데 문제는 민중이 무지하여 그것을 모른다는 데 있어요. 매우 정치적인 목적을 지니고 있지요.

정세근 그들을 신나치주의Neo-nazism라고 불러도 괜찮겠습니까?

다스투르 예. 공산당에서는 그들을 파시즘Facism이라고 불러요. 콜록콜록. (기침이 심해져서 빨리 끝내야 했다.)

(문제는 민족주의의 양상이다. 내셔널리즘이라는 것은 단순히 민족만을 가리키는 것이 아니라 국가도 가리키며 나아가 쉽게 전체주의적 성향을 띤다. 우리의 민족주의가 비교적 좋은 어조를 지니는 것은 민족을 억압하는 외세에 대한 투쟁이라는 점 때문이다. 그런 점에서 한국의 민족주의는 기본적으로 반외세 독립노선을 가리킨다. 그러나 그것도 영원히 옳을 수 있는 진리는 아니다. 민족 모순이 약화될 수도 있기 때문이다. 근자에 들어 '창작과 비평' 쪽 평론가들이 민족주의에 대한 자성을 시도하는 것은 매우 좋은 예이다. 그러나 서구의 민족주의는 기본적으로 독재적이고 패권적인 성향을 띠기 때문에 비교적 나쁜 의미로 이해된다. 독일국가사회당, 줄여 말해, 독일민족당이 곧 '나치'NAZI 아닌가? 그들이 벌인 인종청소가 바로 이러한 민족 개념에서 출발한 게르만족 중심주의인 것이다. 따라서 서구에서 민족주의는 기본적으로 부정적 의미를 지닌다. 최근 프랑스를 중심으로 활발히 연구되는 포스트모더니즘 계통의 해체주의가 추구하는 것이 바로 이러한 종족 중심적 서구의 사유행태에 대한 비판이다. 데리다 같은 인물에 따르면 서구 형이상학은 백인 종족이라는 우상에 기초한 '백색 신화'white mythology일 뿐이다.

그녀의 '민중'grassroots이라는 표현은 상당히 우리와는 달랐다. 50%가 넘는 하층계급의 빈곤과 문맹에 대해 그녀는 자조해야 했던 것이다.)

/ 열다섯 번째 물음 /

정세근 힌두교도와 회교도들의 사이가 안 좋은 것은 사실입니다. 오늘 벌어지고 있는 인도와 파키스탄의 위기가 그것을 잘 보여주고 있습니다. 수많은 인도인들은 정부가 파키스탄을 공격하기를 바라고 있습니다. 회교도들에 대한 반감도 적지 않고요.

다스투르 그들은 정치적 무리group가 아니라 종교적 무리입니다. 종교를 정치로 섞지 마십시오. 다른 문제가 있는 것입니다. 펀잡 지역의 시크교도들이 무슬림들과 싸우는 것은 정치적인 것입니다만.

정세근 그들을 이용한다는 말씀이십니까?

다스투르 예, 매우 복잡합니다.

(그녀는 나와 생각이 같았다. 어떤 종교가 싸움을 가르치겠는가? 정치가 종교를 이용할 뿐이다. 그런 점에서 현대 제3세계의 정치를 전공한 헌팅턴의 문명충돌론은 나에게는 한낱 정치적 발언일 뿐이다. 문명이란 교섭이며, 참다운 만남은 평화 속에서 이루어진다. 시크교도들이 무슬림들과 싸우기 위해 태어났다는 것은 정치적인 음모가 배후에 깔려 있는 것이다. 시크교도들이 크샤트리야 출신으로 무사들인 점을 감안하면 더욱 쉽게 이해될 수 있다. 많은 시크교도들의 성인 '싱'Singh은 힌두사회에서 무사계급을 대표하기도 한다.)

정세근 이야기를 빨리 끝내야겠습니다. 기침이 심해지시네요.

다스투르 걱정하지 마십시오.

정세근 영국의 철학자 흄Hume은 말했습니다. 유일신교는 논리적이지만 독단적이고, 다신교는 어리석어 보이지만 관용적이라고. (웃음) 힌두교는 과연 일신교입니까, 다신교입니까?

다스투르 일신교에 가깝습니다. 힌두교도인 간디도 하나의 완성된 인격성fine personality을 믿었다는 점에서 그렇습니다. 진리를 받아들였지요.

정세근 예. 간디도 이런 말을 했지요. "신은 없지만 진리는 있다."There is no God but Truth. 하나의 진리를 믿는다는 점에서 유일신교라고도 할 수 있겠죠. 그러나 문제는 있습니다. 그런데 간디는 왜 람신을 부르면서 죽었나요? 그의 마지막 말이 "헤, 람!"He, Ram!이었는데.

다스투르 람은 일어난 일을 모두 받아들였어요. 비록 총에 맞았지만 그것을 기꺼이 받아들인다는 의미지요.

정세근 아! 바로 그거군요. 많은 사람에게 물어보아도 여사처럼 분명한 대답은 없었습니다. 람은 평화의 신이며, 비슈누 신의 여덟 번째 화신이지요. 그의 집안은 비슈누를 믿었습니다.
혹 노장老莊사상을 들어보셨습니까? 『도덕경』道德經이라는 책도 있는데 그들도 무위無爲: non-action를 강조했습니다.

다스투르 나는 노장을 모릅니다. 그리고 간디는 아무것도 하지 말라는 것이 아닙니다. 오히려 매우 실천적입니다.

정세근   압니다. 노자는 이런 말을 합니다. '아무것도 하지 않지만 모든 것이 다 된다.'라고. 일부러 해서는 안 되는 것이지요. 풀 보고 잘 자라고 뽑아준다고 자라나요. 말라 비틀어죽게 마련이지요. 문제는 무엇이 자연적이냐는 데 있습니다. 참, 간디를 배우기 위한 전문 석·박사과정이 있습니까?

다스투르   좋은 지적입니다. 그러나 간디주의는 이미 세계적입니다. 반드시 어디서 해야 할 까닭은 없지요. 정통을 잇는 학문은 반드시 필요하지 않습니다.

정세근   낮은 카스트에 대한 할당제reservation로 대학에 들어오는 학생에 대해 많은 브라만 출신들은 불만을 갖던데요. 그 제도가 좋은 것입니까?

다스투르   우리 봄베이 대학은 카스트를 오래전부터 묻지 않았어요. 델리 대학이라면 모를까. 그런데 중요한 것은 만일 확보 비율로 공부를 해서 잘살게 되었다면, 그의 자식은 그 제도를 쓰지 않아야 할 것입니다.

정세근   법률적으로는 보장되어 있을 텐데요.

다스투르   그것은 자기존경self-respect(자존심)에 관한 것입니다.

정세근   그렇습니다. 오랜 시간 고맙습니다. 이야기가 너무 길었습니다.

다스투르   좋은 여행이 되길 빕니다. 어딜 가실거죠?

정세근   아잔타Azanta 석굴이요.

다스투르   엘로라Ellora가 좋을 텐데요?

           (아잔타는 불교만의 석굴이지만 엘로라는 불교가 섞인 힌두교 석굴이다.)

정세근   거기도 갈 겁니다.

(나오면서)

다스투르   우리 집 요리사는 마드라스 체나이 출신으로 가톨릭을 믿지만 그
녀의 남편은 뱅갈 사람으로 힌두교를 믿습니다. 이렇게 삽니다.

정세근   그녀의 카스트는요?

다스투르   모르겠군요. (웃음)

(그것은 그녀가 카스트를 반대한다는 것을 의미했다.)

(2002년 1월 3일 목요일)

나는 그날 밤 구세군Salvation Army의 창립자인 윌리암 부스William Booth
의 사진이 걸려있는 숙소의 식당에서 늦게까지 원고를 정리했다. 잠을
자면 잊어버릴 것 같아 그날 모두 정리를 끝내고자 했다. 자줏빛 공책을
거의 채웠다.

길 건너에는 뭄바이에서 가장 좋다는 타지마할 호텔(부기: 2008년 11월
호텔에 테러단이 잠입하여 미국인과 유대인 173명을 학살하는데, 이를 배경으로 한 영화
도 있음)이 있었고, 나는 뭄바이에서 가장 싸지만 바다가 간간이 보이는 구
세군 기숙사에서 머물고 있었다. 호텔에는 시원한 폭포와 찬란한 수영장
이 있었고, 기숙사의 더러운 매트리스에서는 이가 남실거렸다. 호텔 스
카이라운지에서는 술에 취한 아라비아해의 야경이 평등을 염원하는 먼
이방의 여행객에게 펼쳐지고 있었고, 6인실 기숙사에서는 배낭을 침대
다리에 묶고 맨 합판 위에서 잠자고 있는 가난한 서생의 깊은 꿈을 갈매
기가 깨우고 있었다. 빈부는 그곳에서도 만나고 있었다.

「『노자』—불교와 가장 깊고 가까운 사이*」, 『불교평론』 87, 2021, 가을.

불교와 노자

노자와 불교의 관계는 참으로 깊을 뿐만 아니라 오래되었다. 깊다는 것은 불교의 핵심 개념인 '공'空이 처음에는 노자의 '무'無로 번역되었음을 살펴보면 쉽게 알 수 있고, 오래되었다는 것은 불교가 중국에 도래했을 때 중국인들이 부처를 서쪽으로부터 온 얼굴 검은(누런) 노자로 여겨 '황면노자'黃面老子로 불렀음을 떠올리면 바로 알 수 있다.

이제는 부처를 노자로 볼 사람은 없다. 불교의 현실적 위세는 이미 노자를 종주宗主로 삼는 도교의 영향을 맞먹거나 넘어선다. 우리나라에서는 물론이고 도교 세력이 강한 중국에서조차 그러하다. 도교는 노자를 섬기는 것으로 끝나지 않고 만물만사가 신이 될 수 있기 때문에 다양하게 변형되어 불교처럼 특정한 숭배대상을 지니지 못한다. 도교사원이라고 해서 노자를 모시는 것이 아니다. 중국의 대다수의 도관道觀에 노자는 없거나 뒷전에 있을 뿐, 삼국지의 관우의 권위에 밀린다. 중국 사천의 상청산上淸山 같은 도교의 발원지에나 올라야 노자가 주신主神으로 모셔져 있을 뿐이다. 그런 점에서 오늘날 불교도의 인식에서 노자와 불교의 상관

관계에 의아함을 느끼는 것은 당연하다.

부처가 노자로 불렸다니? 그 의식의 친밀성으로 돌아가보자. 불교의 핵심 개념인 공이 무로 번역되었다니? 그 의미의 동질성에 다가가 보자. 아무리 일반설이지만 이런 개론조차 못 접해본 강호의 불교학자에게 말을 건네 본다. 무엇이 그렇게 통했는지, 그리고 그 통함이 오늘날 어떤 식으로 다시 만나야 하는지 생각해보자.

사람은 자기의 수준대로 이해한다. 아는 만큼 보인다는 것은 예술의 감상에서만 적용되는 것이 아니다. 사상도 그렇다. 공자 전문가는 『논어』를 바탕으로 『니코마쿠스 윤리학』을 읽고, 주자 전문가는 주자학의 이기론理氣論을 바탕으로 칸트를 읽는다. 동서의 반대도 마찬가지다. 철학사가로 유명한 코플스톤 신부가 주자에 대한 글을 썼다는 것을 아는 사람은 거의 없다. 그러나 그는 시대도 비슷한 아퀴나스의 시각으로 주자를 읽을 줄 안다. 생각이 생각을 읽는다.

불교가 들어왔을 때, 중국인들이 갑자기 불교를 이해할 수 있었을까? 부처의 관점이 무엇인지 아무것도 없이 그 핵심을 파악할 수 있었을까? 맨땅에 머리박기로 불교를 알아간다는 것이 가능했을까?

맨땅에 머리박기로, 두엄 속 바늘 찾기로 외래문명을 이해한 좋은 예는 일본의 의사집안 출신인 스기타 겐파쿠가 네덜란드어로 된 독일 해부학 책을 번역한 예에서 찾을 수 있다. 'A, B, C'가 글씨인지 뭔지도 모르는 사람들이 모여서 그야말로 무식하게 번역을 이루어낸 것이 일본 근대화에 큰 영향을 끼쳤다는 『해체신서』解體新書다. 사람의 몸에 대한 새로운 이해, 그것을 통해 그들은 새로운 세계를 맞이했다. 해체의 해는 『장자』포정해우庖丁解牛의 예처럼 그 자체로 소의 해체 곧 해부解剖의 뜻을 지닌다.

불교는 다행히 책만 온 것이 아니라 사람도 함께 왔다. 후한 말 환제 건화 2년[148]에 중국에 온 안식국의 태자 안세고安世高는 낙양에서 20년 동안 초기경전을 번역한다. 이후 '달마가 동쪽으로 온 까닭'으로 이어지고, 세월이 흘러 '삼장법사가 오공悟空과 함께 인도를 헤매다 돌아온 이야기'가 나온다. 불교에는 전도사가 있었고 그들이 불교를 설명했다.

관련해서 우리에게 알려진 두 삼장법사三藏法師는 다름 아닌 쿠마라지바Kumārajīva: 344~413와 현장玄奘: 602?~664이다. 서역(정확히는 중앙아시아의 구자국)에서 넘어온 쿠마라지바, 중국 낙양 근처에서 태어나 장안에서 인도로 넘어간 현장, 이렇게 둘은 번역가로서의 지위를 분명히 한다. 그들에게 주어진 멋진 칭호인 삼장법사는 오늘날 젊은이들에게는 '번역대사'로 불려야 마땅하다. 이 둘의 번역 없이는 오늘날의 불교가 없기 때문이다. 불교도라면 이러한 번역을 통해 오늘날의 불교가 탄생했음을 잊어서는 안 된다. 말을 버리라고? 아니, '말을 버리라'는 것은 말이 아닌가.

여기서 재밌는 문제부터 풀고 가자. 구마라집 또는 구마라습으로 불리는 쿠마라지바의 번역이 쉬울까, 아니면 인도 전역을 14년 동안 경전을 찾아 헤매고 다녔던 현장의 번역이 쉬울까? 이른바 쿠마라지바의 구역舊譯이 쉬울까, 현장의 신역新譯이 쉬울까? 인도 사람의 인도 말 번역이 쉬울까, 중국 사람의 인도 말 번역이 쉬울까? 달리 말해, 우리말이 짧은 미국 선교사가 말하는 기독교가 쉬울까, 한국인 기독교인이 말하는 기독교가 쉬울까? 의외로 사람이라는 것이 말을 잘하기 시작하면 말이 어려워진다. 그러나 말이 짧은 외국인들은 짧은 몇 마디 말로도 자기가 말하고자 하는 것을 드러낸다. 전도를 목적으로 외국인을 위한 번역을 당연시한 결과다. 그러나 본국인들은 그게 그런 뜻이 아니라면서 굳이 원어를 쓰고 잘난 척을 한다. 세상일이 그렇다. 한마디로 구역은 중국어에로의 번역에 충실했다면, 신역은 산스크리트어 직역이 난무한다. 구역은 의역이 많고, 신역은 음역이 많다. 따라서 중국 사람이 한 중국어 번역이 더 어려워진다.

그런데 이런 현상은 현장처럼 공부를 많이 한 사람에게 일어나는 현상이지 초보자에게서는 벌어지지 않는다. 일단 이해부터 하고 보자는 것이 일반적인 접근이다. 도대체 그게 뭐래? 무슨 소리지? 좀 쉬운 말로 해봐. 아하, 내가 알고 있는 그거구나! 이것이 상식적인 이해의 순서다.

불교는 말한다. 순야타sunyata! 중국인들은 뭔 소리인지, 뭔 뜻인지 모른다. 불교가 설명을 한다. 중국인들이 비로소 이해하기 시작한다. 아, 세상에 고정불변한 것은 없다는 것이구나. 그렇다면 노자가 말하는 무無가 아닌가. 따라서 무로 번역하고, 불교는 노자가 인도로 건너가서 가르침을 주고 부처로 되돌아온 것이거나 인종적으로만 다른 노자구나라고 생각한다. 노자가 인도로 건너갔다는 이야기가 '노자화호설'老子化胡說이고 노자의 얼굴색만 누렇게 된 부처가 '황면노자'黃面老子다.

그러나 무에는 절대무도 있지만 상대무도 있다. 노자가 말하듯이, 절대무는 '있음은 없음에서 나온다'有生於無는 것이고 상대무는 '있음과 없음이 서로를 낳는다'有無相生는 것이다. 그러나 불교의 무는 상대무로 비쳐지면 안 된다. 여기서 무로 쓰면 아니 되겠다는 고민이 생긴다.

불교는 제행무상諸行無常을 가르친다. 그것은 일체무상이자 인생무상이다. 그런데 노자는 상常 자를 좋게 쓴다. 늘 그러한 진리를 가리키는 '상도'常道는 좋은 뜻이다. 『노자』 전반에 걸쳐 상 자는 '성인은 일정하게 고정된 마음이 없다'聖人無常心는 구절 외에는 좋게 나온다. 그렇다면 불교의 무상의 진리와 노자의 상의 진리가 축자적으로 부딪치고 만다. 설령 노자가 말하는 상의 진리가 상대를 넘어, 현실을 넘어, 언어를 넘어 일컬어지는 상이라고 할지라도 불교가 정작 말하고자 하는 무상의 진리와는 부딪힌다.

이때 가장 좋은 방법은 최고 개념을 빌려 쓰지 않고 독자적으로 만드는 것밖에 없다. 노자의 '빔'虛, '끝'極, '끝없음'無極을 넘어 아예 '공'空으로 독자적으로 쓰자. 이것이 처음에는 노자와 만났지만 나중에는 노자를 떠나는 불교의 결말이다.

공이란 글자는 중국에서 강조된 적이 없다. 일본어에서는 하늘을 가리키는 소리로 읽히듯, 중국어에서도 공은 그저 허공이었을 뿐이다. 『논어』에 나오는 안회의 예에서처럼 '뒤주가 자주 비었다'屢空는 말은 쌀이 다 떨어졌는데도 공부를 열심히 한다는 것이지數至空匱 그의 마음이 불교에서 말하는 '공을 깨달았다'는 것일 수 없다. 공이란 글자가 한 번 나온다고 신이 나서 온갖 불교설을 갖다 붙이면서 해석하는 경우는 그야말로 어불성설이고, 공자가 말하는 일상의 철학과 완전히 위배된다. 그럼에도 어쩌랴. 불교의 진리를 가리키는 공 자가 공자가 사랑하는 안회의 모습을 그리는 데 등장하는 것을. 쌀 궤짝과 공의 진리가 연결되는 순간이다.

불교가 중국에 전파된 것은 이르면 한나라 때, 늦어도 위진 시대로 본다. 한나라로 잡는 것은 『홍명집』弘明集에 나오는 모자牟子의 『이혹론』理惑論 때문이다. 그 내용은 모자가 살았던 시절보다 백 년 앞선 사건으로 후한 명제(재위 57~75)가 꿈을 꿔서 대월지국(중앙아시아)의 승려를 모셔와서 사십이장경을 번역했다는 기록인데, 모자 자신은 영제(재위 168~188) 말년 사람으로 추정되고 유도불 삼교합일을 37조로 설명한 사람이라 그 말을 곧이곧대로 믿기에는 석연찮다. 게다가 위에서 말한 안세고(148)가 그보다 몇십 년 이상 빠르다.

그런데 위진 시대의 불교와 관련된 논문은 오늘날도 읽히니 이미 위진 때는 불교가 사상적으로도 자리를 잡았음을 알 수 있다. 정확히는 진나라 시절로, 중국불교사에서 의미 있게 읽히는 많은 논설이 위진 시대가 끝나고 남북조 시대가 열리는 때에 쓰인다. 유명한 승조, 혜원, 지둔 등이 모두 이 시대에 속한다. 승조는 쿠마라지바의 고족제자이고 혜원은 쿠마라지바와 서신을 교환했다.

이때의 불교를 흔히 격의格義 불교라고 부른다. 격의 불교라고 해서 특별한 무엇이 있는 것은 아니다. 격의의 격은 마주한다, 바라본다는 뜻으로 대격對格의 뜻을 갖는다. 격물치지의 격의 뜻과 같다. 누가 무엇을? 중국인이 인도인을, 중국사상이 인도사상을 마주하여 나름의 해석을 가한다는 의미다. 그에 반하여 승의勝義는 불교 사상을 그대로 살린다는 것이다. 인도의 맥락이 이겨야지 중국의 맥락이 앞설 수 없다. 인도가 중국보다 나을 뿐만 아니라 무엇보다 빼어나다는 뜻을 담는 승 자다.

많은 역사학자가 그렇듯 황로학의 시절에 타협하기 위해 노자의 그늘 아래 불교를 두었다는 것은 쉽게 받아들일 수 없다. 어떤 승려가 자신이 부처의 가계임을 자청하고 성씨조차 석가모니의 석釋 자를 따르면서 불교의 진리를 무시하겠는가. 종이 한 장의 차이일 것이다. 그러나 그 종이 한 장의 차이는 컸다. 부처도 우리 중국인처럼 생각할 것이라고 생각하고 안 하고의 차이가 마침내 불교조차 격의와 승의로 나누고 만다.

가장 좋은 예가 『불설대보부모은중경』佛說大報父母恩重經이다. 불교에서는 다 놓으라고 말한다. 따라서 부모도 떠난다. 자식도 버리면서 부모를 못 떠날 까닭이 없다. 여기서 떠나고 버리는 것은 집착을 끊는 것이다. 나쁜 뜻이 아니라 좋은 뜻이다. 그런데 갑자기 부모의 은혜가 중하다니, 불교 내부에서 그 맥락을 찾기 어렵다. 그러나 『부모은중경』은 우리나라에서는 언해본도 나올 정도로 동아시아 불교에서 중시된다. 이것이 격의 불교의 좋은 예다. 유가의 효孝를 이렇게 불교적으로 푼다. 불교의 언어에 효가 없는데도 이렇게 버젓이 효를 가르친다.

기독교라고 이런 현상이 없었던 것은 아니다. 예수의 어머니 마리아의 신성을 놓고 여러 차례 종교회의를 거친다. 마침내 신성을 부정한 사람들은 쫓겨나 전 세계로 흩어지고, 당나라 때 중국 장안까지 들어온 것이 이른바 경교景敎로 불리는 네스토리우스파다. 마찬가지로 오늘날 대승불교에서 이루어지고 있는 마야 부인에 대한 존숭은 그것이 비록 미미할지라도 중국 전통의 효 사상과 무관하다고 할 수 없다. 서양인들이 한 낱말로 번역하지 못해 '자식으로서의 의무나 경애'filial duty; filial piety라는 두 낱말로 번역하고 있는 효는 서구에서만 아니라 인도에서도 익숙하지 않은 개념이다. 『효경』孝經이라고 직접 말은 못하고 '부모의 은혜는 중하도다'라고 설명하는 불교식 효경은 격의 불교의 태도를 잘 보여준다.

구체적인 실례가 격의 불교 시기의 혜림慧琳이다. 그는 직접적으로 『효경』에 주석을 단다. 이는 불교를 중국식으로 이해하는 것이 아닐 수 없다. 정확히 말하자면 불교의 유가적 이해다. 심지어 그는 『균선론』均善論과 같은 저작을 통해 유가적 질서를 옹호하고 불교의 탈속적인 세계관을 비판적으로 바라본다. 불가이긴 한데 인도불교에 반하는 중국불교의 표본이라고나 할까. 혜림은 혜원의 '영혼의 불멸설'神不滅論에 반대하기까지 한다.

상당히 세월이 흐른 다음의 일이지만 17~18세기 성립한 일본의 고학파古學派들도 이런 생각을 했다. 야마자키 안자이山崎闇齋는 공자가 군대를 이끌고 일본을 쳐들어오면 그와 칼을 들고 싸울 것을 천명한다. 왜냐? 일본을 정벌하려는 공자는 원 공자 사상과 정반대의 공자라서, 그래서 내가 스승으로 삼고 있는 공자라고 볼 수 없기 때문에 그 놈의 목을 치겠다는 것이다. 마찬가지로 격의 불교의 승려들도 그랬다. 불교로 입문하여 불교에서 학문을 세웠지만, 불교의 종지가 자신들이 배워온 곧은 가치를 훼손시킬 수는 없었다.

과연 이런 현상을 어떻게 부를 수 있을까? 이는 '해석학적 지평'hermeneutic horizon에 이은 '해석학적 수직'hermeneutic verticality이다. 이 땅 위에 서 있을 수밖에 없지만 저 하늘에 떠 있는 별을 바라보며 가야 할 길을 잡는다. 별과 나 사이에 수직선을 그어 그리로 나아간다. 우리의 '해석학적 별'은 이렇게 총총하다. 우리가 만난 혜림의 별은 효를 중심으로 한 유가적 가치였고, 오규 소라이가 잡은 별은 일본이 좇아야 할 공자의 가치였다. 나아가 오늘날 우리 기독교인들이 좇고 있는 별은 엑소더스 이후 유대인이 찾아 나선 가나안이었다. 유가보다 더 유가적인 중국인 승려, 중국인보다 더 공자를 따르는 일본인 유학자, 이스라엘인보다 더 구약을 믿는 한국인 기독교인이 이렇게 가능한 것이다.

그런 점에서 격의의 보편성이 자리 잡는다. 우리는 겉으로는 승의를 외치고 있지만 어차피 격의하고 있을 때가 많다. 나의 부처님은 기독교의 유일신과 맞먹을 정도로 전지전능해지고, 나의 공자님은 예수처럼 사람의 아들로 태어나 신이 된 절대자이며, 나의 예수님은 전국 어디서나 찾아볼 수 있는 길목 앞 미륵석상처럼 나를 보살펴준다. 격의는 이런 복합적인 현상을 담는 어휘다.

불교는 그 자체로 격의 불교임을 인정하지 않으면 안 된다. 풍우란이 주장했듯이 '인도 불교'Indian Buddhism와 '중국 불교'Buddhism in China는 다르다. 내 식 대로 말하면 인도 불교는 주류 사상에 반하는 정통이 아닌 이단이며 이미 사라지거나 흡수된 화석종교다. 기껏해야 현대에 들어 암베드카르가 신불교론Neo-Buddhism을 통해 불가촉들the untouchables과 함께 간신히 부활시킨 천민의 종교다. 그러나 중국 불교는 독특한 색채를 지닌채 문화대혁명의 고초를 이겨낸 살아있는 종교다. 이 불교는 보리달마로부터 전래된 인도의 것만이 아니라 유가의 일상과 도가의 고차원을 흡수하면서 자신의 길을 걸어, 마침내는 선禪이라는 새로운 형태의 불교를 만들어낸다. 어쩌면 불교와 선불교는 같은 흐름이지만 전혀 다른 길을 가는 두 갈래의 다른 종교일지도 모른다.

따라서 우리가 만나고 있는 불교는 노자와 한데로 모일 수 있는 길을 간다. 인도 불교 그대로 노자와 만날 수 있다는 것이 아니다. 중국 불교일 때 노자와는 떼려야 뗄 수 없는 길을 간다는 것이다.

위에서 말한 혜림도 그렇지만 지둔도 『장자』의 「소요유」 편에 주해를 달아 자신의 주장을 담는다. 이를테면 지둔의 「소요유」에 대한 해석과 우리가 보고 있는 곽상의 『장자주』의 내용은 매우 다를 뿐만 아니라 아예 대립적이다. 곽상은 '생긴 대로 살아'라며 대붕과 참새의 차이를 부정하는 반면, 지둔은 수행하는 불자로서 '열심히 몸 만들어야지'라며 참새 같은 사람일지라도 대붕과 같은 꿈을 지닐 것을 권유한다. 단적으로 말해, 곽상의 주장 속에는 신분주의적 사고가 농후한 반면, 지둔에게는 그런 불평등을 딛고 일어선 싯다르타의 정신이 살아있다.

불교도들에게 부처와 불교는 무엇이었는가? 불가는 어쩌다 유가와 도가와 더불어 중국사회의 주류 사상 가운데 하나가 되었는가? 불교의 매력은 어디에 있었기에 그 많은 사람이 그 속에 흠뻑 빠졌는가?

유가와 관련되어서는 앞서 말한 효에 대한 이야기나 『주역』에 대한 관심으로 정리된다. 이를테면 동진 시대의 도안은 불교와 노자가 말하는 무위無爲가 어떻게 다른지도 보여주지만 바로 그 『안반주』安般注 서문에서 『주역』,「계사전」의 '만물을 열어 할 일을 이룬다'開物成務는 구절을 인용할 정도로 유가와 도가를 일컫는 것에 거리낌이 없다. 안반이 무엇인가? 안반이란 '아나 아파나'āna-apāna의 음사로 아나반나安那般那의 줄인 말이다. 아나는 들숨, 아파나는 날숨, 한자로 말하면 바로 '호흡'呼吸이다. '후우'하고 내뱉는 '호', '흐읍'하고 빨아들이는 '흡'이다. 그런데 어떻게 하는 것이 좋은 호흡인가? 안세고가 번역한 『대안반수의경』大安般守意經을 놓고 도안은 호흡에서 무위를 강조한다. 이후 불교에서 대두되는 '무위법'과 '유위법'의 구분이 벌써 시작되는 것이다. 장자가 말하는 토고납신吐古納新 곧 옛 숨을 뱉고 새 숨을 들이마시는 호흡법이 이렇게 불교식으로 소개되고 있다.

이런 격의 불교는 위진 현학의 세 줄기 가운데 하나다. 내 구별법에서 세 갈래는 명교파(현학파), 죽림파(자연파), 격의파(반야파)로 불릴 수 있으며 그 마지막을 바로 격의 불교가 장식한다. 격의 불교는 일반적으로는 노장 사상과 관계를 맺는 것으로만 알려져 있지만 위에서 본 것처럼 유가 경전과도 관련이 깊다.

『노자』에 집중해보자. 『주역』을 불교로 해석하는 『주역선해』周易禪解가 있는 것처럼 『노자』와 『장자』를 불교로 바라보는 작업은 오래되었다. 우리의 탄허 스님이 위의 세 책을 외전外傳으로 강의하고 해석한 것과 같다. 무엇이 노자를 불교로 읽게 만들까?

무엇보다도 무와 공이다. 유가가 유의 철학이라면, 도가는 무의 철학이다. 현상을 곧이곧대로 받아들이고 문명세계의 건설을 내세우는 유가는 있는 것을 바라볼 수밖에 없다. 그러나 도가의 창시자로 일컬어지는 노자는 그렇지 않았다. 모든 있음의 뒤의 없음을 보았다.

불교는 반실체론이다. 어떤 실체도 긍정하지 않는다. 실체는 불변의 것이며 항존의 것이기 때문이다. 실체적 사고 때문에 우리는 자아가 있으며, 자아가 있기 때문에 집착이 생기고, 집착이 생겨서 우리는 괴로움에 빠진다. 그러나 내가 없으면 괴로움도 없다. 해탈의 방법이자 원리가 바로 무아다.

노자의 무와 불교의 무아는 이런 점에서 상통한다. 노자도 '나 없애기'無私를 말하고 '나는 스스로 그러할 뿐'我自然을 드러냄으로써 나를 실체화시키는 것을 거부한다. 고정된 내가 있어서 나를 조정하지도 않고 불변하는 내가 있어 나를 고집하지도 않는다. 현상을 실체의 투영이나 발현으로 보려는 사고가 없다. 그저 그럴 뿐이다.

한문에 충실한 사고라면 불교식 한자는 거칠다. 그것은 번역어라는 한계에 기인한다. 영어식 발음과는 다른 이상한 알파벳 표기법을 현대 중국어에서 병음倂音이라고 부르는 것처럼 산스크리트 원어를 멋대로 음역해놓고 이렇게 부르자고 강요한다. 반야般若(포뤄)나 보리菩提(푸티)만 하더라도 한자 발음이 '반약'이고 '보제'인데도 '반야'와 '보리'로 읽으라고 명령한다. 그처럼 불교는 무를 공으로 대체하면서 많은 것을 잃기도 하고 많은 것을 얻기도 한다.

불교의 공은 유무를 뛰어넘는 것이다. 『반야심경』의 '공즉색, 색즉공'이라는 말이 이를 대표하며 이론적으로 중론中論의 핵심이 이것이다. 유무를 넘어서고자 하는 노력은 노자에게서 찾아볼 수 없지만 장자는 '말도 아니고 말 없음도 아니다'非言非默라는 사고에서 비슷한 양상을 보인다. 나가르주나의 중론은 여러 층차가 있지만, 나는 그의 입장이 실체적 주장보다는 언어적 주장에 방점이 있다고 생각한다. 그러니까 승의제勝義諦와 세속제世俗諦 모두 '말'言일 뿐이다. 그 둘은 하나다. 그것이 용수의 이제二諦다.

노자의 말도 '말로 하면 안 된다'면서 '말한다'. 그것이 '도를 말하면 늘 그러한 도가 아니다'道可道 非常道라는 『노자』의 첫 구절이다. 이를 『중론』으로 풀자면 '말로 하면 안 된다'는 것이 승의제 곧 진제眞諦고, '말한다'는 것이 세속제 곧 속제俗諦다. 진제가 상도常道의 세계라면 속제는 범도凡道의 세상이다. 그러나 그 둘을 나눌 수 없다. 소박素樸한 삶은 세속에 있으며, 현원玄遠한 생각은 승의에 있다.

불교가 무라는 말로 노자의 것을 공유했다면, '다듬지 않은 통나무'樸나 '밥 주는 어머니'食母 그리고 '굴러다니는 돌맹이'(옥 같이 반들반들 녹록碌碌하지 않고 돌처럼 거칠거칠 낙락珞珞한)와 같은 현실을 일찍부터 받아들일 수 있었을 것이다. 육조대사 혜능이 보여준 것처럼 무식한 나무꾼이야말로 진리를 체현한다. 이와는 반대로, 불교가 공이라는 말로 무를 떠나면서 역설적으로 동양적 사고에서 생소한 실체론적 사고를 전파하게 된다. 불교가 실체론을 가르친다는 것이 결코 아니다. 실체가 없다고 하면서 오히려 실체와 현상이라는 이원론적 구조를 동아시아인에게 전파했다는 것이다. 대표적인 예가 성리학의 '체용'體用 관념이다. 그에 이어 나오는 것이 바로 이기理氣론이다. 순전한 이치가 보장하는 순선의 세계를 이제 동아시아인도 향유하게 된다.

노자의 무는 위에서 말한 절대무와 상대무 이외에도 쓰임으로서의 무, 곧 '무의 용'無之以爲用을 주장한다. 그런데 불교는 무의 용을 말하지 않는다. 노자의 무의 용은 빈 것이 있어야 쓰일 수 있다는 것으로 그릇이나 방 같은 것을 가리킨다. 그릇에 빈 데가 없으면 물을 마실 수 없으며, 방에 빈 데가 없으면 사람이 살 수가 없다는 논리다. 허무라기보다는 허공이다.

노자가 말하는 절대무도 불교는 강조하지 않는다. 노자는 무가 유를 낳을 뿐이지, 유가 무를 낳는다고 말하지는 않는다. 유가 낳는 것은 모든 있음을 가리키는 '하나'一일 뿐이다. 그리고 그 하나가 둘과 셋을 낳고 만물을 낳는다. 그러나 불교에는 그런 착실한 순차적인 생성론이 없다. 인도 신화에 바탕을 둔 감정적인 우주발생론은 있을지라도, 절대자의 전능때문에 절대무의 역할은 오히려 상실한다.

노자의 상대무 정도가 상생의 관계를 지니며 공의 논리적 구조에 가장 근접한다. 높고 낮음, 어렵고 쉬움, 아름답고 못생김 또한 상대적이다. 그러면서 그 상대성을 넘어 사고하고 처신할 것을 강조한다. 그 모두 사람이 불러주는 이름에서 나온 것일 뿐 현상 그 자체와는 무관하다. 시비와 생사조차 상대적이라고 주장함으로써 장자에 이르러 이런 상대성의 병치는 완성되지만, 노자도 '잘하고 못함'善不善(노자에게는 선악이 없기 때문에 이를 선과 악으로 보아서는 안 된다)이 서로 키워준다고 함으로써 그 단초를 분명히 제시한다.

나는 불교가 왜 노자의 '현'玄에 집중하지 않았을까 늘 궁금하다. 현은 크게 보아 유무를 통틀어 일컫는 말이기 때문이다. 빛이 없었던 어둠의 세계에서는 유무, 고하, 난이, 미추가 모두 하나가 된다. 만일 불교가 이제설로 진제와 속제 둘을 모두 잡으려 했다면 현 자만큼 좋은 개념이 없다. 노자가 말하듯 '검고도 또 검다'玄之又玄라는 시어詩語로『중론』의 중을 담을 수 있었다.

장자도 '고리의 가운데'環中라는 표현으로 중을 말한다. 반면 유가에게 '중용'中庸이 중요해진 것은 주자학 이후이므로『주역』의 '시중'時中 정도가 매력적인 어휘였을 테지만, 시중은 생활 속의 적당함을 가리킬 뿐이었다. 쿠마라지바와 같은 위대한 번역가가 '가운데 보기'Madhyamaka를 일상적인 용어인 '중'으로 옮긴 것은『중론』의 복잡다기한 발전과정에 비해 참으로 단순한 의미의 전달이었다.

쿠마라지바 입장에서는 당시 유행하던 현학 내지 삼현학(『노자』, 『장자』, 『주역』)과 불교는 구별되어야 한다고 생각한 것일 수도 있다. 그러나 '가운데'는 왼쪽도 오른쪽도 아니라는 점에서 공간적이지만, '검음'(어둠)은 해가 있고 없는 것처럼 시간적이기 때문에 의미의 층위가 다르다. 그는 이 점에 주목한 것으로 보인다.

현학의 시대 이후 당 대의 도사 성현영成玄英은 중현학重玄學이라는 이름으로 불교 삼론종의 반야학을 흡수한다. 그리고 그 중현학은 선종의 성립에 큰 영향을 끼치게 된다. 이렇게 현학은 불교와의 교섭 관계를 지속한다.

노자를 읽으면서 늘 고민스러운 것이 어디까지가 하지 않느냐는 것이다. 무위의 한계 설정이다. 물꼬를 보는 것, 잡초를 뽑는 것, 물레방아를 돌리는 것, 거름을 주는 것에서 순치기와 접붙이기에 이르기까지 사람의 손이 가지 않는 것이 없다. 오늘날 자연의 관점에서는 크게 거슬리지 않는다. 그러나 화학비료 주기와 제초제 뿌리기에 이르면 많은 사람들은 무위가 아니라고 느낄 것이다.

성불을 위한 노력도 마찬가지다. 어디까지가 사람이 해야 할 일이고 어디까지가 해서는 안 되는 일인가? 어디까지가 무위법인가? 깨달음을 위해서라면 극단적인 수행도 용납할 수 있는가? 불교에 나오는 손가락 태우기나 살 자르기는 어디까지 용납해야 할까? 고행의 길은 자연은 아니더라도 무위라고 할 수 있는지, 아니면 그 반대인지? 모든 것에 불성이 있다면 우리는 불성을 깨우치기 위해 얼마만큼의 수련을 감내해야 하나?

불교로 노자를 바라보거나, 노자로 불교를 바라볼 때 우리가 물어야 할 것이 이것이다. 어디부터가 수양이고, 어디까지가 무위인가? 노자에도 수양론이 있고, 불교에도 무위설이 있다. 시대에 따라 무위와 수양은 해석의 정도가 다르다. 그래서 내 개인적으로는 '나에게는 자연, 남에게는 무위!'라는 원칙을 세우고 있다. 남을 어쩌려고 하지 않는 것이 무위이고, 나의 소리를 잘 듣는 것이 자연이라는 말이다. 좋든 싫든 남을 내버려 둘 수 있는 것이 무위이고, 내가 정말로 하고 싶은 것을 하는 것이 자연이다. 그렇다면 우리의 마음이 남에게 얽히지 않도록 하는 것은 무위이고, 아무리 힘들더라도 인격 도야를 위한 자발적 수양은 자연적인 것이 된다는 작은 결론에 이른다. 무위는 남에게 집착을 버리는 것이며, 자연은 스스로 정진하는 것이다. 머리를 빡빡 깎든 치렁치렁 길렀든, 가부좌를 틀든 자리에 누웠든, 코끼리를 타든 소를 타든 불교와 노자는 이렇게 만나는 점이 많다.

마지막으로 불교의 전래 과정을 그려보자. 중국인에게 부처는 인종적으로 같지 않은 이방인의 종교였다. '황면'이라는 말 자체가 차별적 발언이다. 심하게 말하면 이는 '깜둥이 노자'로도 들린다. 그런데 그 혼혈 흑인이 대통령의 자리에 오른다. 황면은 어느덧 황금黃金이 된다. 이제 부처는 '황금노자'가 되었다.

* 『불교평론』편집부에서 뽑은 제목은 「불교와 가장 깊고 가까운 중국사상」이었는데 '깊고'와 '가까운' 모두가 호응하는 '사이'로 바꾼다.

추천의 글

머리로만 쓴 책이 아니다.

정 교수님의 책을 읽으면서 가슴으로 울려오는 소리를 듣게 되는 것은 바로 이 책이 정 교수님의 가슴에서 우러나온 소리를 적은 책이기 때문이다. 그렇기에 다른 책들에서 느끼기 힘들었던 울림이 나의 가슴으로 전해지는 것이리라. 재가불자운동이라는 척박한 영역에서 나름대로는 고군분투한다고 생각하면서, 불교 아닌 불교가 판을 치고 있다고 울분 섞인 푸념을 하던 내 가슴을 이리도 치는 것이리라.

그러나 또한 불교학자가 아닌 나이기에 가슴으로만 느끼던 사실에 명쾌한 학문적 해명을 주기에, "아하, 그렇구나!"하고 무릎을 치게 하는 그러한 고마움을 주는 책이기도 하다. 그렇기에 나는 이 책을 읽으면서 귀중한 동지를 발견했다는 느낌과 함께, 현실 불교의 건강성을 회복시킬 수 있는 소중한 철학적 기초를 찾은 기쁨을 맛볼 수 있었다.

"자아가 없다면 윤회의 주체는 무엇인가?"

불교철학에서 가장 근본적인 물음이요, 불교사에서도 큰 비중을 차지하고, 현대에 이르러서도 많은 논의가 전개되었던 주제이다. 이러한 주제를 핵심으로 하는 책이기에, 얼핏 생각하면 이 책은 진부한 주제를 다루는 그저 그런 하나의 책이라고 생각될 수도 있다. 그러나 몇 장만 넘겨보면 그렇지 않다는 것을 금방 알게 된다. 불교의 업설과 윤회설을, 힌두교와 자이나교의 그것들과 분명하게 구별하고, 불교의 업설과 윤회설만이 사회적 질곡과 계급을 혁파할 수 있는 힘을 가지고 있다고 역설한다. 그리고 다시 현실의 불교에서 말하는 업설과 윤회설은 불교의 업설과 윤회설이 아니라 힌두교적인, 아니면 자이나교적인 업설과 윤회설임을 밝힌다. 불교가 그 본령을 잃음으로써 사회적 평등과 정의를 실현시킬 수 없는 보수적인 종교가 되고 말았음을, 불교에 대한 애정이 담긴 목소리로 갈파한다. 인도에서 불교가 망한 것은 여러 가지 원인이 있겠지만, 그 가운데 가장 중요한 원인은 불교가 불교 고유의 정신을 지키지 못하고, 불타를 신격화하는 등 힌두교화되었기 때문이라고 주장한다. 현실의 불교 곳곳에서 과거 인도 불교가 멸망의 원인이 되었던 그러한 비불교적인 양상이 드러나고 있음을 우려한다. 불교가 진정 가치를 지니고 현실을 이끌어가는 종교가 되기 위해서는 적당한 타협과 습합이 아니라 불교의 본령을 회복하고 그 기치를 높이 들어야 한다는 것이다.

정 교수님이 제시한 불교의 본령과 기치는 '무아'와 '연기'이다. 그리고 그 반대로 버려져야 할 것은 '윤회'이다. '윤회'는 힌두교적인 것이기에 무조건 버려야 한다는 거친 발언이 아니다. 불교에서 말하는 윤회는 연기의 다른 표현일 따름이라는 것이다. 여러 학자들의 윤회에 대한 주장들을 요약 소개하면서, 필자가 일관성 있는 비판의 안목으로 삼고 있는 것은 바로 이러한 입장이다. 그리고 그 입장은 매우 건강하면서도 탄탄한 학문적 기초에 입각하고 있다.

한걸음 더 나아가 이 책은 대승불교라고 불리는 여러 종파들에 숨어들 수 있는 힌두교적인 요소들을 날카롭게 지적하고, 또한 선종 등이 가질 수 있는 불교적 의의를 드러내기에, 이와 대비하여 현실에서 그것들이 어떻게 잘못되고 있는가를 볼 수 있는 안목도 제공해준다. 인도철학 전반에 대한 해박한 저자의 지식은 다른 인도철학과 불교의 차별성을 알기 쉽게 보여주면서, 불교가 불교다울 수 있는 지점을 정확하게 가리키고 있다.

그러기에 이 책은 불교를 공부하는 학도들이 읽어야 할 책이며, 동시에 현실 불교가 건강하게 서기를 바라는 의식 있는 불자들이 읽어야 할 책이다. 윤회에 관한 여러 학자들의 견해를 비판적으로 소개하는 등, 각주까지 달린 논문형식의 글이 많기에 얼핏 이 책은 전문서적으로 보일 수도 있다. 그러나 책 끝머리에 나오는 「한국불교계에 고함」이라는 글을 읽어보라. '불교를 힌두교와 구별하라', '계급을 타파하라' … 등의 불교계를 향한 저자의 외침을 들어보면 이 책이 학자적인 열정과 더불어 불교의 건강성 회복을 간절히 바라는 마음에서 쓰였음을 알 수 있다. 그리고 그 첫 번째 외침, '불교를 힌두교와 구별하라'는 이 책이 줄 수 있는 가장 핵심적인 메시지이다. 이 책에서 다루는 주제를 다룬 다른 논문이나 책들이 있지만, 이 책처럼 분명하게 힌두교 및 자이나교와의 차별성에 입각하여 불교의 업설과 윤회설을 다룬 책은 귀하다. 그리고 그 초점을 사회적 개혁의 가능성에 맞춘 책은 더더욱 귀하다.

물론 이러한 거대 담론을 하고 있는 책이기에 일정 부분 지나친 단순화에 의거한 주장이나 비판이 있을 수는 있겠다. 예를 들어, 간디의 추종자라면 저자가 간디와 암베드카르를 비교한 대목에 대하여 이의를 제기할 수도 있다는 것이다. 그렇지만 대체적으로 저자는 적절한 중도를 취하고 있어, 극단적인 치우침에 따르는 잘못을 피하고 있다고 보인다. 무엇보다 이 책을 일관하고 있는 건강한 지향성은 사소한 문제점들을 덮고도 남음이 있다. 또한 윤회의 문제가 이 책의 핵심주제이지만, 그밖에 인도 철학에 대한 주제들과 암베드카르 등 불교운동가에 대한 소개의 글들도 전체의 초점을 흐리지 않으면서 독자들에게 폭넓은 소양을 줄 수 있게 배치되어 있다는 점에서 불교 자체에만 매몰되어 있는 한국 불교계에 신선한 자극을 줄 수 있다고 생각된다.

저자의 반 강요에 못 이겨 추천의 글을 쓰게 되었지만, 이제는 정말 저자에게 감사드리는 마음이다. 이런 기쁨이 여러 사람들에 의해 공유되기를 바라는 마음이라는 말로, 분수에 넘치는 추천의 글을 쓰는 변명으로 삼는다.

성태용 | 건국대 철학과

(사)우리는선우 이사장 _ (사)불교아카데미 이사 _ 불교와 사회 포럼 공동대표

서평: 『오늘의 동양사상』 제20호, 2009.10.31.

「불교와 힌두교」

정세근, 『윤회와 반윤회-그대는 힌두교도인가, 불교도인가』

1.

지금 우리 사회와 개인이 안고 있는 수많은 문제의 해결을 위한 지혜를 불교가 제공할 수 있을까? 서양에서 비롯된 자본주의 사회의 문제점을 해결하는 대안으로 불교가 주목된 것은 이미 그 역사가 오래지만 실제로 그런 지혜가 제공됐는가? 최근에만 해도 에리히 프롬이나 E. E. 슈마허를 비롯하여 수많은 불교 관련 책을 읽어보았지만 상당히 추상적인 논의 외에 직접적이고 구체적인 답을 받은 적이 거의 없다. 서양에서야 어떻든 우리 자신이 그런 지혜를 찾았다고 할 수 있는가? 서양의 그 어떤 사상보다도 우리에게 가까운 불교가 아닌가? 마찬가지로 유교나 도교에서도 그런 지혜를 찾을 수 있는가? 그러나 적어도 나의 독서에서는 그런 지혜를 찾기가 결코 쉽지 않았다. 돈을 신주로 모시는 물신주의에 젖어 산업과 노동에 속박됨을 행복이라고 착각하는 기계로 변한 오늘의 인간에 대해 불교는 어떤 해방의 메시지를 던지는가?

불교 책이든 아니든 어떤 책을 어떤 의도에서 읽는 것은 문제일지 모르지만, 모든 책은 그 책 자체로 받아들여야 하는지 모르지만, 대학의 '인문사회연구총서'와 같은 형식으로 발간되는 책을 읽으며 솔직히 그런 의도를 가진 적은 없었다. 그러나 그 하나로 발간된 정세근의『윤회와 반윤회 - 그대는 힌두교도인가, 불교도인가』를 읽고, 그동안 이래저래 고민을 해봤지만 잘 몰라서 항상 어렴풋이 생각한 것들이 명쾌하게 밝혀져 나의 불투명한 머리와 마음이 거울처럼 밝고 맑게 됐기 때문에, 특히 불교에 대한 기본적인 의문인 윤회라는 것의 의미가 풀렸기에 너무 고맙다. 그런 감격으로 쓰는 이 글은 아주 객관적이어야 할 서평에 맞지 않는 것일지 모르지만, 아무런 감격 없이 쓰는 글만큼 무의미한 것이 또 있을까?

저자의 논지는 지극히 명확하다. 즉 윤회는 힌두교의 것이고, 불교는 그것을 비판하고 극복한 것이므로 윤회가 아닌 반윤회를 그 핵심으로 삼는다는 것이다. 이는 종래 불교를 무엇보다도 윤회의 종교로 이해했던 통념을 한 순간에 날려버린 통쾌한 주장이다. 물론 저자는 지극히 해박한 동서양 사상에 대한 지식을 통하여 이를 엄정하게 논증하고 있는 것이지 함부로 단정하는 것이 아니다.

그러나 나는 저자의 견해에 무조건 따르는 입장이 아니다. 저자는 힌두교보다 불교에 관심이 있고, 계급을 인정하는 힌두교를 비판하며 계급을 부인하는 불교를 긍정한다. 이를 인도 현대사상에서 보면 간디와 암베드카르의 차이가 된다. 나도 저자의 힌두교 비판에는 전적으로 동의하지만 이를 저자와 같이 간디에 대한 전적인 비판으로까지 동의하지는 않는다. 힌두교에서 불교로 개종한 암베드카르의 카스트 비판에 충분히 동의하면서도 간디의 서양비판과 아나키즘적 사상에도 공감하기 때문이다. 나는 마르크스주의에 가까운 암베드카르에게도 그런 아나키즘이 있었는지 정확하게는 모르지만, 서양 비판과 자본주의 비판에 대한 가장 중요한 대안이 간디의 그것임을 부정할 수는 없다고 본다.

그러나 이러한 차이보다 더욱 중요한 문제점이 이 서평에는 있을 수 있다. 무엇보다도 내가 힌두교에 대해서도, 불교에 대해서도 전문가가 아니라고 하는 점이다. 이 점에 대해서는 나도 그 모두에 깊은 관심을 갖고 공부 중이라고 변명할 수밖에 없지만 서평자가 전혀 그 분야의 전공자가 아닌 것도 전혀 무의미한 것만은 아니라고 생각한다. 여하튼 이 문제를 포함한 이 글의 문제점은 독자 여러분이 판단할 문제이니 더 이상 거론할 필요가 없고 서평 자체로 들어가도록 하자.

2.

불교나 힌두교에 대해서는 지극히 난해한 논의들이 많다. 소위 화두話頭니 공안公案이니 하는 선문답도 있다. 화두란 '말'이나 '이야기'에 불과한 것이고, 이는 말의 의미를 부정하려는 말장난 같은 것인데도 그 말이 신비로운 의미를 갖는 것인 양 오해되고도 있다. 불교에서 흔히 말하는 시십마是什麼라는 것도 마찬가지다. 이는 "이게 뭐야"라는 단순한 물음에 불과한데도 이를 대단히 철학적인 의미를 갖는 것인 양 떠벌리는 경우가 많다. 이는 오늘날 프랑스 철학에서 말하는 'discours'를 무슨 특별한 의미라도 갖는 양 담론이라고 번역하는 것이 사실은 말이나 이야기에 불과한 것과 같다.

그밖에도 불교의 말은 대단히 어렵다. 그 이유는 오늘날의 서양사상처럼 불교도 외래사상으로 그 개념이 모두 번역어이기 때문이다. 그런 의미에서 불교는 우리나라에 들어온 지 2천 년이 지났음에도 여전히 외래사상이라고 보아야 하는지도 모른다. 이는 유교나 도교의 경우도 마찬가지다. 불교의 경우 산스크리트어나 팔리어의 불교 경전을 중국어로 옮긴 한문을 다시 한국어로 복잡하게 읽어야 했기 때문에 사상의 혼란은 더욱 심했고 그런 경향은 지금도 여전히 남아 있다. 절간 구석 민간신앙의 삼신각처럼 불교와 우리 민간전통의 결합은 그 자체가 무의미한 것은 아니지만 불교의 정확한 이해에는 문제를 갖는 것인지도 모른다.

그러나 더 중요한 문제는 불교 경전의 양적인 방대함으로 인한 이해의 어려움이다. 불교경전은 소위 8만대장경(실제로는 8만 4천경)이라고 할 정도로 방대해 일반인의 접근을 아예 거부할 정도로 복잡하다. 그것은 부처 입적 후 수많은 유파로 복잡다단하게 변해온 것들이어서 더욱 더 복잡하다. 따라서 부처 자신 45년간 설법을 한 경전이 어느 것인지 정확하게 알 수 없다. 이는 다른 종교의 경우도 마찬가지지만 불교의 경우와 비교할 수 없다. 가령 『논어』의 그 어디까지 공자 말인지, 『신약성경』의 어디까지가 예수 말인지 알 수 없고, 특히 『신약성경』의 경우 그 3분의 1은 바울의 편지이지만 그래도 그 경전들이 불교만큼 복잡하지는 않다.

불교의 경우 다른 종교와 달리 그 각 종파가 만든 경전所依經典이 수없이 많아 더욱 복잡다단하다. 가령 우리 조계종의 그것은 『금강경』金剛經과 『전등법어』傳燈法語라고 하는데 그것들만으로 조계종은 물론 불교를 충분히 이해하기 어렵다. 이런 현상은 다른 종교에서는 볼 수 없는, 불교 특유의 현상이다. 따라서 불교의 교파는 다른 어느 종교에서도 볼 수 없을 정도로 다양하고 이질적이다. 가령 최근 우리나라에서도 인기를 끌고 있는 베트남 출신 틱낫한이나 위빠사나는 소위 화두, 즉 말을 놓고 수행하는 조계종과 달리 각각 걷기나 호흡을 중심으로 하는 호흡선을 중심으로 하는 점에서 특이한데, 이를 불교사의 이해 없이 무조건 받아들이기 어렵다.

불교를 더욱 어렵게 만드는 이유 중의 하나는 불교가 인도에서 나왔다고 하는 이유로 그것을 힌두교 내지 인도철학의 하나라고 하여 인도사상까지 공부하게 한다는 점이다. 이는 인도에서 석가를 힌두교에 3억이나 있다는 신들의 하나로 오랫동안 보아온 것과 마찬가지 전통에서 비롯되었는지도 모른다. 인도에서 누구나 느끼는 것이지만 인도인들은 부처만이 아니라 예수도 힌두의 수많은 신의 하나로 본다. 아마도 마호메트나 노장이나 공맹은 물론 소크라테스나 플라톤도, 심지어 마돈나도 그 신의 하나로 보는 것이 아닌지 모르겠다.

그러나 중요한 핵심은 어쩌면 간단한 것인지도 모른다. 즉 힌두교와 불교는 계급의 타파, 즉 인류의 평등을 인정하느냐 않느냐라는 점에서 핵심적 차이가 있다는 점을 우리는 주목해야 한다. 『리그 베다』에서 비롯된 카스트 제도하에서 부처는 어쩌면 크샤트리야 출신이었기 때문에 그보다 상위인 브라만과 대립했으므로 카스트를 부정했는지도 모른다. 반면 인도의 독립을 위해 힌두교를 그 중심으로 삼은 간디는 낮은 카스트인 바이샤 출신임에도 힌두교의 카스트를 타고난 역할(생업)로 긍정하고 이를 인도 독립의 사상으로 삼았다. 반면 간디와 함께 현대인도의 아버지인 암베드카르는 불가촉민 출신의 불교도로서 카스트를 부정했다. 이는 전통적으로 불교가 카스트를 부정한 것에서 비롯된 지극히 당연한 것이었다.

3.

힌두교와 불교의 차이를 저자의 논지에 따라 좀 더 상세히 살펴보자. 인도인은 언제 어디서나 업業(카르마)을 말하는데, 그것이 내 행위의 결과가 아닌 경우를 설명하는 경우 윤회輪廻(또는 轉生, 840만 번이나 윤회한다고 본다)라는 것이 된다. 가령 지금 내가 노예이거나 낮은 계층인 것은 전생前生에 나쁜 일을 했기 때문이라는 식이다. 이는 기독교의 원죄原罪와 같은 것이라고도 할 수 있는지 모른다.

이러한 힌두교에서는 계급을 뛰어넘는 업으로부터의 탈피가 불가능하다. 철저한 윤회설을 기초로 하여 신분의 공고화를 넘어 옹호하고 확산하는 힌두교에서는 계급의 상승이동이 거의 불가능하기 때문이다. 최상층 카스트인 브라만을 위한 종교인 힌두교에서는 신분에 따른 계급의 고착화가 결과한다. 따라서 힌두교에서 해방은 불살생하고 채식하며 신을 찬양하는 브라만에게만 가능하고 나머지 카스트에게는 불가능하다는 것이 된다. 즉 힌두교는 만유萬有(만물)에 해를 끼치지 않는 절대자에 의존했다. 반면 불교와 함께 힌두교를 비판한 자이나교는 불살생을 통한 해방을 추구했으나 불교는 그것만이 해결책이라고는 보지는 않고 힌두교에 대한 더욱 근본적인 비판을 했다.

그러나 이처럼 현재를 과거 전생前生의 업보業報라고 보거나 내세來世의 기초라고 보아 현재의 계급을 인정하는 것은 힌두교지 불교가 아니다. 전생과 내세라는 관념은 타인과의 관계를 설정하지 않는다는 점에서 비윤리적이지는 않아도 윤리성이 상당히 배제된다는 점에서도 문제다.

불교에서도 힌두교에서와 같은 업은 인정한다. 아니 업이란 불교에서도 핵심이다. 그러나 불교의 업이란 말은 힌두교의 그것처럼 숙명적인 것이 아니다. 원래 그 말은 행위 일반을 뜻한다. 단, 단순히 행위 자체만을 뜻하지는 않고 그 결과도 포함하는 것이다. 즉 원인과 결과의 인과법칙을 뜻한다. 또 하나 불교의 업이란 그 행위를 한 본인에게만 한정된 것으로 타인을 고려한 것이 아니다. 따라서 자신의 행위에 대한 자기책임이 강조된 점에서 지극히 윤리적인 개념이다. 이 점에서 불교는 지극히 논리적이고 동시에 윤리적이다.

불교에서도 힌두교에서처럼 가령 내가 태어난 것은 부모의 업에 의한 것이라고 본다. 그러나 불교에서는 그것을 어쩔 수 없이 주어진 것이지 업을 짓는 것이 아니라고 본다. 가령 내가 창녀의 딸로 태어나 창녀를 하는 것은 업으로 주어진 것이지 업을 짓는 것이 아니라는 것이다. 이처럼 불교는 선과 악을 판단할 수 없는 직업 세계인 무기업無記業도 인정해 계급으로 인해 발생하는 업을 부정한다. 따라서 백정도 부처가 될 수 있다고 한다. 힌두교의 업은 주로 악업惡業을 말하는 것인 반면, 불교의 업은 선업善業과 악업으로 구성되고 이를 인과응보로 설명한다. 이런 업은 실체가 없고 따라서 고정된 자아도 없다는 것이 불교의 입장이다.

그런 점에서 불교는 무아無我설에 입각한다. 이는 힌두교 윤회설의 근거를 부정하기 위해 제시됐다. 즉 힌두교는 전생의 내가 현생의 나를 규정하고 현생의 내가 내생의 나를 규정한다고 하여 생을 거듭하는 나의 동일성有我을 주장하므로, 불교에서처럼 나라는 것을 부정하면 윤회의 근본이 무너진다. 이것이 윤회의 근본인 자아를 부정한 무아의 깨달음, 즉 부처의 깨달음이었다.

그러나 더욱 근본적인 부처의 깨달음은 연기緣起라고 하는 일반화된 원리의 인식이다. 연기라고 하면 대단히 심오한 형이상학적인 개념이라고 생각하는 경향이 있지만, 이는 사실 지극히 단순명료한 개념이다. 연기를 달리 말하면 원인을 설명하는 이치이자 도리다. 불교에서는 가령 '나'라는 존재가 고정적으로 있는 것이 아니라 연기에 의해, 즉 인연에 의해 생겨나고 사라지는 것이므로 '나'라는 실체는 없다고 본다. 그래서 불교는 무아설이다.

나아가 연기설은 모든 고정 불변하는 실체를 부정한다. 불교에서 말하는 제행무상諸行無常이란 모든 행위가 허무하다는 것이 아니라 "모든 것은 언제나 같지 않다"는 연기에 기초한다. 여기서 인연因緣의 '인'은 사회적인 상황이고 '연'은 개인적인 선택이므로 연기설은 사회적이고 개인적인 맺음에 의해 모든 것이 이루어지고 살아진다는 '만남'을 뜻하는 것이다. 이러한 상호의존성은 보편책임성으로 나아간다. 가령 우리와 사회 사이에는 상호 관계가 있고, 각자의 태도는 사회에 영향을 미친다. 이를 특히 달라이 라마가 강조한다.

따라서 불교에서 말하는 윤회는 연기의 다른 표현이다. 즉 불교에서 윤회란 윤리적으로 점차 상승되는 6도道 윤회(지옥, 아귀, 축생, 아수라, 인간, 천상의 계단으로 나아가는 것)를 말한다. 이는 악에서 선으로 지향하는 도덕적 윤회설, 즉 현재의 신분에 관계없이 도덕적 행위를 통해 좋은 곳으로 간다는 것이다. 기타 불교의 무자성無自性이나 공空이라는 개념도 연기에서 나온 것들이다. 즉 무자성이란 모든 존재가 그 실체를 갖지 않는다는 것으로 개인을 말하는 무아와 달리 존재와 그 존재가 이루어내는 역사를 말한다. 따라서 무아는 무자성의 일부다. 이처럼 연기로 세상을 보면 모든 것이 허무하게 되어 나온 것이 실체성을 철저히 부정하는 공空, 中論, 中觀과 모든 것이 의식이라는 유식唯識이다.

이처럼 불교는 힌두교의 업설이나 윤회설과 구별된 것이기에 사회적 질곡과 계급을 타파할 수 있었다. 따라서 불교의 고유 정신은 무아와 연기이지, 윤회가 아니었다. 그러나 불교는 그 고유정신을 지키지 못하고 불타를 신격화하는 등 힌두교화되어 인도에서 멸망했다. 인도에서 퇴락한 불교는 중국을 비롯한 한국과 일본 등의 동북아시아, 그리고 동남아시아로 확산됐으나 현재의 불교 역시 힌두교와의 구별점이 없어서 사회적 평등과 정의를 실현할 수 없는 보수적 목소리가 됐다. 윤회는 힌두교적인 것이기에 불교에서는 부정된 것임에도 대승불교에는 힌두교적 요소가 남아 있다.

　　반면 그 반대인 선종에는 그것이 없다. 선종은 직지인심直指人心, 즉 부처의 말씀에 대한 모든 교파나 계율을 떠나, 부처의 마음을 갖는 사람의 마음으로 바로 들어가는 것을 지향하며 모든 도그마를 부정한다. "부처를 만나면 부처를 죽여라.", "천상천하 유아독존이라고 말하고 태어났다는 부처를 본다면 갈기갈기 찢어 개에게 주겠다."는 선사들의 말이 이를 단적으로 보여준다. 동시에 자아에 대한 확신과 '갑자기 깨달음'頓悟漸修으로 나아간다. 선종은 불교의 자력신앙을 분명하게 보여주었으나, 불교가 힌두교화됨에 따라 타력종교(대승불교, 정토종, 밀교 등 부처의 신격화에 의한)로 변했다. 그래서 불교를 함부로 윤회의 종교라 하는 경향이 생겨났다.

4.

이상이 저자의 논지를 내 나름으로 이해한 요약이다. 나름의 요약이니만큼 대단히 소략하여 저자의 논지를 왜곡했을까 두렵다. 특히 저자가 정리한 최근 한국불교학에서의 여러 논의를 상세히 검토하는 바를 생략해서 유감이다. 그러나 앞에서도 말했지만 나는 불교나 힌두교 자체에 대한 논의에는 크게 관심이 없다. 내가 관심을 갖는 것은 앞에서도 말했듯이 불교에서 어떤 새로운 지혜를 찾을 수 있는가 하는 점이다. 나는 저자가 강조하듯이 불교에서 윤회란 무의미하다는 것 말고도 불교의 연기라는 개념이 사물의 본질이나 실체가 아닌 사물 사이의 관계를 핵심으로 삼는다는 점이 학문이나 예술만이 아니라 인간과 사회를 이해하는 데에 대단히 중요하다고 생각한다. 본질이나 실체란 사물에 존재하는 불변의 고유하고 고정된 속성을 말한다. 그러나 불교에서는 그런 본질이나 실체를 인정하지 않고 인과관계 내지 상호관계의 존재만을 인정할 뿐이다. 나는 이 점에서 불교가 대단히 현대적이라고 생각한다. 이를 명쾌하게 밝혀준 저자의 학문적인 성실함에 대해 나는 무조건 경의를 보낸다.

또 저자가 명쾌하게 밝히듯이 불교에서 말하는 무아란 사물의 근원이 서로 기대어 만들어진다고 보는 것이고, 또 불교에서 말하는 무상無常이란 이 사물이 저 사물로 변화하는 것이라고 보는 것이다. 따라서 불교에서는 실체나 본질에 대한 관심보다 그것을 받아들이는 감수성에 더욱 깊은 관심을 기울인다. 그것이 소위 오온五蘊, 즉 물질세계인 색色(몸)과 인식작용인 명名(마음)이라는 대별 아래, 명을 다시 수受(감각), 상想(지각), 행行(구성), 식識(의식)으로 분류하는 것이다. 이처럼 불교가 사람의 입장에서 사람의 현상을 분석하는 것도 지극히 현대적이라고 생각한다.

또 하나 중요한 점은 흔히 힌두교나 불교에서 다르마는 사회의 법을 뜻하는 것이 아니라 우주의 질서를 뜻하는 것이라고 하나, 불교에서는 그것이 동시에 사회의 법을 의미한다는 점이다. 이 점에서 나는 불교의 종교적 원리개념을 정치경제나 법의 사회적 개념으로 원용할 수 있는 가능성을 찾을 수 있다고 본다. 불교에서 윤회라는 숙명론이 아니라 연기라는 인과론을 원용할 때, 신의 은총이나 저주와 같은 불가사의한 개념이 아니라 이성적이고 논리적이고 체계적인 사고를 하게 된다는 점에서도 대단히 현대적이다.

그러나 불교의 가장 현대적인 측면은 부처가 행동가이지 이론가가 아니었고, 따라서 불교도 이론적인 것이 아니라 실천적이라고 하는 점이다. 아니 불교가 어떤 종교와도 달리 신비적이지도, 아니 차라리 아예 종교적이지도 않다는 점이다. 불교에는 신도, 영생불멸하는 영혼도 없다. 불교에 있는 것은 도덕적 실천이 가능한 방향과 그것을 향한 아나키적 자유의 왕국인 니르바나涅槃라는 유토피아의 희망이다. 그 점에서 나는 부처를 아나키스트라고 불렀고 불교를 아나키즘으로 이해해왔다. 부처는 욕망과 권력에 편승한 업만이 과보果報를 남긴다고 하고 생존을 위한 업은 죄를 짓지 않는다고 했다.

그러나 무엇보다도 이 책의 압권은 마지막에 실린 '한국불교계에 고함', 그중에서도 '계급을 타파하라', 그 계급질서를 설명하는 '윤회를 부정하라', 윤회의 비운명적 표현인 '연기를 긍정하라'라는 저자의 외침이리라. 그것이 이론적인 것이라면 제도적인 것으로서 '선학의 전통을 세우라', '수행의 실천을 다양화하라', '출가문화를 보편화하라'는 주장도 주목할 필요가 있다. 그 여러 가지 명제에 대한 좀 더 상세한 설명이 있었더라면 더 좋았을 것이지만 그 어느 것이나 그야말로 죽비처럼 지당한 정언定言들이다.

나는 여기서 더 나아가 특히 불교가 정치화하고 권력화하며, 상업화하고 자본화하는 소위 호국불교라는 전통이나 개인적 기복에 급급하거나 기업화하는 경향에 대해 재고할 필요가 있다고 본다. 또한 부처를 비롯하여 초기불교는 물론 지금까지도 불교의 기본적 사회단위가 되어 온 자치적이고 자급적인 단위 사회의 이상에 대해서도 주목할 필요가 있다고 생각한다. 그리고 이 점에서는 현대 인도의 간디적 전통이 중요하다고 생각한다. 그런 점에서 힌두교와 불교, 심지어 기독교의 원상原象도 서로 다를 바 없다고 생각한다.

　여기서 나는 한국불교가 불교의 본래 정신에 따라 새롭게 출가를 해야 한다고 본다. 즉 종교교단인 불교로부터, 종파로 분열된 불교로부터, 세속에 때 묻어 타락한 현실 불교로부터 진정한 출가를 해야 한다고 본다. 또한 감성적 불교로부터 지성적 불교로 바뀌어야 한다고 본다. 특별한 경전에만 의존하는 경향을 벗어나서 모든 경전에 주목하여야 한다고 본다. 특히 불교 특유의 숙명론이나 팔자론을 극복해야 한다고 본다. 불교는 논리와 윤리와 심리, 지성과 이성과 비판의 정신에 충실한 종교다. 부처는 자신의 제자들에게 자기 말을 맹목적으로 믿지 말라고 했다. 그 점에서 적어도 정세근의 책은 불교에 대한 맹목적인 믿음을 파괴하는 진정한 불교정신에서 쓰였다고 할 수 있다.

5.

모든 책이 다 그렇듯이 이 책에도 약간의 흠은 있다. 그것이 이 책의 훌륭함을 손상시키는 것은 물론 아니지만 그런 것을 지적하는 것이 서평자의 의무이므로 한두 가지 보기만 적도록 하겠다. 인도나 고대 그리스의 사정은 나도 잘 모르지만 역시 꿰맞추려고 하거나 과장해서는 문제가 많을 수 있다. 특히 나도 저자와 같이 암베드카르에게도 관심이 많지만 그렇다고 해서 간디를 무시할 수는 없다고 본다.

저자가 간디를 애써 비판적으로 보는 관점은 이 책의 마지막 부록에 실린 간디박물관장과의 대화에서도 엿볼 수 있다. 가령 간디의 국산품 애용이나 자급자족에 대해 저자는 그것이 시대에 뒤떨어지고 가공무역이 현대의 무역업이라고 주장한다. 그러나 현대 자본주의의 문제점을 극복하기 위한 대안으로서 자급자족의 의미를 부정할 수 없다고 나는 생각한다. 또한 저자는 간디가 힌두교도이기 때문에 카스트를 긍정했다고 보지만 간디를 비롯하여 내가 인도에서 만난 많은 힌두교도는 카스트에 반대했다. 따라서 힌두교도는 무조건 카스트에 찬성하고 불교도는 무조건 카스트에 반대한다는 식의 주장에는 동의할 수 없다. 도리어 카스트에 반대한 불교가 봉건적 계급을 긍정하는 역할을 해온 것이 한반도를 비롯한 여러 지역의 불교 아니었을까?

나아가 힌두교도와 불교도의 그런 사상이 카스트 제도의 근본적인 문제가 아니라고 하는 점도 주목할 필요가 있다. 카스트 제도가 유지되는 요인의 하나가 힌두교임에 틀림없지만 그밖에도 다른 수많은 정치적이고도 사회경제적이며 문화적인 요인들이 있다. 따라서 카스트 제도의 해소를 위해서는 다른 많은 연구와 실천적 노력이 필요하다.

또한 현대 힌두교 사상에는 카스트 제도를 부인한 간디나 네루 외에도 독일 관념론이나 세기말 생철학을 힌두교에 접합시켜 새로운 종합을 시도한 라다크리슈나를 비롯하여, 하이데거나 가다머를 원용한 메타와 같은 많은 새로운 사상가들이 있다. 그밖에도 동서양의 인도연구자 중에도 오리엔탈리즘의 탈피를 위한 새로운 모색을 하는 사람들이 많다. 특히 민주주의와 평등에 대한 힌두교 차원의 새로운 해석이 나타나고 있다. 그 대부분은 종래의 본질주의적인 단순화를 거부하고 종래의 관점, 가령 이성 대 직관, 물질주의 대 정신주의라는 대비로 서양사상과 인도사상 내지 불교를 대치시키는 관점을 수정하려는 것들로 주목된다.

그중에서도 간디의 현대적 의미는 근대화 국가의 건설자가 아니라 비판적인 인도 전통주의자, 특히 자치(스와라지)주의자라는 점을 주목할 필요가 있다. 그것은 식민지주의의 헤게모니에 대한 저항이라는 의미와 함께, 중앙집권화된 관리와 통제에 완강하게 저항하는 지역 주민이나 노동자의 저항이라는 의미도 담고 있다. 또한 그의 비폭력주의란 불교나 자이나교에서 유래한 것이지만 지금은 해방투쟁이라는 정치과정에서 가장 중요한 전술이 되고 있음을 부정할 수 없다. 우리는 그 중요한 영향의 하나로 마틴 루터 킹을 비롯한 수많은 현대 인권운동을 무시할 수 없다.

요컨대 불교와 힌두교의 관계에 대한 논의든, 기타 여러 다른 문화 사이의 이해에 필수적인 것은, 상대를 있는 그대로 보지 않고 하나의 고정관념으로 채색하는 형이상학을 버리는 것이 아닐까? 도리어 상대를 있는 그대로 보고, 상대가 그 자신과 전통을 창조하는 자세로 재생할 수 있도록 촉구하여 무한한 미래와 가능성을 여는 자세가 긴요하지 않을까? 이는 이 서평의 대상이 된 책이나 그 저자에게 그런 자세가 없다고 하는 말이 아니라, 보다 넓고 깊은 관점에서 여러 종교와 문화를 바라볼 필요가 있음을 강조하는 것이다.

그럼에도 나는 이 책이 불교와 힌두교의 차이에 대한 성찰과 함께 한국 불교의 문제점과 나아갈 길에 대한 훌륭한 안내서이자 계몽서임을 믿어 의심치 않는다. 개인적으로 나는 불교의 아나키즘에 대해 흥미를 갖고 있는데, 이 책은 그런 논점에도 중요한 시사를 주었다. 나뿐만 아니라 불교에 관심을 가지고 불교를 통해 인간과 사회와 세계에 대한 새로운 길을 찾고자 고민하는 많은 사람에게 이 책은 중대한 교훈을 주리라고 기대한다. 참으로 가슴이 타는 감격으로 이 책을 즐겁게 읽었음을 고백하며 저자에게 진심으로 감사한다.

박홍규 | 영남대, 법철학

윤회와 반윤회

초 판 1 쇄 2022년 7월 22일
초 판 2 쇄 2025년 6월 9일

저 자 정세근
펴 낸 이 김성배
펴 낸 곳 도서출판 씨아이알

책임편집 신은미
디 자 인 쿠담 디자인, 박진아
제작책임 김문갑

등록번호 제2-3285호
등 록 일 2001년 3월 19일
주 소 (04626) 서울특별시 중구 필동로8길 43(예장동 1-151)
전화번호 02-2275-8603(대표)
팩스번호 02-2265-9394
홈페이지 www.circom.co.kr.

I S B N 979-11-6856-067-3 93220
정 가 22,000원